"十三五"国家重点图书出版规划项目 ┃ 丛书主编 侯怀银

本书是国家社会科学基金"十三五"规划 2018 年度教育学重点课题"中华人民共和国教育学史"（课题批准号 A0A180016）的研究成果

共和国
教育学 70 年

Pedagogy of the People's Republic of China for 70 Years

教育哲学卷

冯建军　等著

北京师范大学出版集团
BEIJING NORMAL UNIVERSITY PUBLISHING GROUP
北京师范大学出版社

丛书编委会

丛书主编　侯怀银

编　　委　(以姓氏笔画为序)

马建强　王正青　王有升　王福兰

冯建军　孙　杰　张忠华　郑玉飞

侯怀银　桑宁霞

总　序

2019 年系中华人民共和国 70 华诞。站在 70 年的节点，我们需要对中华人民共和国教育学的发展历程进行回顾、反思与展望。据我们目力所及，从中华人民共和国成立至今（截至 2019 年年初），国人引进和自编的教育学著作（包括专著与教材）共计 4700 本，占 20 世纪以来中国教育学著作总量的 80％。其中，国人自编的教育学著作 4300 本，引进外国著作 400 本。新中国成立以来，中国教育学人在 20 世纪上半叶教育学发展的基础上，砥砺前行，取得了非凡的成就，形成了学科发展的经验。时至今日，我们需要梳理新中国成立 70 年来教育学学科建设的成就和经验并寻找其启示，我们更需要系统开展中华人民共和国教育学史的研究，把中华人民共和国教育学史作为中国教育学史研究的重要组成部分。

一、新中国成立 70 年来教育学学科建设的成就

新中国成立后，中国教育学人在中国共产党的领导下，自觉以马克思主义为指导思想，着力建设中国教育学。纵观 70 年来中国教育学的建设，主要取得以下五个方面的成就。

（一）由照搬照抄到本土化再到中国教育学的建设取得成效

70 年来，中国教育学学科建设取得的最大成就在于中国教育学的提出和建设。

　　新中国教育学的建设是从照搬照抄苏联教育学开始的。叶澜教授认为"引进"是中国教育学从"娘胎"里带来的印记。这就是说20世纪上半叶中国教育学的发展是从引进日本、德国、美国等国家的教育学开始的。在引进其他国家教育学的过程中，中国教育学人在20世纪20年代就注意到仅仅引进其他国家的教育学并不能解决中国教育实际存在的问题，故而提出"教育学中国化"的问题。客观而言，那个时期的中国教育学人在探索解决中国教育实际问题的过程中确实创造了很有品质的教育思想和教育理论。随后的抗日战争和解放战争，使中国教育学人的探索被中断甚至被破坏。新中国成立后，中国教育学并没有在原有的基础上建设，而是直接取法苏联。当时，中国教育学人学习苏联教育学主要是通过译介苏联的教育学教材、邀请苏联教育学和心理学专家来华授课、派遣留学生和专家去苏联学习等途径。1956年，中苏关系恶化，学习苏联教育学来指导中国的师资培养和教育实践的路径被中断，中国教育学人开始探索中国教育学。这一时期，中国教育学人虽然提出了"中国教育学"，但是具体的做法却是教育学的中国化（中国化的教育学）。

　　中国化的教育学得到研究和发展，其不足之处也得到反思。在"向科学进军"的号召下和"双百方针"的指引下，我国教育学建设者以前所未有的热情，在对学习苏联教育学的经验和教训进行反思的基础上，开始了教育学中国化的初步探索。1957年《人民教育》7月号以《为繁荣教育科学创造有利条件》为题，发表了当时一些学者对我国教育科学研究工作的意见。这些意见直指学习苏联经验中的教条主义、机械主义倾向，鲜明地提出了教育学的中国化问题，从方法论的高度对如何建设中国的教育学提出了十分宝贵的意见。曹孚在《新建设》1957年第6期上发表了以《教育学研究中的若干问题》为题的长篇论文，在教育观念上对以凯洛夫主编的《教育学》为代表的苏联教育理论提出了不同寻常的、有力的挑战，从而在教育学中国化的方法论上取得了理论思维上的进展。

　　然而，正当我国教育学研究者充满热情地为建设中国化的教育学科体系而努力探索时，反"右"斗争开始了。在此气氛中，曹孚1957年发表的《教育学研究中的若干问题》一文被错误地批判，作者被迫在《新建设》1958年第2期发表检讨文章。① 这一批判虽然是在内部进行的，但影响也波及全国高等师范院校和教育科研机构。由于反"右"斗争扩大化，高等师范院校一些教师和学者被错误地划成了右派，我国教育学科建设受到严重挫折。1958年至1960年，开始了以贯彻教育与生产劳动相结合为中心的"教育革命"运动，教育学领域开始了"大跃进"，开展了一系列的批判运动。这些在思想和学术领域的批判简单粗暴，压制了在学术上持不同观点的人，打击了很多有真才实学的学者，挫伤了当时教育科学工作者的积极性，严重地影响了我国教育学学科的建设和发展。

　　正是由于反"右"斗争的扩大化和"教育革命"中"左"的浪潮，我国教育学学科体系的建设出现了一种"左"的倾向。这主要表现在教育学的教材建设上出现了一种"教育政策汇编形式"的教育学。1958年4月23日，教育部发出通知，师范学校三年级教育学课原有教材停授，改授有关我国教育方针和政策的内容。② 这一切使"文革"期间教育学教材编写完全成为教育经验政策汇编，成为"语录学"和"政策学"的温床。

　　改革开放之后，中国教育学人再一次提出"中国教育学"，并对"建设具有中国特色的社会主义教育学""中国教育学本土化"的内涵、必然性、方法论和路径等进行了探索。这些研究指导了中国教育学的建设和发展，中国教育学人出版了不少具有中国特色的教育学著作和教材，培养了大批人才。但是，建设具有中国特色的教育学仅

---

　　① 即《对〈教育学研究中的若干问题〉一文的检讨》，同期还发表了批评曹孚的文章《怎样理解"教育中的继承性问题"》。

　　② 中央教育科学研究所：《中华人民共和国教育大事记 1949—1982》，219页，北京，教育科学出版社，1984。

反映在教育学学科建设的局部，还没有反映到教育学的整体建设上来。之所以这样讲，是因为改革开放之后，中国教育学人又开始大量译介国外的教育学成果，一些具有中国特色的教育学著作和教材也吸纳了国外教育学研究成果，但未能完全反映出中国教育实践的需要。

21 世纪初，中国教育学人在反思 20 世纪中国教育学发展的基础上开始建设中国教育学。这一时期，中国教育学人发表并出版了不少反思 20 世纪中国教育学发展的成果，并对建设中国教育学提出了展望。一些反映中国教育实践需求的教育思想和教育理论得以创生，如主体教育思想、新基础教育、情境教育、情感教育、新教育，等等。尤其出现了以叶澜教授创建并持续领导的"生命·实践"教育学派。学派的形成既是教育学理论发展的重要途径，又是教育学理论的丰富性和长久生命力的不竭之源。学派的发展，从深层次上探索了学科发展的内在的可能性空间。从学科发展走向学派的形成，是实现我国教育学发展的有效途径，也是时代的必然要求。只有创建自己的教育学派，形成真正的教育学家，形成一套完整的教育学本土化的逻辑体系和思维方式，中国教育学才真正有可能与国外，尤其是西方的教育学进行对话与交流。

（二）马克思列宁主义、毛泽东思想的指导地位得以确立

学科建设必须有指导思想。在社会主义的中国，教育学学科建设的指导思想是马克思列宁主义、毛泽东思想。新中国成立后，马克思列宁主义、毛泽东思想成为指导社会主义革命和社会主义建设的理论基础，与此相适应，迫切需要确立马克思列宁主义、毛泽东思想在中国教育学建设中的指导地位。马克思列宁主义、毛泽东思想在教育学发展中指导地位的确立是从新中国成立后开始的。这种确立同社会科学其他学科研究领域，如历史学、文学等一样，经历了 7 年的历程（1949—1956 年），也走了同样的道路，即学习、引进和批判相结合。其一，学习马克思列宁主义的基本原理。其二，引

进苏联教育学。诚如曹孚先生指出的那样:"马克思列宁主义教育学在短促的几年中,在中国教育学术界奠定了自己统治的地位,这是与教育学方面学习苏联分不开的。"①其三,开展对旧教育思想的批判。经过学习、引进和批判,我国教育研究工作者开始从思想上确立马克思列宁主义、毛泽东思想的指导地位,自觉树立辩证唯物主义和历史唯物主义的世界观,"开始用马克思列宁主义的观点去研究教育科学问题……马克思列宁主义观点与理论已经在教育学、心理学、教育史的研究与教学中初步建立了统治的地位"②。马克思列宁主义、毛泽东思想在中国教育学建设中指导地位的确立,为中国教育学的重建指明了方向并提供了理论基础。

(三)国外教育学的引进成为中国教育学发展的重要组成部分

70 年来,中国教育学的建设在处理中外关系的过程中,逐渐走出了一条既不是依附又可以相互借鉴的道路。中国教育学的起点是从引进国外教育学开始的。新中国成立后一段时期,中国教育学人又走上了引进国外教育学的道路。这两次引进不是学习借鉴式的引进,而是照搬照抄式的引进。改革开放后,中国教育学人在讨论教育学中国化、本土化和中国教育学建设的过程中,逐渐注意到我们既不能照搬照抄国外教育学(因为照搬照抄解决不了中国教育实践存在的问题),又不能闭门造车、闭关自守,而要开放。这就要处理好教育学建设过程中的中、外问题。通过考察 1949 年以来国外教育学著作和教材的引进情况,我们发现,引进所占比例并不低,尤其是1977 年后,即便是以再建中国教育学为目标,也有近一半的国外教育学著作和教材被引进到国内。教育学研究者在一定程度上已把国外教育学的引进作为再建中国教育学的重要组成部分,已主动学习并借鉴国外教育学的研究成果,注重与国外教育学的发展接轨,其

---

① 瞿葆奎等选编:《曹孚教育论稿》,208 页,上海,华东师范大学出版社,1989。

② 同上书,688 页。

中以美国、苏联、日本为主。然而，对发展中国家教育学的发展成果，我们借鉴和吸收得还不够。1977 年以来国外教育学的译者数量占到整个 20 世纪译者总数的一半以上，这说明在教育学著作和教材的引进上我国已形成相对稳定的翻译队伍，这不仅为国外教育学的研究提供了人员上的保障，而且为形成中外融合的教育学研究队伍奠定了一定基础。

（四）中国教育学的学科群基本形成

70 年的中国教育学发展，促使其分支学科不断出现与发展，仅1977—2000 年这一阶段就增加了 28 门教育学分支学科，教育学的学科门类基本形成。同时，教育学学科体系也基本形成并初具规模。中国教育学学科体系的建设在改革开放后基本上是沿着正确的轨道进行的，教育研究领域越来越宽广，教育研究成果已成为教育学建设的丰富资源。教育学的理论基础不断得到拓展，我国初步形成了较完备的教育学学科体系，从而结束了作为一门学科的教育学一枝独秀的局面。

教育学既有了综合性的发展，又有了分化性的发展。从其综合性方面来说，教育学同其他有关学科有了紧密的联系，许多边缘性、交叉性和新兴学科相继恢复、产生、充实和发展；从其分化性方面来说，教育学越分越细，作为一门学科的教育学、教育概论、教学论、课程论、德育原理、教育哲学等学科快速发展。我国已初步形成了教育学交叉学科、教育学专门学科与教育学元科学相结合，多种教育学分支学科相继独立的学科发展格局。我国教育学的建设和发展，不仅为有关决策的形成提供了一定的理论依据，为中国的教育教学实践提供了一定的理论指导，在一定程度上促进了学校教育教学质量的提高，而且也起到了一定的理论预测作用，促进了教育事业的繁荣和发展。

特别需要指出的是，教育学元研究的发展为中国教育学学科建设提供了坚实的基础。教育学元研究是对教育学元问题的研究，包括教育学的概念、教育学的性质、教育学的体系、教育学的逻辑起点、教育学的方法论、教育学的价值、教育学的功能、教育学的学科立场、教育学的学科地位、教育学史，等等。

（五）中国教育学的社会建制得到完善

一门学科的社会建制大体包括五个部分：一是学会；二是专业的研究机构；三是各大学的学系；四是图书资料中心；五是学科的专门出版机构。[①] 按照这个标准来看，新中国成立 70 年来，中国教育学的社会建制得到了完善。第一，在学会方面，中国教育学会、中国高等教育学会等成立，在这些学会之下还有若干分会，分会下还设专业委员会。第二，在专业的研究机构方面，国家层面有中国教育科学研究院，各个省市有本省市的教育科学研究院等。第三，在各大学的学系方面，综合院校、师范院校等多设立专门的学院，如教育学部、教育科学学院、教育学院、教师教育学院、教育技术学院等，一些教育学院还设立了各个研究所。第四，在图书资料中心方面，教育学的书籍在各大图书馆有专门的图书分类号。第五，在学科的专门出版机构方面，中国有专门的教育学出版机构，如人民教育出版社、教育科学出版社、高等教育出版社等；一些省市也有教育出版机构，如上海教育出版社、福建教育出版社、山西教育出版社等；一些大学的出版社也出版教育学方面的著作和教材，如北京师范大学出版社、华东师范大学出版社、广西师范大学出版社等。就以上方面而言，新中国成立 70 年来，中国教育学的社会建制得到完善。

二、新中国成立 70 年来教育学学科建设的经验

70 年来，几代中国教育学人就中国教育学的建设取得了诸多成就，形成了一些教育学学科建设的经验，具体来说，在于较好地处理了教育学学科发展中的几对关系。

---

① 费孝通：《略谈中国的社会学》，载《高等教育研究》，1993(4)。

（一）处理好马克思主义哲学与其他哲学流派促进教育学建设的
关系

教育学与哲学有着天然的联系。在教育学学科化时，赫尔巴特
就是以实践哲学和心理学作为教育学的学科基础的。再往前推，教
育学首先是哲学家康德在大学的课堂上开讲的。新中国成立以来，
中国教育学的建设以马克思主义为指导取得了辉煌的成就。但是我
们需要警惕的是马克思主义不等于马克思主义哲学。马克思主义是
我国各项事业建设的指导思想。马克思主义本身包含了马克思主义
哲学、政治经济学和科学社会主义。马克思主义哲学是马克思主义
的一部分。马克思主义哲学对其他哲学流派不是全盘否定的，其他
哲学流派的观点也不是与马克思主义哲学水火不容的。在新中国 70
年教育学学科建设的过程中，有一段时间，我们将教育学的哲学基
础完全确立为马克思主义哲学，对其他哲学流派实行全盘拒斥，阻
碍了中国教育学的建设。改革开放之后，教育领域思想大解放，其
他哲学流派不断译介和传播，教育学的学科建设逐渐兼容并纳各家
哲学流派之观点，走上了快速发展的道路。这带给中国教育学人的
经验就是处理好马克思主义哲学与其他哲学流派在促进教育学建设
过程中的关系。

中国教育学人还需要吸取的经验是避免把马克思列宁主义、毛
泽东思想在指导教育学学科建设时绝对化。马克思列宁主义、毛泽
东思想是我们进行教育学建设的指导思想，中国教育学的建设必须
确立马克思列宁主义、毛泽东思想的指导地位。然而，这并不意味
着我们要把马克思列宁主义、毛泽东思想绝对化。在坚持把马克思
列宁主义、毛泽东思想作为指导思想的前提下，如何还马克思列宁
主义、毛泽东思想"智慧之友"的本来面目，充分发挥马克思列宁主
义、毛泽东思想方法论意义上的指导功能，是我国教育学学科建设
值得思考并需解决的重要课题。

（二）处理好批判和继承之间的关系

中国教育学的发展，在"文化大革命"的十年遭到严重的破坏和错误的批判。从这个意义上讲，如何正确认识批判的本质和功能，并处理好批判和继承的关系，对于我国教育学的建设和发展至关重要。就批判的本质来看，批判实际上就是分析，批判就是一个一分为二的分解过程。从马克思主义的观点来看，批判也就包含着继承，而继承又不是简单的肯定，是包含在否定中的肯定。从"文革"时期的"批凯"和"批孔"来看，这种"批判"是与马克思主义的批判观相违背的，它背离了批判的本质和功能，割裂了批判和继承的关系。正因为这种"批判"，才导致了对凯洛夫主编的《教育学》和孔子教育思想等的全盘否定，进而对整个教育学的批判否定，这个教训很值得我们吸取。我国教育学的建设必须在认真贯彻"双百方针"的基础上，正确地开展学术批判。我们应把学术批判作为繁荣我国教育学的基础、条件和动力，使其真正地推进我国教育学的建设和发展。

（三）处理好中国教育学建设过程中的中外关系

由于教育学从发生学意义上具有"舶来"的品性，其对国外教育学的"依附"自然难免。不过，纵观 20 世纪中国教育学的发展之路，我们可以欣喜地看到，在教育学的理论建设中，亦步亦趋的成分越来越少，独立创造的因子越来越多。叶澜教授曾在《中国教育学发展世纪问题的审视》一文中提出，政治、意识形态与学科发展的关系问题、教育学发展的"中外"关系问题、教育学的学科性质问题等，这些问题是影响教育学学科发展的根本性问题。[①] 新中国成立 70 年来，中国教育学人在建设教育学学科的过程中，不断地在处理教育学的中外问题。我们曾经有依附、有全面批判，当然，时至今日，我们已放弃了全盘接受和全面否定的态度。研究者多认同立足中国教育现实，寻找本民族与外来教育融会贯通的契合点是实现本土化、摆

---

① 叶澜：《中国教育学发展世纪问题的审视》，载《教育研究》，2004(7)。

脱对西方教育学的依附的根本途径。但也有研究者指出，本土化的
过程仍然是对西方的"移植"过程，主要表现在本土化的途径仍然以
译介为主，本土化的对象仍以借鉴为主，本土化的教育理论内容更
是充斥着西方的思潮和思想。针对这种在认识论和方法论上存在的
问题，研究者提出了本土化研究的重点和难点，乃是基于本土问题，
研究本土性，寻找结合点，并开展具体研究。①"生命·实践"教育
学派在处理教育学学科建设过程中的中外问题方面走出了一条具有
特色的道路。该学派立足中国当代社会和教育中的具体问题，寻求
中西方思想文化的滋养。

（四）处理好学科体系建设和知识体系构建之间的关系

在我国建立的教育学学科体系中，各学科的发展存在着较严重
的不平衡现象。其中有些学科起步较早，已初步形成了较完整的体
系；有些学科本身又分为若干分支，学科研究向着更加深入的层次、
更加广阔的领域发展，处于成熟或继续发展期；有些学科是近几年
才刚刚开始建设，处于汇总材料、构思体系、逐步创建阶段，正为
学科体系建设创造条件；有些学科正处于初创阶段，趋于形成。教
育学学科领域中的空白点较多，一些分支学科研究者甚少。这种不
平衡性在一定程度上影响了教育学的学科建设和发展。我国教育学
学科建设的水准不高，学科独立性尚差。一般来讲，教育学学科确
认标准有三方面：其一，有明确的研究对象和研究范围，有相对独
立的概念、范畴、原理，并正在或已经形成学科结构体系；其二，
有专门的研究者、研究活动、学术团体、传播活动、代表作等；其
三，该学科的思想、方法已经在教育实践中被应用、被检验，并发
挥出特有的功能。② 以这三方面标准来衡量，我国教育学学科体系

① 吴黛舒：《繁荣背后的反思：中国的"教育学本土化"》，载《教育理论与实践》，
2007(9)。
② 安文铸、贺志宏、陈峰：《教育科学学引论》，17 页，南昌，江西教育出版社，
1997。

还不成熟和完善，仅仅初步确立起了应有的门类和框架，在一定程度上尚落后于其他学科的发展。从各门教育学学科建设来看，无论是从深度还是广度来说，都还不能按学科建设的严格原则和标准进行具体规划和落实。在整个科学体系中，教育学学科特别缺乏一整套独特的概念、范畴、命题和研究方法，学科的独立性不强。

之所以出现教育学的分支学科发展不平衡和学科独立性不强的状况，是因为中国教育学人在教育学学科建设过程中还没有处理好学科体系和知识体系之间的关系。我们强调教育学分支学科的繁荣壮大，但在一定程度上忽视了教育学说到底是教育知识的学问。学科建设不能用学科体系取代知识体系。知识体系决定着学科体系的样态，而不是学科体系规范着知识体系。

（五）处理好教育学学科建设和教育研究之间的关系

教育研究是教育学建设和发展的基础和前提。新中国成立初期，我国的教育研究工作，一方面是总结和发展自己的教育实践经验，特别是老解放区的教育实践经验，开创我国的教育研究工作；另一方面是翻译出版苏联教育学方面的研究成果，借鉴苏联的教育研究经验，以指导我国的教育实践。20世纪50年代后期，我国着手建立教育研究机构，并开始进行教育研究的规划工作。20世纪60年代初，我国教育研究机构的建立以及教育研究工作的指导方针和任务的确立，才使我国教育研究工作进入一个初步繁荣和发展期。20世纪80年代后，随着解放思想在教育领域的深入，研究者针对教育学发展问题进行了不同层面、不同领域、不同角度的研究，推进了教育学理论的发展，对教育学理论体系的构建起到了重要作用。

由此可见，教育研究工作直接影响到教育学建设和发展的进程。我国教育学的建设和发展必须切实重视并加强教育研究工作。我们应把教育学的建设和发展置于雄厚的教育研究工作基础之上。

三、新中国成立70年来教育学学科建设的启示

通过对70年来中国教育学发展的回顾与反思，我们深深感受到，新时代中国教育学的建设，应以从中国出发的"世界教育学"和"大教育学"为根本追寻，赋予教育学以中国文化的特色，建设具有中国特色、中国气派的教育学，它服务中国社会和教育实践的发展，促进人的发展和社会的全面进步。我们应在对"人"的认识基础上，探索中国教育运行的特殊规律，形成我们的理论框架、研究方法和知识体系，处理好教育学发展中的引进和创新的关系、教育学的发展和教育实践的关系、教育学各分支学科之间的关系，确立教育学在整个科学体系中的地位，发挥中国教育学学科的系统功能，促进教育学的繁荣，并推动中国教育学走上世界舞台。为此，我们需要做到"六个坚持"。

（一）坚持教育学的学科自主

所谓教育学的学科自主，就是教育学研究者创生教育学学科、教育学理论。教育学虽是"舶来品"，但经过研究者多年的努力，其亦步亦趋的成分越来越少，独立创造的因子越来越多。因此，我们可以预料，中国教育学学科建设最终会走上独立创新的康庄大道。20 世纪国外教育学的输入，已经为我们独立地创造自己的教育学准备了足够丰富的"质料"，依靠中华民族五千年积累的智慧，我们有理由创造出具有中国特色的教育学学科。这需要教育学界的同仁通力合作。在此须指出的是，走这样的一条道路，是要摆脱教育学学科建设中仰人鼻息的窘境，而不是说拒绝对国外先进的教育学的吸收。在这样一个日益走向全球化的世界，除了无知的妄人之外，任何人都不会不承认学习他国的优秀理论成分对我们的理论创造的价值。

我们应在吸收与独立创造之间寻求一种合理平衡，扎根本土实践与教育传统，把西方的教育学理论作为"质料"来进行审视，以"重叠共识"为基点，进行理论整合。

我们要坚持教育学的学科自主，需要在教育学的学科建设上树立大教育学观，改变教育学的学科建设主要局限于学校教育的建设局面。学校教育应该是教育学研究的重要领域与对象。我们应该对学校教育内在规律做深入细致的分析研究，力争发现与揭示存在于学校教育现象中的普遍规律，通过对学校教育基本原理的探讨，去阐述教育活动的一般原理。但教育学仅仅以学校教育为研究对象，是对人作为完整生命发展主体的一种有意识的忽视，学校教育不是人的教育活动的全部，对学校教育内在规律的分析研究无法全面揭示存在于所有教育现象中的普遍规律，对学校教育基本原理的探讨不能代替对教育一般原理的探讨。因此，新时代中国教育学的建设，不仅要去关注学校教育，而且要超越学校教育，以终身教育为视野，把教育学学科建设拓展到人类教育活动的其他形式，特别要重视社会教育学的学科建设。

我们要坚持教育学的学科自主，更需要在教育学的学科建设上，把中国教育学史作为教育学中的一门基础理论学科去建设，对中国教育学史的学科性质、研究原则和方法等进行深入的思考，以促进中国教育学史的研究。我们需要梳理中国教育学历史发展过程中的重要事实，研究和了解中国教育学发展的全貌，对我国教育学的发展进行整体而深刻的反思，从中探寻出值得借鉴的启示，减少我们在教育学建设和发展中的盲目性，完整地把握已有的认识成果并进行创造性转化，进而提出真正能促进当前我国教育学发展的理论主张并付诸实践，以此促进中国教育学的建设。

（二）坚持教育学的学科自立

坚持教育学学科自立的一个必要前提是强调教育学的独立学术品质。既往的历史告诉我们，学科的意识形态化始终是教育学获得独立性、自主性的一个重要影响因素。我们既需要摆脱对政治的依赖，又需要摆脱对西方的依赖，还需要摆脱对其他相关学科的依赖。在总结历史教训的基础上，以探讨教育学的逻辑起点和教育学本身特有的概念、范畴、体系等为突破口，教育学将会一步步走上一条学科的自主、独立之路，实现学科自立。世界教育学发展的历史告诉我们，任何时代的教育学学科的自主性与独立性的获得，都是需要一定的社会文化条件支撑才能形成并长久存在下去的。教育学学科的独立、自主绝对不是一种普遍化、无条件的存在状态。因此，希望教育学完全摆脱政治、西方和其他学科的影响而实现学科的绝对自立是不可能的，新时代的中国教育学必须处理好与政治、西方和其他相关学科的关系。

新时代的教育学学科建设，特别要处理好教育学和其他相关学科的关系。教育学学术生产具有跨学科生长的特点，教育学知识体系不能脱离任何一门科学，需要其他科学的参与来发展教育理论和教育实践，教育学要借鉴其他学科的最新成果，以求形成促进教育学发展的巨大合力。教育学已与哲学、心理学、社会学、经济学、政治学、管理学、人类学、统计学、文化学、生态学等学科融合而生成了诸多新学科，大大地拓展了教育学可能的发展空间。这就需要我们积极开展跨界协同，打造中国教育学研究的学术共同体。

为了实现教育学的学科自立，我们要特别重视教育学研究方法的研究。教育属于社会现象和社会问题的范畴。教育中的许多问题需要借助科学的方法来研究，进而得出具有普遍性的科学结论。我们要规范并综合运用研究方法，提升中国教育学学科研究的科学性。当前，中国教育学的科学化水平有待进一步提高，我们需要积极引入定性和定量的多元研究方法，提高学科研究的信效度，注重方法运用的规范性，不仅体现出中国教育学研究的世界水准，而且要结合当代社会学科交叉发展的大背景，利用好与社会科学其他学科之间开展交叉研究的有利契机，通过研究手段和研究方法的大力创新，增强自身理论对当代社会复杂教育现象的解释能力，提升对新时代中国教育问题的解决能力以及指导人们教育实践的能力。需要明确的是，在教育学研究方法上我们要鼓励开展教育叙事研究、教育案例研究、教育统计研究等，但教育学以人的发展作为研究的起点和基础必然涉及伦理、价值、意义等层面的具体问题。因而，教育学研究不能简单以"叙事""案例""数据""统计"为标准，试图对教育现象做出深刻的新诠释、新判断和新建构。教育学学科建设必须要以事实为基础、以知识为核心、以思想为归宿。如果我们仅仅以事实为基准，那远离了教育学学科建设的最终目标。

　　（三）坚持教育学的学科自尊

　　教育学的学科自尊在于构建起完善的知识体系。从夸美纽斯的《大教学论》问世开始，中外的教育学研究者一直以来的一个理想追求便是构建科学的教育学体系。在当代中国，近年来教育学界的一个响亮声音便是构建科学的并具有中国特色、中国气派的教育学。①无论是一般化地呼吁构建科学的教育学体系，还是在特定的语境下呼唤"中国教育学"的创生，其实质都是在为教育学寻求一种确定的、刚性的知识体系。

　　这种追求如果追溯其哲学基础，可以还原到本质主义的认识论。在本质主义哲学被奉为经典、神圣的教条的年代，教育学理论和建构的确定性、刚性知识体系追求是唯一的努力方向。但是，近年来，随着后现代哲学的风行，鲜活的教育实践对封闭性知识的挑战，本质主义的哲学观在教育学领域受到了越来越多的质疑。作为一种非常有力的挑战，质疑本质主义的声音所持的哲学观往往被称为反本质主义、反普遍主义。可以预见，随着这股与本质主义、普遍主义相逆的思想潮流的涌动，即使教育学体系建构的堤坝不会被冲垮，中国的教育学界也会出现一种可以与教育学体系建构分庭抗礼的理论追求，那就是摆脱非历史的、非语境化的知识生产模式，追求教育学知识生产的历史性、地方性与语境性。教育学研究领域叙事潮流的蔚为壮观，在一定程度上就是这一趋势的反映。

　　对于这一趋势的出现，不少教育学研究者也许不无深深的忧虑：

---

　　①　侯怀银、王喜旺：《教育学中国化——一个世纪以来中国学者的探索和梦想》，载《教育科学》，2008(6)。

教育学是否会因此而完全失去其理论底色？事实上，在反本质主义者的头脑中，本质主义的对应词应该是"建构主义"。因为反本质主义给人的感觉是完全否认本质的存在，而建构主义则承认存在本质，只是不承认存在无条件的、绝对的普遍本质，反对对本质进行僵化的、非历史的理解。尤其不赞成在种种关于教育本质的理论中选择一种作为"真正"本质的唯一正确的揭示。在教育这样一个人文、社会世界，不可能存在无条件的、纯粹客观的"本质"，所有的本质都是有条件的，它必然受到社会历史等因素的制约。因此，我们对所谓教育的"本质"，应该采取一种历史的与反思的态度，把所谓教育原理、教育学知识系统事件化、历史化。原理、知识系统的事件化、历史化必然不是完全体系化的，但其丰富的理论内涵依然存在，只是其理论意蕴与特定的社会文化条件结合在一起了，绝不是完全丧失理论品格。

（四）坚持教育学的学科自强

教育学的学科自强主要从自身而言，是教育学学科分化和综合的过程中形成的强大体系。目前的教育学研究虽然出现了一定的分化趋势，但是，这种分化还不够，许多深层、细微的研究对象还有待我们从新的学科视角去发现、认识它们。因此，大范围的学科分化的保持与扩大是必要的。随着学科分化的进一步加剧，一些新的交叉学科、专门学科，如教育环境学、教育物理学等学科，会渐次出现在研究者的视野中。不过，这种大面积的学科分化并不排除在局部发生教育学学科综合的可能。随着学科分化的深入，当在某一层面研究者发现几门学科可以相互融通之时，学科的综合便会发生。只是学科的分化、深入没有达到一定程度的时候，这种学科之间的暗道相通不会被人发现，学科的综合就无从谈起了。

教育学的学科自强体现在教育学不仅要立于学科之林，而且要在中国教育实践中确立其应有的地位。中国教育学是根植于中国教育实践的教育学。我们的眼光既是世界的，又是民族的，我们应该在全球视野基础上，积极地关注、研究和解决中国教育的实际问题，进行基于中国立场、反映中国问题、凸显中国风格、汇聚中国经验的中国教育学建设。中国教育学前行的每一步都必须根植于反映独特国情的中国教育实践，结合新时代政治、经济、文化的变化，结合教育生态的变化，结合教育实践面临的新问题，扎根中国教育实践的沃土，生长出真正的中国教育学。特别值得指出的是，随着人工智能、信息技术的发展，教育变得更加无时不在、无处不在。同时随着技术化向纵深方向发展，信息技术从工具变成教育关系的一部分，教育的目的、内容和形式都在发生着改变，这就导致人机交互可能会在很大程度上改变传统的教育关系模式。基于教育实践活动的时代变化，新时代中国教育学的发展必须扎根新的教育实践，研究教育的新现象和新问题，构建顺应时代发展的新的理论体系，尝试从人工智能时代的研究视角探讨教育与社会、与人、与自然的关系，以发现新的教育基本规律。

（五）坚持教育学的学科自信

教育学的学科自信主要表现在教育学人的自信。首先，就中国教育学与国外教育学的对话方面，中国教育学人是自信的。我国教育学界在一系列重大的教育学理论问题上，有不同的见解和观点，形成了独特的中国风格的教育思想和理论。中国教育学人可以与国外教育学人互通有无、公平对话，而不是依赖国外教育学的发展而发展。其次，中国教育学人对教育学实践的发展是有发言权的。新中国成立 70 年来，中国教育学人依据中国教育实践的发展创造了很多本土的思想和理论，如主体教育、新基础教育、情境教育、生命教育、新教育，等等。再次，中国教育学人在其他学科的学人面前是自信的，因为中国教育学再也不是钱锺书先生笔下的被人瞧不起的学科了。教育学的综合复杂性决定了其与其他学科之间的密切关系。最后，中国教育学人在教育学的学习者面前是自信的。因为中国教育学人可以给学生讲清楚中国教育学，而且讲的是中国的教育学，而不是从其他国家照搬照抄来的教育学。这启示中国教育学人要坚持教育学的学科自信。

（六）坚持教育学的学科自觉

70 年来，中国教育学的发展历程就是一个学科建设从引进、建立到带着自觉的体系意识去建设的过程。从这一发展逻辑顺延，教育学理论建设的体系化是一个必然的路径。只是我们目前的教育学体系化建设，仍然存在着浮躁的不良倾向。我们不能忙于通过引进西方的相关学科或匆忙地移植其他学科以"填补空白""抢占阵地"，而应踏踏实实地对大的学科或某一学科的体系应如何构建进行创造性研究。抛弃浮躁之风，更为从容而扎实地对一个个子学科与大教育学的逻辑起点、建构的内在逻辑、体系构架等问题进行深入研究，将会成为中国教育学研究者未来努力的方向之一。特别需要指出的是，中国教育学不仅要突出"中国"两字，还要在新时代背景下，从人类命运共同体出发，通过缩小与西方之间的"话语逆差"，增强设置国际议题的能力等方式，建成世界一流教育学学科，在学科竞争力和学术话语权上进入世界前列，整体提升国际教育学界对中国原创和中国贡献的显示度、能见度、理解度、接受度、认同度和运用度。中国教育学既要为中国教育实践提供理论指导，又要在国际社会共同关注的教育问题上做出"中国贡献"，在世界教育学知识谱系中增添"中国智慧"，在国际学术标准和规则的制定中发出"中国声音"，最终促进教育学的整体进步。

四、中华人民共和国教育学史的研究价值和本丛书的研究宗旨

站在 70 年的节点，我们很有必要提出"中华人民共和国教育学史"。"中华人民共和国教育学史"这一概念和命题的提出，正是回顾、反思与展望中华人民共和国教育学 70 年发展历程的学术结晶。

中华人民共和国教育学史研究具有独到的学术价值：第一，有助于拓展中国教育学史的研究领域。第二，有助于推进中国教育学的学科发展。教育学史在教育学发展过程中的重要作用越来越凸显。研究中国教育学史既是为了镜鉴于现实，也是为了推动我国教育学术的传承发展。中华人民共和国教育学史，实际上给我们提供了一面镜子，让我们更清楚地认识到，中国教育学人以前做了什么，现在还需要做些什么。我们系统梳理前人之思，有利于进一步明确中国教育学发展方向，推进教育学在中国的建设和发展。第三，有助于中国教育理论的完善和教育改革的推进。第四，有助于推进中国人文社会科学的建设和发展。教育学与人文社会科学各个学科的发展都有着密切联系，中华人民共和国教育学史的研究涉及中国人文社会科学各学科发展史的研究。中华人民共和国教育学史的研究不仅从一个侧面反映出中国人文社会科学的发展历程，而且也有助于推进中国人文社会科学相关领域的探索。

中华人民共和国教育学史研究具有独特的应用价值：第一，有助于推进中国教育系科的改革。教育系科史是本丛书的重要研究内容，通过对中华人民共和国教育学史的研究，一方面可以提供中国教育系科改革的历史经验，另一方面可以推进中国大学教育系科对已有传统的传承创新，形成其发展特色。第二，有助于推进中国教育学教材的系统建设，特别是作为一门学科的教育学教材的建设。第三，有助于整体推进中国目前"双一流"大学建设背景下教育学的学科建设。在当下高校追寻"双一流"的背景下，教育学在大学中如何存在越来越受到重视。一流大学，应该有一流的教育学学科。中华人民共和国教育学史的研究，既有利于我们总结教育学曾经的发展状况，又可为当下教育学发展路径的寻求、学科地位的确立、发展危机的解决，提供基于历史的经验和策略。第四，有助于我们在梳理和总结中华人民共和国教育学史的基础上，让民众更好地认识教育学、走进教育学，提升教育学的社会地位，使教育学不仅成为教师的生命性存在，而且成为一切与教育工作有关的人的生命性存在。

纵观中华人民共和国教育学 70 年研究历程，虽然研究者对中华人民共和国成立以来的教育学分支学科发展史、教材史、课程史等进行了相关研究，但总体上看，研究还不够充分和深入。特别是中华人民共和国教育学史这一主题还未有人研究过，已有研究与之相似的也只是对 20 世纪中国教育学发展的梳理，尚未将 21 世纪初的教育学发展统整融合。21 世纪初的教育学发展有何变化，中华人民共和国的教育学发展至今有何特点，是否形成了自己的一套体系，教育学发展到了何种规模，已有研究都尚未论及。具体来讲，需要进一步探讨、发展或突破的空间主要有以下三个方面。

第一，历史研究需要拓展和深化。已有研究多是在回顾 20 世纪中国教育学史时，将 20 世纪下半叶的中国教育学史以改革开放为界限分为两个阶段进行研究的，但是对中华人民共和国成立以来，特别是 21 世纪初的中国教育学发展史尚未进行专门研究。国人在 20 世纪 20 年代就意识到，仅仅移植国外的教育学并不能解决中国的教育问题。有鉴于此，国人提出教育学中国化、本土化的口号，但是教育学真正的中国化是在中华人民共和国成立之后形成的。因此，我们认为有必要在研究国外教育学的引进及其影响的基础上，对中国教育学的发展历程及其特征进行专门研究，进而对教育学主要分支学科发展史和教育系科发展史进行研究。

第二，预测研究需要巩固和加强。历史研究的一个追求就是要预测未来。教育学在 21 世纪初的中国如何发展，需要根据教育学中国化以来的教育学发展进行前瞻式研究，在此基础上进行科学的预测。我们注意到，已有研究对教育学史进行历史研究的较多，但是对教育学的未来发展趋势进行预测研究的尚显薄弱。有鉴于此，我们认为应该在整理史料、理性反思的基础上进行未来学意义上的研究。

第三，研究方法需要深入理解和诠释。关于中华人民共和国教育学史的研究，最好的研究方法当然是历史研究，但是仅仅用历史研究法研究教育学史远远不够。我们需要突破收集和整理史料的局限，在理解、解释的基础上总结并反思教育学的发展规律。

正是基于中华人民共和国教育学史研究的不足，我们申报了国家社会科学基金"十三五"规划 2018 年度教育学重点课题"中华人民共和国教育学史"，并获立项（课题批准号 AOA180016），本丛书是该课题的结题研究成果之一。感谢全国教育科学规划领导小组办公室对本课题的支持。

中华人民共和国教育学史研究的核心关键词为"中华人民共和国"与"教育学史"，前者指明研究范围，后者明确研究对象。展开中华人民共和国教育学史研究，需要厘清的主题为：教育学史的性质、教育学教材的发展、教育学二级学科的演变、教育学课程的状况及教育学者的相关论争等。

正是在这个基础上，我们本着"为国家著史，为学科立传，为后世留痕"的信念，遵循历史与逻辑相统一的原则，准确定位逻辑主线，注重把握中华人民共和国教育学史与 20 世纪上半叶教育学发展的连续性，注重从学科史切入，并将学科史与思想史相结合，注重对重要的教育学专著、教材等进行深入研究，带着历史的厚重感与时代的责任感，开始了对中华人民共和国教育学史的研究和写作。

本丛书旨在对中华人民共和国成立以来教育学各分支学科的发展进行全方位的研究，梳理各学科 70 年来的发展历程、取得的进展与成就，分析出现的问题与不足，展望未来的建设与发展。本丛书一方面力图"全景式"呈现教育学体系内分支学科知识体系的全貌，另一方面力图"纵深式"探究教育学及其分支学科内在的逻辑理路。研究坚持逻辑与历史相统一、整体与部分相协调、事实与论证相结合的原则。各卷的研究，突出了中国教育学的发展过程，对其形成、特点和争论等进行了必要的讨论，并以此为主线确定了各学科的阶段划分、进展梳理与学科反思。特别是对 70 年来各学科的重要专著、教材和论文进行了梳理和评述，既在书中呈现中国特色社会主义教育学学科的发展状况，又要凸显研究者及其专著、教材和论文对中国特色社会主义教育学形成和发展做出的贡献。需要说明的是，由于各学科的发展现状及已有研究基础不同，因此，承担各卷写作任务的作者根据实际情况采取了相应的撰写方式。对于教育哲学学科、教育社会学学科这两个教育学原理学科下属的分支学科，作者在对学科历史发展做总体性叙述后，据学科理论思想采取专题撰写的方式展开；对于其他二级学科，采取了大体按历史分期的方式叙述。发展阶段的划分尽量按学科内在发展逻辑进行，不拘泥于社会历史分期。

在丛书撰写的过程中，我们提出了研究的要求，明确了三个方面的意识：各学科的 70 年发展史如果是前人没有或少有涉及的，那就要有明确的标杆意识，研究成果应该体现当代中国学者的最高水平；如果学术界已有先期成果，那就要有明确的超越意识，达到新的高度；如果作者曾有过相应成果，那就要有明确的突破意识，寻找新的角度，进行新的思考，突破自己，切忌重复、克隆自己。

具体来讲，本丛书确定了以下八个方面的要求。

第一，丛书各卷研究的时限为 1949—2019 年，不向前后延伸。研究中把握好重大时间节点。有的学科发展考虑到问题本身的连续性，必要时可适当向前延伸，但不宜过多。

第二，丛书各卷的撰述范围限于中华人民共和国内各学科的发展，以中国共产党领导下的教育学发展为主。

第三，不刻意回避教育学发展中的意识形态属性，撰写时不做主观评价，撰写的原则是立足史实、客观叙述。

第四，坚持"以史为主，史论结合"的研究宗旨。研究以史实为依据，在梳理清楚基本事实的基础上，做出准确分析和客观评价。书中所阐述的史实应经得起不同时代不同读者的推敲和质疑，在写作中应避免将历史和现实"比附"。

第五，充分掌握国外教育学学科的发展历史，以及国内外研究的最新动态，使自己的研究有一个高的起点。研究方法上以历史法和文献法为主，兼及访谈和数据分析。

第六，坚持广博与精深的结合。一方面，应立足中华人民共和国 70 年的发展，全方位呈现自己所写学科的发展进程，不宜只介绍某几个方面；另一方面，写作中要抓住重点，对于学科发展的主要方面，着重笔墨、深入研究，避免史料文献的盲目堆积，在撰写中对于还不成熟的资料与推理以不介绍为宜。

第七，梳理学科发展史，既要见人又要见事。对于在学科发展中做出突出贡献的代表人物及其思想，写作时需有体现。

第八，处理好教育学学科发展和教育事业发展的关系，把共和国教育学 70 年的研究与共和国 70 年教育事业发展的研究结合起来。特别是教育学原理、课程与教学论、学前教育学、高等教育学、成人教育学、特殊教育学学科的研究，要处理好学科发展史与基础教育事业、学前教育事业、高等教育事业、成人教育事业、特殊教育事业的关系，要分别以各领域教育事业的发展为基础进行阶段划分、进展梳理和学科反思。

本丛书的出版，对于中国教育学史研究和中国教育学的发展是大事，更是幸事，具有重要的学术价值和现实意义。

从学术价值来看，教育学史越来越凸显其在教育学发展过程中的重要作用。我们开展中国教育学史的研究，既是为了推动教育学术的传承，也是为了在传播中促进教育学的发展。

从现实意义来看，学习和研究教育学的人也需要很好地了解本学科的发展史，明确研究基础和学科定位。本丛书以教育学分支学科为经，以学科发展为纬，其研究成果可为学习、研究教育学的人提供阅读书目和参考资料。

本丛书成书之际，北京师范大学出版社推荐其申请了《"十三五"国家重点图书、音像、电子出版物出版规划》项目，在此表示感谢。

本丛书共 12 卷。总论卷分上、下两卷，由山西大学侯怀银教授等撰写；教育哲学卷由南京师范大学冯建军教授等撰写；课程与教学论卷由山西大学郑玉飞副教授撰写；德育原理卷由江苏大学张忠华教授撰写；教育史学卷由山西大学孙杰教授撰写；教育社会学卷由青岛大学王有升教授撰写；比较教育学卷由西南大学王正青教授撰写；学前教育学卷由山西大学王福兰副教授撰写；高等教育学卷由山西大学侯怀银教授等撰写；成人教育学卷由山西大学桑宁霞教授撰写；特殊教育学卷由南京特殊教育师范学院马建强教授等撰写。

　　本丛书得以出版，要感谢来自各个高校的专家学者，感谢每一卷的作者，感谢北京师范大学出版社郭兴举、鲍红玉等老师的支持和辛勤工作。由于水平有限，本丛书难免有疏漏，恳请专家和读者批评指正。

侯怀银

2019 年 9 月 26 日

前　言

哲学的原意是"爱智慧"，"爱"体现着哲学的思维，"智慧"是思维的结果，即思想观念。如果把教育哲学作为教育思想来考察，无论是中国，还是西方，古代都有教育哲学。例如，儒家、道家、法家、佛家的教育思想是中国古代教育哲学的主要构成部分；古希腊苏格拉底、柏拉图、亚里士多德对教育的认识是西方教育哲学的渊源；洛克的《教育漫话》(1693)、卢梭的《爱弥儿》(1762)、康德的《论教育学》等都从哲学的高度阐述了其教育思想。但教育哲学作为一个学科则是近代的事情。通常把教育哲学学科出现之前的教育思想称为教育哲学思想史，是前学科阶段。教育哲学学科的发展，经历了从思想史向学科史的转变。对于教育哲学的考察主要是学科出现之后，考察教育哲学的学科发展。但这并不意味着教育哲学思想和学科的割裂，没有学科并非没有教育哲学思想，相反，没有思想的学科徒具学科的形式。因此，我们在考察教育哲学学科发展的时候，必须做到学科发展和思想演进的统一。

19世纪中叶以前的教育哲学是作为前学科的思想史出现的。19世纪中叶，教育哲学作为一门学科，首先在西方出现。1848年德国哲学家罗森克兰茨出版了《教育学体系》一书。该书1894年由美国教育家布莱克特译成英文，书名改为《教育哲学》，被人们视为最早的一本教育哲学著作。

19 世纪末 20 世纪初，教育哲学著作相继出版。1899 年，德国哲学家纳托普出版了《哲学与教育学》一书，该书受柏拉图、裴斯泰洛齐及德国古典哲学的影响，从规范科学的观点出发论述教育与哲学（主要是社会学）的关系，从逻辑学、伦理学和美学三个方面研究教育，试图建立一种比较完整的教育哲学体系。该书对当时德国教育学科的发展产生了重要影响，也对后来中国教育哲学产生了很大影响，如范寿康、吴俊升等人编著的关于教育哲学的著作，都在一定程度上参考了该书的体系和观点。

1904 年，美国教育家霍恩出版了《教育哲学》。该书从生物学、生理学、社会学、心理学和哲学五个方面阐述教育基础理论，并认为哲学基础是制约教育观念的主要方面，即有什么样的哲学就有什么样的教育观。该书被视为美国本土第一本教育哲学著作。

1912 年，美国教育家麦克文纳尔出版了《教育哲学教程纲要》一书，试图从哲学认识论和社会观的角度来解释教育，并首次提出探讨教育哲学学科性质问题。该书有教育哲学问题，教育存在问题，教育在经验中的地位、人格与环境，教育中的制度因素，个性发展的过程，民主与教育，学校的社会机关和学校的理智组织等方面，是一本以哲学为基础探讨教育问题的著作。

1916 年，杜威出版了《民主主义与教育》，该书副标题为"教育哲学导论"。杜威运用实用主义的观点和方法，以"经验"为中心，对教育本质、教育目的、教育过程、教育价值及课程、教材、教法等问题进行了全面、深入的分析，提出"教育是经验的改造"，"做中学"，"教育即生长、学校即社会"等主张，建立了比较完整的教育哲学体系。有学者把《民主主义与教育》看作教育哲学的真正开始。之前的教育哲学家，要么是在自己的哲学体系中论述教育，要么是从他人的哲学体系中引申出来一些教育原理和规则。而杜威则基于其实用主义教育思想提出教育原则，然后再通过芝加哥实验学校在教育实践中检验这些原则。他把哲学与教育有机地融通起来，"哲学是教育的最一般方面的理论"，"教育乃是哲学上的分歧具体化并受检验的实验室"。①

从 1848 年罗森克兰茨的《教育学体系》到杜威的《民主主义与教育》，教育哲学逐渐成熟，此时教育哲学作为一个学科诞生了。虽然布莱克特把罗森克兰茨的《教育学体系》书名改为《教育哲学》，抢占了教育哲学的学科先机，其实该书影响不大。在教育哲学发展中真正有影响的，首推杜威的《民主主义与教育》。

《民主主义与教育》不仅标志着教育哲学学科的真正诞生，而且其实用主义教育思想也开启了 20 世纪的教育思潮，使教育哲学从学科转变为思想流派。20 世纪初到 20 世纪 50 年代，出现了各种教育哲学流派，包括实用主义教育、社会改造主义教育、要素主义教育、永恒主义教育、新托马斯主义教育、存在主义教育、新行为主义教育、结构主义教育等。这些教育哲学都立足于特定的哲学立场，回答教育应该是什么、应该怎么做的问题，表达了各自的教育主张，因此是规范的教育哲学。

不同于规范教育哲学，20 世纪 50 年代，分析教育哲学兴起。分析教育哲学运用分析哲学的方法（逻辑实证主义和语义分析法）对教育中的概念、命题、语言进行形式和逻辑分析，以澄清其意义，使它们的意义更加明确。1942 年，分析教育哲学的先驱哈迪出版了《教育哲学中的真理及谬误》。它是第一本系统、明确地运用分析哲学的方法讨论教育问题的著作。1957 年，奥康纳出版了《教育哲学导论》。该书基于严格的逻辑实证主义，试图把形而上学和伦理学逐出教育理论领域，彻底更新教育理论。20 世纪 60—70 年代是分析哲学的鼎盛时期，形成了以谢夫勒为代表的美国学派和以彼得斯为代表的伦敦学派。由于分析教育哲学远离教育实践，遭到来自实践界的强烈

---

① ［美］约翰·杜威：《民主主义与教育》，王承绪译，350 页，北京，人民教育出版社，2001。

批评，加之分析教育哲学内部的变化，20 世纪 70 年代末，分析教育哲学式微。

20 世纪 80 年代以来，教育哲学依然沿着规范教育哲学的道路，出现了以多尔等为代表的后现代主义教育哲学，以金蒂斯、阿普尔、布迪厄等为代表的批判教育哲学，以诺丁斯等为代表的女性主义教育哲学，以范梅南为代表的现象学教育哲学等。这些流派依然关注教育中的基本问题，致力于学派的建立。但教育哲学的近期发展，与传统的规范教育哲学的宏大性不同，更加关注教育实践中的具体问题，诸如教育政策，教育课程，教育改革，道德教育，公民教育，宗教与教育，社群与教育，多元文化教育以及教育与政治、经济的关系等。其目的不再是构建一种教育思想体系、创立一个完整的教育流派，而是帮助学生和教育工作者反思他们的教育实践和教育生活，启迪和解放他们的教育智慧。

作为一门学科，中国教育哲学始于 1919 年杜威来华讲学对教育哲学的传播。1919—2019 年，中国教育哲学的百年发展历程，大致可以分为四个阶段。

第一阶段是 1919—1949 年，为教育哲学的初建期。这一阶段从引进、借鉴到中国教育哲学的探索，形成了教育哲学发展的第一个高峰。1923 年，范寿康的《教育哲学大纲》由商务印书馆出版，成为中国教育哲学初建的标志。这本书是国人自己编写的第一本教育哲学著作。这一时期引进了以杜威实用主义教育思想为主的西方教育哲学，出版了国人自己编写的教育哲学，完成了教育哲学学科初建的使命。

第二阶段是 1949—1979 年，为教育哲学的停滞期。1949 年后中国"以苏为师"，高等院校采用苏联的教学计划，在教育系课程中取消了教育哲学，使教育哲学出现了长达 30 年的停滞。这一时期就教育思想而言，有对杜威实用主义教育哲学的批判，对苏联凯洛夫教育思想的全盘吸收和对其后期的批判。

第三阶段是 1979—1999 年，为教育哲学的恢复重建期。1979 年

3月全国教育科学规划会议召开，会议提出恢复高等师范院校的教育哲学课程。同年9月，北京师范大学面向本科生开设教育哲学课程。1982年，黄济的《教育哲学初稿》出版。这是教育哲学恢复重建期间第一本关于教育哲学的专著。这一阶段从课程开设、教材建设、人才队伍和学术团体等方面完成了教育哲学的学科体制重建，出版了30余本著作，以概论式的教育哲学教材为主。

第四阶段是21世纪以来（2000—2019年），为教育哲学的发展期，出现了教育哲学发展的第二个高峰。这一阶段出版教育哲学方面的著作约百本，这些著作超越了单一的概论式教育哲学，分支性领域和问题性研究快速发展，形成了概论式、分支领域和问题式三足鼎立的局面，而且出现了向分支式教育哲学和问题式教育哲学发展的趋势。

本书是"共和国教育学70年"丛书中的《教育哲学卷》，从时间跨度上来说，指1949—2019年，但由于教育哲学在新中国成立之后取消了，实际上真正建设的时间只有改革开放以来40余年。从对象上来说，本书指向作为学科的教育哲学，但教育哲学在中国的学科建制中不是二级学科，它只是教育学原理二级学科的一个研究方向，因此，它没有专业设置、研究生培养等学科建制，更多的是思想意义上的研究。鉴于这两方面的原因，本书在体例上，在对新中国70年教育哲学发展状况进行总结的基础上，主要针对教育哲学的研究主题进行综述、分析。在研究主题的综述中，按照共和国70年发展的时间顺序进行展开。即便如此，也存在着改革开放前的研究文献少、内容少，甚至完全没有的状况，一些研究主题及其观点都是在改革开放之后，甚至是在20世纪末21世纪初才开始出现的，并迅速发展。因此，对主题综述的历史节点划分并不完全统一，甚至有的专题没有办法完全按照70年的历史分期进行划分。我们在统一思想认识的前提下，尊重每个专题的独特性，反映不同专题研究的轨迹。

本书选取了目前教育哲学中通常提及的一些研究主题进行综述，

还有一些研究主题，诸如美学与教育、宗教与教育、社会哲学（民主、公正、自由、平等、权利、权力等）与教育、文化哲学与教育、教师教育哲学等都没有涉及，这些主题虽然前期研究不多，但随着21世纪教育哲学的发展，正在成为教育哲学研究的重要主题。我们团队以后也会继续关注中国教育哲学研究的新进展。

本书由冯建军教授和胡金木博士拟定提纲。各章的执笔人是：前言、第一章、第二章由冯建军撰写；第三章由马多秀、王惠颖撰写；第四章由胡友志撰写；第五章由雷晓庆撰写；第六章由胡金木撰写；第七章由郭文良撰写；第八章由叶飞撰写；第九章由陈丽娜撰写；第十章由宁莹莹撰写。胡金木协助主编进行沟通，审读初稿，最后由主编统稿、定稿。

需要特别说明的是，为共和国教育哲学修史，责任重大。全面准确地把握共和国70年教育哲学的发展，难度很大。本书作者是一批年轻的博士，虽有志于教育哲学，也有治共和国教育学史的高度责任感，他们努力做到全面、系统、客观、公正地评价学术发展史上的每一个观点，但他们的学术功力和学术阅历，还存在着不足，对研究进程的把握、观点的理解、问题的分析，还存在着一些幼稚的地方，有赖于学界前辈和同人的提点、教正。

本书是侯怀银教授主持的国家哲学社会科学（教育学）重点项目"中华人民共和国教育学史"的成果之一，我们在写作过程中，得到了课题主持人侯怀银教授的指导与帮助。北京师范大学出版社郭兴举、鲍红玉为本书的顺利出版做出了重要贡献，责任编辑张爽精心加工，使本书更为完善。在研究和撰写过程中，我们认真研读和吸收了不同历史时期诸多时贤的宏论。在此，我们对给予帮助的所有人，致以深深的谢意！

冯建军

2019 年 8 月 20 日

目　录

第一章
教育哲学的中断
(1949—1977 年)

我国的教育哲学不是从 1949 年才开始的，而是从 1919 年开始的。1919—1949 年，中华人民共和国成立前的 30 年是我国教育哲学发展的第一个时期，这个时期出现了中国教育哲学的第一个高峰，完成了教育哲学学科初建的使命，为新中国教育哲学的发展奠定了良好基础。

第一，完成了中国教育学科初建的使命。

我国虽然有悠长的教育思想史，但作为学科的教育哲学源于 1919 年杜威的来华演讲。1919—1949 年，30 年的教育哲学大致可以分为引进、初创、繁荣、低迷四个阶段。第一，1919—1922 年为引进阶段。这个阶段主要伴随着杜威在华的讲学。根据杜威的演讲，金海观等整理了《杜威教育哲学》(商务印书馆，1921)、常道直编译了杜威的《平民主义与教育》(商务印书馆，1922)。这一阶段所引进和研究的多是杜威的教育哲学思想。第二，1923—1926 年为教育哲学的初创阶段。教育哲学作为一个学科在中国初创，其标志是 1923 年范寿康的《教育哲学大纲》出版。尽管这本教育哲学著作还带有纳托普《哲学与教育学》的痕迹，但它毕竟是中国人自己写的第一本教育哲学著作。第三，1927—1937 年为教育哲学的繁荣阶段。这一时期，学术环境宽松，教育哲学处在发展之中，出现了教育哲学难得的"黄金十年"①。这一时期出版的译作不仅包括杜威的著作，还有鲁斯克的《哲学与教育》（华严书局，1929），芬赖的《教育社会哲学》（中华书局，1933），亚丹士的《教育哲学史》（中华书局，1934）。国人自编的教育哲学著作不仅数量多，而且出现了一些力作。吴俊升的《教育哲学大纲》（商务印书馆，1935），先将哲学问题加以讨论，然后讨论教育哲学。北大校长蒋梦麟在序中称赞该书"思想的清晰，文字的畅达，传述的忠实，实为近年来出版界不可多得之书"。新中国教育哲学奠基人黄济评价该书体系完整、内容丰富，居所有"教育哲学"专著之冠。② 第四，1937—1949 年为教育哲学的低迷阶段。主要原因是抗日战争自 1931 年开始，到 1937 年升级，抗日救亡压倒一切。这一阶段的几本教育哲学多是在 1945 年抗日战争胜利之后出版的，内容偏向于三民主义与马克思主义，更接近于中国社会发展的现实和需要。

1919—1949 年，我国教育哲学从引进、初建到繁荣，而且涌现出吴俊升的《教育哲学大纲》这样的扛鼎之作，还出现了教育哲学的"黄金十年"，形成了教育哲学发展的第一个高潮，为我国教育哲学的发展开了好头，奠定了良好基础。

第二，与西方教育哲学几乎同步发展与接轨。

1894 年，美国学者布莱克特把德国人罗森克兰茨的《教育学体系》译为《教育哲学》。1904 年，霍恩的《教育哲学》出版。这本教育哲学只有一章论述教育的哲学基础，且重点不在哲学上。这本书无论分量，还是性质，都倾向于科学，而不是哲学。1912 年出版麦克文纳尔的《教育哲学教程纲要》，其中一章是教育哲学。这本书把教育哲学与教育科学所处理的材料都视为教育事实，可见这本书的模糊程度。1916 年，杜威的《民主主义与教育》出版，虽然这本书的副标

---

① 陈建华：《1927—1937 年的中国教育哲学研究》，载《南京社会科学》，2011(2)。
② 黄济：《教育哲学通论》，301 页，太原，山西教育出版社，1998。

题是"教育哲学导论"，但这本书里的"教育哲学"只有一章，范寿康因此评价说："这册书的系统及内容都没有要求称为教育哲学的价值。"①可见，"美国号称教育哲学之书多矣，而内容有名无实，类不足观"②。范寿康认识到："在今日的世界，无论何处，还没有真正的教育哲学，这也不单限于美国。"③这种认识，促成了范寿康的《教育哲学大纲》的诞生。

杜威的《民主主义与教育》是西方公认的教育哲学著作，于 1916 年出版。随着杜威 1919 年来华演讲，其内容很快在中国传播，为中国学者所接受。所以，在时间上，我们可以说中国教育哲学与西方教育哲学同步。

同步的不仅仅是时间，还有思想。现代西方各派的教育哲学被介绍到中国，包括新康德主义、实用主义、文化教育学、现象学派教育学等。国人自己编著的教育哲学，也出现了新康德主义(范寿康)、实用主义(吴俊升)、三民主义(姜琦)、马克思主义(杨贤江、张栗原、林砺儒)、天主教教育哲学(张怀)等不同思想倾向的教育哲学，使教育哲学思想呈现出百花齐放、百家争鸣的学术繁荣景象。

这一时期，中国的教育哲学之所以能够与西方同步，还在于建设中国教育哲学的这批学者，大多数有两个背景比较明显：一是哲学的学科背景，他们是哲学学者从事教育哲学研究；二是国外留学的背景比较明显。这些学术背景使得这批教育哲学家可以与西方学者直接顺畅地对话，建设教育哲学。

第三，从引进、借鉴教育哲学思想发展到中国教育哲学的原创。

中国的教育哲学直接引自美国。首先是杜威的教育哲学，尤其是其《民主主义与教育》，其次是霍恩的《教育哲学》、波特的《教育哲

---

① 范寿康：《教育哲学大纲》，14 页，福州，福建教育出版社，2007。
② 同上书，1 页。
③ 同上书，11—14 页。

学大意》，最后从对美国教育哲学家著作的引进扩展到对德国、英国等教育哲学家的著作的引进。国人自己编写的教育哲学，从结构安排到思想倾向都有着西方教育哲学的印记。国人借鉴西方学者的思想建构了不同思想流派的教育哲学，比较突出的是新康德主义和实用主义教育思想。也有学者对这个时期的教育哲学中提到的思想家进行了统计，发现西方思想家出现的次数远远多于中国思想家，范寿康的《教育哲学大纲》、吴俊升的《教育哲学大纲》采用的都是西方的思想体系，没有提到任何一个中国思想家。[1] 由此可见，国人编写的教育哲学，还很难称得上是中国教育哲学。从教育哲学所反映的流派也可以看得出，新康德主义、实用主义占主导地位，不过发展到后期，杨贤江的《新教育大纲》出现之后，马克思主义教育哲学和三民主义教育哲学逐渐成为主导思想，这也反映了教育哲学开始接触中国社会实际。

　　在当时，引进和移植西方的教育哲学思想到中国，就是进步之举。尽管国人的教育哲学中体现的是欧美的教育哲学思想，但都不是简单地照搬，而是体现着中国化的努力。围绕教育哲学的中国化，20 世纪 30 年代发生在吴俊升、姜琦、张君劢之间的那场争论，都不否定教育哲学的中国化，而是寻找一条教育哲学中国化之路。吴俊升批评当时的中国教育过于讲求"方法"和"制度"，缺少背后的"理想或目标"。因此，他呼吁中国需要教育哲学。中国需要哪一种教育哲学？姜琦提供的答案是三民主义，"三民主义教育就是中国教育哲学，两者是一而二，二而一的"[2]。他的《教育哲学》反映着三民主义的教育思想。杨贤江、林砺儒、张栗原提供的答案是马克思主义，他们各自编著了马克思主义教育哲学。三民主义教育哲学反映了民

---

[1]　冯建军主编：《中国教育哲学研究——回顾与展望》，33—34 页，北京，北京师范大学出版社，2015。

[2]　姜琦编著：《教育哲学》，自序，上海，群众图书公司，1933。

国时期的社会需要，马克思主义教育哲学反映了建设新中国的需要，为新中国的成立奠定了思想基础。

第一节　教育哲学的中断

中华人民共和国成立之后，为学习苏联模式，高校教育系的课程计划中取消了教育哲学，造成了1949—1977年教育哲学30年的中断，其间，偶有对西方教育哲学的零星介绍。

一、新中国教育哲学的取消

1919年，随着杜威来华，教育哲学兴起。20世纪20—30年代，迎来了教育哲学发展的第一个高潮，我国教育学者翻译和编著了大量的教育哲学著作，南京高等师范学校首开教育哲学课，由此逐渐推及全国高等师范学校及大学教育学科。[①] 1935年，许椿生对当时国内29所大学教育学系(国立大学7所、省立大学7所、私立大学15所)的课程设置进行调查，其中开设教育哲学课的有9所。1939年，中华民国政府教育部颁布了《师范学院教育学系必修科目表》，教育哲学为教育学类必修科目，4学分，分布在第四学年两个学期开设。[②] 1946年又颁布了《大学科目表》，对教育学系必修、选修科目进行了规定，教育哲学依然是必修科目。可以说，自1919年始到1949年，中国教育哲学从无到有，其发展几乎与世界同步。

1949年，中华人民共和国成立，开启了社会主义建设的新征程。面对新中国的社会主义建设，1949年前的教育理论课程不能适应新中国建设的需要，这表现为四点。第一，旧课程是从外国搬运来的，尤其是受美国的影响最大。第二，旧的教育内容与中国实际联系不紧密，为教育而教育。第三，理论与实践脱节，许多学科只是为了

[①] 姜琦：《中国教育哲学底派别及今后教育哲学者应取底态度与观察点》，载《厦门大学学报》，1930(1)。

[②] 范任宇：《教育概论》，108—109页，重庆，商务印书馆，1943。

理论探讨，而不是为了实践运用，造成教育的学与用的分离。第四，旧教育的科目多，内容重复，浪费时间，学生不能深入思考，等等。① 教育系课程的改造要适应新民主主义社会对教育的要求。1949 年 10 月 11 日，华北高等教育委员会公布了《各大学、专科学校文法学院各系课程暂行规定》。这个规定确定了教育系的任务："根据新民主主义的教育方针及马克思主义的理论与方法，培养为人民服务的中级教育工作者的知识与技能。"从这个任务出发，对旧中国教育系的课程进行了改造，教育系保留了原有的教育学、教育史、教育心理学、教育行政、教学法等，去掉了教育哲学、教育社会学、比较教育等旧教育中的主干学科，增加了新民主主义概论、苏联及新民主主义国家教育研究等学科。②

　　1952 年，教育部颁布《师范学院教学计划（草案）》。在这个教学计划中，公共必修的教育学科为教育学、心理学、教育史、学校卫生学。《高等师范教育系学校教育组教学计划（草案）》中专业课程有心理学（包括普通心理学、儿童心理学、教育心理学）、教育学、教育史、中华人民共和国教育政策和制度、教育学教学法、心理学教学法、小学各科教学法等。③ 之后又对该计划进行了修订，1954 年 4 月颁布修订后的《师范学院暂行教学计划》，公共必修的教育学科包括心理学、教育学、教育史以及各科教学法，教育系学校教育专业的必修课程有普通心理学、儿童心理学、学校卫生学、教育史、小学各科教材及教学法、教育学教学法及专题课堂讨论等。④ 1961 年，教育部颁布《教育系学校教育专业教学方案（修订方案）》。这个方案中，教育专业的必修课包括毛泽东文化教育论著选读、中国共产党

---

① 董渭川：《教育系课程修订的经过与意义》，载《中华教育界》（复刊），第 3 卷第 12 期。
② 华北人民政府高等教育委员会：《各大学、专科学校文法学院各系课程暂行规定》，载《中华教育界》（复刊），第 3 卷第 10 期。
③ 《当代中国》丛书教育卷编辑室编：《当代中国高等师范教育资料选》上册，287—298 页，上海，华东师范大学出版社，1986。
④ 《当代中国》丛书教育卷编辑室编：《当代中国高等师范教育资料选》，441—444 页，上海，华东师范大学出版社，1986。

的文化教育方针政策报告、教育学、生理学、普通心理学、儿童心理学、教育心理学、中国教育史、外国教育史、中国教育论著选读、外国教育论著选读、中小学各学科教材教法研究。选修课中有西方教育思想流派研究。西方教育思想流派接近西方教育哲学。①

　　可以看出，新中国成立后，经过对旧教育的改造，把 1949 年前一些主要的教育学科如教育哲学、教育社会学、比较教育学等全部削掉，仅剩下教育学、教育史、教育心理学、各科教学法，增加了新民主主义建设需要的新学科。这样做的原因，一是与 1949 年前的社会划清界限。1949 年前的教育哲学尤其受杜威思想的影响，是资产阶级的教育哲学。"过去资产阶级的教育学和心理学，完全建立在形而上学的唯心主义基础上，体系混乱，内容荒谬，并不能成为科学。"②二是"以苏为师"。1952 年，《人民教育》杂志发表社论《进一步学习苏联的先进教育经验——迎接中苏友好月》。文中指出："我们社会，不是走资本主义的道路，而是从新民主主义走向社会主义的道路，所有在教育上的资产阶级那一套理论、制度、问题、方法等，对于我们根本不适用，只有苏联先进的经验，足以供我们借鉴。""苏联的教材、教法以及教育理论、教育制度，不只在社会性方面和我们最接近，并且在科学性方面也是最进步的。"苏联的教育理论"是建筑在马克思列宁主义哲学基础之上的，并且总结了苏联三十多年先进的经验和科学成果，已经成为内容丰富、体系严密，且富有战斗性的真正的科学"③。教育哲学是 1949 年以前社会的教育课程，并且是资产阶级的教育学说。新中国成立后"以苏为师"，苏联师范院校课程计划，不设教育哲学。在他们看来，教育学以马克思主义作为指导，马克思主义就是教育中的哲学，因此不需要单独设教育哲学，

---

　　①　《当代中国》丛书教育卷编辑室编：《当代中国高等师范教育资料选》，679－682页，上海，华东师范大学出版社，1986。
　　②　王焕勋：《对于师范学院施行教育系教学计划中几个问题的认识》，载《人民教育》，1954(4)。引文有改动。
　　③　同上。

况且教育哲学的部分内容还可以由教育原理来承担。所以，新中国教育系的课程计划中，自然就取消了教育哲学。

二、西方教育哲学的零星介绍

20 世纪上半叶，对西方教育哲学思想的介绍性文章相对较多，涉及的报刊有《北京大学日刊》《教育杂志》《教育世界》《中华教育界》《中山文化教育馆季刊》《安徽教育月刊》《教育通讯》《新教育》《哲学月刊》等近 30 种，文章作者有杜威、敬轩、高亚宾、伏庐、井上哲次郎、姜琦、君宇、吴家镇、范寿康、天民、王国维、罗素、陈科美、孟宪承、刘伯明、李石岑等。

新中国成立之后，伴随着师范院校教育哲学课的取消，教育哲学的研究几乎停滞。1949—1978 年，国内对教育哲学的研究只有十几篇文章，主要是介绍西方教育哲学的发展和思想流派的译作。这其中有 12 篇文章发表在 1960—1965 年的《现代外国哲学社会科学文摘》上。1964 年，瞿菊农翻译了 1962 年出版的美国白恩斯、白劳纳《教育哲学》中的第三章，名为《当代资产阶级教育哲学》，由人民教育出版社出版。张焕庭主编了《西方资产阶级教育论著选》，介绍了 19 世纪前资本主义社会具有代表性和影响最大的外国教育家的重要论著，包括夸美纽斯、洛克、卢梭、爱尔维修、裴斯泰洛齐、欧文、赫尔巴特、福禄培尔、第斯多惠、别林斯基、斯宾塞、乌申斯基。

新中国成立之前，教育哲学的引进以杜威为主。1960—1965 年对西方教育哲学的介绍则超越了对杜威一人的关注，思想介绍更为广泛。吴棠翻译了勃鲁纳（布鲁纳）《杜威以后美国教育哲学前提的新评价》，介绍了对杜威《我的教育信条》中五个信条的发展。[1] 这个时期介绍的西方教育哲学流派有分析教育哲学、价值教育哲学、存在主义教育哲学、改造主义教育哲学等，但对流派的介绍除了翻译改

---

[1] ［美］勃鲁纳：《杜威以后美国教育哲学前提的新评价》，载《现代外国哲学社会科学文摘》，1965(3)。

造主义教育哲学的代表人物布拉米尔得的《需要一个改造的教育哲学》①外，其他介绍都是零散的，夹杂在西方教育哲学发展的综述和评论之中。

在对西方教育哲学流派的介绍中，中国教育学者还介绍和提及了西方教育哲学的一些著作，如菲尼克斯的《教育哲学》、尤里契的《教育哲学》、史密斯的《教育哲学》，这三本书有较为详细的介绍。克赖顿的《美国教育哲学近著简况》②提及了更多教育哲学著作，如分析教育哲学流派谢弗勒的《哲学与教育》《教育的语言》，欧康诺的《教育哲学导论》，存在主义流派尼勒的《存在主义与教育》，系统教育哲学家贝克森的《理想和社会》等，但此文也只是提及，并没有给予介绍，更没有中文译本。

这些翻译虽然使我们对西方教育哲学的发展状况了解得不系统，也不全面，但却及时介绍了西方教育哲学研究的概况，和西方教育哲学的联系渠道没有彻底封死。如麦克米伦、尼勒发表在美国《教育研究评论》1964 年 2 月号上的《1961—1963 年教育哲学的动向》，由姜文彬摘译发表在《现代外国哲学社会科学文摘》1965 年第 1 期上。《哈佛教育评论》1963 年第 2 期发表的《对尤里契:〈教育哲学〉一书的讨论》，由陈科美翻译并发表在《现代外国哲学社会科学文摘》1964 年第 3 期上。这些都是第一时间把西方教育哲学研究成果传播到我国的实例。

第二节　马克思主义教育学的曲折探索

新中国取消了教育哲学，其中的一个理由是教育学以马克思主义为指导，可以用马克思主义代替教育哲学的作用。马克思主义是

---

① ［美］布拉米尔得:《需要一个改造的教育哲学》，载《现代外国哲学社会科学文摘》，1964(6)。

② ［美］克赖顿:《美国教育哲学近著简况》，载《现代外国哲学社会科学文摘》，1961(7)。

教育学中的"教育哲学思想"。因此，我们这里展开对马克思主义教育学的考察。对待马克思主义教育学，新中国成立之后，我们一方面积极引进和学习苏联的社会主义教育理论，另一方面则批判以杜威为代表的资产阶级教育思想，一破一立，两个方面几乎同时进行。在此基础上，以马克思主义结合中国实际，形成了教育学的中国化形态，从而形成这个时期中国化的马克思主义教育哲学思想。

一、新民主主义教育：确立马克思主义思想的基本方向

《中国人民政治协商会议共同纲领》规定："中华人民共和国的文化教育为新民主主义的，即民族的、科学的、大众的文化教育。"1949 年 12 月，全国第一次教育工作会议召开，提出建设新民主主义教育的思路："以老解放区教育经验为基础，吸收旧教育某些有用的经验，特别要借助苏联教育建设的先进经验。"[1]从指导思想上来说，新民主主义教育确立以马克思主义为指导，改造旧教育学，建设新民主主义的教育学。这个时期出版的著作，如朱智贤的《论新民主主义教育》(文光书店，1949)、胡守菜的《新教育概论：马列主义的教育理论》(商务印书馆，1950)、常春元的《新民主主义教育教程》(上海杂志公司，1950)，被用作教育系课程计划中的新民主主义教育的教材或参考书。以胡守菜的《新教育概论：马列主义的教育理论》为例，全书共分六章，分别是马列主义的教育之理论依据、马列主义的教育本质、马列主义的教育之社会基础、马列主义的教育之哲学基础、马列主义的教育之生物基础、马列主义的教育方法论。

1949 年，华北人民政府教育部教科书编审委员会编写了《教育学参考资料》，临时作为《教育概论》的教材或参考书。内容分为三部分：新民主主义文化教育，新教育的制度、课程和方法，论学习问

---

① 中央教育科学研究所编：《中华人民共和国教育大事记(1949—1982)》，8 页，北京，教育科学出版社，1984。

题。这三部分的内容都是较早解放地区的教育文件和经验，包括毛泽东关于新民主主义文化教育的论述以及东北人民政府关于新民主主义教育的构想等。

新民主主义教育是一个过渡时期的产物，进入社会主义建设时期后，教育界开始了对苏联教育经验的全面"移植"和对旧教育的全面批判。

二、移植苏联教育理论：学习苏联马克思主义哲学

新民主主义教育只是提出"借助于"苏联的教育经验，但社会主义建设时期教育发展为全面学习苏联教育思想，这既有政治的原因，也有教育学自身发展中的问题。就政治原因而言，早在 1945 年，毛泽东就说过，苏联创造的新文化，应当成为我们建设人民新文化的范例。随着 1956 年社会主义改造的基本完成，我国开始了全面社会主义建设。社会主义建设确立了"以苏为师"的"一边倒"方针。就教育学自身而言，新民主主义时期编写的教育学材料，缺乏系统性，基本反映的是最早的解放区的政策和经验，难以适应社会主义建设的需要。开启社会主义建设，对新中国而言是一个新事物，而苏联有成熟的经验和丰富的成果。1952 年 11 月，《人民教育》发表社论《进一步学习苏联的先进教育经验——迎接中苏友好月》指出，新民主主义时期，我们学习苏联"做得不够彻底，也不够系统"。从新民主主义走向社会主义，"苏联的经验，足以供我们借鉴。"因为"苏联已用马列主义的观点、方法和三十年社会主义建设的经验来批判、吸收并发展了国际科学的最高成果"。"我们的教育要为工农服务……这正和苏联相同，更是只有学习苏联经验，才能较快较好地完成我们的任务。"①

---

① 《人民教育》社论：《进一步学习苏联的先进教育经验——迎接中苏友好月》，载《人民教育》，1952(11)。

因此，进入社会主义建设时期，教育学的第一个高潮就是学习苏联。据统计，1949—1966 年，共翻译出版苏联教育学专著 56 本，其中 1949—1957 年为 52 本，1953 年一年就翻译出版 20 本，而1960—1966 年无一本译著出版。① 北京师范大学教授顾明远统计，1950—1957 年，由苏联专家直接编写和在苏联专家指导下编写的讲义、教材共达 101 种。② 在编译和出版的教育学教材中，影响最大的是凯洛夫的《教育学》。1950—1951 年，凯洛夫《教育学》(上、下册)在我国翻译出版。在这个过程中，《人民日报》《人民教育》还大量刊发了该书部分章节的译文和学习体会，凯洛夫《教育学》的观点被全盘接受。1951—1953 年形成了学习凯洛夫《教育学》的热潮。大多数师范学校将其作为教育学教材或主要教学参考书，城市中小学教师几乎人手一册。③ 一时间，凯洛夫《教育学》几乎代表了苏联教育学，等于马克思主义教育学的典范。凯洛夫《教育学》，"全书内容丰富，体系严整，在马克思列宁主义的科学的教育学中，称得上是一部经典著作"④。

凯洛夫的《教育学》是供苏联高等师范学院开设教育学课程使用的教科书。全书分为三编，共 21 章，⑤ 分别为：

第一编：教育学总论，有教育学的对象与方法、共产主义教育的目的与任务。

第二编：教学理论(教学论)，有教学过程、教养和教学的内容、

① 周谷平、徐立清：《凯洛夫〈教育学〉传入始末考》，载《浙江大学学报(人文社会科学版)》，2002(6)。

② 顾明远：《论苏联教育理论对中国教育的影响》，载《北京师范大学学报(社会科学版)》，2004(1)。

③ 郑玉飞：《"凯洛夫访华"的历史、关注的教育问题及影响》，载《教育学报》，2013(2)。

④ 于卓：《教学的内容》，《人民日报》，1950-04-03。引文有改动。

⑤ [苏联]凯洛夫：《教育学》(上、下册)，沈颖等译，目录，北京，人民教育出版社，1953。引文有改动。

上课是苏维埃学校教学工作的基本组织形式、教学法、学生知识的检查方法和评定方法。

第三编：教育理论，包括共产主义道德教育原理、共产主义道德教育的方法、辩证唯物主义世界观基础的形成、苏维埃爱国主义教育与苏维埃民族自豪感的培养、劳动教育、自觉纪律的教育、意志与性格的教育、美育、体育、学生集体的组织与教育、课外活动和校外活动、苏维埃学校的教师、学校与家庭、国民教育制度。

仅从凯洛夫《教育学》的章节便可以看出，这是一本以马克思主义为指导的教育学著作。作者把教育学看作科学，因为它建立在马克思列宁主义理论基础上。"苏维埃教育学是建立在最先进的哲学理论——马克思列宁主义理论——的基础上的。凭借着科学认识的唯一正确的方法——马克思主义的辩证法——教育学才初次获得了正确反映教育现象规律的可能性，才能做出教育经验的客观分析，并能建立获得辩证的概括结论，作为行动的正确指针。"[1]

凯洛夫的《教育学》把教育看作上层建筑，认为教育总是和政治相联系。无产阶级社会主义革命必然要消灭阻碍社会向前发展的资产阶级的阶级教育，而以共产主义教育来代替它。[2] 因此，他在马克思主义的历史唯物主义的基础上，强调教育的阶级性和教育学的"党性"。苏维埃教育学就是论述共产主义教育的科学。共产主义世界观是马克思列宁主义党的世界观；是现代社会最先进阶级即工人阶级党的世界观。苏维埃教育学是在实行着这个先进阶级的政策，它的党的政策。[3]

此外，奥戈罗德尼科夫、史姆比辽夫合著的《教育学》是供苏联

---

[1]　[苏联]凯洛夫：《教育学》(上册)，沈颖等译，28 页，北京，人民教育出版社，1953。

[2]　同上书，10 页。

[3]　同上书，29 页。

师范专科学校使用的教科书。该书在体系上与凯洛夫《教育学》的区别不大。全书分为四部分：教育学的一般原理、教学理论、教育理论和学校行政。总论中设专门一节阐述"教育学的哲学基础"。该书作者把哲学分为唯心论和唯物论两个部分。资产阶级教育学是建立在唯心论基础上的，苏维埃教育学是建立在唯物论基础上的，是建立在马克思列宁主义哲学基础上的。该书作者批判唯心主义无视社会制度的现实，把社会、人和道德都看作抽象的、外在于社会的存在，从而掩盖了阶级本质。马克思主义唯物论研究教育现象和教育问题，不是从普遍精神和绝对理念出发，而是从社会发展的物质基础出发。只有在这个条件下，教育学才能成为揭示人的发展、教育、教养规律的真正科学。[1]

学习苏联教育学是我国教育学发展史上的第二个高潮。我们不仅翻译了大量苏联教育学教材，而且邀请苏联专家直接到中国参与教育学师资培养，如北京师范大学从 1950 年起先后邀请了波波夫、普希金、崔可夫、马弩依连卡等，华东师范大学邀请了杰普莉茨卡娅。凯洛夫本人也于 1956 年 12 月 30 日至 1957 年 1 月 23 日在中国访问，先后在北京、重庆、昆明、广州、上海等地开展一系列讲演和座谈。据报道，与之会面或前来听报告的有 1.5 万余人。[2] 苏联专家的教育学讲义也被印刷或出版。

在学习苏联教育学基础上，我国也开始编写自己的教育学大纲和教材。1952 年，教育部印发了供中等师范学校参考用的《师范学校教育学教学大纲》。这份大纲基本模仿自叶希波夫、冈察洛夫合著的《教育学》。后来根据大纲，教育部组织张凌光、丁浩川等专家编写

① ［苏联］奥戈罗德尼科夫、史姆比辽夫：《教育学》（修订本），高晶齐译，20—21 页，上海，正风出版社，1952。

② 周谷平、徐立清：《凯洛夫〈教育学〉传入始末考》，载《浙江大学学报（人文社会科学版）》，2002(6)。

了供中等师范学校参考用的《教育学》,由人民教育出版社 1956 年出版。在序言中,作者指出,该书参考苏联的经验,以马克思主义为指导而编写。1954 年,教育部组织编写了《初级师范学校教育学教学大纲(草案)》;1956 年,又组织编订了《师范学校教育学教学大纲(试用)》和《师范学院、师范专科学校教育学试行教学大纲》。这些都是参照苏联各级师范学校的教育学大纲,结合我国过渡时期的实际而制定的。① 后续根据这些大纲编写的教育学教材,基本是参照苏联教育学教材体系编写的。如北京师范大学教育系教育学教研室编写的《教育学讲义》在"前言"中明确指出,这部讲义是"企图在几年来学习苏联先进教育理论的基础上,根据苏维埃教育学科学体系,编写一套能够初步适合要求的教育学讲稿"。

三、对杜威实用主义教育哲学的批判

杜威是新中国成立之前影响最大的外国教育家。新中国成立之后,对旧教育进行改造,自然就要批判杜威实用主义教育思想。1955 年第 5 号《人民教育》发表社论《批判唯心主义思想的重大意义》。

这一时期主要是批判实用主义以及杜威的教育哲学。《哲学研究》《人民教育》《新建设》以及《厦门大学学报》《华南师院学报》《华中师范学院学报》等发表了大量批判文章,有苏联学者冈察洛夫的《实用主义与实验主义的教学论批判》②(1950)、梅里维里的《实用主义》(1951)、李达的《实用主义》(1955)、曹孚的《杜威批判引论(上篇)》(1950)、《杜威批判引论(下篇)》(1950)、《批判实用主义教育学关于教育的作用和目的谬论》(1955),以及张腾霄、杜佐周、曾作忠、戴本博、王天一、毛礼锐、刘桂灼等的著作,还有严永晃的《批判实用

---

① 郑金洲、瞿葆奎:《中国教育学百年》,110—111 页,北京,教育科学出版社,2002。

② 为使表达简练,本书正文中除非必要,否则一律省略副标题。脚注除外。——编者注

主义教育学的知识论》(1956)、黄凤漳的《批判实用主义教育学关于
学校与社会的关系的理论》(1958)、邓峻璧的《批判实用主义教育学
关于教学过程的理论》(1958)等。这一时期出版了曹孚的《实用主义
教育思想批判》(新知识出版社，1956)、陈元晖的《实用主义教育学
批判》(人民教育出版社，1957)、傅统先的论文集《资产阶级教育思
想批判》(第 1、2 集，文化教育出版社，1955)。杜威受到批判后，
他在中国的学生胡适、陶行知、陈鹤琴等人的思想也遭到批判。

　　批判者认为，杜威的教育哲学可以分为两个方面：社会哲学和
教育方法论。社会哲学中诸如生长论、进步论、无目的论、智慧论，
试图掩盖资本主义的阶级本质。教育方法论以其知识论和经验论为
基础，对批判传统教育的形式主义具有"外部诱惑性"，在某些方面
具有一定的积极意义。这个时期的批判，如同刘佛年回忆时所说，
大约从 1952 年起，"我们全面学习当时苏联的教育学。它也用阶级
分析的方法研究教育的社会本质，但对资本主义教育缺乏全面深入
的分析"①。

四、对凯洛夫《教育学》的批判

　　1956 年，国际和国内形势发生了变化。就国际而言，中苏关系
开始恶化。1956 年，《人民日报》发表《关于无产阶级专政的历史经
验》《再论无产阶级专政的历史经验》，明确提出"反对修正主义"。就
国内而言，1956 年社会主义改造基本完成，开始迈入社会主义建设
新阶段，但 1958 年教育学建设上有两个重要事情：一是批判凯洛夫
的《教育学》；二是提出教育学中国化，建设中国自己的教育学。

　　虽然 1956 年中苏友好关系开始发生了变化，但还没有影响到人
们对凯洛夫《教育学》的宣传。1956 年《人民教育》刊发《凯洛夫新编
"教育学"简介》，还对凯洛夫新编教育学(1956 年版)进行宣传："我

---

　　①　刘佛年：《三十年来我国对教育规律的探索》，载《教育研究》，1979(4)。

国教育界殷切期待的苏联最新的教育学教科书第一本已于十月中旬由俄罗斯联邦教育科学院莫洛兹昂同志寄到北京了。这本新的教育学教科书寄来之后，人民教育出版社正在紧张地从事翻译，预计明年五、六月间可以同读者见面。"[①]1956年12月，凯洛夫率代表团访问中国，时任教育部部长张奚若主持茶会，欢迎凯洛夫的到访。1957年，《人民教育》第3期登载了《凯洛夫院士谈新编"教育学"的指导原则和全面发展问题》，介绍凯洛夫访问昆明师范学院时对该校教师提出的问题的回答。1956—1957年尽管提出反对修正主义，但对凯洛夫教育学尚没有开始批判。

这种情况在1958年开始改变。1958年，《人民教育》第8期发表社论《学习总路线，贯彻总路线》，分析了教育领域的思想，包括为教育而教育，为知识而知识的倾向，拘泥于书本知识，不结合实际工作的教条主义。社论批评了教育工作中存在的只局限于统一性，而缺少因材施教；只拘泥于正规化的学校，忽视学校的多样性；只拘泥于教师的主导作用，忽视了培养学生自学的能力和习惯；只强调中央统一规定，忽视各地因地制宜；只拘泥于国家办学，忽视群众办学；只拘泥于普通中学单轨制，忽视用普通中学和职业中学两条腿走路。[②]

从1958年确定的教育总路线看，凯洛夫《教育学》不仅不能为贯彻教育总路线提供支持，反而是一个障碍。因为凯洛夫《教育学》强调学校的正规化、课堂中心、教材统一和教师的主导作用，与教育总路线的要求不相符。当然，从政治上来说，中苏关系恶化，苏联已经不再是中国社会主义建设学习的对象。《人民教育》1964年6月号发表《社会主义教育学中的一个重要问题》，其中写道："解放以后有一本翻译出版的教育学著作，已经先后印刷了多次，在我国的影

---

① 陈友松：《凯洛夫新编"教育学"简介》，载《人民教育》，1956(12)。
② 《学习总路线，贯彻总路线》，载《人民教育》，1958(8)。

响是很大的。但是，这本书的许多观点是不正确的。"这篇文章开始了对凯洛夫《教育学》进行不点名的批评。同年 10 月教育部印发的《城市半工半读学校情况汇编》明确指出，以前"把苏联凯洛夫的教育思想认为是社会主义的，而实际上它是资本主义的"①。自此，凯洛夫成了资本主义和修正主义教育学的典型受到批判。对凯洛夫教育学的批判，"文化大革命"期间达到了顶峰。

五、教育学中国化的初步探索

教育学的中国化问题，出现在中苏关系恶化之后。中国教育界一方面开始批判苏联的教育学，另一方面开始探索新教育学。有学者根据党的第八次全国代表大会的决议分析教育学中的问题："忽视了马克思列宁主义理论与中国革命实际相结合的原则，忽视了苏联先进的教育理论和教育经验必须与中国社会发展的客观需要及当前教育的实际相桔合的原则，我们往往喜欢生硬地搬运苏联教育学上的理论和经验，而不考虑中国社会发展的实际、教育改革的实际及学生思想和知识水平的实际，硬要迎头赶上。"②1957 年第 7 期《人民教育》发表的《为繁荣教育科学创造有利条件》，表达了上海、南京高等师范院校部分教授对教育科学研究工作的笔谈。大家在充分认识学习苏联教育学必要性的基础上，提出必须与中国实际相结合，继承中国教育遗产。张文郁明确提出："我国教育科学的发展方向，最迫切的是教育学的中国化问题。教育学的中国化，是解决存在于教育学的教学和研究中的教条主义偏向的关键。"③这一时期，瞿葆奎在《华东师大学报（人文科学版）》1957 年第 4 期发表了《关于教育学

---

① 周谷平、徐立清：《凯洛夫〈教育学〉在中国》，载《河北师范大学学报（教育科学版）》，2003(1)。

② 许憶痴：《根据党的第八次全国代表大会的决议看教育学的现状和今后的任务》，载《河北天津师范学院学报》，1957(1)。

③ 《为繁荣教育科学创造有利条件——上海南京高等师范院校部分教授对教育科学研究工作的意见》，载《人民教育》，1957(7)。

"中国化"问题》，曹孚在《新建设》1957 年 6 月号发表了《教育学研究中的若干问题》等，从理论上尝试提出教育学中国化的方案。

　　教育学的中国化，重要的是建设与教育总路线相适应的教育学。1958 年 9 月 19 日，中共中央、国务院发布了《关于教育工作的指示》，明确提出"党的教育工作方针，是教育为无产阶级的政治服务，教育与生产劳动相结合……教育工作必须由党来领导"。"在一切学校中，必须进行马克思列宁主义的政治教育和思想教育，培养教师和学生的工人阶级的阶级观点、群众观点和集体观点、劳动观点、辩证唯物主义的观点。"1958 年前后编写的教育学教材主要有华东师范大学教育系教育学教研组等的《教育学讲义初稿》(上、下册)，北京师范大学教育系教育学教研组编的《教育学讲义》，南京师范学院《教育学》编写组的《教育学》，广东师范学院教育学教研室的《中国教育学讲义》(上、下册)，华中师范学院教育系的《教育学(初稿)》。从编写指导思想看，它们都强调以马克思列宁主义、毛泽东教育思想和党的教育工作方针为指导思想，根据总路线的精神，从实践出发，总结和反映教育实践经验。就教育学的体系看，基本上还是凯洛夫《教育学》的板块，总论、教育论和教学论。在具体内容上，结合中国的教育实践，设置"党的教育方针""社会主义教育的目的""党对教育事业的领导""马列主义教育工作的基本原则""学校教育制度""思想政治教育""劳动教育""人民教师"等章节。

　　这一阶段，反映 1958 年教育经验最彻底的教材要数华东师范大学、上海师范学院、上海市教育局、共青团上海市委和上海教育学会五个单位合编的《教育学》。该书打破了凯洛夫《教育学》的体系，设计了五个板块：毛泽东同志关于教育的基本理论、全日制学校教育、半日制(半工半读)学校教育、工农业余学校教育和教育的科学研究。显然，板块中"半日制(半工半读)学校教育""工农业余学校教育"都是"教育大革命"中的新现象，它试图使教育学为伟大的教育革命服务，为发展社会主义教育事业服务。这本教材虽然从章节设计到内容都彻底地"中国化"了，但它使教育学变成了教育政策汇编。

1961 年 4 月，中央宣传部召开高等学校文科教材会议，周扬在会上提出："要编出一本好的教材首先要总结自己的经验，整理自己的遗产，同时要有选择有批判地吸收外国的东西，只有这样，才能编出具有科学水平的教材，才是中国的教育学、中国的文艺学。"① 这次会议确定由刘佛年承担《教育学》编写任务。后来，针对刘佛年的"教育学提纲"，周扬还指出，教育学要以探索特殊规律为主，但不能忽视共同规律；要历史地看问题，并把历史的方法与逻辑的方法结合起来；阶级观与历史观要统一，有历史观才能避免阶级标签主义；战斗性与科学性结合，不能以战斗性否定一切；要以阐述正确的教育为主，辅以对错误教育的批判；教育学要研究教育，不能以其他代替教育理论。② 周扬对教育学教材编写的这些意见，对建设中国教育学具有很好的指导作用。1961—1963 年，由刘佛年任主编，完成了《教育学》讨论稿，供内部使用。1976 年后，这本教材稍加修改，应教学的亟需而出版。

刘佛年主编的《教育学》包括：

第一章，教育与政治经济的关系；第二章，教育与儿童身心发展的关系；第三章，教育目的与教育方针；第四章，学校教育制度；第五章，课程与教材；第六章，教学过程与教学原则；第七章，教学方法与教学形式；第八章，思想教育的意义、任务和内容；第九章，思想教育的过程与原则；第十章，思想教育的途径与方法；第十一章，生产劳动；第十二章，体育与卫生；第十三章，教师；第

---

① 周扬：《关于高等学校文科教材编选的意见——1961 年 4 月 12 日在高等学校文科教材编选》计划会议上的讲话，见袁振国编：《中国当代教育思潮》，101 页，上海，生活・读书・新知三联书店，1991。

② 陈桂生：《刘佛年〈教育学〉述评》，载《江西教育科研》，1998(3)。

十四章，学校行政；附录一，教育与经济发展；附录二，电化教育；附录三，美育。

刘佛年的《教育学》，虽然章的设置没有超越凯洛夫《教育学》的三大板块，但其针对的问题、论述的原理都是中国的。这本《教育学》没有苏联那种工作手册式的面貌，也摆脱了教育学的政策阐释，力求从理论上体现"中国化"，提高教育理论概括的层次和理论思维，把教育学中国化拉回到正常的轨道上。刘佛年《教育学》是推进教育学中国化的一次较为成功的尝试。可惜，1966—1976 年教育学中国化偏离了正常轨道。

六、教育学中国化的畸形发展

"改革旧的教育制度，改革旧的教学方针和方法"，是"文化大革命"时期教育学面临的主要任务之一。

如广西师范学院教育革命理论教研组编写的《教育学讲义》(1973)有：

一、实现无产阶级教育革命，必须有工人阶级领导；二、教育必须为无产阶级政治服务，必须与生产劳动相结合；三、培养有社会主义觉悟的有文化的劳动者；四、"五·七指示的光辉道路"；五、对学生进行思想和政治路线方面的教育；六、改革旧的教学方针和方法；七、人民教师。

再如广东师范学院教育学教研室编写的《教育学讲义》(1974)有：

一、教育与阶级斗争；二、毛主席的无产阶级教育路线；三、社会主义时期的青少年；四、学生思想政治教育；五、社会主义文化课教学；六、学工、学农、学军；七、体育；八、革命教师。

这是教育学"中国化"最鲜明的表现。中国的教育学建设，固然以中国的教育实践为根基，反映中国社会的发展，但需要对教育实践进行反思、概括和提炼，寻找中国教育发展的规律。遗憾的是，"文化大革命"时期的教育学，虽立足于"中国"，却放弃了"学"，导致教育学中国化的畸形发展。

七、马克思主义教育学建设中的教训

马克思主义教育学的探索始于新中国成立之前。1930 年，杨贤江的《新教育大纲》是我国第一本以马克思主义基本原理阐述教育基本问题的著作。之后，张栗原的《教育哲学》(生活·读书·新知三联书店，1949)，林砺儒的《教育哲学》和钱亦石的《现代教育原理》(上海书店出版社，1946)也都运用马克思主义的立场、观点和方法，阐释教育的基本原理和方法。但新中国成立之前的教育哲学，以杜威实用主义为主导。杨贤江的《新教育大纲》甚至一度遭到禁售。

中华人民共和国成立后，马克思列宁主义、毛泽东思想成为社会主义革命和社会主义建设的指导思想。与此相适应，教育界也必须确立马克思列宁主义、毛泽东思想在教育学中的指导地位。新中国成立初期的教育学，在"以苏为师"的思想指导下，开始了一个"学习借鉴苏俄式马克思主义教育学，结合本国实际，运用和发展马克思主义教育学的艰难过程"[1]。

新中国成立之初，新民主主义时期，"以老解放区新教育经验为基础，吸收旧教育有用经验，借助苏联经验，建设新民主主义教育"的方针，试图从各种教育中吸收优点，既没有开展对旧教育的批判，也没有完全学习苏联的模式，还提出以解放区经验为基础。但进入社会主义建设阶段，教育界开始全面"以苏为师"，凯洛夫的《教育学》被视为马克思主义的教育学的最高科学成果，教育学全盘"苏化"。在全面学习苏联教育学之后，为清除社会主义建设的思想障碍，我国教育学界又开始了对资产阶级教育思想——杜威实用主义教育哲学的批判。

---

[1] 周谷平、徐立清：《马克思主义教育学中国化历程初探》，载《教育研究》，2002(10)。

1956年，毛泽东发表《论十大关系》，指出"我们的理论，是马克思列宁主义的普遍真理同中国革命的具体实践相结合"。这引发了教育学者对教育学全盘"苏化"的反思，开启了教育学中国化的探索。1956年，中苏关系恶化后，凯洛夫《教育学》被视为苏联修正主义教育学受到批判。1957，曹孚在《新建设》发表《教育学研究中的若干问题》，提出教育学中国化主要是将苏联教育学与中国实际相结合，反对学习过程中的教条主义倾向。教育学中国化初期取得了一定的成果，以刘佛年主编的《教育学》(讨论稿)为标志。但在1966—1976年，马克思主义教育思想被严重歪曲了。

新中国的教育学以马克思主义为指导，这是毫无疑问的，也是坚定不移的。但中国教育学者在探索马克思主义教育学的道路上，一波三折。无论是全面引进苏联教育学，还是批判杜威实用主义，以及批判凯洛夫的《教育学》，都以"建设中国教育学"为目的。在建设中国教育学的过程中，教育界始终强调教育的工具性，这使教育学失去了理论之"学"。

回顾新中国教育学的前30年，虽然我们建设马克思主义教育学的指导思想是明确的，但"左"倾错误思想的影响，使教育学中国化的进程出现三种偏差。第一，理解马克思主义教条化，从书本出发，而不是从中国实际出发；教条化地运用马克思主义，这造成了一种贴标签现象。第二，把苏联的教育学当作经典或马克思主义的最科学成果照抄照搬，没有结合中国实际进行选择。第三，对"教育学中国化"存在着两种认识：一是认为强调中国化，就意味着中国理论必须本土化，就是要批判西方资产阶级理论，否定西方教育思想；二是把中国化狭隘地理解为政治文件汇编和教育"语录"。这两种认识都存在着错误。正由于当时人们对马克思主义的认识和理解还存在着问题，致使教育学中出现了对马克思主义的歪曲，其教训是惨痛的，也是深刻的。

　　马克思主义是建设中国教育学的指导思想，教育学如何确立马克思主义的地位，如何把马克思主义的基本原理与中国教育实际相结合从而建构中国的教育学科，成为一个没有完成的任务，也是改革开放后，教育学重建中需要着力探索和解决的重点问题。

第二章

教育哲学的重建与发展
(1978—2019 年)

1978 年 12 月，党的十一届三中全会的召开，揭开了中国社会发展新的一页。自此以后，我国在政治、经济、文化、教育各方面都出现了前所未有的大好形势。为了适应新形势、新发展、新要求，教育学迎来了大好的发展机遇，进入了快速发展时期。

第一节 教育哲学的重建与发展

自新中国成立到改革开放前，这近 30 年是中国教育哲学的停滞期。改革开放后，教育学首先要重建那些被取消的学科，教育哲学位列其中。因此，1978 年后，教育哲学首先要恢复重建，并在此基础上开展深入研究。

我们大致可以把 1978—2019 年分为两个阶段。第一阶段是从改革开放到 20 世纪末，主要是教育哲学的恢复重建时期；第二阶段是 21 世纪以来至今，为教育哲学的发展期。理由是从研究文献上看，第一阶段的著作主要偏重于学科概论式的研究，研究论文相对较少；第二阶段的专著偏重于问题研究，专题研究的论文显著增多。

一、教育哲学的恢复重建(1978—1999 年)

(一)恢复高等学校教育系的教育哲学课程

新中国成立之前，教育哲学是大学教育系的主干课程。新中国成立后取消了教育哲学。改革开放后，亟需恢复高等学校教育系的教育哲学课程。

1978 年 8 月，教育部颁布《高等师范院校教育系学校教育专业学时制教学方案(修订草案)》。教育哲学重新回到教学计划中，被列为选修课。[①] 1979 年 3 月至 4 月，教育部在北京召开全国教育科学规划会议，审议了高等师范院校教育系的教学计划，决定在教育系教学计划中恢复"教育哲学"学科，教育哲学课程从此取得"合法性"地位。

为什么恢复教育哲学？作为恢复重建时期重要参与者的黄济认为，主要有三个原因：

第一，新中国成立三十年来，我国教育系设科太窄，学生所学的知识面太窄，不符合对一个人民教师应有比较渊博知识的要求。为了增加学生的知识，扩大学生的眼界，于是在设科上要求扩大范围，增设和选修一些新的学科，教育哲学就列为其中之一。第二，三十年来在教育工作中是几经反复……为了在教育理论上拨乱反正，澄清是非，必须以马克思主义为指导，加深对教育规律性的认识，教育哲学的开设也势在必行。第三，现代生产的发展和科学技术的进步，特别是新技术革命对教育提出了新的挑战，在教育理论和实践中提出了许多新的课题。教育哲学必须迎接这些挑战，对教育中提出的新的课题做出回答，对未来教育做出科学预测。[②]

[①] 《当代中国》丛书教育卷编辑室编：《当代中国高等师范教育资料选》上卷，767—771 页，上海，华东师范大学出版社，1986。

[②] 黄济：《雪泥鸿爪：新中国教育哲学重建的探索》，312—313 页，北京，北京师范大学出版社，2010。引文有改动。

在 1979 年教育部通过恢复教育哲学的决议后，1980 年秋季学期，北京师范大学就在本科生中开设教育哲学。此后，华东师范大学、南京师范大学、山东师范大学等院校也纷纷把教育哲学作为教育系本科生的选修课开设。20 世纪 90 年代末，教育哲学又成为教育专业(学前教育、小学教育、教育学、教育管理)的必修课程。

(二)编写教育哲学教材

1979 年，教育部在提出重建教育哲学的同时，委托北京师范大学黄济和华东师范大学傅统先着手教育哲学的教材建设。1982 年，黄济的《教育哲学初稿》由北京师范大学出版社出版，后来在使用中不断修改，1985 年正式定名为《教育哲学》。1986 年，傅统先和张文郁合著的《教育哲学》由山东教育出版社出版。这两本教材成为恢复重建时期教育哲学的奠基之作。

教育哲学的重建不是从翻译和引进教材开始，而是从自己编著教材开始的。一方面是有新中国成立之前教育哲学建设的良好基础，另一方面又有新中国成立之后教育学中国化探索的基础，二者的结合，使我们有意识也有能力编写中国自己的教育哲学。无论是黄济的《教育哲学》，还是傅统先和张文郁的《教育哲学》，都坚持以马克思列宁主义、毛泽东思想为指导，针对我国教育事业发展与改革过程中的重大理论与实践问题，做出中国特色社会主义教育的解答，逐步建立起中国特色社会主义教育哲学体系。这一探索，摆脱了我国教育哲学建设初期对西方教育哲学的依赖和模仿，使教育哲学的重建走上了主体建构之路。

在探索建设马克思主义教育哲学的路上，黄济的《教育哲学》和傅统先、张文郁的《教育哲学》都运用马克思主义的原理和方法，试图体现辩证唯物主义思想。但刁培萼和丁沅的《马克思主义教育哲学》是把马克思主义教育哲学作为一个专门学科。该书"以马克思主义辩证法为主线，探讨自然、社会、思维的发展与教育相互作用的规律性，力图从总体上把握教育运动、发展的一般规律，并为教育实践提供理论依据"①。

当然，中国特色社会主义教育哲学以马克思主义为指导，立足于中国教育，并不盲目排斥国外的教育哲学思想，而是在研究、分析、批判的基础上做出恰当评价，以利于建设我国的教育哲学。重建之初，一些教育学者翻译和介绍了西方教育哲学的不同思想流派，如张焕庭主编的《西方资产阶级教育论著选》（人民教育出版社，1979），陈友松主编的《当代西方教育哲学》（教育科学出版社，1982），陆有铨译的罗伯特·梅逊的《西方当代教育理论》（文化教育出版社，1984），崔相录的《二十世纪西方教育哲学》（黑龙江教育出版社，1989），陆有铨著的《现代西方教育哲学》（河南教育出版社，1993）。这些翻译和介绍，使我们及时了解了西方教育哲学发展的新动向。

（三）建立学术组织，凝聚一批人才

20 世纪上半叶，在教育哲学初建时期，有一批优秀的教育哲学家，如范寿康、吴俊升、张栗原、姜琦、杨贤江等，他们留学欧美，研习哲学和教育学，具有很高的学术水准和宽阔的学术视野。但新中国成立后，教育哲学 30 年的中断，造成了教育哲学人才的断层。教育哲学的恢复重建，需要一批专业人才，但短期内只能通过其他学科"转嫁"人才的方式完成，"转嫁"人才的学科主要有两个：一是教育原理，二是马克思主义教育思想。"转嫁"人才只能解决暂时问题，根本上还要培养专门的教育哲学人才。在恢复教育哲学之时，北京师范大学、华东师范大学、南京师范大学等高等学校就在教育学原理专业的学生中培养教育哲学的研究生，为教育哲学的发展准

---

① 刁培萼、丁沅编著：《马克思主义教育哲学》，前言，上海，华东师范大学出版社，1987。

备专业人才。

1986 年，全国教育学会教育哲学专业筹备委员会成立，1988 年正式成立委员会(现更名为中国教育学会教育学分会教育哲学专业委员会)。学会凝聚了全国教育哲学同人，定期开展学术研讨，交流教学和研究经验。学会队伍不断壮大，从最初 30 多人，发展到现在的二三百人。截至 2018 年，教育哲学专业委员会已经成功举办 19 届学术年会和一些专题研讨会。2017 年江苏师范大学设立了"徐州教育哲学论坛"。自成立以来，教育哲学专业委员会的影响不断扩大，吸引了来自国内外学者的参加，凝聚了国内教育哲学学者，培养了一批新人，推进了教育哲学的国际化交流。

(四)教育哲学研究以概论式著作为主，分支领域式研究渐露苗头

教育哲学著作分为概论式、分支领域式和问题研究式三种类型。教育哲学学科概论式著作以介绍教育哲学为主，全面介绍教育哲学作为一个学科的基本内容。分支领域式著作是教育哲学在各个分支领域中的运用和体现，以建立教育哲学的分支学科。问题研究式著作是将教育哲学原理运用到教育问题的分析中，以探讨解决教育问题的哲学之道。

据此，对 1979—1999 年国内出版的教育哲学著作进行统计分类，发现 33 本教育哲学著作中，概论式的著作有 26 本，分支领域式的著作有 4 本，问题研究式的著作有 3 本。这说明 1979—1999年，教育哲学研究以学科概论式的研究为主，以分支领域式的研究为辅。[1] 具体情况见表 2-1。

---

[1] 冯建军主编：《中国教育哲学研究——回顾与展望》，69 页，北京，北京师范大学出版社，2015。

表 2-1   1979—1999 年出版的概论式教育哲学著作

1. 黄济编著：《教育哲学初稿》，北京，北京师范大学出版社，1982。

2. 陈友松主编：《当代西方教育哲学》，北京，教育科学出版社，1982。

3. 黄济：《教育哲学》，北京，北京师范大学出版社，1985。

4. 傅统先、张文郁：《教育哲学》，济南，山东教育出版社，1986。

5.《教育哲学教学参考资料》编辑组编：《教育哲学教学参考资料》，北京，北京师范大学出版社，1986。

6. 刁培萼、丁沅编著：《马克思主义教育哲学》，上海，华东师范大学出版社，1987。

7. 桑新民：《当代教育哲学》，昆明，云南人民出版社，1988。

8. 王佩雄、蒋晓：《教育哲学——问题与观念》，沈阳，辽宁教育出版社，1989。

9. 崔相录：《二十世纪西方教育哲学》，哈尔滨，黑龙江教育出版社，1989。

10. 张家祥、王佩雄编著：《教育哲学研究》，上海，复旦大学出版社，1990。

11. 王为农、郑希晨主编：《教育哲学》，哈尔滨，黑龙江教育出版社，1990。

12. 秦和鸣、俞朝卿主编：《教育哲学新论》，上海，复旦大学出版社，1990。

13. 曾成平：《现代教育哲学新论》，重庆，重庆出版社，1991。

14. 田玉敏主编：《当代教育哲学》，天津，天津社会科学院出版社，1991。

15. 桑新民：《呼唤新世纪的教育哲学——人类自身生产探秘》，北京，教育科学出版社，1993。

16. 陆有铨：《现代西方教育哲学》，郑州，河南教育出版社，1993。

17. 黄济主编：《中国传统教育哲学思想概论》，郑州，河南教育出版社，1994。

18. 申振信：《现代教育哲学》，西宁，青海人民出版社，1995。

19. 张腾霄：《教育哲学漫谈》，北京，人民教育出版社，1996。

20. 王坤庆：《现代教育哲学》，武汉，华中师范大学出版社，1996。

21. 桑新民、陈建翔：《教育哲学对话》，石家庄，河北教育出版社，1996。

22. 于述胜、于建福：《中国传统教育哲学》，南京，江苏教育出版社，1996。

23. 何光荣：《中国古代教育哲学》，北京，北京师范大学出版社，1997。

24. 黄济：《教育哲学通论》，太原，山西教育出版社，1998。

25. 许邦官编著：《教育哲学新编》，武汉，华中师范大学出版社，1998。

26. 梁渭雄、孔棣华主编：《现代教育哲学》，广州，广东高等教育出版社，1997。

1988 年，黄济主持国家教委博士点专项研究项目"教育哲学系列研究"。黄济认为，要先对中国和西方的教育哲学分别进行整理、研究，在此基础上写一本教育哲学通论。这就是陆有铨的《现代西方教育哲学》和黄济的《中国传统教育哲学思想概论》。在此基础上，黄济完成了《教育哲学通论》，代表恢复重建时期教育哲学的最高水平。《教育哲学通论》摆脱了完全以研究国外哲学流派和教育流派为中心的教育哲学体系，试图融古今中外教育思想为一体，吸收我国传统教育哲学的精华，借鉴国外教育哲学流派的学说，结合我国教育面临的实际问题，建立具有中国特色和现代教育意识的教育哲学体系。

在西方教育哲学的研究上，这个阶段出版了崔相录的《二十世纪西方教育哲学》，早期还发表了 R. D. 范斯科特、R. J. 克拉夫特、J. D. 哈斯的《当代西方教育哲学流派》(《外国教育动态》，1980 年第6 期)，王佩雄的《当代西方教育哲学发展情况简介》(《外国教育研究》，1984 年第 1 期)，王佩雄的《二十世纪中叶以来的美国教育哲学》[《华东师范大学学报(教育科学版)》，1984 年第 2 期]等。在中国传统教育哲学的研究上，于述胜、于建福出版了《中国传统教育哲学》，何光荣出版了《中国古代教育哲学》，毛礼锐发表了《论儒家的道德教育思想》(《北京师范大学学报》，1980 年第 3 期)，黄济发表了《中国古代教育哲学思想的发展历程及其主要特点》[《北京师范大学学报(社会科学版)》，1994 年第 6 期]等。

经过了近 10 年的建设，20 世纪 90 年代中期，教育哲学开始分化，分支领域的教育哲学著作出现，主要有郑毓信的《数学教育哲学》(四川教育出版社，1995)、钟祖荣的《基础教育哲学引论》(文化艺术出版社，1996)、刘晓东的《儿童精神哲学》(南京师范大学出版社，1999)、孙绵涛等的《教育管理哲学——现代教育管理观引论》(武汉工业大学出版社，1997)。

专题研究式的教育哲学出现了刘楚明的《教育辩证法》(教育科学出版社，1994)、金生鈜的《理解与教育——走向哲学解释学的教育哲学导论》(教育科学出版社，1997)、石中英的《教育学的文化性格》(山西教育出版社，1999)。

（五）恢复重建时期教育哲学发展的特点

与新中国成立之前相比，恢复重建时期的教育哲学起点高，具有以下特征。第一，确立了教育哲学在大学教育系课程中的地位，并且其地位逐步提高，从最初的选修课发展到专业主干课，从大学教育系的课程扩展为教师教育的课程；第二，成立了全国教育哲学学术团队，打造一支教育哲学的研究队伍，而且队伍不断壮大；第三，明确了马克思主义的指导思想，新中国成立前多种取向的教育哲学并存的局面不再存在，也纠正了"文化大革命"时期对西方教育哲学思想的批判，"抱着实事求是的态度重新研究和评价现代西方思想家及其理论"[①]，取其精华，去其糟粕，使其为建立马克思主义教育哲学服务；第四，中国传统教育哲学成为教育哲学研究的重要领域，并取得了成就，有助于建设本土的教育哲学，这在新中国成立之前的教育哲学研究中是少有的；第五，教育哲学的重建站在一个比较高的起点上，摆脱了新中国成立前的西方化倾向，"无论在广度还是在深度上都比 1949 年前的要强，有作者的独到见解，那种大量参考和直接引用国外教育哲学著作的做法很少了"[②]；第六，这一阶段教育哲学以概论式研究为主，20 世纪 90 年代后期，分支领域和专题研究的著作开始出现，教育哲学研究逐渐向纵深发展。

与新中国成立之前相比，教育哲学重建时期的问题有以下两点。第一，专业化水平较低。新中国成立之前的教育哲学团队，大多留学海外，精通哲学，很多人后来成为著名的教育哲学家。但教育哲学 30 年的中断，使教育哲学在恢复重建时，只能临时从教育学其他学科"转嫁"学者，其学术背景和学术素养都不及新中国成立前的水

---

① 刘放桐：《代序：重新认识和评价杜威》，见杜威：《新旧个人主义——杜威文选》，孙有中等译，5 页，上海，上海社会科学院出版社，1997。

② 石中英：《20 世纪中国教育哲学的回顾与展望》，载《教育研究与实验》，2000 (5)。引文有改动。

平。第二，对西方教育哲学研究的新成果反映不够，翻译著作较少。1979—2019 年翻译的著作只有罗伯特·梅逊的《西方当代教育理论》、麦克莱伦的《教育哲学》(生活·读书·新知三联书店，1988)、杰·阿·阿基比鲁的《教育哲学导论》(春秋出版社，1989)。这些著作也不是西方教育哲学研究的最新成果，此时我国教育哲学研究没有保持与西方教育哲学研究的同步。

二、21 世纪教育哲学的发展期(2000—2019 年)

就学科发展而言，进入 21 世纪，教育哲学迎来了百年发展史上最好的时期。教育哲学成为教育学科中一门重要的理论学科，担当着提升教师理论素养的重任。它不仅是教育专业的主干课程，而且在 2011 年教育部颁布的《教师教育课程标准(试行)》中，被列为中小学教师教育课程的重要模块，成为培养教师正确的教育观念，提升教师理论思维的重要课程。经过改革开放之后三代教育哲学学者①的努力，教育哲学人才队伍不断壮大，很多高校教育学原理专业设置教育哲学研究方向，培养硕士生和博士生。全国教育哲学专业委员会成为国内有影响的教育哲学理论学术团体，每两年举办一次全国性乃至国际性的学术年会，参会人数达到二三百人，吸引了国内外学者的参加。21 世纪以来，国际交流加大，中国教育哲学一方面及时翻译国外学者的重要著作，另一方面通过"请进来""走出去"，加强与国际教育哲学界的交流与对话。一批留学海外的博士回国后进入教育哲学领域，一些海外教育哲学学者开始受聘于国内高校，教育哲学的国内外交流日益频繁，实现了中西方教育哲学的同步交流、对话、合作、发展。

就研究而言，教育哲学的内涵越来越丰富，它超越了单一学科，

---

① 第一代学者以黄济、傅统先、张文郁、刁培萼、鲁洁等前辈为代表；第二代学者以陆有铨、朱小蔓、石中英、王坤庆、金生鈜、郝文武、于伟等为代表；第三代学者是第二代学者的学生，以陈建华、高伟、余清臣、曹永国等为代表。

对教育问题的关注范围也越来越宽泛，分支性领域的研究和问题性研究快速发展。2000—2019 年，出版教育哲学方面的著作近百本，数量是前一个 20 年的 3 倍；发表论文 1200 多篇，数量是前一个 20 年的 5 倍多。可以说，21 世纪之后，中国教育哲学真正进入了一个繁荣发展时期。

（一）概论式教育哲学研究稳中提升

1979—1999 年，教育哲学研究出版 33 本著作，其中 26 本是概论式的。2000—2019 年，出版概论式的教育哲学著作 33 本（见表 2-2），比前一个阶段多 7 本，这说明教育哲学概论研究保持着稳定的发展速度。更主要的是，这一阶段教育哲学概论的质量有明显提高。一是研究主题多样化；二是主题紧密结合时代发展和中国教育实践；三是吸收和融合了西方新的教育思想观念；四是中国传统教育哲学的研究很有深度，为构建中国特色的教育哲学提供思想资源。

表 2-2 　2000—2019 年出版的概论式教育哲学

1. 周浩波：《教育哲学》，北京，人民教育出版社，2000。
2. 张瑞璠主编：《中国教育哲学史》（第 1－4 卷），济南，山东教育出版社，2000。
3. 刘复兴、刘长城：《传统教育哲学问题新释》，武汉，湖北教育出版社，2000。
4. 童世骏主编：《教育哲学简明读本》，长春，东北师范大学出版社，2001。
5. 石中英：《教育哲学导论》，北京，北京师范大学出版社，2002。
6. 陶志琼：《新旧之间：教育哲学的嬗变》，重庆，重庆出版社，2003。
7. 曾钊新：《教育哲学》，长沙，中南大学出版社，2003。
8. 韩钟文：《先秦儒家教育哲学思想研究》，济南，齐鲁书社，2003。
9. 张全新：《二十世纪西方教育哲学》，济南，泰山出版社，2004。
10. 刘铁芳：《走向生活的教育哲学》，长沙，湖南师范大学出版社，2005。
11. 王坤庆：《教育哲学——一种哲学价值论视角的研究》，武汉，华中师范大学出版社，2006。
12. 郝文武：《教育哲学》，北京，人民教育出版社，2006。
13. 张楚廷：《教育哲学》，北京，教育科学出版社，2006。

14. 石中英：《教育哲学》，北京，北京师范大学出版社，2007。
15. 舒志定：《教育哲学引论》，北京，中国社会出版社，2007。
16. 高伟：《教育哲学的基本问题》，济南，山东教育出版社，2008。
17. 郝文武：《教育哲学研究》理论卷，北京，教育科学出版社，2009。
18. 冯建军等：《教育哲学》，武汉，武汉大学出版社，2011。
19. 王坤庆：《教育哲学新编》，武汉，华中师范大学出版社，2010。
20. 彭正梅：《现代西方教育哲学的历史考察》，上海，上海教育出版社，2010。
21. 王坤庆、岳伟：《教育哲学简明教程》，上海，华中师范大学出版社，2011。
22. 曹长德主编：《教育哲学》，合肥，中国科学技术大学出版社，2015。
23. 郝文武、郭祥超、张旸：《教育哲学概论》，北京，高等教育出版社，2015。
24. 于伟：《教育哲学》，北京，教育科学出版社，2010。
25. 于伟主编：《教育哲学》，北京，北京师范大学出版社，2015。
26. 冯建军主编：《中国教育哲学研究——回顾与展望》，北京，北京师范大学出版社，2015。
27. 荣艳红、张宛：《教育哲学教程》，北京，科学出版社，2016。
28. 刘良华：《教育哲学》，上海，华东师范大学出版社，2017。
29. 魏义霞：《中国近代教育哲学研究》，北京，中国社会科学出版社，2017。
30. 刘庆昌：《教育哲学新论》，北京，科学出版社，2018。
31. 卢曲元：《教育哲学探究》，长沙，湖南师范大学出版社，2018。
32. 孙华：《教育的哲学原理》，北京，商务印书馆，2018。
33.《教育哲学》编写组编：《教育哲学》，北京，高等教育出版社，2019。

在概论式的教育哲学著作中，有的著作与教育原理基本没有区别；有的著作以哲学为名，阐述自己对教育的一些看法。这些著作都名不副实，很难说是真正意义上的教育哲学研究。在上述概论性的教育哲学著作中，石中英的《教育哲学》和《教育哲学》编写组的《教育哲学》可以作为这个时期的代表。

石中英的《教育哲学》是在其《教育哲学导论》基础上增加"公正与教育"一章而成的。全书除导言外，共有八章，分别是什么是教育哲学，教育哲学简史，人生与教育，知识与课程，理性与教学，自由与教育，民主与教育，公正与教育。这本教材对教育哲学的研究对象、教育哲学的性质认识都不同于以往。它强调教育哲学对教育实践的关注，以哲学的方法研究教育实践中的问题，反思教师的教育生活，为教育实践提供服务，具有实践性、反思性、批判性和价值性。该书选择了哲学中与教育最密切的一些范畴如"人生""知识""理性""自由""民主""公正"，阐述它们与教育的关系。作者对每个哲学范畴的阐述都紧密联系其与人生的关系，使教育哲学真正成为成"人"、育"人"的哲学，凸显了教育哲学的特殊性，避免了以一般哲学代替教育哲学的现象。

《教育哲学》编写组的《教育哲学》，在指导思想上更加强化马克思主义的指导作用，运用马克思主义的立场、观点和方法来分析问题、研究问题和解决问题。该书除绪论外，分为十章，分别是教育哲学的历史发展、教育的本质、人性论与教育、认识论与教育、价值论与教育、伦理学与教育、美学与教育、社会哲学与教育、文化哲学与教育、教师哲学与教师发展。每章都先论述哲学范畴的一般原理，然后谈及其与教育的关系，最终对教育问题进行哲学分析。本书层层递进，保证了读者在对哲学问题了解的基础上，对教育问题进行哲学分析。在论述每一个哲学范畴时，作者呈现了中国传统哲学、西方哲学和马克思主义哲学的不同思想，并以马克思主义哲学对其他思想做出科学评价。

中国教育哲学本土化建设，离不开中国文化和中国传统教育哲学思想的滋养。因此，这一时期，中国教育史学者开启了对中国教育哲学史的研究，代表性成果是张瑞璠主编的四卷本《中国教育哲学史》。这套《中国教育哲学史》全面论述了自春秋时期儒家的教育哲学思想至 1949 年马克思主义教育哲学观。作者运用历史分析与逻辑分析相结合的方法，梳理了中国教育哲学史上两个高峰和一次转折，展示了中国教育哲学的历史画卷。第一个高峰是春秋战国时期的儒家学派，第二个高峰是宋明时期的理学，一个转折是近代教育向现代教育的转折。教育史学者对教育思想史的研究，常常是以史带论，精于史，而疏于论。于述胜、于建福的《中国传统教育哲学》一书，则弥补了这一缺陷。该书以中国传统教育哲学的基本概念和范畴作为分析研究的对象，通过揭示范畴与概念(或命题)、概念(或命题)与教育思想的逻辑联系，来把握传统教育哲学的精神，初步建构起中国传统教育哲学的范畴和概念体系。①

（二）分支领域教育哲学蓬勃发展

与上一个阶段相比，21 世纪之后，我国教育哲学分支领域的研究得到快速发展，从出版著作数量看，共有 32 本(见表 2-3)，占这个时期教育哲学著作的三分之一。分支领域教育哲学的研究有多种情况。第一是分学科的教育哲学，即教育哲学与学科教学的交叉，如语文教育哲学、数学教育哲学、音乐教育哲学、科学教育哲学等。第二是分领域的教育哲学，即教育哲学与教育学分支学科的交叉，如课程与教学哲学、德育哲学、思想政治教育哲学、教育研究哲学、学习哲学、教育管理哲学等。第三是分学段的教育哲学，即各个学段的教育哲学，如儿童教育哲学、小学教育哲学、高等教育哲学、教师教育哲学、特殊教育哲学等。第四是分专题的教育哲学，即教育哲学某个新的发展领域，如教育解释学、教育现象学、教育认识论等。这些分支领域的研究虽然出版了不少著作，但多数还在建设初期，也在发展之中。新的学科领域，诸如课堂哲学、教育评价哲学、班级教育哲学、中学教育哲学、职业教育哲学、家庭教育哲学、校外教育哲学等，尚待进一步研究和拓展。相对而言，在分支领域中，高等教育哲学在国外比较成熟，经典著作有约翰·S. 布鲁贝克的《高等教育哲学》(浙江教育出版社，2001)。国内关于高等教育哲学的著作只有张楚廷的《高等教育哲学通论》，但围绕约翰·S. 布鲁

---

① 王炳照：《一项开拓性的研究成果——评〈中国传统教育哲学〉》，载《教育研究》1997(3)。

贝克的《高等教育哲学》发表了大量的论文。

表 2-3　2000—2019 年出版的分支领域的教育哲学著作

1. 张楚廷：《课程与教学哲学》，北京，人民教育出版社，2003。
2. 张楚廷：《高等教育哲学》，长沙，湖南教育出版社，2004。
3. 刘庆昌：《教育者的哲学》，北京，中国社会出版社，2004。
4. 郑毓信：《科学教育哲学》，成都，四川教育出版社，2006。
5. 郑毓信：《数学哲学与数学教育哲学》，南京，江苏教育出版社，2007。
6. 张斌贤、刘慧珍主编：《西方高等教育哲学》，北京，北京师范大学出版社，2007。
7. 陈晓端、郝文武主编：《西方教育哲学流派　课程与教学思想》，北京，中国轻工业出版社，2008。
8. 张澍军著：《德育哲学引论》，北京，中国社会科学出版社，2008。
9. 刘智运：《大学教育哲学》，北京，人民教育出版社，2008。
10. 邓友超：《教育解释学》，北京，教育科学出版社，2009。
11. 张立昌、郝文武：《教学哲学》，北京，中国社会科学出版社，2009。
12. 潘庆玉：《语文教育哲学导论——语言哲学视阈中的语文教育》，北京，教育科学出版社，2009。
13. 陈建华：《基础教育哲学》，北京，北京大学出版社，2009。
14. 高伟：《回归智慧，回归生活——教师教育哲学研究》，北京，教育科学出版社，2010。
15. 田鹏颖、赵美艳：《思想政治教育哲学》，北京，光明日报出版社，2010。
16. 张楚廷：《高等教育哲学通论》，北京，高等教育出版社，2010。
17. 马达、陈雅先主编：《当代音乐教育哲学论稿》，上海，上海音乐出版社，2010。
18. 曹一鸣、黄秦安、殷丽霞编著：《中国数学教育哲学研究 30 年》，北京，科学出版社，2011。
19. 方俊明编著：《特殊教育的哲学基础》，北京，北京大学出版社，2011。
20. 舒志定：《教师教育哲学》，北京，北京大学出版社，2012。
21. 王培峰：《特殊教育哲学——本体论与价值论的研究》，济南，山东人民出版社，2012。
22. 覃江梅：《当代音乐教育哲学研究——审美与实践之维》，上海，上海音乐出版社，2012。
23. 王萍：《教育现象学——方法及应用》，北京，教育科学出版社，2012。
24. 娄立志编著：《儿童教育哲学》，上海，华东师范大学出版社，2014。
25. 刘铁芳：《什么是好的教育——学校教育的哲学阐释》，北京，高等教育出版社，2014。

26. 张楚廷：《大学与教育哲学》，重庆，西南师范大学出版社，2015。
27. 郑毓信：《新数学教育哲学》，上海，华东师范大学出版社，2015。
28. 金生鈜：《教育研究的逻辑》，北京，教育科学出版社，2015。
29. 刘燕楠：《教育研究哲学论纲》，北京，中国社会科学出版社，2016。
30. 金生鈜主编：《小学教育哲学》，北京，高等教育出版社，2017。
31. 曾文婕：《学习哲学论——学习型社会建设的深化路径研究》，北京，人民教育出版社，2017。
32. 薛晓阳：《教育的哲学方法与问题》，镇江，江苏大学出版社，2018。

（三）问题式教育哲学研究向纵深发展

概论式和分支式教育哲学都把教育哲学作为学科，学科是学者的专利，教育哲学要走向大众指导教育实践，就需要从学科体系建构转换为问题研究和思想建构。因此，"教育哲学应当从'象牙之塔'里走出来，面向实际，为回答教育理论与实践中的问题服务"①。

与上一阶段相比，21 世纪教育哲学的问题式研究得到了很大的发展，表现为教育哲学的问题意识显著增强，更加聚焦于教育哲学中的问题，诸如教育中的人、公正、自由、权利、权力、价值、公共性、教育改革、多元文化等，甚至研究主题渗入更微观的学业负担、教师发展等问题中，问题研究向纵深发展。这个时期出版的陆有铨、石中英主编的《京师教育哲学论丛》、戚万学主编的《教育哲学研究丛书》、王坤庆主编的《教育哲学研究丛书》、金生鈜主编的《当代教育哲学研究的新进展》都是以问题研究为主的哲学著作。总体来看，这个时期，问题性研究著作的数量非常多（下面列举一些具有代表性的问题式著作，见表 2-4），与概论式和分支式著作持平。在期刊上发表的论文，运用哲学原理分析教育问题的更多。

① 黄济：《再谈中国教育哲学》，载《教育研究与实验》，2002(4)。

表 2-4   2000—2019 年出版的问题式教育哲学著作

---

1. 王坤庆:《精神与教育——一种教育哲学视角的当代教育反思与建构》,上海,上海教育出版社,2002。

2. 舒志定:《人的存在与教育——马克思教育思想的当代价值》,上海,学林出版社,2004。

3. 于建福:《孔子的中庸教育哲学》,北京,中央编译出版社,2004。

4. 马凤岐:《自由与教育》,北京,北京师范大学出版社,2006。

5. 于伟:《现代性与教育》,北京,北京师范大学出版社,2006。

6. 陶志琼:《教师的境界与教育》,北京,北京师范大学出版社,2006。

7. 高伟:《生存论教育哲学》,北京,教育科学出版社,2006。

8. 冯建军:《教育公正——政治哲学的视角》,福州,福建教育出版社,2008。

9. 刘庆昌:《教育知识论》,太原,山西教育出版社,2008。

10. 苏君阳:《公正与教育》,北京,北京师范大学出版社,2008。

11. 丁海东:《儿童精神——一种人文的表达》,北京,教育科学出版社,2009。

12. 余清臣:《权力关系与师生交往》,北京,北京师范大学出版社,2009。

13. 王葎:《价值观教育的合法性》,北京,北京师范大学出版社,2009。

14. 吴亚林:《价值与教育》,北京,北京师范大学出版社,2009。

15. 湛卫清:《人权与教育》,北京,北京师范大学出版社,2009。

16. 王向华:《对话教育论纲》,北京,教育科学出版社,2009。

17. 岳伟:《批判与重构——人的形象重塑及其教育意义探索》,武汉,华中师范大学出版社,2009。

18. 蔡春:《在权力与权利之间——教育政治学导论》,北京,北京师范大学出版社,2010。

19. 冯茁:《教育场域中的对话——基于教师视角的哲学解释学研究》,北京,教育科学出版社,2011。

20. 周兴国:《教育与强制——教育自由的界限》,福州,福建教育出版社,2012。

21. 王本余:《教育与权利——儿童的教育权利及其优先性》,福州,福建教育出版社,2012。

22. 金生鈜:《教育与正义——教育正义的哲学想象》,福州,福建教育出版社,2012。

23. 曹永国:《自然与自由——卢梭与现代性教育困境》,福州,福建教育出版社,2012。

24. 樊改霞:《教育与公共性——公共教育的现代性转型》,福州,福建教育出版社,2012。

25. 杨旭东:《时间意识与教育之思——现象学态度与教育研究》,北京,中国传媒大学出版社,2012。

续表

26.	渠敬东、王楠:《自由与教育——洛克与卢梭的教育哲学》,北京,生活·读书·新知三联书店,2012。
27.	张业茂:《音乐教育价值论》,武汉,华中师范大学出版社,2012。
28.	扈中平等:《教育人学论纲》,北京,高等教育出版社,2015。
29.	胡金木:《启蒙与教育——中国教育现代化进程中的启蒙问题研究》,北京,教育科学出版社,2015。
30.	肖绍明:《批判与实践——论教育人性化》,北京,中国社会科学出版社,2016。
31.	刘铁芳:《追寻生命的整全——个体成人的教育哲学阐释》,北京,高等教育出版社,2017。
32.	余清臣:《教育实践的哲学》,北京,北京师范大学出版社,2018。
33.	于忠海:《普通人与教育——时代的教育哲学》,长春,吉林文史出版社,2018。
34.	冯建军:《回归本真——"教育与人"的哲学探索》,北京,中国人民大学出版社,2019。

不过,必须指出的是,这个时期教育哲学的问题研究,还处在初级阶段。一方面,研究的问题还略显宏大,诸如自由、民主、公正、现代性等,研究还漂浮在"空中","落地"不够;另一方面,研究主题的选择与时代的结合不紧密,反映出的中国教育实践不够。哲学是时代的精华,应该引领时代的发展。但就上述著作的情况看,它们没有能够很好地反映 20 世纪 90 年代的素质教育、主体教育,以及 21 世纪的生命(化)教育、儿童本位教育、教育均衡发展,新时代的立德树人、美好教育生活建构等教育改革问题。在一定意义上,教育哲学研究滞后于教育改革的实践,其原因在于教育哲学对实践关注不够,学者对教育实践了解不多,感受不够。

(四)引进西方教育哲学的质量提高,但对西方现代教育哲学的研究不够

2000—2019 年,我们自己编写的教育哲学近百种,但翻译的著作不足 20 种(见表 2-5),总体上数量不多。但与前一个阶段相比,

译著的质量明显提高。这表现在，一是翻译了西方教育哲学的经典
教材和权威著作，如诺丁斯的《教育哲学》，奥康纳的《教育哲学导
论》，T. 胡森、T. 波斯尔斯韦特、D. C. 菲利普斯的《教育大百科全
书·教育哲学》，奥兹门等的《教育的哲学基础》，Randall Curren 主
编的《教育哲学指南》。诺丁斯、奥康纳都是教育哲学名家。奥兹门
的《教育的哲学基础》是一本在美国使用时间最长、再版次数最多的
教育哲学教材之一。作者从对教育产生了深远影响的哲学思想形成
背景出发，介绍了历史上主要的哲学观点，如理念论、实在论、实
用主义、改造主义、行为主义、存在主义、马克思主义、分析哲学
及其发展脉络，进而论述了各学说在教育目的、教育方法、课程、
教师角色等方面的具体主张。Randall Curren 主编的《教育哲学指
南》，是由西方 53 位教育哲学家编著的综合且权威的教育哲学指南，
该书分为四部分 45 章，即历史的及当代的教育哲学思潮，教学和学
习，学校教育的政治和伦理，高等教育。二是开始关注分支领域和
问题研究的教育哲学，如柯尔伯格的经典之作《道德教育的哲学》，
贝内特·雷默的《音乐教育的哲学》，沃尔夫冈·布列钦卡的《教育知
识的哲学》，加雷斯·B. 马修斯的《童年哲学》，埃德蒙·伯克·费
德曼的《艺术教育哲学》等。

表 2-5　2000—2019 年西方教育哲学译著

1. ［美］柯尔伯格：《道德教育的哲学》，魏贤超、柯森等译，杭州，浙江教育
出版社，2000。
2. ［美］贝内特·雷默：《音乐教育的哲学》，熊蕾译，北京，人民音乐出版
社，2003。
3. ［美］乔尔·斯普林格：《脑中之轮：教育哲学导论》，贾晨阳译，北京，北
京大学出版社，2005。
4. ［美］杜普伊斯、［英］高尔顿：《历史视野中的西方教育哲学》，彭正梅、朱
承译，北京，北京师范大学出版社，2006。
5. ［德］沃尔夫冈·布列钦卡：《教育知识的哲学》，杨明全、宋时春译，上
海，华东师范大学出版社，2006。

6. [美]Howard A. Ozmon、Samuel M. Craver:《教育的哲学基础》(第 7 版),石中英、邓敏娜等译,北京,中国轻工业出版社,2006。
7. [美]奈尔·诺丁斯:《教育哲学》,许立新译,北京,北京师范大学出版社,2008。
8. [美]理查德·普林:《教育研究的哲学》,李伟译,北京,北京师范大学出版社,2008。
9. [美]杰拉尔德·古特克:《哲学与意识形态视野中的教育》,陈晓端主译,北京,北京师范大学出版社,2008。
10. [英]詹姆斯·D. 马歇尔:《米歇尔·福柯:个人自主与教育》,于伟、李珊珊等译,北京,北京师范大学出版社,2008。
11. [德]Wolfgang Brezinka:《信仰、道德和教育:规范哲学的考察》,彭正梅、张坤译,上海,华东师范大学出版社,2008。
12. [美]肖恩·加拉格尔:《解释学与教育》,张光陆译,上海,华东师范大学出版社,2009。
13. [英]Randall Curren 主编:《教育哲学指南》,彭正梅等译,上海,华东师范大学出版社,2011。
14. [美]D. C. 菲利普斯主编:《教育大百科全书·教育哲学》,石中英译审,重庆,西南师范大学出版社,2011。
15. [英]丹尼尔·约翰·奥康纳:《教育哲学导论》,宇文利译,北京,中国人民大学出版社,2015。
16. [美]加雷斯·B. 马修斯:《童年哲学》,刘晓东译,北京,生活·读书·新知三联书店,2015。
17. [美]埃德蒙·伯克·费德曼:《艺术教育哲学》,马菁汝译,杭州,浙江人民美术出版社,2016。
18. [德]康德:《康德教育哲学文集》注释版,李秋零译注,北京,中国人民大学出版社,2016。
19. [加]戴维·埃利奥特、[美]玛丽莎·西尔弗曼:《关注音乐实践——音乐教育哲学》(第 2 版),刘沛译,北京,中央音乐学院出版社,2018。

这个阶段虽然翻译了一些高水平的教育哲学著作,但对西方教育哲学的研究不足。20 世纪 90 年代以后,西方新的哲学流派包括解释学教育哲学、现象学教育哲学、批判教育哲学、后现代教育哲学、解构主义教育哲学、西方马克思主义教育哲学等,虽然中国教育学界有研究这些领域的著作,但这些著作缺少对当代教育哲学流派的

系统研究。彭正梅的《现代西方教育哲学的历史考察》这本著作属于以论带史，并非对现代西方哲学流派的系统介绍。西方教育哲学的研究不及中国传统教育哲学的研究。

总之，21 世纪以来，教育哲学研究突破了概论式的教材编写，开始向分支领域研究和问题研究扩展。就领域而言，教育哲学内出现了课程哲学、教学哲学、德育哲学、教师教育哲学等，教育哲学的分支学科更加丰富。就问题研究而言，既有教育哲学元问题的反思，也有教育哲学的一般问题探究，更多的是对时代问题的思考。随着有些问题的专题性研究的深入与系统化，形成了相对独立的研究领域，如教育人学、教育价值论、教育认识论、过程教育哲学等。随着研究的深入，教育问题哲学尤其是教育实践问题研究成为教育哲学研究主要领域，得到快速发展。

第二节　教育哲学的学科要素

教育哲学作为一门学科来说，其课程设置、教材编写、人才培养、队伍建设和学术团体成立、学术刊物出版等是其学科独立的外部标志，但衡量教育哲学是否真正独立的内在标准和发展成熟度，是看该学科是否形成了属于自己的独特学科要素，包括研究对象、学科性质和学科体系等。

一、教育哲学的研究对象

研究对象是教育哲学学科的第一要素。一个学科的确立首先必须具有独特的研究对象。对教育哲学的研究对象，学界存在着不同的认识。

（一）教育哲学研究教育的一般问题、根本问题

在恢复重建后的第一本教育哲学著作中，黄济指出："马克思主义教育哲学的对象，应当是以辩证唯物主义作为指导思想，对教育

中的一些根本问题,从哲学的高度作一些根本的研究和探讨,从中找出一般的规律,作为教育理论和实际的指导。这样,便把'两个根本'当作教育哲学的研究对象。"①前一个"根本"指向教育哲学的研究问题——根本问题;后一个"根本"指向教育哲学的研究方式——刨根问底的根本研究。如果一种研究是刨根问底的根本研究,它研究的肯定是根本问题,而且是根本的理论问题。在这个意义上,黄济的教育哲学研究对象又可表述为"教育中的根本理论问题,而不是具体的枝节问题"。傅统先、张文郁的《教育哲学》指出:"教育哲学是用哲学的观点和方法来解释人类教育的过程,所以教育哲学是对于教育的批判和综合的理论研究","它是根据一定的哲学观点,应用这种观点来分析研究教育理论和教育实践,研究教育的本质和价值、教育目的和方法等等问题"。② 刁培萼、丁沅的《马克思主义教育哲学》认为:"教育哲学是用哲学的观点和方法研究教育基本问题的一门学科。"③

20世纪90年代以后出版的教育哲学教材,很多都认同教育哲学研究教育的"一般问题、根本问题"的观点。如崔相录的《二十世纪西方教育哲学》认为,教育哲学是"一门以教育中的基本的、总括性的问题为研究对象的学科。教育哲学是对教育的基本的总括性的观点"④。王为农、郑希晨主编的《教育哲学》指出:"教育哲学,作为一门学科,是以一定的哲学观点和方法去研究教育根本问题和一般规律的学问。"⑤对教育哲学研究对象的这一认识,也反映在《中国大百科全书·教育》中,《中国大百科全书·教育》指出,教育哲学是用

---

① 黄济编著:《教育哲学初稿》,15页,北京,北京师范大学出版社,1982。
② 傅统先、张文郁:《教育哲学》,6页,济南,山东教育出版社,1986。
③ 刁培萼、丁沅编著:《马克思主义教育哲学》,3页,上海,华东师范大学出版社,1987。
④ 崔相录:《二十世纪西方教育哲学》,2页,哈尔滨,黑龙江教育出版社,1989。
⑤ 王为农、郑希晨主编:《教育哲学》,1页,哈尔滨,黑龙江教育出版社,1990。

哲学的观点和方法研究教育基本问题的一门学科，它综合了教育学、教育史、心理学及其他教育学科的知识，对教育的基本问题用哲学的观点予以理论上的说明。①

一般认为，哲学研究宇宙间最普遍的规律，而其他具体科学则研究各种现象的具体规律。与这一说法相对应，教育哲学研究教育的普遍规律，各门教育科学则研究教育的特殊规律，教育哲学与其他教育科学之间是一般与特殊、抽象与具体的关系。教育哲学是对具体教育科学的概括和总结，是位于具体科学之上的一般科学。

也有学者对以哲学的观点研究教育的一般问题提出质疑。质疑之一是，马克思主义哲学是科学的世界观和方法论，是一切科学的理论基础。因此，一切科学都应该自觉地以马克思主义哲学为指导，科学地、灵活地运用马克思主义哲学的观点和方法研究教育上的一切问题，因此，教育哲学不是唯一的以哲学的高度研究教育问题的哲学。② 质疑之二是，教育哲学用哲学观点和方法解释教育的基本问题，实际上是把教育哲学建立在哲学的假设和预想之上，脱离了教育实践，使教育哲学成为"空中楼阁"，缺少生命力。质疑之三是，把"教育中的根本问题"作为教育哲学的研究对象，则"必然使教育哲学同教育科学混淆起来"，进而失去了教育哲学独立存在的必要性。③

（二）教育哲学研究教育实践的问题

教育哲学研究教育中的一般或根本问题，这是传统哲学观在教育哲学中的反映。石中英在《教育哲学》中指出，20 世纪，末哲学正在发生或已经发生了转向。这些转向有：从"大写的哲学"到"小写的

① 中国大百科全书总编辑委员会等编：《中国大百科全书·教育》，185 页，北京，中国大百科全书出版社，1985。

② 刘文霞：《论教育哲学的研究对象》，载《内蒙古师大学报（哲学社会科学版）》，1989(3)。

③ 犁月：《对教育哲学研究对象的思考》，载《教育研究》，1988(2)。

哲学"的转向，从"贵族的哲学"到"平民的哲学"的转向，从"认识的哲学"到"存在的哲学"的转向，从"规范的哲学"到"解放的哲学"的转向，从"抽象的哲学"到"具体的哲学"的转向。正是基于哲学的这些转向，石中英认为，教育哲学也应该从传统的构建抽象的教育理论，转向对日常教育生活的反思。"21世纪的教育哲学要从'以教育知识为核心'转变为'以教育实践或教育生活为核心'，转变为一种'实践哲学'或'生活哲学'。这种教育哲学的最终目的是要真正地提升人们的教育智慧，而不仅仅是增加人们的教育知识。"①

　　传统教育哲学以教育的一般问题或哲学问题为研究对象，热衷于构建抽象的理论。21世纪的教育哲学关注教育实践，反思教育生活，启迪教师的教育智慧，因此，它不是关注教育的一般问题或抽象问题，而是关注教育实践中的问题，不仅不排除教育实践中的具体问题、特殊问题，而且以教育中的具体问题、特殊问题为切入点。"21世纪的教育哲学研究所有的教育问题，可以以任何一个真实的具体的教育问题为起点。正是这些具体的每日困扰着教育者们的教育问题才是教育哲学的研究对象。"②教育哲学研究改变传统教育哲学"高大上"的现象，使教育哲学走向教育实践，走向教育生活。因此，一些教育学者主张教育哲学不是抽象的哲学，而是实践哲学，是基于对教育生活的反思、重构与引领的。教育哲学作为实践哲学，是以教育智慧为知识目标的。教育智慧作为教育哲学独特的知识内容，来自对人类教育生活的深刻洞察，教育哲学探求教育智慧的目的就是教导人们在教育的各种具体情境中和行动中审慎地思考和明智地选择。③"未来教育哲学将向人的生活世界回归。这种回归包括：关注人的生活现实和人类生活境况；反思问题，直面教育生活实际，

---

① 石中英：《教育哲学》，23—24页，北京，北京师范大学出版社，2007。
② 同上书，24页。
③ 金生鈜：《教育哲学是实践哲学》，载《教育研究》，1995(1)。

关怀教育生活，理解反思教育生活，探究教育应追求的生活教育理想、形式与内容。"①

从传统教育哲学中的抽象问题到新教育哲学中的具体实践问题，反映了我国学者对教育哲学研究对象认识的变化。这种认识与美国学者的认识相同。美国学者斯蒂文·脱泽分析了 1942 年以来美国教育哲学学会会员的研究，指出在 20 世纪 80 年代以前，教育哲学强调的是哲学的主题，而非教育实践的主题，学校改革的问题始终处于边缘。20 世纪 80 年代以后，教育哲学转向教育实践与教育改革的问题。② 教育哲学关怀教育实践，与教学论、课程论、德育论、学校管理等学科关怀实践不同，它是以哲学的方式关怀教育实践，关怀的是实践的目的、价值、原则，它提供通向解决实践问题的道路，而不是提供简单的操作规程。

教育的所有问题都可以成为教育哲学的对象，这意味着教育哲学已经不是教育哲学家的"专利"，而是每位教育者的一种思想。教育哲学由此从职业的教育哲学走向个人的教育哲学。教育哲学研究对象的扩展，使教育学者对教育问题的关注范围越来越宽泛，从而教育哲学有越来越大的发展空间。当然，正像教育哲学研究教育一般问题，最终可能导致教育哲学等同于教育基本理论一样，如果教育哲学研究教育中的所有问题，岂不会导致教育哲学等同于教育学？这样理解教育哲学的研究对象，是否就把教育哲学的范围泛化了？

（三）教育哲学研究教育中的哲学问题

教育哲学无论是研究教育中的一般问题，还是具体实践问题，都是把教育哲学作为教育学科。但也有学者把教育哲学作为哲学的应用学科，提出教育哲学研究教育中的哲学问题。但具体是哪些哲

---

① 刘文霞：《中国教育哲学发展趋势之思考》，载《山东师范大学学报（人文社会科学版）》，2004(2)。

② 邵燕楠：《哲学化还是实践化：教育哲学研究的两难》，载《教育研究》，2009(5)。

学问题，学界存在着分歧。

桑新民认为，哲学研究思维与存在的关系，教育哲学则研究教育领域中思维和存在的关系。① 他的《呼唤新世纪的教育哲学》就是按照哲学的体系演绎的，设置了"教育本体论""教育价值论""教育实践论"的内容。

有学者认为，教育哲学是研究教育辩证法的科学。如张永东指出，教育哲学是研究教育科学的辩证法并由此揭示教育领域的辩证过程和辩证联系的普遍理论。② 曾成平指出，现代教育哲学是研究整个教育领域的唯物辩证法的科学。③ 刘楚明直接把教育哲学视为教育辩证法，他的《教育辩证法》就是一本以辩证法为研究对象的教育哲学。④ 刁培萼和丁沅的《马克思主义教育哲学》也是以马克思主义辩证法为研究对象的教育哲学。在他们看来，辩证法是揭示自然、社会、思维运动的一般规律的学说。因此，他们的《马克思主义教育哲学》就将辩证法的原理融入教育中，阐述了自然发展与教育、社会发展与教育、思维发展与教育之间的辩证关系。

也有学者认为，教育哲学的基本问题是价值问题。如王坤庆认为，教育哲学应以教育领域中的价值问题为其独特的研究对象。⑤ 他构建了以教育价值为核心的《现代教育哲学》，包括价值与教育价值、教育价值分类、教育价值观、教育职能价值、教育目的价值、知识教育价值等内容。

还有学者认为，教育哲学的研究对象是教育世界观、方法论或教育思想。如郝文武认为，教育哲学是对教育思想的前提反思，是

---

① 桑新民：《呼唤新世纪的教育哲学——人类自身生产探秘》，28 页，北京，教育科学出版社，1993。
② 张永东：《教育哲学的性质、任务和作用》，载《教育研究》，1986(5)。
③ 曾成平：《现代教育哲学新论》，1 页，重庆，重庆出版社，1991。
④ 刘楚明：《教育辩证法》，北京，教育科学出版社，1994。
⑤ 王坤庆：《现代教育哲学》，54 页，武汉，华中师范大学出版社，1996。

认识教育问题的世界观和方法论。其中，教育观念、教育思想是教育哲学研究的对象，反思是教育哲学研究的方法，反思教育思想的前提是教育哲学的根本任务。①

把教育哲学的研究对象视为教育中的哲学问题，教育哲学就成为哲学的应用学科，实质上就是把哲学理论迁移到教育上。哲学的一般理论能否反映教育的特殊性，就成为一个大的疑问。有学者对此提出疑问：(1)如果教育哲学的研究对象就是哲学的研究对象，那么，教育哲学同哲学又有什么区别？(2)哲学的研究对象迁移到教育领域以后，是否还是一个哲学问题？(3)哲学问题能不能在教育领域中找到完整的答案？(4)"教育领域中的哲学问题"的解决有什么目的？(5)如果确实存在"教育领域中的哲学问题"的话，那么由哲学家去解决好还是由教育家去解决好？②

(四)教育哲学是对教育的哲学思考

教育哲学无论是研究教育的问题，还是研究教育中的哲学问题，其研究对象关注的是领域和问题。有学者认为，用独特的研究对象作为标准来区分不同的学科是一种传统的学科分类方法。这种分类适合于学科分化程度较低的时期，随着学科的日益分化，学科之间在对象上是交叉的。面对共同的研究对象，我们需要以研究方法对学科进行区分。教育哲学即从哲学的角度，用哲学的观点和方法研究教育问题。如马凤岐倾向于把教育哲学看作教育研究的一种思路、一种方法、一种角度、一种倾向。③ 在此，教育哲学就是依据一定的世界观和方法论去研究教育问题。哲学不是一个问题域，而是一种世界观和方法论。这一观点得到了很多学者的认同。冯建军等的

---

① 　郝文武：《教育哲学》，27 页，北京，人民教育出版社，2006。

② 　石中英：《关于教育哲学研究对象的思考》，载《教育研究与实验》，1993(1)。

③ 　马凤岐：《用哲学的观点和方法研究教育问题——谈教育哲学学科的独立性》，载《教育研究与实验》，1996(4)。

《教育哲学》也指出，教育哲学是一门在内容上是教育，在形式上是哲学的学科，是以哲学的态度和方法研究教育的学问，是对教育的一种哲学思考和哲学解读。[①] 教育哲学不管指向教育的什么方面，它之所以是哲学，是因为体现了哲学的态度和方法。

　　教育哲学是运用哲学的观点、态度和方法研究教育的一门学问。如何应用哲学的观点、态度和方法，有学者总结了三种情况。第一是基于哲学话语的教育哲学。这种教育哲学直接采用哲学的话语系统作为工具来分析、透视与解答教育问题。第二是基于哲学框架的教育哲学。这种教育哲学借鉴哲学的研究框架直接面对教育问题。第三是基于哲学思维的教育哲学。这种教育哲学借鉴、运用的是哲学话语体系所蕴含和型塑的思维方式。[②] 在这三种情况中，第一、二种是哲学的教育方面的应用和演绎。只有第三种是基于哲学思维的教育哲学，是对教育进行的哲学思考，这既不同于哲学的应用，也不同于教育学，而是教育自身的哲学。

　　陈桂生认为，教育哲学是对教育问题进行独特的哲学思考的产物。这种思考是从独特的视角考察教育问题，用"自己的方式"说明"自己的方向"，探讨属于教育自身的哲学问题。教育哲学自己的方式和方向历史地看是发展变化的：从规范教育哲学到分析教育哲学，再发展到实践教育哲学。陈桂生据此提出了关于教育哲学独特的研究方式的三类问题：规范教育哲学研究，即以教育价值观为问题域；教育实践中的哲学研究，即分析教育哲学和教育行动；关于教育陈述体系的认识论标准的研究，即元教育哲学。相较于哲学的教育应用，以哲学的思维来研究教育，旨在建构独特的教育哲学，试图确立教育哲学独特的内涵和身份。

---

① 　冯建军等：《教育哲学》，12 页，武汉，武汉大学出版社，2011。
② 　李润洲：《教育哲学：哲学地思考教育问题》，载《教育研究》，2014(4)。

二、教育哲学的学科属性

教育哲学的学科属性与教育哲学的研究对象密切相连，不同的研究对象，决定了教育哲学在学科性质上的不同属性。关于我国教育哲学的学科性质，主要有如下观点。

(一)教育哲学是教育的基础学科

教育哲学作为教育科学的基础，是与教育哲学以教育基本问题为研究对象相呼应的。黄济认为，教育哲学对其他教育学科来说，"就如同哲学对其他学科一样，具有方法论的性质，它应当成为教育学科的理论基础。教育哲学同其他学科的关系，应当是一般与特殊的关系"，"教育哲学应当是教育科学的概括和总结。教育哲学应当给教育科学研究以理论上的指导……应当看作教育学科中一门概括性、理论性更高的基础学科。"[①]这一定位得到了许多人的认同。刁培萼指出："教育哲学属于基础理论学科，它以理论思维水平的知识反映教育的客观规律，而不是经验事实和关系。教育哲学是关于教育世界观和方法论的学问，它摆脱了教育科学的局限性，有广泛的适应性，因而对教育实践具有强有力的指导作用。"[②]曾成平认为，教育哲学是"哲学与教育相结合而产生的一门分支学科，又是教育的一门综合性的基础学科，是各门教育学科的理论概括，为各门教育学科提供理论基础"[③]。王为农、郑希晨认为，教育哲学是整个教育科学体系中的一门概括性、理论性更强更高的基础学科。

把教育哲学作为教育科学的基础，实际上是把教育科学定位为揭示具体教育活动的规律，而教育哲学揭示的是教育活动的整体规律、一般规律。教育科学与教育哲学在这个意义上，是特殊与一般、

---

① 黄济编著：《教育哲学初稿》，16、14 页，北京，北京师范大学出版社，1982。

② 刁培萼、丁沅编著：《马克思主义教育哲学》，5 页，上海，华东师范大学出版社，1987。引文有改动。

③ 曾成平：《现代教育哲学新论》，1 页，重庆，重庆出版社，1991。

个别与普遍的关系，在区别于具体教育科学的意义上，教育哲学是教育科学之科学。此外，教育哲学作为一种方法论，可以从更高层次、更广阔的思维视角，对各门教育学科进行科际整合，从中提炼出相应的范畴、理论，探索出教育科学发展的内在规律和研究的方法论特征①，是人们从事教育工作和教育研究的世界观和方法论。

(二)教育哲学是哲学的应用学科

把教育哲学视为哲学的分支学科或应用学科，是与教育哲学把研究对象定位为教育中的哲学问题相呼应的，新中国成立前的学者范寿康和吴俊升持这种观点。自教育哲学恢复重建以来，傅统先、张文郁的《教育哲学》，张家祥、王佩雄的《教育哲学研究》，桑新民的《呼唤新世纪的教育哲学》等也持这种观点。傅统先、张文郁指出："教育哲学是一门运用哲学来探讨教育的理论和实践诸方面问题的学科。"正因为它根据一定的哲学观点，来分析研究教育理论和教育实践，所以，教育哲学是哲学的一个部门或哲学的一个分支学科。②张家祥指出："教育哲学简单的说是以一定的哲学观点、方法来研究教育问题，并对各门教育科学的知识进行概括和总结，同时探讨教育实践中提出的哲学问题的学问。……教育哲学则以哲学的观点和方法综合各门教育学科知识的理论学科。"③张腾霄在《什么是教育哲学》一文中指出："马克思主义教育哲学是马克思主义哲学在教育领域中诸问题的扩展与应用。一般地说，教育和哲学是密切联系的，有什么样的哲学思想或哲学观点，就要在他所从事的教育理论和教育实践活动中表现出来，或者说，用他的哲学思想或哲学观点来解决教育中的诸问题。"④

①　王坤庆：《21世纪中国教育哲学发展前瞻》，载《教育哲学》，1998(3)。
②　傅统先、张文郁：《教育哲学》，2页，济南，山东教育出版社，1986。
③　张家祥、王佩雄编著：《教育哲学研究》，10—11页，上海，复旦大学出版社，1990。
④　张腾霄：《什么是教育哲学》，载《中国人民大学学报》，1994(5)。

　　桑新民指出："教育哲学是哲学的应用学科，又是教育的基础理论。教育哲学不仅是哲学的应用，也是在教育领域中对哲学理论的检视和深化发展。"王坤庆认为，教育哲学"既是教育科学的基础理论，又是哲学的应用学科"。桑新民、王坤庆既从教育的基础学科，又从哲学的应用学科来认识教育哲学的性质，但就他们所编写的教育哲学体系而言，主要是哲学的应用。桑新民以哲学的本体论、价值论和实践论建构教育本体论、教育价值论和教育实践论的教育哲学体系。王坤庆以教育价值建构教育哲学的体系，包括价值与教育价值、教育价值分类、教育价值观、教育职能价值观、教育目的价值观、知识教育价值观等。

　　无论把教育哲学归为教育的基础学科，来研究教育的基本问题；还是归为哲学的应用学科，来研究教育中的哲学问题，它都属于理论学科。思辨性、理想性、概括性、抽象性是教育哲学的显著特征。思辨性是指教育哲学借助于逻辑的思辨和概念的辨析完成理论体系的构建。理想性是指教育哲学区别于教育科学，回答"教育应该是什么"，为教育行动提供价值方向，因此又称为价值性。概括性是指教育哲学作为教育的世界观和方法论，是对其他教育科学成果的抽象概括。抽象性是指教育哲学对教育问题的不断追问，逐层深入，直至元问题。哲学作为一种特殊的认识世界的方式，其特殊性主要体现为三个方面，即思维的高度抽象性和思辨性、结论的模糊性和难以检验性，以及认识视野的全面性和广阔性。① 但 20 世纪 90 年代后期，随着教育哲学开始关注教育实践中的问题，传统教育哲学的这些特性开始受到质疑和批判。②

　　（三）教育哲学是一门独特的交叉、整合学科

　　有学者认为，教育哲学作为一个独特的学科，是教育科学与哲

---

　　①　庞学光：《教育哲学的本质与特点新论》，载《天津市教科院学报》，2001(4)。
　　②　石中英：《教育哲学》，23—26 页，北京，北京师范大学出版社，2007。

学的交叉、整合学科，必须找到教育和哲学的结合点，而不是依附于某一方的子体学科。对此，冯建军指出，哲学与教育以"人"为中介相互联结，它们都因为人而存在，两者的共同兴奋点在于人，在于人生，在于人生的意义。哲学在于"使人成为人"，提出成"人"的方向与目标。教育则促使人成为"人"，提供成"人"的方法与途径。哲学关注成"人"，教育关注怎样成"人"。哲学是一门关注人生的学科、一种探讨人生意义的学问；教育是一种培养人的实践活动；从而教育哲学是以教育的视角关注成人，关注人生。因此，教育哲学的根本主题是成"人"，教育人学是教育哲学的根本。[①]

（四）教育哲学是实践哲学

20 世纪 90 年代，金生鈜比较早地提出了"教育哲学是实践哲学的命题"。他认为，教育哲学以"生活世界"为可靠的合法性基础，以"教育智慧"为有效的独特的"知识理想"。教育哲学作为对人类教育生活的价值性阐释，以哲学的方式对教育实践的目标、原则以及行动进行洞察，形成"教育智慧"，并以此参与到教育实践中去，建构独特的智慧与实践的关系。[②] 后来，一些学者也撰文探讨教育哲学的实践性。[③]

周浩波的《教育哲学》虽然没有明确提及实践性，但其批判了教育哲学的演绎性质，寻找教育哲学的自主性。他认为，教育哲学必须定位在"教育"上，关注"从事于教育事业的各式人员的独特的生活方式的秩序安排及其存在的合理性的阐释，其中包括以理智事业为

① 冯建军等：《教育哲学》，5、12 页，武汉，武汉大学出版社，2011。

② 金生鈜：《教育哲学是实践哲学》，载《教育研究》，1995(1)。

③ 如杨日飞：《教育哲学的实践性之思》，载《山西师大学报(社会科学版)》，2007(5)；杨日飞、刘文霞：《教育哲学的实践性转向——教育哲学成为教育工作者精神资源的理论条件》，载《江苏教育研究(理论版)》，2008(5)；李长伟：《教育哲学的实践品格》，载《内蒙古师范大学学报(教育科学版)》，2009(1)；王振：《唤起"实践感"——教育哲学的价值之所在》，载《内蒙古师范大学学报(教育科学版)》，2012(2)；田养邑、樊改霞：《教育哲学是实践哲学——教育价值观的视角》，载《教育理论与实践》，2013(1)。

主的研究人员，以决策事业为主的决策人员以及以教育、教学实践事业为主的教育人员。正是他们的思维和行动，构成了教育哲学视界的基本内容"。他提出教育哲学的任务不仅要"从根本上理解教育"，而且要"重构教育生活"，教育哲学应该为整个教育设计合理的生活方式。① 周浩波对教育哲学的认识，体现在他的《教育哲学》上。该书分三编。第一编是针对教育理论学者而言的，它在试图说明"教育如何是什么"的基础上，阐明一系列教育理论研究的行动规范与合理的生活方式取向问题；第二编聚焦教育过程，试图说明学校教育活动应该追求一系列基本价值以及可供选择的实现途径；第三编聚焦教育实践，关注教育实践的决策主体、教师行为和学校生活，帮助他们反思教育生活，构筑新的教育生活。

石中英在《教育哲学》中提出，21 世纪的教育哲学要从"以教育知识为核心"转变为"以教育实践或教育生活为核心"，成为"实践哲学"或"生活哲学"，唤醒教育工作者的意识，使他们更好地理解教育生活。因此，教育哲学要从高高在上的学习转变为深入教育生活中的探究，增强实践性、反思性、批判性和价值性。他指出，教育哲学的实践性是新教育哲学的首要特征。教育哲学的实践性主要是指教育哲学在性质上是一门"实践哲学"。不同于周浩波提出的"回到教育看教育"，石中英强调教育哲学的"实践性"应该得到广泛的理解，教育哲学不仅要关注教育实践，还应该包括"集团的'社会实践'与个体的'生活实践'"。因为"教育哲学要想真正地理解教育生活，反思教育生活，就必须把自己的视野从教育领域扩大到个体生活和社会生活领域，探究他们之间复杂的相互关系"②。所以，石中英的《教育哲学》将教育置于个体生活和社会生活的广阔背景下，探讨"人生与教育""自由与教育""民主与教育""公正与教育"等主题，分析教育实

---

① 周浩波：《教育哲学》，7—9 页，北京，人民教育出版社，2000。
② 石中英：《教育哲学》，26—27 页，北京，北京师范大学出版社，2007。

践、教育生活中的人生意义、自由、民主、公正等问题。

三、教育哲学的学科体系

我们考察教育哲学恢复重建以来概论式的教育哲学研究，大致有以下几种体系。

(一)作为教育学科基础的教育哲学体系

把教育基本问题上升到哲学高度，以教育中的基本问题为核心，建立姓"教"的教育哲学体系(educational philosophy)。

在教育哲学恢复重建之初，黄济对于如何构建教育哲学体系的认识是，以教育中的基本问题为主，兼顾1949年以前中国教育哲学研究中初步形成的教育本质论、教育目的论、教育价值论和教育方法论，构建中国教育哲学体系。其体系架构为教育本质论、教育价值论、教育目的论、知识论与教学、道德论与道德教育、美学与美育、宗教与教育、社会和科技发展与教育哲学的未来。[1] 这些专题构成了他《教育哲学通论》中"教育哲学的基本问题"。

21世纪郝文武的《教育哲学》体系也是由教育范畴构成的。该书四编十三章，分别是：

第一编：教育哲学总论，包括教育哲学的产生和发展，教育哲学的反思及其对象和任务，从教育哲学看教育学的科学化和合理性；第二编：教育生成论，包括教育本体论，教育主体论，教育价值论，教育本质论，教育规律论；第三编：教学实践论，包括课程知识论，课程教学论；第四编：教育理想论，包括教育目的论，人文教育论，教育公平论。

上述这些教育范畴超越了具体的教育实践、教育活动，是对教育实践、教育活动背后假设的哲学认识，是对教育实践问题的哲学提升。

---

[1]　黄济：《教育哲学通论》，326-328页，太原，山西教育出版社，1998。

从已出版的概论式教育哲学看，学界对于教育范畴的认识各异。传统的教育哲学，强调对教育根本问题的关注，因此，教育本质（本体）、教育目的、教育价值是教育哲学的经典课题。随着教育哲学转向教育实践哲学，教育实践问题逐渐成了教育哲学研究的核心，进一步发展为课程哲学、教学哲学、德育哲学、教育管理哲学等分支学科，或者从哲学的角度研究课程、教学、德育和管理中的某一具体问题，如教育管理中的控制、自由、民主等。

以教育问题为主题建构的教育哲学，优点是直接关涉教育思想与观念、价值与规范，缺点是难以上升到哲学高度，哲学味不够，与教育原理难以区分。出现这种情况，原因不在于学科架构方式方面，而在于教育学者的哲学素养不够，难以使教育问题提升到哲学高度，从而做出哲学概括与分析。

（二）作为哲学应用的教育哲学体系

以哲学的框架、体系、原理和方法来分析教育，把哲学中与教育相关的问题作为主题，建立姓"哲"的教育哲学体系（philosophy of education）。

这种哲学体系，在重建之初，以傅统先、张文郁的《教育哲学》和桑新民的《呼唤新世纪的教育哲学》为代表。傅统先和张文郁的《教育哲学》除了总论部分"人的本质"和"教育的本质"外，在分论部分重点论述了"价值论与教育（上）：价值与教育"；"价值论与教育（下）：人生价值与教育目的"；"伦理学与道德教育"；"认识论与教学（上）：教与学的辩证法"；"认识论与教学（中）：知识的结构与课程论"；"认识论与教学（下）：教学方法论"；"美学与美育"。桑新民的《呼唤新世纪的教育哲学》直接沿用哲学的本体论、价值论和实践论，探讨教育本体论、教育价值论和教育实践论，作者的哲学学术背景使该书充满哲学的味道，同时，贯穿着马克思主义的灵魂。

21 世纪，以哲学体系出现的教育哲学研究，代表性的有石中英的《教育哲学》、于伟的《教育哲学》。石中英的《教育哲学》除了教育哲学的论述及其发展简史外，主要的论题还有人生与教育、知识与课程、理性与教学、自由与教育、民主与教育、公正与教育。于伟的《教育哲学》在介绍了教育哲学及其历史发展后，主要阐述了人的存在与教育、理性与教育、认识与教育、自由与教育、民主与教育、公正与教育、道德哲学与教育、美学与教育。两本书的思路是一致的。

与重建之初的教育哲学相比，石中英的《教育哲学》和于伟的《教育哲学》增加了诸多新内容，尤其是增加了社会哲学的内容，使教育哲学走出了教育实践的范围，而进入更广阔的社会实践、人生实践之中。他们的著作虽然以哲学范畴架构了教育哲学体系，但其论述本身偏向于教育问题和教育命题，而不像各哲学流派那样只是对相应范畴的认识及其教育应用。相比新中国成立之前吴俊升的《教育哲学大纲》，这两本《教育哲学》的哲学化程度还不够。

《教育哲学》编写组的《教育哲学》坚持以马克思主义为指导思想，以哲学范畴和分支来架构教育哲学的体系，主要有人性论、认识论、价值论、伦理学、美学、社会哲学、文化哲学等。这本书在章节安排上首先从中国哲学、西方哲学和马克思主义哲学三个方面介绍有关的哲学范畴或学科，帮助学习者认识哲学，提高哲学素养，然后讨论相关哲学领域与教育实践之间的内在关系，促进学习者理解不同的教育实践背后的哲学基础，反思相关的哲学假设。最后从有关哲学视野出发，讨论一些根本的或重大的教育实践问题，如教育的理想、教育的人性假设、批判性思维、价值教育、教育活动的伦理观、美育与人的创造性关系、社会主义合格公民的培养、教育改革的文化使命和文化自信等。这本教材目前是国内最全面介绍哲学范畴的著作，相比于以前的教育哲学，它更接近于作为哲学体系的教育哲学。

以哲学问题架构教育哲学，偏于哲学问题的讨论，优点是哲学味十足，缺点是与教育结合不紧，教育像附在哲学骨骼上的皮肉一样。因此，有人认为，这样的教育哲学不是"教育哲学"，只是哲学在教育中的应用。

（三）马克思主义教育哲学体系

马克思主义是我国教育学科的指导思想。有人认为，有了马克思主义哲学就没有必要设教育哲学了。马克思主义与具体科学之间是一般与个别的关系，不能以一般代替个别。"马克思主义教育哲学是马克思主义哲学在教育领域中诸问题的扩展与应用。马克思主义教育哲学不仅丰富了马克思主义哲学的内容，而且使教育理论与教育实践更好地沿着正确方向前进。"①

教育哲学如何体现和运用马克思主义，大致分为三种情况。基于话语的马克思主义教育哲学，基于框架的马克思主义教育哲学，基于思维的马克思主义教育哲学。当然，这些区分不是绝对的，只是在某一方面比较明显。

刁培萼、丁沅的《马克思主义教育哲学》是基于马克思主义框架的教育哲学。他们认为，马克思主义哲学是关于自然界、人类社会和思维发展规律的科学。因此，该书从马克思主义关于哲学的定义出发，以辩证法为主线，探讨自然发展、社会发展、思维发展的规律与教育的关系，以马克思主义的视野把握教育发展的一般规律，力图为教育实践提供理论依据。陆有铨、迟艳杰评价该书"为马克思主义教育哲学的学科建设做出了贡献"②。

除了刁培萼、丁沅的《马克思主义教育哲学》外，其他更多的教育哲学研究都在理论观点、价值立场和思维方法上努力体现马克思

---

① 张腾霄：《什么是教育哲学》，载《中国人民大学学报》，1994(5)。
② 陆有铨、迟艳杰：《中国教育哲学的世纪回顾与展望》，载《教育研究》，2003(7)。

主义，代表性的有桑新民的《呼唤新世纪的教育哲学》和《教育哲学》编写组的《教育哲学》。

　　桑新民的《呼唤新世纪的教育哲学》探讨了马克思主义的教育本体论、教育价值论和教育实践论。在本体论中，他把马克思的劳动对象理论作为本体论的基石，以马克思主义的两种生产理论观察教育，认为教育是人类自身的再产生和再创造；在价值论中，以马克思主义价值论的基本范畴，建构教育价值论的基本范畴及其关系；在实践论中，以马克思主义的双向实践建构的观点理解教育实践的结构与运行机制，提出教育实践的本质在于建构学习主体。

　　《教育哲学》编写组的《教育哲学》是一本鲜明体现马克思主义指导思想，反映改革开放以来中国特色社会主义教育理论和实践创新的新成果，体现习近平新时代中国特色社会主义思想的《教育哲学》。该教材不局限于马克思主义关于教育的论述、学说，而是力图用马克思主义立场、观点和方法分析和解决问题。所以，尽管该教材以哲学范畴的方式呈现相关理论，但它不是对中国哲学、西方哲学、马克思主义哲学的均衡用力，而是基于马克思主义哲学对各个哲学范畴的认识来呈现的。马克思主义的指导作用在书中体现在三个方面。第一，作为指导性观念。马克思主义在关于教育本质论、人性论、认识论(知识论)、价值论、伦理学、美学、社会哲学、文化哲学等问题的研究方面给予指导，提供强有力的思想观点、原则和方法。第二，作为一种方法论体系。马克思主义辩证唯物主义、历史唯物主义实事求是的思想路线，为历史地、辩证地和客观地认识与理解教育问题提供科学的理论框架和思维方式。第三，作为一种价值立场。马克思主义把解放全人类作为终极目标，把以人民为中心、为人民谋幸福作为价值追求，坚持以人民为中心，推进教育现代化，办好人民满意的教育，建设教育强国，实现人民更加充分的自由、平等、发展和福祉，这彰显了鲜明价值取向和根本立场。

（四）混合体系

混合体系是将几种体系进行杂糅而产生的。新中国成立之前的教育哲学，由于对西方教育哲学和中国传统教育哲学研究不足，混合体系主要表现为上述第一种和第二种的混合，既有关于教育根本问题的探讨，也有教育哲学问题的分析，典型的如张栗原的《教育哲学》。这样的混合可以实现哲学问题和教育问题的相互弥补，缺陷是容易重复。

教育哲学重建以来，由于我们对西方教育哲学流派和中国传统教育哲学研究得不够深入，混合教育哲学体系中，更多的是对教育基本问题的研究或者是对教育的哲学应用，或者是西方教育哲学与中国传统教育哲学的混合。这类混合典型的有黄济的《教育哲学通论》和新近出版的刘良华的《教育哲学》。

黄济在 1982 年完成了新中国第一本教育哲学著作后，不断扩大研究视野，研究中国古代教育哲学思想和西方教育哲学流派，在此基础上，1998 年出版了《教育哲学通论》。该书旨在熔古今中外教育哲学思想于一炉，吸收我国古代教育哲学思想的精华，借鉴国外教育哲学流派，结合教育发展面临的实际问题，建立中国特色的教育哲学新体系。全书共三编。第一编为中国传统教育哲学思想。在梳理中国传统教育哲学思想发展历程的基础上，就中国传统教育中的天道观、人性论、历史观、伦理观、知识观和审美观等进行深入分析，提炼中国传统教育哲学的思想精华。第二编为现代西方教育哲学流派。坚持"洋为中用"的原则，对 20 世纪以来西方教育哲学中的进步主义与改造主义、要素主义与永恒主义、存在主义、分析哲学、西方马克思主义等进行评述，并以马克思主义观点进行了批判吸收。第三编为教育哲学的基本问题。在吸收中外教育哲学思想的基础上，就教育本质论、教育价值论、教育目的论、知识论与教学、道德论与道德教育、美学与美育、宗教与教育等问题进行深入论述，并站在哲学的高度，提炼其基本的教育原理。

　　刘良华的《教育哲学》由三个部分组成，即教育哲学的基本问题、中国教育哲学和西方教育哲学，虽然总体上与黄济的著作结构相同，但每部分的组成及其相互关系的认识却不同。作者认为，所谓教育哲学，乃是发现和发展教育原理之学，因此，在教育哲学的基本问题中论述了教育的四个基本原理(社会变迁与教育目的、主奴之争与体育改革、情理冲突与德育改革、心物关系与智育改革)和教育哲学的方法论。作者对中国教育哲学和西方教育哲学主要从历史着手，在中国教育哲学部分着重讲授儒家"四书五经"、墨道法的"道法自然"、从儒家到新儒家等；在西方教育哲学部分着重讲授古希腊罗马的教育哲学、现代的知识哲学和政治哲学对教育哲学的影响等。对中国教育哲学和西方教育哲学的讲授虽然以历史为线索，但都过于简单，跳跃性极大，更不够系统。对于三大块之间的关系，作者认为，中西方教育哲学史有同有异，共同的部分就是教育哲学原理。教育哲学原理应该扎根于中西方教育哲学史之中，中西方教育哲学史是教育哲学原理的注脚。

第三节　　教育哲学发展中的问题与反思

　　中国教育哲学从 1919 年算起，已经走过了 100 年的历史。百年的中国教育哲学从无到有，从中国化到主体建构，已经建立了比较完备的体系；在发展过程中，有经验也有教训，分析发展中的问题，是为了寻求突破，从而实现更好地发展。

　　教育哲学的发展面临着外部和内部双重问题。就外部而言，要解决教育哲学"为谁服务"的问题，确立教育哲学的外立场；就内部而言，要解决教育哲学的独特性问题，确立教育哲学的内立场。内外结合，才能够建立立体的、完整的教育哲学。

一、教育哲学发展的外部问题

回顾中国教育哲学的百年历史，大致可以分为四个时期。一是新中国成立之前的初建期，二是新中国成立之后到改革开放前的中断期，三是改革开放后到 2000 年前的重建期，四是 2000 年至今的发展期。这四个阶段的划分，并非按照学科发展的内在逻辑进行，而是政治要求的结果。叶澜在回顾 20 世纪教育学发展历史时指出："政治意识形态与中国教育学发展的关系问题，是 20 世纪中国教育学发展所遇到的第一大问题。"①这一结论同样适合教育哲学的发展。教育与政治的关系是教育哲学发展中最根本的外部问题。

(一)教育哲学与政治关系问题

在中国，教育哲学作为一门学科，是随杜威来华讲学而产生发展的。1919 年 2 月，杜威携家人在日本游历讲学，其弟子胡适、陶行知、蒋梦麟得知后邀请老师来中国。杜威来华讲学所宣传的实用主义教育哲学思想，很快成为中国教育思想的主流。其原因在于其思想契合知识界渴望民主、平等、科学、博爱的精神，适合当时社会的政治需要。这一阶段，教育哲学与政治的关系相对淡薄，正因如此，才出现了新康德主义教育哲学、天主教(公教)教育哲学、三民主义教育哲学、马克思主义教育哲学等。但这一阶段后期，实用主义教育哲学的主导地位逐渐为三民主义教育哲学和马克思主义教育哲学所替代。

1949 年后，因为学习苏联模式而取消了教育哲学。但大教育学中蕴含的教育哲学思想，具有浓厚的政治色彩。中国教育界先是学习苏联凯洛夫的《教育学》，批判杜威实用主义教育哲学；1958 年后，又开始批判凯洛夫的《教育学》，倡导教育学中国化。但 1966—1976年，受"文化大革命"影响，教育学中国化蜕变为政策汇编，教育学

---

① 叶澜：《中国教育学发展世纪问题的审视》，载《教育研究》，2004(7)。

中国化陷入误区。

改革开放之后,随着党和国家的工作重点从以阶级斗争为纲转向以经济建设为中心,教育哲学得以恢复重建。2000年以来提出科学发展观,贯彻以人民为中心的发展思想,满足人民对美好生活的向往。外部发展环境的变化,使教育哲学回到了教育的原点——育人。

教育哲学的反思,并不意味着教育哲学要割断与政治的关系。教育哲学离不开政治,因为教育离不开政治,任何教育都是特定国家的教育,都是为特定国家政治服务的。教育所培养的人,都是特定国家的公民,需要认同特定国家的政治价值观和政治制度。超政治的教育是不存在的。教育哲学作为教育之基础的思想观念、价值取向,自然也离不开政治。但教育离不开政治,并不是教育要为政治所控制。教育哲学离不开政治,也并不是教育哲学要政治化。政治是教育哲学的外在条件,外在条件必须通过内在条件才能发挥作用。教育的内在条件是人。教育和教育哲学不是面向抽象的人,而是面向特定时代、特定社会、特定国家需要的人。我国社会主义的性质,决定了我们要培养社会主义建设者和接班人,教育正是通过培养社会主义建设者和接班人为社会主义政治服务的。

教育哲学与政治的关系永远存在,只不过不同时期有不同的表现形式。新时代中国特色社会主义教育哲学,必须完成立德树人的根本任务。

(二)马克思主义教育哲学与其他教育哲学关系问题

教育哲学离不开政治,我国教育哲学自然要反映我国政治的需要。马克思主义是我们党的根本指导思想,因此,我国教育哲学必须以马克思主义为指导,这是社会主义政治的必然要求,也是中国教育哲学的特殊性所在。

教育哲学如何对待马克思主义,不同时段有不同的表现形式。

新中国成立前，1930 年，杨贤江出版了第一本马克思主义教育哲学著作《新教育大纲》，标志着马克思主义教育理论在中国诞生。但当时，马克思主义教育哲学只是作为多元教育哲学的一个流派而出现。新中国成立后，马克思主义作为社会主义建设的指导思想，成为中国社会主流思想，教育必须以马克思主义为指导，体现马克思主义教育思想。但人们在学习马克思主义教育思想的过程中，出现了教条化现象，典型表现就是把苏联凯洛夫《教育学》作为马克思主义教育思想的最高成果，直接搬到中国，导致新中国成立之后全盘"苏化"，也导致了对杜威实用主义教育哲学等的批判。

教育哲学具有价值性，在政治上，表现为思想性。社会主义政治制度决定了中国教育哲学必须坚持马克思主义，这是不能动摇的。但这其中涉及两个问题，一是如何看待马克思主义教育思想，二是如何看待马克思主义教育哲学与其他教育哲学的关系。

马克思主义教育思想包括两个方面。一是马克思主义经典作家对教育的相关论述，二是后来的思想家对马克思主义的继承和发展。马克思主义是世界观、方法论，不是具体的行动措施，因此，不能简单搬用马克思主义经典作家的论述，简单地搬用是马克思主义教条化的表现。马克思主义作为思想灵魂，必须与我国政治社会发展的实际相结合，使马克思主义具体化。教育哲学的中国化，就是试图把马克思主义与中国教育改革与实践结合起来，不断地创造马克思主义中国化的教育哲学。新中国成立之初，学习苏联的问题就在于简单地搬用了苏联马克思主义教育思想的成果，加之社会主义建设的经验不足，马克思主义中国化的成果尚不成熟。改革开放 40 多年后的今天，社会主义建设取得了巨大成就，这就为我们更加充分与深入地理解马克思主义哲学提供了重要的思想基础，也为中国特色社会主义教育哲学提供了丰富实践经验。因此，我们今天坚持马克思主义教育哲学，必须把马克思主义与中国改革开放的教育实践相结合，发展马克思主义，不断创造马克思主义中国化的新成果。

　　坚持马克思主义教育哲学并非要排斥其他教育思想。马克思主义不是封闭的、僵化的教条，而是开放的和在实践中发展的。马克思主义哲学就是在吸收黑格尔的唯心主义辩证法和费尔巴哈的唯物主义基础上诞生的。马克思主义理论发展证明，"要推动马克思主义哲学的发展，我们不能局限于马克思主义哲学的基本框架内来理解马克思主义哲学，而必须推动马克思主义哲学与西方哲学、中国哲学的深层对话与汇通"①。因此，中国教育哲学须坚持以马克思主义为指导，同时并不排斥其他教育哲学思想，而是借鉴和吸收非马克思主义教育思想，丰富和发展中国特色社会主义教育哲学。

　　中国的教育哲学既要坚持马克思主义的指导思想，还要吸收中华优秀传统文化。中华优秀传统文化是"中华民族的基因""民族文化血脉"和"中华民族的精神命脉"，是中华民族的"根"与"魂"。文化的核心是价值观和思维方式。中国具有不同于西方的社会价值观、人生价值观和思维方式，这反映在培养什么人，怎样培养人上，中国教育注重集体主义，西方教育注重个人主义；西方强调竞争，中国强调合作；西方强调自由，中国更强调义务和责任。我们坚守中华优秀传统文化，不是走向文化自负、自恋。中西方不同优秀价值观可以相互借鉴，取长补短。习近平指出："文明因多样而交流，因交流而互鉴，因互鉴而发展"，"交流互鉴是文明发展的本质要求"②。我们只有坚持开放包容，注重汲取不同国家、不同民族创造的优秀文明成果，取长补短，兼收并蓄，文化才能繁荣，关起门来，孤芳自赏，必然走向衰落。目前，我国教育哲学对中国传统教育哲学思想

---

　　①　于永成、贺来：《改革开放40年来马克思主义哲学研究的回顾与展望》，载《广东社会科学》，2018(4)。

　　②　《习近平提出文明交流互鉴的"中国方案"》，http://www.xinhuanet.com/politics/xxjxs/2019-05/16/c_1124502802.htm，2019-09-11。

研究和吸收得尚不够，需要进一步加强对中国传统教育哲学的研究，建构中国教育哲学特有的体系和逻辑。

(三)教育哲学发展的中外关系问题

教育哲学是从西方引进的，要建设中国教育哲学，必然涉及处理教育哲学发展的中外关系问题，这也是政治的要求。中国古代虽然有丰富的教育哲学思想，但近代作为学科的教育哲学，却是以中断中国教育哲学传统，全盘引进外来学说为起点的。即便是 1949 年前国人自己编著的教育哲学，也都借鉴了西方的体系，带有西方理论的色彩。新中国成立后取消了教育哲学学科，但在思想上，学习苏联凯洛夫的教育思想，批判杜威实用主义教育哲学，再到批判凯洛夫的《教育学》，体现的都是教育哲学的对外关系问题。直到 20 世纪 60 年代，我国才有了教育哲学中国化的呼声与尝试。

教育哲学作为教育实践的价值导向，具有鲜明的国别性和民族性。国外教育哲学自然是相应国家对教育实践的价值诉求，不免有不合中国国情的地方，也不能指导中国的教育改革与实践。即便国外某些教育哲学包含有教育本质的价值追求，这种价值追求也融入各国教育的特殊性之中，孤立的、抽象的教育价值是不存在的。著名教育家胡森说："教育作为一个实践的领域，其真正的本质在于地方性或民族性。教育毕竟是由它所服务的具体国家的文化和历史传统形成的。"[①]教育哲学中国化，把国外的理论作为"本"，"用"于中国教育，根子不在中国。"中体西用"却变成了"西体中用"，是不对的。因此，中国教育哲学必须从"中国化"走向"主体建构"。所建构的中国教育哲学既能反映中国现实，又能与西方学者进行交流对话，中西教育哲学思想相互补充，这是中国教育哲学主体性建构路径。

---

① ［瑞典］胡森：《教育研究的国际背景》，见瞿葆奎主编：《教育学文集·教育研究方法》第 15 卷，56 页，北京，人民教育出版社，1988。

中国教育哲学必须扎根中国教育实践，直面中国的教育问题，概括中国的教育经验。教育哲学不是抽象的玄思之学，而是实践哲学。"对教育理论和教育实践中已经提出的问题进行评析，以确定其正确与否及其可行性如何，是教育哲学应有之义，教育哲学应当从'象牙之塔'里走出来，面向实际，为回答教育理论与实践中的问题服务。"①教育哲学要关注实践问题，这既有历史实践对其的要求，也有当代实践对其的总结和未来实践对其方向的指引。我国的教育哲学注重吸收西方教育哲学的成果，但对中国特色社会主义教育建设和发展经验总结不够；除了在思想上存在教育哲学的中国意识自觉性不强外，与中国教育哲学的发展不够成熟也有关系。改革开放40 多年来，中国的教育改革和发展为更加充分与深入研究中国教育哲学提供了重要经验，为建设中国教育哲学提供了坚实的实践基础。

（四）教育哲学的社会立场：中国立场

中国教育哲学在学科建设之初，移植是必要的。外来教育哲学中国化的努力，已经超越了简单移植，而考虑到中国国情与中国需要。但中国化本身属于外域（尤其是西方）理论的中国运用，缺少本土原创性的研究。教育哲学在经过中国化阶段后，必须进入主体建构阶段；只有以中国为主体，教育学者才能建构中国教育哲学。为此，必须坚持中国立场，这包括：

第一，中国教育哲学的政治立场是坚持马克思主义。坚持以马克思主义为指导，把马克思主义与中国教育改革发展的实践结合起来，创新和发展马克思主义教育哲学，研究马克思主义中国化的教育哲学的最新成果，体现时代精神，指导时代教育改革。

第二，中国教育哲学的文化立场是根植于中华优秀传统文化。中国教育哲学作为中国教育学者的精神观照和思维方式，是生长在

---

① 黄济：《再谈中国教育哲学》，载《教育研究与实验》，2002(4)。

中华传统文化之中的。冯友兰指出，中国文化的精神基础，不是宗教而是伦理。钱穆也认为，中国传统文化重在内在的精神方面的理想与目的。中国传统文化是中国教育哲学的精神气象。[①]

第三，中国教育哲学的实践立场是中国大地。中国教育哲学是中国本土建构的教育哲学，这意味着中国教育哲学的问题必须来自中国，来自中国社会发展的问题，来自中国教育改革发展的需要，由中国自己的教育实践提供答案。只有这样的教育哲学，才是属中国、为中国和在中国的教育哲学。[②]

习近平总书记指出："要按照立足中国、借鉴国外，挖掘历史、把握当代，关怀人类、面向未来的思路，着力构建中国特色哲学社会科学，在指导思想、学科体系、学术体系、话语体系等方面充分体现中国特色、中国风格、中国气派。"[③]这要求我们坚持以马克思主义中国化的最新理论成果——习近平新时代中国特色社会主义思想为指导，立足中国优秀传统文化，吸收一切人类文明成果，扎根中国大地，放眼世界和未来，建设具有中国特色、中国风格、中国气派的教育哲学，体现中国立场、中国智慧、中国价值，为人类教育发展提供中国答案和中国模式，推动与西方教育思想的对话，为人类教育文明发展贡献中国智慧。

二、教育哲学发展的内部问题

哲学作为一个学科，有其自身的内在逻辑，否则，就丧失了学科自身的独立性。教育哲学作为一个交叉学科，首先遇到的是如何处理教育哲学与母学科的关系，这关系到教育哲学是否具有独立地

---

① 吴亚林、王学：《中国传统教育哲学的精神气象》，载《教育研究与实验》，2016(1)。

② 李政涛：《走向世界的中国教育学：目标、挑战与展望》，载《教育研究》，2018(9)。

③ 习近平：《在哲学社会科学工作座谈会上的讲话》，《人民日报》，2016-05-19。

位。在此基础上，还要处理好教育哲学在发展过程中与子学科、分支学科的关系。在处理学科间的关系时，要回答教育哲学的学科立场问题，划定其学科边界。

(一)教育哲学与其他学科的关系

哲学与教育学是教育哲学的母学科，怎么处理教育哲学与母学科的关系，有两种不同的思路。一种思路是以哲学为母体，从哲学的原理、方法出发思考教育问题，这样的教育哲学基本上是对哲学原理和方法的逻辑演绎，作为哲学的应用学科。这种教育哲学虽然充满哲学味道，但缺少对教育自身独特性的观照，更缺少对教育实践的关怀。另一种思路是以教育学为母体，把教育中的基本问题提升到哲学的高度进行分析。这种思路关注教育的独特性，分析教育问题，但由于学者的哲学素养不够，其分析难以达到哲学的高度，出现了教育哲学混同于教育基本理论的现象，既缺少哲学味道，又显得较为抽象、空泛，很难发挥对教育实践的指导作用。

有学者认为，教育哲学研究教育的根本问题，教育科学研究教育的具体问题。因此，教育哲学是对教育科学研究成果的总结和概括，是更高层次的学科。但也有学者批判这种传统观点，认为传统哲学研究根本问题，揭示永恒的、普遍的真理，是"大写的哲学"。21 世纪的哲学正在从"大写的哲学"转变为"小写的哲学"，"小写的哲学"研究具体的问题，是特定情境下的智慧活动。[1] 为适应哲学的转向，21 世纪的教育哲学也要由教育"学科之王"转变为教育学科的"普通一员"。教育哲学与其他教育学科是一种平等的交流关系，是一种互惠的关系。[2] 基于这样的认识，教育哲学不再研究教育的根本问题，而研究教育实践中的所有问题，分析教育问题背后的哲学假设

---

[1]　石中英:《教育哲学》，18—19 页，北京，北京师范大学出版社，2007。

[2]　邵燕楠:《美国教育哲学研究的多元化特征及其启示》，载《教育科学论坛》，2009(6)。

及其合理性、正当性。

以上所讨论的教育哲学的诸种思路，虽然有别，但有一点是共同的，就是把哲学与教育学视为两个领域，要么强调哲学的演绎性，要么强调教育学的抽象性，教育哲学都依附于母体的存在。从理论上说，教育哲学从其母体中分离出去以后，就应该具有相对独立性。教育哲学的独立性关乎教育哲学能否成为一门学科。

（二）教育哲学学科的独立性

教育学者以往对学科独立性的衡量，主要依据独特的研究对象和专门的研究方法进行，这在学科分化程度较低的情况下，是可能的。但随着学科的分化，不同学科可以面对同一研究对象，一种研究方法也可以运用于不同学科。此时根据学科的研究对象与研究方法无法使学科区别开来。

哲学与教育学都是教育哲学的理论基础，关键是教育哲学如何"整合"两个基础。赫尔巴特在以心理学和实践哲学为基础构建普通教育学时提出："假如教育学希望尽可能严格地保持自身的概念，并进而培植出独立的思想，从而可能成为研究范围的中心，而不再有这样的危险——像偏僻的、被占领的区域一样受到外人的治理，那么情况可能要好得多。"[1]上述两种思路，其实都是以哲学或者教育学去占领教育哲学的思想，这里使教育哲学受到"外人治理"，成为其他学科的附属物，从而失去自身的独特性。

如何保持教育哲学的独特性？关键在于找到教育哲学独特的研究对象。有学者试图从哲学与教育学的结合点入手，认为人是二者的结合点。因为"哲学在于'使人成为人'，提出成'人'的方向和目标；教育则促使人成为'人'，提供了成'人'的方法和途径"[2]。哲学

① ［德］赫尔巴特：《普通教育学・教育学讲授纲要》，10页，李其龙译，北京，人民教育出版社，1989。
② 冯建军等：《教育哲学》，5页，武汉，武汉大学出版社，2011。

与教育都因为人而存在。教育哲学应该着眼于人，探讨人生的意义和价值，探讨教育如何立人和成人。在这个意义上，教育哲学应该成为教育人学。也有学者认为，在哲学与教育学可能发生的交汇点中，伦理学与教育学的关系更紧密。① 因为教育学所要探讨的基本问题是"什么是人生的美好目的"，更主要的是"什么是善"，这属于伦理学的范畴。在这个意义上，教育哲学更接近于教育伦理学。

上述学者从研究对象界定教育哲学的独特性，也有学者试图从独特的研究视角界定教育哲学。哲学的独特视角有不同情况，或运用哲学的话语，或运用哲学的框架体系，或运用哲学的思维方法。基于哲学话语的教育哲学是对哲学话语的演绎，既没有增加哲学知识，也没有促进对教育实践的指导。基于哲学框架的教育哲学，虽然更具有哲学性，但仍存在着演绎哲学知识的痕迹。基于哲学思维的教育哲学，以哲学思维研究教育问题，不仅能够创新教育知识，而且使哲学成为"审慎进行的实践的教育理论"或"教育的最一般方面的理论"。② 基于哲学思维的教育哲学，也最符合哲学本身"爱智慧"的含义，"爱智慧"不在于"智慧"的结果，而在于"爱智慧"的过程。"爱智慧"是动词，是一种对问题的哲学思考。因此，教育哲学应该是哲学地思考教育问题。③

当然，研究对象与方法是不能分离的，教育哲学必须是研究对象与方法的统一。诺丁斯指出，教育问题是教育哲学中最重要的问题，教育哲学采用哲学的方法研究这些问题。④ 这样说有点笼统，研究对象指向教育的什么方面？哲学的方法又是什么？对此没有明

---

① 陈桂生：《历史的"教育学现象"透视——近代教育学史探究》，341 页，北京，人民教育出版社，1998。
② ［美］约翰·杜威：《民主主义与教育》，王承绪译，350－351 页，北京，人民教育出版社，2001。
③ 李润洲：《教育哲学：哲学地思考教育问题》，载《教育研究》，2014(4)。
④ ［美］奈尔·诺丁斯：《教育哲学》，许立新译，1 页，北京，北京师范大学出版社，2008。

确说明。有学者提出，教育哲学是对教育实践中的支配性观念进行的寻根究底的反思性活动。教育哲学的研究对象是教育实践——历史的与现实的——中的支配性观念，教育哲学处理这些观念性问题的基本方法就是"论辩"。① 也有学者提出，教育哲学是反思教育思想前提的学问，其研究对象是教育思想、教育观念；研究方法是反思，哲学的反思是前提性、超验性、批判性、综合性和实践性的反思。②

无论从教育哲学的研究对象，抑或是从教育哲学的思维方式，还是从研究对象与方法统一的角度进行的尝试，都为了寻求教育哲学的独特性。独特性是一个学科存在的正当理由，也是这个学科独有的价值所在。教育哲学从母体中分离出来，以自己的独特性立身，并且有助于母体学科的发展。

(三)教育哲学内部的分化与多元

教育哲学发展之初，主要是处理与母学科的关系，建构独特的学科。但教育哲学发展至今，其自身也开始分化为不再是一个学科，而是一个领域。

最初的概论式教育哲学将其作为一个学科，总体研究教育各个方面的问题，这出现在新中国成立之前和改革开放后恢复重建时期教育哲学的教科书中。20 世纪 90 年代后期，教育哲学的亚领域开始出现。教育哲学的亚领域就是把教育哲学的思想观点和方法运用于教育的亚领域之中，出现了儿童教育哲学、基础教育哲学、高等教育哲学、特殊教育哲学、教师教育哲学等；与中小学的学科相互交叉，出现了数学教育哲学、科学教育哲学、语文教育哲学、音乐教

---

① 石中英：《作为一种教育哲学研究方法的"论辩"》，载《清华大学教育研究》，2017(5)。

② 郝文武：《作为反思教育思想前提的教育哲学》，载《北京师范大学学报(社会科学版)》，2008(4)。

育哲学、艺术教育哲学等；与教育学科交叉，出现了课程与教学哲学、德育哲学、思想政治教育哲学、教育管理哲学、教育评价哲学等。同时，随着教育哲学研究的深入，出现了专题式教育哲学，如教育知识论、教育人学、教育伦理学、教育者哲学等。从研究方法论上看，教育哲学研究还出现了现象学、解释学、批判主义、女性主义、后现代主义等。目前，教育哲学诸多亚领域和分支学科发展势头良好，但成果还不够丰富。

进入 21 世纪，教育哲学的问题研究迅速升温。除了研究公平、正义、权利、价值、知识、伦理等传统经典问题外，教育哲学学者还从哲学视角透视教育改革中凸显的问题，如主体教育、生命教育、批判思维、国家认同、公共生活、多元文化教育、民族教育、教育市场化，以及美好教育生活等。此外，社会发展所带来的新问题，如全球化时代的国际理解教育、和平教育、可持续发展教育，以及信息化时代的互联网教育、赛博空间、人工智能教育等也开始纳入研究视野。问题性教育哲学研究目前仍处于上升阶段，相应的研究成果相当丰富，尤其表现在大量学术论文中。新近出版的教育哲学著作，如陆有铨的《教育的哲思与审视》(人民教育出版社，2016)、刘庆昌的《教育哲学新论》(2018)，都已经不是概论式的教科书，而是展现了作者对教育及其相关问题哲学思考的学术著作。随着专题研究教育哲学的出现，教育哲学真正走向哲学地思考教育问题之路，并成为 21 世纪教育哲学研究的主流。

教育哲学发展到今天，正在走向多元，已经突破了固定的研究对象，而将所有教育问题都纳入研究之中，教育哲学与其他学科的边界正在变得模糊。如何看待教育哲学的多元化？有人认为，教育哲学研究内容过于庞杂，研究边界无限扩大，正在失去其独特性，因此，主张厘清边界，避免问题泛化。① 也有人认为，固定的主题、固定的问题域时代已不复存在，教育哲学研究的多元化特征为研究教育问题提供了更加开放的空间和可能。② 教育哲学的多元化发展，在研究对象上模糊了教育哲学的边界，但并不意味着教育哲学的消失，而在于研究对象的视角和立场。因此，教育学者对学科独特性的认识需要从对象主义转向视角主义，确立学科的独特视角和立场。

(四)教育哲学的学科立场：教育的意义

教育哲学的学科立场是教育，似乎是不证自明的常识。因为教育哲学也属于教育学科，自然以教育为立场。提出教育哲学的教育立场，在两个方面是必要的。一是把教育哲学作为哲学的一个应用学科，教育立场是它与政治哲学、社会哲学、经济哲学、法哲学的区别，凸显了教育哲学的独特性所在；二是教育哲学的分化，出现了教育认识论、教育价值论、教育政治哲学等子学科和交叉学科，其目的不在于认识论、知识论和政治哲学，不在于构建教育的知识体系，而在于建构有意义的教育生活，在于教人成人。

虽然所有教育学科的立场都是教育的立场，但教育哲学与教育科学的区别是，科学研究事实，哲学则研究价值。因此，教育哲学面对的不是教育现象和活动的事实，而是教育的意义。活动是教育的载体，现象是教育的外衣，意义则是教育的灵魂。教育的意义就是探讨教育何以成为教育的标准之所在。彼得斯提出教育的三个核心标准。第一，在具体目标上，教育所获得的成就必须是"善"的和"有价值"的；在终极目标上，教育必须有助于人的美好生活，而不

---

① 刘燕楠：《当代教育哲学研究的问题走向：视域、立场与观点》，载《教育研究》，2017(3)。

② 邵燕楠：《美国教育哲学研究的多元化特征及其启示》，载《教育科学论坛》，2009(6)。

是纯粹功利或职业目的的达成；第二，教育的方法必须是"道德的"或"无可非议"的，在道德层面上，教育应该以无可争议的方式传递有价值的东西；第三，在过程中，教育必须是有利于学生的自主性的确立和发展的。[①] 彼得斯的教育标准是深层的，是价值的标准、道德的标准与成就人格的标准，契合了教育的哲学意义和价值立场。

随着教育哲学研究的不断深入，教育哲学的边界不断扩大，所有教育问题都可以纳入其中。教育哲学如何研究教育问题，除了运用哲学方法外，还必须坚持教育哲学的立场。哲学的方法和教育立场的结合，才能确保教育哲学既是"哲学"的，又是"教育"的，最终才会成为"教育哲学"。

第四节　教育哲学的创新发展

新时代中国教育哲学，以习近平新时代中国特色社会主义思想为指导，落实立德树人根本任务，聚焦新时代的教育问题，构建具有中国特色、中国风格、中国气派的教育哲学，促进教育哲学的繁荣发展。

一、从哲学的教育应用到教育的哲学

教育哲学是教育学与哲学的交叉学科，二者怎样交叉，有两种典型的认识。一种认识是从哲学的观点论教育，将哲学的原理、思想、方法运用于教育，使教育哲学成为哲学在教育领域的应用学科。我国第一本教育哲学著作、范寿康的《教育哲学大纲》把教育哲学分为教育论理学、教育美学和教育伦理学三个部分，就是哲学的论理学(逻辑学)、美学、伦理学的教育应用。直到现在，本体论与教育、人性论与教育、价值论与教育、道德哲学与教育、认识论与教育、

---

① 石中英：《教育哲学》，209页，北京，北京师范大学出版社，2007。

美学与教育等，一直是教育哲学的经典课题。另一种认识是把教育的一般问题、基本问题，提升到哲学高度，进行哲学分析和抽象概括，从而建构教育的哲学。1933 年出版的姜琦的《教育哲学》就试图探讨教育的本质论、目的论、方法论、价值论。教育哲学恢复重建后，黄济的《教育哲学初稿》指出，马克思主义教育哲学的研究对象，应当是以辩证唯物主义和历史唯物主义作为指导思想，对教育中的一些根本问题，从哲学高度做一些根本的研究和探讨，从中找出一般规律，作为教育理论和实际的指导。他在《教育哲学初稿》中探讨了教育本质、教育价值、教育目的、知识论与教学、美育与美学等教育基本问题。

关于两种学科交叉的不同方法，前者以哲学研究教育，立场在哲学，成为哲学的教育应用；后者对教育进行哲学分析，立场在教育，旨在为教育实践提供价值引领，从而成为教育的基础学科。两种方法各有侧重，前者作为哲学的应用，以哲学为逻辑，生成哲学知识和理论；后者作为教育的哲学，以教育实践为逻辑，为教育实践问题服务。教育哲学建设初期，教育学者多运用哲学思想、观点、方法进行教育演绎。随着教育哲学的发展，教育哲学作为一个有独立研究对象、独特内涵的学科，越来越强调对教育实践的关注，为教育实践服务，从而使教育哲学成为实践哲学。

"培养什么人、怎样培养人、为谁培养人"是教育实践的根本问题。在中国特色社会主义新时代，要培养担当民族复兴大任的时代新人，构建德智体美劳全面发展的教育体系，就要把立德树人作为教育的根本任务，融入思想道德教育、文化知识教育、社会实践教育各环节中，贯穿基础教育、职业教育、高等教育各领域中，体现在学科体系、教学体系、教材体系、管理体系各方面。教育哲学紧紧围绕对时代新人的培养，落实立德树人的根本任务，构建人学形态的教育哲学。因此，新时代的教育哲学，在形式上关注实践，成为教育实践哲学;在内容上关注人,成为教育人学。

二、从专业的教育哲学到教师的教育哲学

美国教育哲学家索尔蒂斯把教育哲学划分为个人的教育哲学、公众的教育哲学和专业的教育哲学三种。专业的教育哲学把教育哲学视为专门的学科,对哲学的概念、命题做出认真而严密的检验、批判、辩驳、分析与综合,致力于形而上的知识生产,满足于理智沉思的需要。专业哲学是少数哲学家的事业,他们具有超凡的理性和智慧,被柏拉图称为"哲学王"。由此哲学成为晦涩难懂的抽象理论,远离生活,远离大众。教师作为教育的实践者,只是被动地接受哲学家的思想,成为哲学家思想的执行者、实验者。

索尔蒂斯认为,就像每个人都有自己的生活哲学一样,教师也应当有自己的教育哲学。教师的教育哲学是教师对于自己教育实践的反思和对自己的教育问题的看法,属于个人的教育哲学。当然,每个人对教育都会有这样或那样的看法,有的处在常识阶段,只有经过理性思考的、系统的教育观点,才是教育哲学。因此,教师的教育哲学是教师通过反思教育实践、研究教育问题、感悟教育真谛而形成的教育智慧、教育信念。

专业的教育哲学是哲学家的哲学,致力于哲学概念的澄清,命题的分析,思想的论证。教师的教育哲学不像专业的教育哲学那样以理论的形式表现出来,而是通过实践表现出来,是为实践而哲学,不是为哲学而哲学。它不是教师基于哲学的教育演绎,而是对教育实践、教育生活的深度反思。教师的教育哲学是教师内生的、主动建构的教育哲学。教师的教育哲学在于唤醒教师的哲学意识,增强哲学思维,促使教师更好地理解教育生活,提高教师对教育生活的感受力、理解力、判断力,从而构建更美好的教育生活。

专业的教育哲学对于教师虽有指导意义,但是这种指导具有外在性,且缺少具体的教育情景。教师的教育哲学是教师内生的哲学,具

有强烈的实践性、反思性、批判性和解放性。它从哲学高度关注教育实践问题，通过对教育实践的哲学反思和批判，实现对教师的思想启蒙，提升教育智慧，使教育哲学真正成为教师的实践智慧之学。

三、从"中国化"到"中国特色"

中国的教育哲学起步于对欧美教育哲学的引进和模仿。1929 年，庄泽宣在《如何使新教育中国化》（民智书局）中就指出："现在中国的新教育不是中国固有的，是从西洋贩来的，所以不免有不合中国的国情与需要的地方。"他提出新教育中国化的四个条件，即"合于中国的国民经力，合于中国的社会现状，能发扬中国民族的优点，能改造中国人的劣根性"。它开启了包括教育哲学在内的教育学中国化的道路。20 世纪 20—40 年代出版的国人自编的教育哲学著作，都受到了西方相应教育哲学流派的影响，有的影响还很深远。如范寿康的《教育哲学大纲》受德国古典哲学的影响，吴俊升的《教育哲学大纲》受实用主义的影响，它们都是西方教育理论中国化的结果。

1934 年 11 月 5 日，吴俊升在《大公报》撰文《中国教育需要一种哲学》。姜琦在《教育杂志》1935 年第 1 期撰文进一步提出"三民主义就是我们中国的哲学和教育之基础"。针对教育哲学学派纷呈的状况，张君劢在《东方杂志》1937 年第 1 期撰写《中国教育哲学之方向》，提出对各派哲学进行综合，对各时代文化进行综合。姜琦指出，综合的标准是三民主义。这场讨论使教育哲学开始从"中国化"转向中国的教育哲学。遗憾的是，伴随抗日战争的不断深入，教育哲学也从高潮进入低迷时期。新中国成立后又被取消。

恢复重建的中国教育哲学，离不开西方教育哲学的引进和学习，西方教育哲学的引进使我们了解 20 世纪西方教育哲学的进步主义、社会改造主义、永恒主义、要素主义、存在主义、分析教育哲学的发展，以及当代解释学教育哲学、批判教育理论、后现代教育哲学、女性主义教育哲学等新的教育哲学，拓展了我们的思想视野，丰富了我们可资借鉴的研究方法和思维方式，对建设中国教育哲学提供了有益借鉴。习近平总书记指出："我们要倡导交流互鉴，注重汲取不同国家、不同民族创造的优秀文明成果，取长补短，兼收并蓄，共同绘就人类文明美好画卷。"①

中国教育哲学在初建时期，走西方教育哲学引进之路是必要的，但从根本上说，建构自身的教育哲学才是正途。正如著名教育家胡森所说："教育作为一个实践的领域，其真正的本质在于地方性或民族性。教育毕竟是由它所服务的具体国家的文化和历史传统形成的。"习近平总书记指出："不同民族、不同国家由于其自然条件和发展历程不同，产生和形成的核心价值观也各有特点。一个民族、一个国家的核心价值观必须同这个民族、这个国家的历史文化相契合，同这个民族、这个国家的人民正在进行的奋斗相结合，同这个民族、这个国家需要解决的时代问题相适应。"②新时代，比历史上任何一个时期都更有条件建设中国的教育哲学。这要求我们坚持以习近平新时代中国特色社会主义思想为指导，立足中华优秀传统文化，吸收一切人类文明成果，扎根中国大地，放眼世界和未来，建设具有中国特色、中国风格、中国气派的教育哲学，以体现中国立场、中国智慧、中国价值，从而为人类教育文明做出中国贡献。

---

① 习近平：《弘扬和平共处五项原则　建设合作共赢美好世界——在和平共处五项原则发表 60 周年纪念大会上的讲话（2014 年 6 月 28 日）》，10 页，北京，人民出版社，2014。

② 习近平：《青年要自觉践行社会主义核心价值观——在北京大学师生座谈会上的讲话（2014 年 5 月 4 日）》，8 页，北京，人民出版社，2014。

第三章

教育本质论研究

教育本质的研究是教育哲学的基本问题，所有教育学理论或隐或显地包含着对于"教育是什么"的哲学层面的理解。教育本质既是构建教育理论的首要问题，也是教育实践发展与变革的哲学基础。离开对"教育是什么"的哲学层面的探究，教育理论与实践就缺乏稳重的根基，显得"轻飘飘"。新中国成立70年来，教育学者围绕教育本质的问题进行了孜孜不倦的追问与反思。

第一节　以苏为师：教育本质探讨的引进期(1949—1978 年)

"以苏为师"是新中国教育学学科建设的基本取向。早在 1945 年，毛泽东讲过："苏联所创造的新文化，应当成为我们建设人民文化的范例。"[①]1949 年 10 月，刘少奇指出，"苏联有许多世界上所没有的完全新的科学知识，我们只有从苏联才能学到这些知识。例如：经济学、银行学、财政学、商业学、教育学等"[②]。1949—1950 年，《人民教育》发表了凯洛夫《教育学》部分章节的中文翻译稿，并认为

---

① 《毛泽东选集》第 3 卷，1083 页，北京，人民出版社，1991。
② 《建国以来刘少奇文稿》第一册，87 页，北京，中央文献出版社，2005。

凯洛夫《教育学》是理论与实践相结合的"巨著"，于是，教育界迅速掀起了学习凯洛夫《教育学》热潮。列宁在《俄共(布)党纲草案》中提出"学校应当成为无产阶级专政的工具"，这奠定了"教育是上层建筑"的理论基调。1951年，斯大林的《马克思主义和语言学问题》一文翻译引介后，引起学者关于教育本质问题的争论，焦点是教育的特点是什么，属于什么范围。这一时期我国教育学基本上以苏联教育学著作为模本。

新中国成立前，我国教育学者发表的论文、出版的著作，以及编撰的教育词典等，很少探讨教育的本质问题，以及其他各项教育活动的本质问题。以上海商务印书馆出版的《教育杂志》为例，从第1卷到第25卷，几千篇教育论文，仅有一篇论及"教育本质"问题，这就是郑宗海在第24卷第4号上发表的《教育改造声中对于教育本质之探讨》一文。[①] 从1949年前出版的大量教育学著作来看，除了杨贤江的《新教育大纲》(1930)外，还有论及教育及其他教育概念或活动的本质问题，如张子和的《大教育学》(1914)、范寿康的《教育概论》(1931)、吴俊升等的《教育概论》(1935)等。这种情况也反映在教育词典的编撰中。从最早的由京师译学馆印行的《教育词汇》，到1928年由余家菊等主编的《中华教育辞典》，直到20世纪40年代中期出版的教育辞典，都没有收集有关教育本质的词条。

1952年，情况出现了一些变化。先是《人民教育》杂志5月号刊登潘培新的《苏联〈苏维埃教育学〉杂志展开关于教育问题的讨论》一文，并配发了编者按；后是《人民教育》杂志同年7月号和8月号连续刊登苏联教育学者《关于作为社会现象的教育的专门特点的争论总结》，也配发了编者按。应该说，这是1949年后最早将教育本质问题介绍给中国教育界并号召中国学者开展教育本质问题研究的。受此影响，张凌光、朱智贤、陈选善等编辑的《教育学》(1953)在第一册第一章第一节就讨论教育的本质，致力于从教育的起源、历史变迁等方

---

① 石中英：《本质主义、反本质主义与中国教育学研究》，载《教育研究》，2004(1)。

面寻找教育的本质。不过，1957 年北京师范大学教育系教育学教研组编辑的《教育学讲义》，尽管也着力阐明教育的历史性、阶级性等特征，但是却未明确使用"教育本质"范畴，只是在下册部分偶尔使用"自觉纪律的本质"的提法。①

第二节　功用与属性：教育本质研究的争鸣期
（1978—1991 年）

1978 年以后，全国开展关于真理标准问题的讨论，教育学者也重新审视教育学。为了适应形势发展，教育是上层建筑的本质观受到质疑，教育是生产力的本质观开始凸显。教育本质观研究发生转变的一个标志性事件是 1978 年于光远在《学术研究》上发表的《重视培养人的研究》一文，由此不同的教育本质观不断涌现，掀起了关于教育本质的大讨论。

一、本质功用化的争论：上层建筑说与生产力说

教育的本质是上层建筑说，主要从教育与经济基础的关系、教育的阶级性和教育目的、教育为谁服务等角度进行论证。上层建筑说认为，教育是培养人为政治、经济服务的，是一种专门培养思想品德、传递知识技能的工作；在整个社会结构中，它是属于意识形态范畴的一种活动。② 而且，具有作为上层建筑的教育区别于其他上层建筑的主要特点。一是教育对生产力和社会关系的作用具有双重性和平行性；二是教育对人的影响有全面性与系统性；三是教育活动有双边性和相互制约性；四是教育作用包含自觉性与强制性；五是教育效果是现实性与预期性的统一。③ 虽然也有学者认为，教

---

①　石中英：《本质主义、反本质主义与中国教育学研究》，载《教育研究》，2004(1)。
②　李放：《教育是社会的上层建筑》，载《教育研究》，1979(1)。
③　石佩臣：《作为上层建筑的教育的特点》，载《教育研究》，1979(3)。

育中也有非上层建筑的成分，如自然科学的教育内容、教育制度中的入学年龄、儿童的身心发展规律等。但是，教育中不属于上层建筑的部分是次要的；教育中有非上层建筑的因素，这并不妨碍人们做出教育是上层建筑的结论。① 教育的上层建筑说肯定了教育的阶级性，教育与政治之间的紧密关系，以及教育为政治服务的特性。"教育作为一定的社会意识形态，作为一种精神力量，同样受占有物质生产资料的统治阶级的支配。任何一个时代的统治阶级的教育思想，都是这个时代占有统治地位的教育思想"，"在阶级社会中，在经济上占有统治地位的阶级，总是要利用政治上的特权，利用国家政权和由国家所制定和颁布的教育方针、政策和各种教育法规来控制教育"。②

　　对教育的本质是上层建筑观点提出质疑的学者分别从上层建筑的内容、内部关系、成因、作用以及和生产力之间的联系方式等角度揭示了上层建筑的基本特征，指出教育与上层建筑有不同。以教育是上层建筑来解释教育的本质的思想实际上是对教育这个概念进行了"概括"，这是用减少概念的内涵来扩大概念外延的办法，以达到强调概念中某些更为一般属性的目的。③ 有学者认为教育不是上层建筑，而是一种属于上层建筑的社会现象，教育是培养一定社会所需要的人的活动。④ 有学者指出，既要看到教育的某些要素和属性与上层建筑是一致的，也要看到教育与上层建筑是有区别的，教育不仅同经济基础和上层建筑有密切关系，还同社会生产力、科学文化和社会生活等许多社会现象具有密切联系，把教育看成是上层建筑，是有局限性和片面性的。⑤ 有学者认为上层建筑的属性只是

---

　　① 李放：《教育是社会的上层建筑》，载《教育研究》，1979(1)。

　　② 黄济：《对教育本质问题的再认识》，载《北京师范大学学报(社会科学版)》，1998(3)。引文有改动。

　　③ 睢文龙：《教育本质管窥》，载《承德师专学报(综合版)》，1987(3)。

　　④ 钱立群：《对教育本质的重新认识》，载《咸宁师专学报》，1990(4)。

　　⑤ 卢曲元：《教育本质新论》，载《湖南师范大学社会科学学报》，1988(2)。

教育的多种属性中的一种，是非本质属性，根据教育是上层建筑的论证，不能得出教育是上层建筑这个结论，而只能得出"在阶级社会中，教育具有上层建筑的属性"的结论。① 有学者认为在阶级社会中，教育是具有阶级性的，但在阶级社会中，很多事物都具有阶级性，阶级性只是阶级社会中教育的一种属性，并非教育的质的规定性或根本属性。② 有学者认为从历史态而言，教育的上层建筑属性并不是古、今、未来一切教育"最一般、最普遍、最稳定的性质"，教育本质所探讨的"教育"是属概念，它是超越一切社会形态而存在的概念；而不同社会形态的各个教育，则是种概念。③

　　教育的本质是教育生产力说，主要从教育与培养劳动者的关系和教育与生产力有直接关系的角度进行论证，指出教育是劳动力再生产的重要手段。这一观点几经讨论修改，继以教育是间接生产力、潜在生产力、扩大生产力、未来生产力等观点延续到现在。对教育是生产力观点提出质疑的学者，一是认为与马克思所讲的生产力内涵不同。有学者指出，马克思主义经典作家讲的生产力中首要的因素——人，是有特定内容的，指的是创造社会物质财富的劳动者，具体地说是劳动力，而不是抽象的人、抽象的人力。生产劳动同生产劳动的教育有联系也有区别，教育与生产劳动相结合的活动本身只能是精神生产的过程，不是物质生产的过程。学生仅仅是尚在教育培养过程中的劳动者，是潜在的生产力，还不是与生产关系对应的现实生产力。作为教育内容的自然科学是一种知识形态并不是直接的生产力，只有通过学生的社会劳动，物化于生产过程之中，才构成生产力。教师本身并不直接参与创造社会物质财富。④ 有学者

　　① 洪宝书：《关于教育本质的理论研究（上）》，载《高等教育研究》，1991(2)。
　　② 王汉澜：《教育是促使个体社会化完善化的活动过程》，载《河南大学学报（社会科学版）》，1992(6)。
　　③ 洪宝书：《关于教育本质的理论研究（上）》，载《高等教育研究》，1991(2)。
　　④ 高时良：《论教育的本质属性》，载《福建师大学报（哲学社会科学版）》，1983(1)。

认为，马克思所认为的生产劳动是在直接物质生产过程中围绕着具体的物质产品进行的。① 有学者指出，马克思所说的"教育会生产劳动能力"，主要是因教育可以提高劳动者的劳动技能、科学教育水平和道德观念，这属于精神生产的范畴，这种"劳动能力"只有与物质生产条件相结合，才能变成直接的生产力，所以引用上述马克思的话，作为"理论依据"来说明教育是生产力，也是站不住脚的。②

二是指出教育与生产力的对象和内涵不同。生产力是人们征服自然和改造自然，从自然界获取物质生产资料的能力。生产力的状况表明的是生产劳动过程中人对自然的关系。而教育则是培养人的活动，其状况表明的是在教育活动过程中教育者和受教育者的关系，两者工作的对象不同。③ 就整体性而言，构成生产力的三个要素是劳动者、劳动资料和劳动对象，这三种要素中的任何一种，都是构成生产力的必要条件，而不是充分条件，这些要素单独存在时，都不足以构成生产力。④

三是认为应辩证地看待教育对生产力的作用。有学者认为，因为教育对生产力有巨大的作用，所以就把教育的本质归为生产力，这在逻辑上是无法自洽的，教育既对生产力起作用，又对政治经济制度起作用，按照这个逻辑，教育的本质不也是政治经济制度了吗？有学者认为，教育对于生产力的作用表现为既可以把科学知识"物化"为生产力，也可以把科学知识"物化"为消耗和破坏生产力的力。⑤

二、本质属性化的探讨：属性、功用的混淆与区分

（一）双重属性说的争论

教育的双重属性说源于教育的上层建筑说和生产力说之间的论

---

① 魏贻通：《教育属性探新》，载《厦门大学学报（哲学社会科学版）》，1986(4)。
② 周玉良：《试论教育的本质和职能》，载《高等教育学报》，1986(2)。
③ 蒋峰：《国内教育界对教育本质问题的研究进展》，载《江西教育科研》，1987(4)。
④ 睢文龙：《教育本质管窥》，载《承德师专学报（综合版）》，1987(3)。
⑤ 靳乃铮：《教育的本质与归属》，载《教育研究》，1982(6)。

争，教育学者力求在两者之间寻求统一。双重属性说认为，教育本来具有上层建筑和生产力的双重性质，既不能简单地把它归于生产力，也不能把它归于上层建筑。① 教育本质说游走于上层建筑说和生产力说之间，是由于受斯大林"折光论"的影响，以为经济基础就是生产关系。其实，经济基础既包括生产关系，也包括生产力。经济基础决定上层建筑，作为上层建筑的教育自然既属于上层建筑，也属于经济基础，因此，教育本质具有双重属性。②

教育的双重属性说同样遭到质疑，认为不能把教育分成两截，一部分属于上层建筑，一部分属于生产力，这种区分不能反映教育的本质。有学者认为，一是事物的本质属性只能有一个，不可能有两个；二是"如果说有两种不同本质的教育，则对于具有上层建筑属性的本质的这种教育来说就不具有生产力属性的本质；同样对于具有生产力属性的本质的这种教育来说，则不具有上层建筑属性的本质。既然上层建筑属性和生产力属性都分别地只为一部分教育所具有，它们就都不具备本质属性的第一特征，所以两者都不可能是教育的本质属性"③。"双重属性说"并未因"统一论"的折中而避开被批驳的命运。有学者认为，教育的两种重要属性被等量齐观，人们只强调两者的"统一"与"结合"，同样叫人"伯仲难分"，这违反了全力找出"取得支配地位的矛盾的主要方面"的要求，弄不清教育的本质。④ 有学者认为，考查本质要从整体上进行，人为地把本来就是一个整体的事物硬拆为两个甚至更多的互不相干的部分，这是不可以归纳出某一事物的本质特点的。⑤

① 孙凤琴：《对教育本质属性的几种观点》，载《理论与实践》，1980(8)。
② 吴七一：《折光论——"教育本质"论争中的障目之叶》，载《上海高教研究》，1991(2)。
③ 洪宝书：《关于教育本质的理论研究（上）》，载《高等教育研究》，1991(2)。
④ 陶鼎辉：《坚持辩证唯物论，探析教育本质及教育规律》，载《成都大学学报（社会科学版）》，1989(4)。
⑤ 钱立群：《对教育本质的重新认识》，载《咸宁师专学报》，1990(4)。

　　(二)多重属性说的争论

　　教育的多重属性说同样源于教育的上层建筑说和生产力说之间的论争,有学者试图在二者之间取得平衡。他们认为,教育的本质是社会性、生产性、阶级性、艺术性、社会实践性等的统一;教育的本质不是永恒不变的,随着社会的发展,它在不断增殖和更新它的形态,形成教育的多质的、多层次的、多水平的本质属性。① 教育本质的多质性,是在一定社会历史条件下以一定的社会实践为基础统一起来的。各种质的作用力的发挥,是依据一定的社会历史条件而变化发展的,每种质在一定的社会历史条件下可以上升到矛盾的主要方面,教育既有思想意识的属性,也具有物质客观存在的规律性的属性;教育既具有认识世界的属性,也具有改造世界的社会实践的属性。②

　　主张多重属性说的学者,主要是从教育在各种社会形态中的演变角度进行论证的。有学者认为,在不同的社会形态中,尽管教育的内涵和外延基本一致,然而它的实际情形却大相径庭;教育虽然都是以培养人来为社会服务的,但是各个社会各个阶级都是在培养自己所需要的人;教育虽然有一定的历史继承性和相似性,但是它主要是伴随着人类社会的发展而发展,伴随着不同历史阶段的变化而变化的。教育中的生产力因素与上层建筑因素不但不是均衡的、等量的,而且它们所处的支配地位还是可以交替的、互换的。这样就可以立论,教育本质处在不停顿的矛盾运动之中,有一个从量变到质变的演变过程。由此得出,在原始社会中,教育主要属生产力范畴;在阶级社会里,教育主要属上层建筑范畴;在社会主义条件下,教育中生产力因素不断增长,但共产主义实现之日,方是教育

---

　　①　张焕庭:《谈谈教育本质问题》,载《教育研究》,1980(6)。
　　②　全国教育学研究会编:《论教育的本质和职能》,113 页,北京,人民教育出版社,1979。

中生产力因素质变之时。①

　　教育的多重属性说本身是双重属性说的悖论，实际上是一种多元论，奉行的是折中主义或平衡主义，其关键是不分主从，而寻求事物的本质特征，而它恰恰需要考察内在的主从关系。② 还有学者指出，事物的本质属性应是单一的、确定的，而不是综合的、含混的，不能因为教育对象的不同，教育内容的繁杂，方式的多样，目的与任务的差异等，就说教育是多质的。本质是巩固的、保存的，如果事物 A 的本质演变了，事物 A 也就不为事物 A 了；教育的"培养人"的本质属性是不变的。因此，不能从演变的角度推论出教育本质的多质性。③ 有学者认为，这种观点兼顾了教育与各种社会现象的联系，有利于启发人们多角度、多方面去探讨教育的本质，但它只是罗列了教育的一些特点，并未真正揭示教育的本质。④

　　(三)特殊范畴说的争论

　　在论述教育与经济基础、上层建筑的关系时，有学者提出教育属于特殊范畴，认为教育从产生开始就既和生产力有密切联系，又和生产关系有密切联系；既是生产力的必要组成部分，又是维系生产关系的必要条件。教育是随着劳动而产生的，是随社会的发展而不断发展变化的，它有生产力的成分，但又不能完全归结为生产力；它具有生产关系的成分，但又不完全归结为生产关系。对于这样复杂的社会现象，不能简单地将之归为经济基础或上层建筑的某一方

　　① 喻立森：《试论教育本质的演变》上、下，载《黄石师院学报(哲学社会科学版)》，1981(3、4)。
　　② 高时良：《论教育的本质属性》，载《福建师大学报(哲学社会科学版)》，1983(1)。
　　③ 余立、孙喜亭：《高等教育理论研究》，152—153 页，西安，陕西师范大学出版社，1986。
　　④ 段作章：《学校教育本质论》，载《徐州师范学院学报(哲学社会科学版)》，1992(3)。

面，只能独立出来，作为一个专门的、特殊的范畴来加以研究。①教育是特殊范畴，表现在教育是传递人类社会生活经验的工具上，任何时代教育所面临的根本矛盾，都是人类无社会生活经验和有社会生活经验的矛盾。这种矛盾只有通过教育，也就是通过社会生活经验的传递来解决。把教育本质看作是专门传递社会生活经验的工具，是正确地反映了教育的内在矛盾结构，并能成为使教育区别于其他一切社会现象的根本原因。教育既然如此独特，是否就成了"无家可归"的独夫孤魂？有学者认为，实际上并非独此一家，别无分号。语言作为人类交流思想的工具，在工具性特点上，与教育是十分相似的，可以说是无独有偶。② 甚至有学者认为，如果特殊范畴说得到科学的证明，也许将导致哲学上关于社会结构理论的新突破。③ 但迄今却没有对特殊范畴说的进一步探讨和论证。

（四）培养说的争论

持培养说的学者认为，教育的本质应该反映出教育自身的规定性，把教育与其他事物区别开来，无论是生产力说还是上层建筑说都是教育的归属问题，而归属并不等于本质，只能说具有一条属性而已，都未揭示教育的根本属性，只是抓住了它的非根本属性。再者，教育本质应该是稳定的、永恒的，任何社会的教育都是培养人的一种实践活动。有学者将教育本质聚焦于人的培养，认为人的本质是研究教育本质的立足点，教育从自然属性、社会属性和思维属性三个方面促进人的本质力量的发展，逐渐把"非从事实际活动的人"造就成"从事实际活动的人"④。总体而言，教育的培养说是学者

---

① 沙毓英：《教育是特殊范畴——关于教育与生产力、经济基础与上层建筑的关系浅见》，载《昆明师范学院学报》，1979(5)。
② 靳乃铮：《教育的本质与归属》，载《教育研究》，1982(6)。
③ 《教育研究》杂志编辑部编：《党的十一届三中全会以来中国教育科学的回顾与展望》，58页，北京，教育科学出版社，1988。
④ 靖国平：《教育本质新探》，载《湖北大学学报(哲学社会科学版)》，1990(3)。

在分析教育区别于经济基础、上层建筑的特殊性时提出的观点，认为教育之特殊属性所在就是培养人，是培养人的社会活动。① 有学者聚焦于教育活动的实践性，认为教育是按照一定社会的目的和要求，通过对知识信息的传递引起、激发、调整和控制人的生理和心理的发展过程的实践活动。② 培养人之所以是教育的本质，是因为"立足于培养人来解决人的发展与社会发展之间的矛盾，是教育的根本主题和永恒课题，也是教育的发生和发展的根本依据"③。

　　质疑培养说的学者将矛头对准所培养的"人"这一概念上，认为对教育本质的认识逐渐从经济基础、上层建筑等外在现象深入"人"这个内在本质中是个可喜的现象，但是在"教育是培养人的活动"中，这个"人"是什么人？或者说，教育所培养的"人"的含义是什么？这是悬而未决的问题。学者们一般只是空泛地谈论"人"，这种不深入的片面谈论往往使这一论题陷入种种纠葛之中。同时，"教育是培养人的社会实践活动"这一论题，虽然也强调培养人，然而关于培养人与社会实践之间的关系，学者们只是注意了两者间的规律性联系，但规律性联系并不等于本质规律。④ 有学者认为，教育只是通过培养一定社会所需要的人来实现自身的价值，教育的最初目的和最终目的，都不是抽象地培养人，不是为了培养人而培养人。人是社会中的人，教育仅仅只是把培养人作为为社会服务的一种手段，把教育抽象地视为一种培养人的活动，容易导致把教育自始至终视作一种无区别的现象，因而难以有效引导人们对不同历史时期、不同阶级，甚至不同民族的教育做具体的分析和必要的研究；容易导致教育超阶级、超社会的观点的盛行；有可能导致教育理论的研究和教

────────────

① 孙喜亭：《关于教育的本质与功能的探讨》，载《江西教育科研》，1991(4)。
② 洪宝书：《关于教育本质的理论研究(下)》，载《高等教育研究》，1991(3)。
③ 扈中平：《人的发展与社会发展的矛盾与教育的中介转化地位》，载《华东师范大学学报(教育科学版)》，1994(4)。
④ 靖国平：《教育本质新探》，载《湖北大学学报(哲学社会科学版)》，1990(3)。

育实践的方向出现偏差，难以正确指导现实的教育改革，难以确保教育的社会主义性质和方向。[1] 有学者对培养的概念提出质疑，认为将培养人的定义与"教育是培养人的活动"相比较，就会发现这是两个"循环定义"，因为培养的含义尚须用教育的概念来说明，而在给教育下定义时却又用培养人的概念说明，其结果是绕了一个圈，又回到了原地。而"培养人"并不是只有教育才具有的属性。教育虽然是培养人的最重要途径，却不是唯一途径，社会实践活动（包括阶级斗争、生产劳动和科学实验等）也是"培养人"的一条重要途径。这就是说，社会实践活动也具有"培养人"的功能和属性。"教育的目的是培养人"，这是对的，但是，绝不等于说教育的本质就是"培养人"。这是两个不同的概念，不能混为一谈。[2]

有学者对"教育本质是一种实践活动"提出质疑。有学者从马克思的实践观入手，认为马克思实践的本质是人类对客观世界的能动性改造和变革，这包括三种形式：阶级斗争、生产斗争、科学实验。由此，从内涵上看，教育的本质无法苟同于实践的本质，前者是对主体人的培养或塑造，后者则是对客观世界的改造或变革。从范畴上看，如果按该论点所说，教育是相对独立和基本的社会实践形式的话，那么，实践的定义也就必然要被篡改为教育的定义，换言之，从逻辑上说，教育与实践竟是可以互换的等义词。[3] 有学者认为，把教育说成是实践，就不再包含认识。这样一推敲就发现了问题，大量存在的教育理论活动被排除在教育之外，活动作为教育属性的概念是适宜的，但是活动是一个"具有许多规定和关系的丰富的总体"，教育中既包括适应和反作用于上层建筑或经济基础，因而被认为是上层建筑或经济基础的那类活动，又包括教育中的实践和认识方

---

① 钱立群：《对教育本质的重新认识》，载《咸宁师专学报》，1990(4)。
② 洪宝书：《关于教育本质的理论研究（上）》，载《高等教育研究》，1991(2)。
③ 刘和平：《教育本质论新辟》，载《普教研究》，1996(3)。

面的活动，还包括教育的过程和状态、要素和结构等。①

（五）个体社会化说的争论

教育的个体社会化说是在批判上层建筑说生产力说、培养说等的基础上发展起来的。个体社会化说认为，教育是使个体由自然人向社会人转化的过程。个体的自然属性需要社会化，同时社会要求个体社会化，教育就是促使个体社会化的活动过程；教育促使个体社会化，是一种自觉性和强制性相结合的活动过程，是一种统一性与多样性相结合的活动过程。② 从教育的特殊性角度来讲，不论是上层建筑说还是生产力说，都不能揭示教育的特有属性。培养说只是对教育现象的描绘，而不是科学的抽象；是同义的反复，而不是对教育内涵的揭示与阐明，不给予人更多的新认识。因此，有学者提出，教育就是教育者将一定的外在的教育内容向受教育者主体的转化，实现人类文化的传递，促使和限定个体身心发展，促使个体社会化的过程。它既包括了社会的客观要求与新生个体成长之间的矛盾，又反映了作为社会要求载体的教师与作为认识主体的学生之间的矛盾，还反映了教育者的意志与受教育者能动作用之间的矛盾。内化就是矛盾运动，矛盾发展，矛盾转化。③

个体社会化说也遭到了许多学者的质疑。有学者指出，把教育看作是促进个体社会化的过程，忽视了社会关系对人的自发影响，这种自发影响在形成现实的人中的作用是十分广泛的、巨大的和不容忽视的。学校教育是整个教育中最精密的、最完善的部分，它本身由社会关系决定，能够反映社会关系，但绝不能代替社会关系。④ 有学者指

---

① 张巽根：《教育本质问题探讨：局限与突破》，载《教育研究》，1994(12)。
② 王汉澜：《教育是促使个体社会化完善化的活动过程》，载《河南大学学报（社会科学版）》，1992(6)。
③ 孙喜亭：《关于教育的本质与功能的探讨》，载《江西教育科研》，1991(4)。
④ 张同善：《学校教育的本质》，载《教育研究》，1986(5)。

出，个体的社会化说只说明了个体社会化，而没有回答"个体为什么要社会化"或者"个体社会化是为什么"这样的关键问题。从人的社会性出发说明个体社会化是必要的，但寻求个体社会化的实质则更为重要。片面强调个体社会化，常常会陷入"社会本位论"的圈套。① 有学者认为，这一观点混淆了教育的社会属性与社会功能之间的区别，个体社会化说的悖论在于，就其宏观作用而论，个体社会化是文化的功能，并不仅仅是教育的功能，更确切地说，教育只是强调了这一功能。② 有学者认为促进个体社会化是整个社会关系的共同属性，而非学校教育的本质属性。③

第三节　方法与多元：教育本质研究的明晰期(1992—2003 年)

教育本质的争论呈现百家争鸣的多样化景象。各种教育本质观虽力求言之成理，持之有故，但几乎均含有不可克服的悖论，对来自各方的批评意见也难以做出令批评者心悦诚服的回答。严峻的学术现实使一些学者对教育本质进行讨论的方法、存在的问题及出路进行反思和批判，力求在"疑无路"中找到通向"又一村"的路径。④《教育研究》1992 年第 3 期发表了李大伟的《试评教育本质争论中存在的问题及出路》一文，首次明确提出要区分"教育的质"与"教育的本质"两个概念，引起了关于本质以及教育本质概念的思考，对于教育本质的研究进入概念的明晰和理性的审查阶段。在教育本质的争论中，不少学者注意分析教育本质与相关概念的区别、联系，力图祛

---

① 靖国平：《教育本质新探》，载《湖北大学学报(哲学社会科学版)》，1990(3)。

② 刘和平：《教育本质论新辟》，载《普教研究》，1996(3)。

③ 段作章：《学校教育本质论》，载《徐州师范学院学报(哲学社会科学版)》，1992(3)。

④ 郑金洲：《教育本质研究十七年》，载《上海高教研究》，1996(3)。

除论争中的"不和谐音"，使讨论在同一旋律上奏出动人的乐章。①
很多学者也对于以往的教育本质研究进行了回顾，回溯教育本质研
究的历程，对于其中存在的一些问题进行审慎考查并指出研究方法
上存在的问题，这一时期也有学者分别从方法论和具体方法等角度
对教育本质进行研究。

一、本质探寻的方法论转向：边界的区分和方法的明确

（一）质、本质、属性的区分

学者对质、本质、属性的概念进行了辨析，认为它们之间是存
在区别的。质是事物直接的规定性，它把该事物、现象和过程同所
有其他东西区别开来，并使这种区别具有明显的确定性和稳定性。
本质是事物所固有的、普遍的、相对稳定的内部联系，它决定着事
物的根本性质。属性是指事物本身所固有的性质，是物质必然的、
不可分离的特性，又是事物的某个方面质的表现，即一事物和他物
发生联系时表现出来的质。在事物的许多属性中，有本质属性和非
本质属性的区别。质不是属性的简单相加，而是各种属性的有机
统一。

本质与质是既相联系又有区别的两个范畴。本质较于质是更深
一层的范畴，质是属于现象这一层次的范畴，是直接被感知的东西，
而本质是同规律处于同一层次的范畴，要靠抽象思维把握。事物的
质是多方面的、丰富的；事物的本质是现象内部稳定的、深刻的、
普遍性的、决定性的联系，不像质那样丰富多彩。事物的质虽然是
多方面的、丰富的，但无层次高低之分；本质却可以划分层次，不
断向纵深探索。本质存在于事物过程始终，但在事物发展的不同阶
段上却可以发生质的变化，显示出质的不同。可见，质和本质的区
别是严格的，不能视为同一的东西，但是质和本质又是相互联系的，

---

① 郑金洲：《教育本质研究十七年》，载《上海高教研究》，1996(3)。

本质存在于质之中，是事物的质中最一般的决定性的东西。①

有学者认为："构成一事物的各个必要要素的内在联系"实际上不过是该"事物区别于他事物的内部所固有的规定性""事物或现象的规定性""与存在同一的直接的规定性"的同义语，实际上只是在说质是什么。认识了"事物或现象的规定性"之后，再进一步反思该事物或现象的产生、发展、消亡与他事物或现象的产生、发展、消亡之间存在着的必然（内在、稳定、规律性）联系，看该事物或现象实际上充当着什么角色，这一层次上的认识才是对该事物本质规定性的揭示。本质是一事物作为与他事物处于必然对立关系中的一个方面的规定性，本质是由事物之间的必然联系、特殊矛盾决定的。②

有学者认为，质与事物的存在是不可分割的，是直接同一的，即事物的质的规定性直接说明了事物是什么，而不需要借助周围世界的联系这一"中介"说明。本质是事物的根本属性，是内在的、间接的，不是外在的、直接的，是需要借助"它与世界的联系"这一"中介"来说明的。"教育的质"是由教育内部的构成要素及其内在联系而构成的。对"教育的本质"这个间接规定性的认识，必须借助"中介物"说明。只有搞清楚教育与社会生产的关系，才能通过社会生产间接地揭示教育的本质。③

（二）本质探讨方法论和方法的明确

有学者认为，教育本质研究在方法论上要坚持逻辑方法和历史方法的统一。逻辑方法就是学者运用含义确切、规范明晰的词语或其他标志符号，按照定义、判断和推理等形式逻辑的模式程序和规

---

① 程少堂、程少波：《教育本质新探——兼与李大伟同志商榷》，载《高等教育研究》，1993(2)。

② 李大伟：《本质范畴的现行定义及解释质疑》，载《社会科学战线》，1994(2)。

③ 禹志兰：《试论"教育的质"与"教育的本质"之间的不同》，载《教育理论与实践》，1996(5)。

则，通过间隔划分、比较分类、分析综合、抽象概括等辩证思维过程，反映、揭示和把握教育所普遍共有的特定的内在的规定性，从而形成正确的概念、命题和理论。历史方法主要是通过对教育历史演进中的多态多相的选择性的整体描述，间接揭示和衬托出其背后的内在规定性。在对教育的本质研究中，逻辑方法与历史方法的正确运用必然要求两者的科学统一。认识的逻辑起点与教育的历史生长点和初始形态是统一的。认识的逻辑进程与认识对象即教育的发展历史进程及相应的历史方法进程是统一的。[①]

有学者认为，教育本质研究要坚持理性的思维过程，这种理性认识的思维过程分为两段，在第一段，完整的表象蒸发为抽象的规定；在第二段，抽象的规定在思维行程中导致具体的再现。[②]

在具体应用上，有学者认为，可以采取"种加属差"的方法探寻教育本质，先从确定教育临近的属开始，然后分析该属中所含的事物，分析教育与这些事物的区别，确定其种差，最终揭示教育的本质。[③] 也有学者认为，对于教育本质的探寻，可以采用抽象概括法、特殊矛盾分析法和本质联系分析法。抽象概括法，即通过分析、比较大量的材料，抽象概括出事物在不同条件下反复出现的、普遍而稳定的属性，这就是事物的本质属性。关于特殊矛盾分析法，因为事物的本质是由事物的内部矛盾决定的，只要抓住事物的主要矛盾，就可以根据事物的特殊矛盾决定事物的特殊本质；抓住主要矛盾的主要方面，就可以决定事物的本质，从而确定事物的本质。本质联系分析法，就是从一事物同其他事物的联系着眼，分析事物的各种非本质属性产生的原因，从而概括出事物的本质属性。[④]

---

① 傅松涛：《教育本质研究中逻辑方法与历史方法的科学统一》，载《河北大学学报（哲学社会科学版）》，1998(1)。

② 张巽根：《教育本质问题探讨：局限与突破》，载《教育研究》，1994(12)。

③ 钟祖荣：《论教育的本质及定义》，载《高等师范教育研究》，1991(1)。

④ 段作章：《学校教育本质论》，载《徐州师范学院学报（哲学社会科学版）》，1992(3)。

对于方法应遵循的原则，有学者认为，教育本质研究应遵循三个"一"，本质一类（客观的本质）、方向一致（先找到列宁讲的初级本质）、思路一条（从抽象到具体的辩证法）。①

二、多元化的呈现：教育本质新说的涌现

（一）文化传承说

有学者认为，教育在本质上具有文化传递性，即教育的本质是社会遗传的机制（方式），或者说是对人类文化、文明的积累和积淀的统一。② 这种传承不是一般的传承，而是发生在个人主体与社会主体之间的精神文化和行为文化之间的相互传承。③

（二）精神塑造说

有学者认为，教育是通过影响灵魂来造就主体的实践活动。④教育的本质是将教育作为塑造与建构人的精神世界的一种特殊的精神生产活动，指向人的精神生活领域，其根本目的是培养人的精神世界。⑤

（三）主体建构说

有学者认为，教育是以传承文化精神和知识技能为手段，培养、建构人的主体素质，发展人的主体性，完善其本质的一种社会实践。建构人的主体素质，丰富人的主体性，完善人的本质的实践特征是教育的本质特征，是教育存在的根据。⑥ 从人的主体性和人的自为

---

① 孙迎光：《教育本质探讨思路的探讨》，载《南京师大学报（社会科学版）》，1999(5)。

② 程少波：《教育本质研究之批判》，载《教育理论与实践》，1995(4)。

③ 雷鸣强：《教育的本质是主体间的文化传承》，载《教育科学》，1998(4)。

④ 魏立言：《教育本质特征新论》，载《教育理论与实践》，1994(2)。

⑤ 樊亚奎：《对教育本质的重新思考》，载《洛阳师范学院学报（哲学社会科学版）》，2002(4)。

⑥ 张治平：《教育本质新探——兼论人的本质及其与教育的关系》，载《西南师范大学学报（哲学社会科学版）》，1997(5)。

自觉性的角度出发，教育的本质是促进人之自我建构的实践活动。①

（四）自由实现说

有学者认为，自由活动是人的本质，一个人只有在活动中自由地发挥其内在创造力，并把活动当作自我实现时，才算是现实地占有了人的本质。教育本质即对自由的自觉追求。②

（五）主体交往说

有学者认为，教育是一种主体与主体之间的交往实践，本质是一种交往活动。③ 教育本质新概念既重视作为履行培养人职责的教育者的重要作用，又重视受教育者作为学习主体的重要作用，学习化的社会教育的本质是主体间的指导学习。④ 与一般的交往实践相比，教育性交往具有自身的基本规定性，即主要是一种精神性交往，是一种生成性交往，是一种反思性交往，是日常交往与非日常交往的统一。⑤

（六）教育生命说

有学者认为，人的发展就是个体生命的发展，教育促进人的发展，实际上就是要建构个体的完善的生命，简言之，教育即生命。从教育的起点来说，教育是生命的需要，教育是儿童成长甚至是生存的一种形式；从教育的过程来说，教育要保护儿童天性，遵循生命发展的内在逻辑；从教育的结果来说，教育目的就是生命的不断成长。⑥

---

① 鲁洁：《教育：人之自我建构的实践活动》，载《教育研究》，1998(9)。
② 王啸：《教育本质新探》，载《现代教育论丛》，1999(1)。
③ 兰玉萍、王有升：《论交往的教育学意义》，载《上海教育科研》，2001(2)。
④ 郝文武：《教育：主体间的指导学习——学习化社会的教育本质新概念》，载《教育研究》，2002(3)。
⑤ 李慧玲、孟亚：《教育呼唤互为主体的交往》，载《教育探索》，2002(7)。
⑥ 冯建军：《生命即教育》，载《教育研究与实验》，2004(1)。

（七）教育生活说

教育不是远离生活的活动而是一种特殊的儿童生活。教育的对象是生活着的儿童，教育应该充盈儿童当下的生活，而不是生活的准备；儿童生活着走进教育，教育在儿童生活中展开；儿童在教育中以一种儿童本真与教育导引相结合的独特方式生活着。儿童在这一种特殊的生活中得到发展，又在发展中生活着。① 那么，教育如何向生活回归呢？第一，教育要向"人的现实世界"回归。让教育世界回归到多极性、多样性、个体化、复杂化的教育世界。第二，教育要向"人的生命世界"回归。对人而言，生活世界即生命的世界，教育向生活世界回归意味着教育向人的生命过程与进程、生命意义与质量回归。第三，教育要引导人"学会共同生活"。生活总是共同的生活，因此，教育回归生活意味着教育要引导人学会自主、求知、体验、理解、交往，学会与他人营造有意义的共同体生活。②

第四节　质疑与反思：教育本质研究的深入期（2004—2019 年）

20 世纪 70 年代，西方哲学研究领域出现了强调否定性、差异性和解构性的后现代主义哲学思潮。学者开始对本质主义的基本信念、命题及学术和政治后果进行批判性反思，从各个不同的领域提出许多尖锐和颠覆性的意见。这些质疑汇聚在一起，从根本上动摇甚至否弃了本质主义的立场、观点和方法论信念，开辟了当代知识观和认识论的新视野。这一时期，教育本质研究从对概念的探讨，对方法论的重视走向对本体论的质疑。石中英的《本质主义、反本质主义与中国教育学研究》③理性地审视了教育学研究中的本质主义与反本

① 刘铁芳：《试论教育与生活》，载《教育理论与实践》，1996(4)。
② 靖国平：《论教育与生活的"二重变奏"》，载《天津市教科院学报》，2002(2)。
③ 石中英：《本质主义、反本质主义与中国教育学研究》，载《教育研究》，2004(1)。

质主义。学者对本质的有无、定在还是生成、一元还是多元、绝对还是相对具有不同看法，很多学者借鉴不同领域的成果拓展了教育本质研究，哲学领域的现象学、解释学、分析哲学以及伦理学、生态学等都对教育本质的研究开始产生影响，教育本质研究形成多元化趋向。

一、本质确定性的终结：对教育本质的质疑

20 世纪 90 年代中叶以来，中国教育学界就开始从不同的方面反思本质主义的知识观和认识论路线，并着手探索教育学研究的新认识论基础。1995 年，毛亚庆在《从两极到中介——科学主义教育和人本主义教育方法论研究》中详细分析了本体论思维及其对教育学理论建构的影响，认为正是这种思维方式和信念使教育学理论研究热衷于"本质问题"，"失去了主体意识"，"变成了规律加例证的学说"，"趋向僵化封闭"。郝德永的《从"规律"的证实到意义的解释：教育学的语义转向》一文指出，教育学在追求精确化的存在依据时陷入了普遍主义方法论所规范的原子化的、非历史的、本质主义的误区中，而且正是这种普遍主义的方法论使教育学的合法地位受到质疑。[1]《天津市教科院学报》2001 年第 5 期刊发的《关于教育本质研究的研究》一文，开宗明义地探讨教育本质的"有"与"无"。[2]

反本质主义真正对教育界具有很大影响和震动，始于 2004 年石中英的《本质主义、反本质主义与中国教育学研究》一文。石中英认为，本质主义就是以本质范畴、本质信念与本质追求为基本特征的一种知识观和认识论路线。反本质主义认为作为本质主义基础的实体信仰是经不起反驳因而靠不住的，自在的事实是没有的，人们习

---

[1] 郝德永：《从"规律"的证实到意义的解释：教育学的语义转向》，载《高等教育研究》，2001(1)。

[2] 强建周、赵军：《教育本质研究：基于方法论的反思》，载《西北大学学报(哲学社会科学版)》，2008(1)。

惯上称为"自在之物"或"实体"的东西，是人类的感官或理智"命名"后强加给事物的；本质只不过是人们的一种信念或假设，而且同样是一种得不到有效证明的信念或假设；"真理"或"规律"并非因为它们已经得到了充分的证实或证明，而是因为社会权力包括学术权力运作的结果，是知识的意识形态化。反本质主义认为本质主义既无助于人类知识的进步，还容易导致将一些本该加以质疑的学术观点绝对化、教条化，并为政治生活中的个人主义、主观主义和权威主义打开方便之门。

　　反本质主义认为，本质主义在为中国教育学研究带来表面的生机和活力的同时，也带来了严重的历史性后果。第一，诱导中国教育学者把教育研究置于一个虚幻的根基之上，为教育学者提供了错误的知识信念和方法论意识。第二，使中国教育学者忽视研究过程中使用的方法、工具以及学术语言方面的有限性、人工性，助长了教育研究过程中学者对于研究对象的自大狂以及"镜式"隐喻和独断论的流行，阻碍了学者对个人因素在研究活动中所起作用的反思和批判。第三，阻碍了中国教育学者形成开放、谦逊和民主的学术态度与研究意识，阻碍了教育学者理性品格、对话意识和批判精神的成长，将教育学研究引向一种封闭和孤立的状态，引向一种感性与派性的表达与宣泄。第四，导致教育学术界从符合论的立场看待和研究教育概念问题，把教育概念的歧义或多义性看成是"教育学之病"，甚至将本质问题的讨论引导到概念内涵与外延的抽象辨析之中，落入"概念游戏"之中。①

二、反本质之后的反思：教育本质存在意义的探讨

（一）反本质主义可能是一种新的本质主义

　　学者对本质主义进行反思和批判，同时，还对反本质主义自身

---

①　石中英：《本质主义、反本质主义与中国教育学研究》，载《教育研究》，2004(1)。

展开反思和批判。有学者认为，在欧美学界，专事拆解而无力建构的后现代主义已越来越显出颓势。解构主义作为一种思想武器，虽曾所向披靡，但历史毕竟还要发展，人毕竟还要继续在这个地球上生存，简言之，批判固然痛快，也足够振聋发聩，但置传统理论于死地毕竟不是目的本身，片面的深刻永远不能成为真正的思想依托，那种解构之后即宣布什么都"终结"了虽然省事，但终究是不负责任的。① 反本质主义要求现代人放弃本质范畴、本质信仰和本质表达的冲动，不啻要求我们放弃自己早已熟悉的生活方式，包括言说方式，否认我们曾经为之努力过的本质探究的认识论意义。我们从理智上和感情上能够接受这些吗？它是不是一种新的变种的"本质主义"（无本质是不是也是世界的本质）？是否会导致新的不可知论？是否会导致认识论领域包括教育认识论领域新的霸权主义（相对主义的霸权主义）？是否会导致建立在本质主义基础上的现代社会秩序的合理化和合法化危机？②

（二）后现代主义自身存在的问题

有学者认为，后现代主义者在反对二元对立模式上，在试图消解和弭平本质和现象、中心和边缘、确定和不确定等两极性的关系，尤其在质疑传统理论中的某些偏执与霸权上确有深刻之处。但后现代主义似乎只是反思和解构，摧毁了一个旧世界，却没有建立起一个新世界，后现代主义者不屑也似乎没有能力解答这些问题。因此，在欧美学界专事拆解而无力建构的后现代主义已越来越显出颓势。③ 有学者认为，反本质主义难以完成对教育研究中"本质主义倾向"的反思和批判，更难以担负起对真实教育形态的重构；它的重视解构

---

① 盖生：《质疑反"本质主义"并商榷"文学理论的批评化"》，载《浙江社会科学》，2003(1)。
② 石中英：《本质主义、反本质主义与中国教育学研究》，载《教育研究》，2004(1)。
③ 同注①。

而轻视建构的极端性，强烈的非理性主义和相对主义色彩，注定不可能成为社会实践的理论基础。① 有学者认为，必须警惕可能出现的一种潜在的理论危险，当我们成功地完成对传统本质主义的解构之后，即消解了理性的狂妄之后，难免又滑向后现代主义自身无法解决的相对主义的泥潭，进一步说，可能产生非理性主义的焦虑。②

（三）教育本质存在的必要

有学者认为，对于本质的信仰是不可能反对直至消除的。③ 教育要实现人类社会和个体的效率与公平，就必须维持一个基本的、共识性的秩序，显然这靠非理性主义是解决不了问题的。有学者认为，对教育本质的追寻是个永恒的教育哲学命题。反本质主义可以在一定意义上校正本质主义的偏颇和弊端，拒斥传统形而上学的理性狂妄，却无法在终极意义上消除人类的形而上学本性。④ 传统的本质观有偏颇，但人类对教育本质追求对于教育实践有积极的价值与意义。某种教育本质观错误，并不一定所有本质观都错误。割裂自在之物与人的认识是不正确的。强调事物发展的不确定性而否认确定性是片面的。即使强调生成，教育本质也有生成方向性的问题，人的生成与动物生成也是有区别的，非人的他物的本质或本性的生成是自然的，而人在宏大目标设定的基础上生成人的本质或本性，则是人追求自为发展的一种反映。⑤

有学者认为，教育本质是在不断发展变化的，并没有一个先于

①　朱成科：《论作为教育本体论的教育哲学——兼论"反本质主义"教育观点的时代困境》，载《教育理论与实践》，2006(17)。
②　倪荫林：《论教育的组织与自组织——兼论反本质主义教育观的反教育性》，载《理论导刊》，2008(12)。
③　同注①。
④　任丽娟：《"反本质主义"教育观点的时代困境及其解困》，载《首都师范大学学报（社会科学版）》，2007(1)。
⑤　倪荫林：《论教育的组织与自组织——兼论反本质主义教育观的反教育性》，载《理论导刊》，2008(12)。

客观存在的普遍的一成不变的教育本质，教育本质是一种展现，是
人的一种创造，是人赋予的，是通过人的理解而达成的一种本质认
识，是人对教育理解的一种深化。教育本质不是固定不变的，而是
不断生成和发展的。① 有学者认为，教育本质有绝对本质与相对本
质之分。教育的绝对本质和相对本质之间有着必然、普遍、内在和
稳定的联系，教育本质存在着从绝对向相对变化的规律。本质是建
构和生成的，教育本质的变化过程是从永恒不变的教育本体存在扩
展为具有特定规定性的教育具体存在的过程，是教育主体确认自我
价值和选择教育规律的建构性实践过程。② 教育本质是生成的、变
化的、多样的。教育活动与非教育活动之间没有一个截然清晰的界
线，教育不是一种事物、一种活动，而是一族事物、一族活动。教
育是一个大家族。这个家族有许多成员，各成员之间具有家族相
似性。③

有学者认为，问题的关键不在于是否追求教育有无本质，而在
于对教育本质的追问方式。在终极存在问题上，当代教育哲学的任
务就是对教育本质的追问；在次级反思的层面上，教育哲学就是教
育观；在当下中国现实中，教育观就是适度理性的主体性教育观。④

有学者认为，作为一种复杂的思维方式，反本质主义对教育研
究的影响很大，给教育研究带来了一股清新之气。从问题域来看，
反本质主义拓展了教育研究的视野；从把握对象的状态来看，反本
质主义反对预设，反对任何计划和规划，重视变化和生成；从方法
的运用来看，反本质主义反对单纯的科学方法，提倡历史主义，注

---

① 胡炳仙：《复归存在　倡导理解——论教育本质研究的实体化现象》，载《理论月
刊》，2006(2)。

② 郝文武：《从本体存在到本质生成的教育建构论》，载《教育研究》，2004(2)。

③ 张正江：《后现代反本质主义时代的教育本质观》，载《教育理论与实践》，
2011(31)。

④ 任丽娟：《"反本质主义"教育观点的时代困境及其解困》，载《首都师范大学学报
(社会科学版)》，2007(1)。

重质性研究、叙事研究、个案研究、行动研究；从研究态度来看，反本质主义排斥中心，反叛权威，倡导多元对话和交流。而且，不论是教育研究中的本质主义所关注的必然性、稳定性、确定性和规律性，还是反本质主义所倡导的偶然性、变化性、差异性、不确定性，都只是从一个视角出发的教育研究思维方式。教育研究的本质主义与反本质主义是互补的和相反相成的，从对立走向共存才是教育研究中本质主义和反本质主义两种研究取向的应然关系。①

三、新视野的纳入：教育本质的现象还原与存在解释

(一)基于人学视野的教育本质研究

人的发展就是个体生命的发展。教育促进人的发展，实际上就是要建构个体完整的生命，换言之，"教育即生命"。从教育的起点来说，教育是生命的需要，是儿童成长甚至生存的一种形式；从教育的过程来说，教育要保护儿童的天性，要遵循生命发展的内在逻辑；从教育的结果来说，教育目的就在于生命的不断成长。② 教育本质描述的是人的一种生存方式，教育不仅是社会文化传承的活动，而且是一种唤醒人的生命意识，启迪人的精神世界，建构人的生存方式，以实现人的价值生命（人生价值）的特殊活动。人的生存方式就是人之生活和实践所表现出来的一切样态，是促进教育本身不断生长的元点。③ 对教育本质的认识，首先要从对人的本质特征的规定性开始。马克思主义认为人的本质是一切社会关系的总和，教育则应该是促进人的社会关系的获得的活动，个体社会化的过程就是建构各种社会关系的过程。④ 教育本质是关于人的塑造和形成的以

---

① 郭中华、陈振中：《从对立到共存：论教育研究中的本质主义与反本质主义》，载《广西师范大学学报(哲学社会科学版)》，2014(3)。
② 冯建军：《生命即教育》，载《教育研究与实验》，2004(1)。
③ 李小鲁：《教育本质新探》，载《现代哲学》，2007(5)。
④ 王小红：《让教育回归本质：人性完满》，载《黑龙江史志》，2008(1)。

时间形式展开的、活生生的、后延性的过程。这个过程是以拯救灵魂为最高原则的自我小宇宙的不断建构过程，教育是世界整体性与小宇宙同一的神性事业，是个体精神生命化和生命精神化的趋向性过程。[①] 教育本质是促进人的自我解放，人的解放本质使人不断向着一种更高层次的未然状态迈进。[②] 有学者认为，教育本质是人与世界之间建立认识关系的活动过程，包括自觉学习、主动建构和接受影响、被动构建的过程。[③] 有学者认为，教育在本质上只是一种影响过程，可以把影响理解为以间接或无形的方式作用或改变人或事的行为、思想或性质。因此，教师致力于研究影响机制，改革教育教学，这是让教育回归本质的根本所在。[④] 有学者从教育人学的视野去审视教育的本质和基础，认为教育的问题，最终可归结为"人的问题"，这在很大程度上可以说，教育哲学就是人学，至少在当代，人学是教育哲学的主题形态。教育哲学会有教育社会哲学、教育道德哲学、教育文化哲学等，但人学是教育哲学的根基性学科。[⑤]

（二）基于现象学视野的教育本质研究

有学者认为，"我看""我做"的本质不同于"我思"的本质，当"我看"时，我所看的"对象"已不是纯外在、纯客观的东西，"我"会把带有某种倾向性的自我"意向"加于对象上，这样，对象的本质会因为我的某种"意向"而打上"我"的印迹，并由此成为只属于"我"的对象。现象学的"我看"教育则截然不同，"我看"教育就是要"中止"那些已有的对教育的判断与认识，把这些既有的教育认识与判断放到括号

---

① 张廷国、阮朝辉：《教育本质内涵的现象学界定之———马克斯·舍勒的教育本质观之内涵与生成》，载《教育探索》，2010(9)。

② 罗胜文：《教育本质是解放人》，载《黔东南民族师范高等专科学校学报》，2006(1)。

③ 竟明亮：《教育本质问题新解》，载《现代教育科学》，2015(2)。

④ 王鹏炜：《对教育本质的再认识》，载《信阳师范学院学报（哲学社会科学版）》，2016(3)。

⑤ 冯建军：《关于建构教育人学的几点设想》，载《华东师范大学学报（教育科学版）》，2017(2)。

中悬置起来。"我看"教育意味着直接性——自己直接"看"教育，而不是通过别人来"看"教育。自己"看"教育就是要在直面教育时看到只属于自己的东西，它加进了个体的自我理解、自我体验，此时的教育本质是个人自己"看"出来的，而不是大家用同一种逻辑规则"思"出来的。海德格尔把胡塞尔的"我看"引向"我做"，他不仅在认识事物的本质时渗入了个体自我的"意向"，而且把事物本质的显现与人的存在方式联系起来。①

现象学强调回到事情本身，教育必须通过实践回到教育自身，在直观体验中直接把握教育的概念之真，实践现象学是一种直接将方法融入活动性之中的体知之学，它不过多地纠缠于概念、范畴的确定性和现象学理论的建构，而直接投入行动之中不断生成，不断显现，在真实的教育情境中体验并进行现象学的反思，从而在教育实践中追问教育是什么。在逻辑判断中无法清晰表达的，我们在实践中去体知。②

有学者基于现象学的意向性，提出了"意向关系说"，认为教育实际上是教师和学生之间发生的一种关系，但是并不是每一种关系都能称为"教育"，教育本质上是一种规范性概念，是一种意向性关系，教育是教育者与受教育者之间的一种发生了的、发生着的实质性、意向性关系。③

有学者对现象学的教育本质探寻提出了异议，认为胡塞尔现象学对事物本质有两点革命性的认识。一是个体性的、偶然的存在物可以具有本质，这是对传统本质观（共相说）认识论的颠覆；二是认为本质可以通过"看""直观"获得，这是对笛卡尔以来本质通过"思"

---

① 李润洲、李伟：《教育本质：一种现象学的拓展》，载《教育学术月刊》，2009(11)。
② 蒋开君：《关于一个教育命题的现象学之思——"教育在本质上是实践的"》，载《黑龙江高教研究》，2010(1)。
③ 蔡春、易凌云：《教育是什么——兼论教育学的责任伦理立场》，载《教育理论与实践》，2006(9)。

获得的方法论的颠覆。但是，现象学本质观也存在两点悖论。首先，现象学以追求客观、确定的本质为目标，可是经过个体主观过滤后的意识（现象）不可能是确定的、客观的；其次，通过对主观"前见"的悬置，经验之我不可能还原为先验之我，因为"前见"不可能被"经验之我"悬置起来，也就不可能找到纯粹客观的本质。①

(三)基于解释学立场的教育本质研究

有学者认为，教育本质研究过程存在过度诠释、非历史性诠释、非对象诠释的现象。过度诠释对教育现象进行无限衍义，从而造成教育现象因"无限性"指向而呈现出"空壳化"状态。非历史性诠释对教育进行终结性的解释与界定，从而造成教育现象因静止思维方式呈现出僵化状态。非对象诠释对教育进行"非本体"界定，从而造成教育现象因脱离本体而呈现"似是而非"的状态，主要表现为对教育的外在化诠释与定位。教育本质是不可定义的，有学者要消解关于教育的"定义性"诠释与定位，阐明当代教育的不可定义性逻辑与品质。② 有学者指出，教育就是教育，要看重自己独特的语言系统，不可简单地移用其他学科话语，否则会把教育当作政治、经济等的附属物。③ 有学者基于诠释学立场，提出了"解释说"，认为教育是一项有关解释和理解的事业，是一种具有生命性、历史性、语言性、境遇性、创生性的实践。从诠释学的意义上说，教育就是解释。④

---

　　① 魏宏聚:《胡塞尔现象学本质观的"两个革命"与悖论——兼作教育现象学方法论的寻根》，载《教育科学》，2010(5)。

　　② 郝德永:《不可"定义"的教育——论本质主义教育思维方式的终结》，载《教育研究》，2009(9)。

　　③ 张楚廷:《教育就是教育》，载《高等教育研究》，2009(11)。

　　④ 程亮:《教育即解释》，载《基础教育》，2009(12)。

第五节 教育本质研究的总结与展望

一、看似澄清之中的模糊：教育本质研究存在的问题

（一）概念的不明确性

在教育本质的研究过程中，很多学者对本质（或本质属性）的概念不明确，把事物的归属、非本质属性、事物的功能等混同于事物本质属性，结果就会以一种非本质属性去否定另一种非本质属性。[①]因而，争论虽做到各抒己见，却不能针锋相对地交锋。对于很多概念的联系和区别，教育学者只是泛泛而论，并没有进行实质区分，而且将本质概念的外延扩展得太广，只进行外围性的争论，并没有切入教育本质的内核。对于教育本质的论证，教育学者缺乏对教育的现实存在形态的具体分析，缺乏对教育一词的日常语言分析，缺乏对分析教育哲学的借鉴和运用。[②] 学者如果忽视对教育概念进行界定，可能就此认为在一个意义上讨论教育，实际上并非如此。有人在狭义上理解教育，认为教育是有目的、有计划、有组织的促使人发展的活动，其中最主要的部分是学校教育。有人在广义的意义上理解教育，把有意识促进人的发展的活动称为教育，有的人甚至在更广义上论述教育，把教育理解为影响人发展的社会生活。有人认为教育应该是中性的，应该把坏的教育纳入其中，有人则认为教育是褒义的，不可把训练、教唆等理解为教育。由于学者对教育的理解不一致，对于教育本质观的分歧不仅不可避免，还不能使学者之间相互启迪。为了深化对教育本质的研究，学者需要深化对教育内涵的认识，力图达成共识。

[①] 洪宝书：《关于教育本质的理论研究（上）》，载《高等教育研究》，1991(2)。

[②] 杨银付：《教育本质研究之研究》，载《华东师范大学学报（教育科学版）》，1994(4)。

（二）看似正确的误识

迄今为止，关于教育本质的争论在论据方面，仍存在分歧或者错误，有学者考察了马克思恩格斯的理论，发现其理论并不像很多学者所论述的那样。他们的理论有自己的体系，很多学者对马克思经典作家的话语缺乏分析，断章取义，存在抓住只言片语而误解精神实质或望文生义的现象。同时，许多论证存在逻辑错误，有的论证存在着明显的循环定义和逻辑不自洽的问题。很多学者混同了局部和整体的辩证关系，上层建筑说、生产力说上都只是把握了教育某一方面的属性，其原因就是经验思维不能整体把握事物的属概念。培养说、个体社会化说、社会实践说等把教育的属概念规定为实践、活动、过程、工具等存在错误。工具根本不属于范畴（最普遍、最基本的概念），因此，把教育属概念认定为工具是错误的。实践与认识是一对范畴，过程与状态是一对范畴，因此，把教育属概念认为是实践或过程，割裂了教育的整体性，忽视了教育中观念的活动或状态。个体社会化说选择的角度是教育的内部矛盾，双重属性说选择的是教育的社会本源和性质，传授说偏重教育的职能和要素等。它们都只是抓住教育某一方面、孤立、静止的属性、特征等，从而呈现出既不可否认又无法统一的众多结论。培养说把教育规定为"培养人"，没有错，但太笼统，不具体。也有一些学者从特定时代出发，得出教育本质是什么的结论，而没有坚持历史与逻辑统一的原则。对教育本质的研究，要用历史的、动态的方法去考察一个时代的人是否能完全把握教育的本质。学者对教育本质的认识只能随着历史的发展不断推进，对教育本质的研究要运用历史主义的方法，要充分意识到任何教育本质学说都有其时代局限性，同时，还要注重对逻辑方法的运用。学者运用逻辑方法揭示教育本质，可以透过客观的教育现象，寻求不同教育现象之间的根本共性。只有这样，才能真正走出空泛化的理论误区，不断深化对教育本质及其决定的各个层面特殊的教育规律与形态的正确认识，从而建构起逻辑严谨的科学教育理论体系。

（三）看似复杂的简单

教育本质的论证，学界长期存在社会本位与个人本位的论战，难以在研究中寻求统一视角。在思维方式上，一些学者长期坚持主客二分的认识框架和思维模式，以教育必然属于某一框架的预设为前提，然而异在于那些认识主体以理智静观的态度运用逻辑分析或推演的方法论证教育的预设与教育事实的相符度。[①] 一些学者对问题的认识始终建立在自身的理解之上。对教育本质唯一性的追求和主体自我理解的复杂性，无疑是引起问题争伦不休的根源。[②]

（四）价值的无澄清

教育本质可以分为"教育是什么"和"教育应该是什么"两个问题，这样就出现了两大类本质。一类为真实存在的、客观的东西；另一类为应当存在的、带有规范性的、价值性的、主观性的东西。[③] 很多学者所表达的是价值意义上的"应该"，而不是客观存在的"实然"。在教育本质的研究中，学者有自己的价值立场和对教育应该是什么的期待，这无可厚非，但如果没有对自己价值立场的澄清，很容易造成对价值本质客观描述和价值取向混淆的问题，从而变成教育应当是什么的主观化表达。

二、需要对澄清进行再澄清：教育本质研究的展望

（一）教育本质研究网络的形成

教育本质研究可以从多种学科立场展开，研究方式不能局限于

---

① 李长伟、孙元涛：《教育本质：知识论的困惑与存在论的彰显——兼论教育本质探讨思路的转向》，载《哈尔滨学院学报（社会科学）》，2001（2）。

② 章林：《论教育本质存在于主体的自我理解之中》，载《教育评论》，1998（6）。

③ 孙迎光：《教育本质探讨思路的探讨》，载《南京师大学报（社会科学版）》，1999（5）。

逻辑学的静态推演，而应该用多学科的方法，以审慎的态度去审视，去体验。① 教育本质研究应该注重"杜恒—奎因原则"，把研究放入一个整体性的系统中进行考察。教育本质研究是一个由许多互相联系、彼此影响的命题和原理组成的经纬交错的整体性网络，这个网络的外围是一些具体学科和应用学科的相互影响，使教育本质能够与实践接壤，能够随着经验事实的变化而变化，其内层是一些理论性学科，抽象性的本质研究处于网络的中心，既汲取理论性学科的滋养，又通过理论性学科与应用性学科的中介而与经验事实相联系。

（二）关系思维取代实体性思维

实体性思维不是在万事万物所构成的多重关系中思考，而是把万事万物的某种关系自觉或不自觉地分解、分化开来，再以其中的一极为基点建立起绝对一元的实体理论。关系思维引导下的教育本质研究立足于教育作为"关系性"的存在，关注教育的各种内外部联系，着力于从多个层面、多个角度立体式认识教育的本质。具体而言，关系思维导引下的教育本质研究既探讨教育、人、社会的复杂关系，也探究教育自身构成因素之间的各种关系，更把这些多样、丰富的关系嵌入社会性、历史性教育发展中审视，力图在丰富而全面的关系网络中，系统、综合、动态与创造性地把握教育本质。在关系思维基础上可以确立新的教育本质观，以生成变化的、朝向未来的、开放的教育本质取代永恒不变的教育本质；以一定情境中的关系本质取代教育固有的内在本质；用复数教育本质观取代单数教育本质观。②

（三）对已有研究保持一种反思的自觉性

在教育本质研究中，应该始终保持一种反思的自觉。这种反思既保护一种内在构成性反思，即对概念术语、命题等所做的规范性、

———————————

① 李润洲：《教育本质研究的反思与重构》，载《教育研究》，2010(5)。
② 同上。

规则性、合理性和有效性反思；也包括时间演化性反思，即通过纵向考察研究的整个历程而对本质研究进行反思。教育本质研究应该建立在理性审慎的基础之上，不是简单地反对和消解已有研究成果，也不是简单地采用非此即彼的问题解决方式。有学者指出，追寻世界的统一性和终极存在是人类思维在反思性思考中所构建的终极性指向，对终极解释的关怀促使人类不断地反思"思维和存在的关系问题"，"它启发人类在理想与现实，终极的指向与历史的确定性之间，既永远保持一种'必要的张力'，又不断打破这种'微妙的平衡'，从而使人类在自己的全部活动中保持生机勃勃的求真意识、向善意识与审美意识，永远敞开自我批判和自我超越的空间"①。教育本质研究在理论反思之自觉的基础上要注重对实践的关注和反思，理论研究需要一定的"清思"功夫，这是理论研究范式内在的质的要求。但教育理论又有异于哲学的"清思"之处，那就是它亦带有"形而下"的成分，亦即它更多强调的是"实践的智慧"，否则，只会陷入"纯思辨"的空白地带。②

（四）保持对教育学立场的敏感性

很多学者对教育本质的研究往往从哲学概念出发，完全借用哲学化术语，有的干脆照搬哲学概念，将哲学的本质概念移植到教育领域中，教育本质的争论基本上都是哲学中本质论争论的重演。哲学给教育学提供的是一种解决教育学问题的方法或思维，而不是现成的结论，最终对教育本质的探讨还须回归到教育学自身的立场上来。教育本质研究并不是哲学中本质研究的影子，要形成自己的话语系统，在教育的语境中阐述自己的本质。

教育不是经济、政治的婢女，不是工具性的存在。在特定历史

---

①　孙正聿：《哲学通论》，231—240页，沈阳，辽宁人民出版社，1998。

②　王兆璟：《我国教育研究中的四种范式及其批判》，载《兰州大学学报（社会科学版）》，2002(5)。

进程中，教育虽然受政治、经济、文化影响，也具有一定的社会功能，在某个时期，这种功能常常凸显甚至被夸大或者误认为是教育本质。让教育成为教育，从教育研究教育，要求我们审视以往的研究立场，超越由来已久的、僵化的社会适应性逻辑。教育活动的内在逻辑和依据在于教育自身，重新解读教育本质研究的一些根基性问题，在对以往研究成果扬弃的基础上寻找教育本质研究的新出路。

第四章

教育价值论研究

　　教育价值是教育哲学研究的一个基本范畴。在教育价值的界定上，学界主要有四种不同的认识。第一种观点强调主体的需要，认为教育价值是教育对人的需要的满足。第二种观点强调教育的客观属性，认为教育价值是教育能够满足个体与社会需要的属性或功效。第三种观点强调主客体关系，教育价值是教育作为社会系统中的一种客体，对社会主体和个人主体的发展需要所给予的一定满足（促进等）。① 第四种观点基于"意义论"的价值概念，认为"教育的价值"是教育系统对社会或个人等价值主体的存在或发展而言呈现出什么样的意义。② 目前，学界主要采用主客体关系论的教育价值概念，而"意义说"正在受到更多关注。

　　中华人民共和国成立以后，尤其是教育哲学恢复重建以来，学者在教育为什么有价值，有什么价值，什么对教育有价值，教育价值发生了什么样的变化，如何看待和选择教育价值等基本问题上形成了不断深化的认识，使得教育价值论成为教育哲学研究的一个重

---

① 王卫东：《关于教育价值问题的讨论》，载《教育研究》，1996(4)。
② 檀传宝：《教育是人类价值生命的中介——论价值与教育中的价值问题》，载《教育研究》，2000(3)。

要领域。

第一节　教育政治价值的主导地位(1949—1976 年)

新中国成立以后，教育学者对价值问题鲜有涉及，甚至可以说教育价值研究处于"沉寂"状态，但是这并不意味着现实的教育实践本身没有价值问题。"教育活动从某种意义上说来是一种价值活动，它总是趋向于价值追求。"①现实的教育实践活动、教育方针政策总会体现特定的教育价值观念和教育价值取向。当时，受苏联教育学界《关于作为社会现象的教育的专门特点的争论总结》的影响，关于"教育是上层建筑"的观点一度被我国教育界广泛接受。② 在此认识指导下，我国教育实践所体现出来的主导性价值突出表现为教育的政治价值，这种价值取向成为当时学者的普遍共识。

新中国成立初期的教育工作，以新民主主义为教育方针。"中华人民共和国的文化教育为新民主主义的，即民族的、科学的、大众的文化教育。人民政府的文化教育工作，应以提高人民文化水平，培养国家建设人才，肃清封建的、买办的、法西斯主义的思想，发展为人民服务的思想为主要任务。"③按照"为国家培养人才"和"为人民服务"的新民主主义教育方针，党和国家对旧教育进行了改造。1953 年之后，新民主主义革命向社会主义革命和建设过渡，国家着手建立社会主义的新教育体制，明确教育要适应建设社会主义新中国的要求，为社会主义建设事业输送各种专业人才。尽管根据马克

① 刁培萼、丁沅编著：《马克思主义教育哲学》，9 页，上海，华东师范大学出版社，1987。
② 冯建军：《向着人的解放迈进——改革开放 30 年我国教育价值取向的回顾》，载《高等教育研究》，2009(1)。
③ 中央教育科学研究所编：《中华人民共和国教育大事记(1949—1982)》，3 页，北京，教育科学出版社，1984。

思关于人的全面发展的学说，党和政府提出了要使学生在德智体诸方面都得到发展，但是教育政策更多倾向于教育为国家和社会服务，突出教育的社会工具价值。[①] 在这种观念指导下，教育培养出了一大批有文化有技术的建设人才，基本适应了社会主义建设需要。

1958 年 9 月，中共中央、国务院发布《关于教育工作的指示》，指出："党的教育工作方针，是教育为无产阶级的政治服务，教育与生产劳动相结合。"于是，学校认为师生参加劳动也有教育意义。之所以产生上述做法，是因为当时人们在教育价值观念上出现偏差，过分强调教育的政治价值，忽视了教育自身的内在育人价值与外部的经济发展、文化传承等价值。教育研究领域对教育的其他价值讳莫如深。

"文化大革命"期间，教育为政治服务的价值不断上升。在实践中，这种教育价值认识上的偏差，违背了学生的身心发展规律和教育教学规律，给学生身心健康以及教育事业，乃至国家建设造成了很大破坏。

第二节 以教育的经济价值为中心(1977—1999 年)

教育应采取什么样的价值取向，是首要的方向性问题。1977 年，随着对"两个估计"的批判以及对"两个凡是"给教育带来的种种危害的揭露，人们对教育价值判定标准产生了质疑。1979 年《教育研究》创刊号发表《根据实践是检验真理的唯一标准，探讨教育工作中的规律》一文，提出"学校是传授知识、培养人才的场所"等观点。[②] 如何

---

① 王卫东、石中英：《关于建国后教育价值取向问题的思考》，载《江西教育科研》，1996(4)。

② 余立：《根据实践是检验真理的唯一标准，探讨教育工作中的规律》，载《教育研究》，1979(1)。

更好地认识、研究教育价值问题，成为一个兼具理论和实践意义的问题。

随着教育研究中价值意识的觉醒，从 20 世纪 80 年代初开始，教育价值问题得到了学界关注。曾成平与熊明安在 1983 年第 4 期《辽宁高等教育研究》上发表的《略论教育价值》一文，发出了要重视教育价值研究的呼声，并运用马克思主义哲学的观点和方法，对教育价值的内涵、教育的内部价值、教育的外在价值等问题进行了分析。该文成为改革开放后最早直接和专门论述教育价值的文献。此后，对教育价值问题的研究快速发展，研究成果快速增长。

一、为经济建设服务：教育的经济价值彰显

党的十一届三中全会以后，党和国家的工作重心逐渐转移到经济建设上来，提出了建设"四个现代化"的宏伟目标。教育为以经济建设为中心的社会主义建设服务的价值取向由此确立。教育为经济建设服务的思想，在 1985 年颁布的《中共中央关于教育体制改革的决定》中突出地表现在两个方面。第一，教育为经济发展和社会主义现代化建设培养人才；第二，改变了对教育消费性质的认识，确立了教育的生产属性，认识到教育是一项投资性事业，开始注重教育投资。[1] 1992 年，党的十四大明确提出建立社会主义市场经济体制的改革目标。1993 年，中共中央、国务院印发《中国教育改革和发展纲要》，提出"在新的形势下，教育工作的任务是：遵循党的十四大精神，以建设有中国特色的社会主义理论为指导，坚持党的基本路线，全面贯彻教育方针，面向现代化，面向世界，面向未来，加快教育的改革和发展，进一步提高劳动者素质，培养大批人才，建立适应社会主义市场经济体制和政治、科技体制改革需要的教育体制，

---

[1]　冯建军：《向着人的解放迈进——改革开放 30 年我国教育价值取向的回顾》，载《高等教育研究》，2009(1)。

更好地为社会主义现代化建设服务"。1995 年颁布的《中华人民共和国教育法》指出："教育必须为社会主义现代化建设服务，必须与生产劳动相结合，培养德、智、体等方面全面发展的社会主义事业的建设者和接班人。"自此，教育为社会主义建设服务，其中以经济建设为中心，教育的经济价值逐渐凸显出来。经济工具主义的教育发展观，成为 20 世纪 80 年代、90 年代教育的主导话语。①

随着"以经济建设为中心"的基本路线的确立，教育为社会主义经济建设服务成为主要价值取向。与社会实践和教育实践相呼应的是，教育的经济价值是改革开放以后教育价值研究中最早得到关注的。学者积极关注并研究舒尔茨的人力资本理论。在人力资本理论看来，由教育等所形成的人力资本在生产诸要素之间发挥着越来越重要的作用。基于此，人力资本理论对教育经济价值的分析，主要有以下观点。教育不但是一种消费，同时也是一种投资活动；由教育所传授的知识和技能成为现代经济增长中一种越来越重要的动力和源泉；教育提高了个人生产效率和个人收入；教育及教育投资在现代经济增长中具有缓和、降低社会收入分配不公平的经济功能和价值。② 应该说，这些分析和认识是非常深刻的，尽管人们侧重于从教育投入和产出的角度思考教育价值问题，但对思考教育的经济价值具有重要参考。

随着我国教育政策中经济价值取向的主导地位的确立，很多学者对教育的经济价值展开了理论分析。有学者提出了"教育的生产力价值"的概念，并进一步从劳动资料、劳动对象和劳动者三要素的视角分析了教育的生产力价值。一是教育的劳动资料价值，表现为教育在传授生产经验和制造生产工具的技能方面所起的作用；二是从

---

① 冯建军：《向着人的解放迈进——改革开放 30 年我国教育价值取向的回顾》，载《高等教育研究》，2009(1)。

② 许毅、芒景州：《西方教育经济价值理论评述》，载《高校理论战线》，1994(6)。

劳动对象角度来看，教育提高了人类认识能力，使得人们能够不断发现新的劳动对象；三是教育的价值还体现在对劳动者的培养上，劳动者的知识、技能靠教育来传授和开发。^① 通过上述分析，归结起来，教育的生产力价值仍然在于教育对劳动力的培养，教育的劳动资料价值与劳动对象价值的实现，离不开教育所培养的劳动者的价值。还有学者提出"教育具有生产性功能"的观点。教育是劳动力生产和再生产的手段，也是实现科学知识生产和再生产的必需手段。现代教育不仅要传授科学知识，而且要发展受教育者的智力和创造精神，为生产力发展服务。教育还可以使劳动者养成良好的职业道德与心理品质，以适应现代生产和生活的节奏和变化。^② 学者所述教育的生产力价值或生产性功能，都指向教育对社会经济发展的促进价值，与教育的经济价值在内涵上是基本一致的。

从 20 世纪 90 年代开始，学者对教育的经济价值进行了专门系统的研究。人的生产能力的提高是经济增长、社会生产力发展的关键环节，这种能力的提高能够通过教育和训练来获得，因此教育具有明显的促进经济增长的功能。教育的经济价值有三个特点。一是间接性。教育是人的劳动能力的再生产，教育投资最终体现在人的劳动能力的提高上。教育通过培养、训练合格的熟练劳动者，提高劳动者的智力水平，以发展科学技术，提高劳动生产率，创造更多的社会财富，对经济产生作用。二是迟效性。教育的经济价值表现为在教育过程之后，培养的合格劳动者，通过服务形式进入生产过程创造经济价值，周期较长，不像物质生产部门投资见效快，其投资的经济效益是隐性的。因此，教育的发展应略先于经济的发展。三是多因性。教育的经济价值能否实现受到多方面因素的限制，只

---

① 郑云恒：《教育的价值》，载《教育科研通讯》，1987(1)。
② 周鸿：《论教育社会价值的多重性》，载《四川师范学院学报(哲学社会科学版)》，1992(6)。

有各个环节相互协调，教育的经济价值才得以充分发挥。① 教育经济价值的这些特点，不能直接以物态性效用、即时性效用和单体性效用为尺度来判定教育的价值，也不能对教育的经济价值做直线式的简单理解；不能认为只要发展教育就一定能促进经济发展；不能以增加投资发展教育不一定促进经济发展为由，判定教育不具有经济价值。②

在教育经济价值的内涵上，学者基本形成了共识，即主要指教育的劳动力生产和再生产价值、科技生产和再生产价值、提升经济管理水平的价值、提高人在社会经济生产中的地位和回报的价值等。

面对社会主义市场经济的冲击，教育价值面临着多种价值的冲突与整合。有学者认为，社会主义教育将面临教育的个人价值与社会价值的冲突及整合，教育的精神价值与物质价值的冲突及整合，教育的精神价值与物质价值的冲突及整合，教育的效率价值与公平价值的冲突及整合，教育的科学价值与人文价值的冲突及整合。③在市场经济条件下，社会还出现了教育市场化和不允许市场经济介入教育等价值观的冲突。

有学者认为，市场经济的兴起，有力冲击了一些不合时宜的教育价值观，为教育改革和发展提出了新的价值观模式；但这并不意味着要完全按照市场经济的一套办教育，实现教育的市场化。科学界定教育的市场价值和非市场价值，必须强化教育自身的主体性，不能把有弊端的市场经济当作包治中国教育百病的万应灵丹，更不能以之代替教育发展规律。作为整体系统的现代教育价值虽然具有完整而独立的品格，可是这种系统价值必须在与其他社会价值系统

---

① 程致平、谢子顺：《论教育的经济价值》，载《学术交流》，1991(2)；李康平：《教育的经济价值及其取向》，载《教育与经济》，1992(2)。

② 康万栋：《教育价值观初探》，载《天津教育学院院刊(哲社版)》，1987(3、4)。

③ 邢永富：《市场经济发展与教育价值变革》，载《北京师范大学学报(社会科学版)》，1996(3)。

互动的功能关系中才能实现。① 若把为经济发展服务作为教育的唯一功能来追求，则教育中潜伏着人的片面发展的危机，最终也无法满足社会的需求，并将导致教育功能的异化。②

二、对教育的社会价值的认识更加全面

这一阶段，除了研究教育的经济价值外，学者还对教育的其他社会价值进行了持续的研究。

尽管单一的政治价值逐渐隐退，但教育的政治价值始终有学者予以关注。有学者对教育的政治价值进行了专门的理论分析，认为教育的政治价值体现为教育相对于政治的满足关系，是作为客体的教育能满足政治所需要的那种属性和功能，主要体现为教育能够满足一定的社会主体建立、巩固、发展和运用国家权利的需要。③ 其主要表现包括三点。第一，教育的政治性育人价值。教育可以传递一定的社会政治文化，培育具有社会发展所需的政治思想和价值观的劳动者；通过培养和选拔专门的政治人才，选拔国家的接班人，以促进社会的稳定、完善和发展。④ 第二，教育的政治宣传价值。通过教育宣传功能，传播党和国家的方针、路线、政策，使受教育者形成巩固和维护一定社会制度的思想观点和行为方式。通过教育传播社会意识，形成公共舆论，对社会上的政治事件的变化和发展产生积极反应。⑤ 第三，教育的政治进化发展价值。教育在为政治

---

① 金锱康：《市场经济与教育价值观变革》，载《武汉大学学报（哲学社会科学版）》，1997(4)。
② 周志超、张文超：《教育价值观的历史评判与现实反思》，载《教育理论与实践》，1990(3)。
③ 王雁玲：《试论教育的政治价值》，载《四川师范学院学报（哲学社会科学版）》，1991(6)。
④ 王雁玲：《试论教育的政治价值》，载《四川师范学院学报（哲学社会科学版）》，1991(6)；周鸿：《论教育社会价值的多重性》，载《四川师范学院学报（哲学社会科学版）》，1992(6)。
⑤ 周鸿：《论教育社会价值的多重性》，载《四川师范学院学报（哲学社会科学版）》，1992(6)。

服务的同时，也促进政治理论思想的研究和发展。现代教育对推进政治的进化发展起到积极作用，尤其是推进了政治的民主化进程。①

　　肯定教育的政治价值，并不意味着教育活动就等于政治活动，要能够逐步理性地看待教育的政治价值。② 随着研究的深入，学者已经不再泛泛地讨论教育的政治价值，而是深入诸如教育与民主政治、公民教育等具体论题中。这些具体论题都是关于教育的政治价值的具体表现或者如何实现教育的政治价值，深化人们对教育的政治价值的理解。

　　教育的文化价值也得到了积极的关注。关于教育的文化价值的论述，大多数学者是在教育价值的整体框架下展开的，且主要观点集中在三个方面。第一，教育有文化传承与保存的价值。教育一开始就是继承、传播与保存社会文化的重要手段，通过选择文化、确定教育内容，把人类文化中最基本、最精华的内容传授下去。第二，教育有文化传播与交流的价值。教育可以吸收各民族的文化精华。第三，教育文化创新与发展的价值。教育通过发展人的思想和观念，形成新的社会文化；教育也为文化的发展和创新培养人才，实现文化的更新；教育创造与文化创造紧密结合，可以促进文化的变革。③ 由于文化概念本身的丰富性，也有学者主要关注教育中的"精神文化价值"，即教育同人的精神文化相互需要的关系。④ 有学者提出，教育在精神文明生产中处于中心地位。⑤ 这里所论述的教育的精神文化价值、精神建设价值等，与教育文化价值的内涵颇为相近。

　　有学者从教育与文化的内在关系出发，认为教育的文化价值是

----

① 杨志成、柏维春：《教育价值分类研究》，载《教育研究》，2013(10)。
② 王雁玲：《试论教育的政治价值》，载《四川师范学院学报（哲学社会科学版）》，1991(6)。
③ 周鸿：《论教育社会价值的多重性》，载《四川师范学院学报（哲学社会科学版）》，1992(6)。
④ 康万栋：《教育价值观初探》（续），载《天津教育学院院刊（哲社版）》，1987(4)。
⑤ 郑云恒：《教育的价值》，载《教育科研通讯》，1987(1)。

教育的内在或本体价值，是教育价值之根本，只有通过文化价值才能实现教育价值。教育作为一种独特的文化活动，在以文化培养人的过程中，对文化的保存与发展来说是一个积极主动的更新创造过程。因此，教育的文化价值，表现在教育通过人的文化化而保存文化；教育的文化价值与文化的教育价值，在人这个结合点上是统一的。①

有学者在与科学价值相对的意义上，提出了教育的人文价值概念，认为教育的人文价值是人文精神在教育中的体现，亦即教育使人成为人，教育对人类的幸福生活有一定的指导作用与功能。它以人生目的、人生理想、人生意义为核心，延伸到知识、道德、审美各个方面，具有非功利性或超功利性。教育的人文价值将培养健全或完整的人格放在首位，将传递人类文化价值观念放在核心位置。②教育的人文价值一方面涵盖了教育的个体价值，另一方面蕴含着教育的人类文化价值。

有学者提出教育的人类学价值概念，指出教育在人类生存和发展中有重大价值。教育实质上是一种促使生物学意义上的个体转化为社会上的人的过程，是人类生存的社会条件。从人类生命史来看，教育是人类进化的重要机制；从人类个体生命史来看，教育是促进人的发展的必要手段；从人类社会发展史来看，教育是人类文明的标志，是社会经济稳定、发展的必要条件，是政治化的重要工具，是传递、发展人类文化的重要手段。③ 就学者所界定的内涵来看，教育的人类学价值是一个更综合的概念，几乎涵盖了教育的个体价值与社会价值的各个方面。

---

① 许青：《教育的文化价值初探》，载《湖北大学学报（哲学社会科学版）》，1997(4)。
② 杜时忠：《论教育的人文价值》，载《教育评论》，1993(3)。
③ 鲁宁：《论教育的人类学价值》，载《齐鲁学刊》，1990(5)。

三、"人"的发现：教育的本体价值开始萌芽

教育的本体价值就是教育在促进人的发展方面的价值。教育的价值最终要落实到人的培养上，因此，势必涉及人的价值。教育学者开始往往从价值满足社会客观需要的角度加以阐述，忽略了教育满足人自身需要的作用，忽视了教育对人的价值的全面研究。[①] 20世纪80年代，教育界讨论了"马克思之人的全面发展的含义"和"影响人发展的因素"，但这两个讨论不具有价值变革的意义，不是在教育价值的层面上进行的。[②] 直到20世纪80年代末，受哲学界关于人的价值研究的热潮影响，人的价值问题开始得到更多的关注。

1989年5月，《中国社会科学》编辑部、《教育研究》编辑部、全国教育基本理论专业委员会联合举办教育与人主题研讨会。当年，《教育研究》把教育与人作为第一个选题，集中发表了20篇文章，揭开了教育关注"人"的序幕。[③] 首先是对无"人"教育的反思与对"人"的呼唤，集中体现对我国当代教育价值取向的深刻反思。有学者通过详细剖析1949—1989年我国教育实践中价值取向变迁的过程，认为当代中国教育价值取向存在偏移。第一，当代中国教育价值取向具有一定的历史合理性，其偏移表现为政府的教育决策历来只强调教育的社会工具价值，忽视教育在培养个性、使人的潜能得到最大发展方面的价值。此时的价值，忽视人格培养。第二，当代中国教育价值取向发生偏移的认识论根源在于忽视教育自身特点，要求教育直接为政治、经济服务的思维方式。第三，在存有偏差的教育价值取向指导下的教育实践，产生了急功近利、忽视个性和独立人格

[①]　黄济、陆有铨：《我国教育哲学建设的回顾与前瞻》，载《教育研究》，1988(11)。

[②]　冯建军：《向着人的解放迈进——改革开放30年我国教育价值取向的回顾》，载《高等教育研究》，2009(1)。

[③]　冯建军：《以"人"的方式研究"教育与人"的关系》，载《基础教育论坛》，2013(6z)。

等严重后果。第四，产生偏移的原因是中国教育实际的发展，几乎一直受政治的影响；从国家决策来看，选择教育价值的基本视野、思考问题的基本方法没有大变，变化的只是具体标准和内容。[①]

有学者提出人是教育的出发点的观点，培养人是教育的根本职能，教育通过培养人服务社会、推动社会发展。教育的直接目的不应该是满足社会需要，而是满足人自身生存和发展的需要，促进人的自由、全面发展是教育的最高目的。教育应该把人作为社会的主体来培养，而不是作为社会的被动客体来塑造。[②]

受这些观点的影响，一些学者开始关注人的价值问题。国内哲学界把人的价值分为两个方面。一是人的自我价值，即作为主体的人形成的改造自然以获取所需要的满足自身发展的能力；二是人的社会价值，集中体现在个人价值的充分发挥，为社会创造物质财富和精神财富，对社会做出贡献上。人的价值本质上就是主体与客体关系的统一，是人的自由自觉的发展与造福人类的贡献的统一。[③]在教育价值研究中，一些学者往往从人的自我价值与社会价值的角度谈人的价值。有学者提出，人是主体也是客体，具有二重性。人的价值可分为社会价值和自我价值，人对社会的价值和人的自我价值，取决于他的行为的客观效果，即满足社会需要和自我需要的程度。[④]

有学者认为，人的价值就是在判断人类整体（主体）的需要与客观事物的属性之间的关系时，对人自身的肯定性评价，它是一种反身价值。其显著特点是主动性。人的价值的主动性表现在，人在创造、实现自身价值的过程中，不断提出超越现状的价值理想，从而

---

① 叶澜：《试论当代中国教育价值取向之偏差》，载《教育研究》，1989(8)。

② 扈中平：《人是教育的出发点》，载《教育研究》，1989(8)。

③ 陈列：《论人的价值与教育的价值》，载《教育理论与实践》，1989(4)。

④ 孙喜亭：《人的价值·教育价值·德育价值》，载《教育研究》，1989(6)。

在不懈追求中去创造，并在创造中去超越，人的价值因此成了一种随着社会进步而不断升值的主动性价值。人的价值具体表现为人生的价值。在人生的价值范畴中，价值主体是具体的人，价值客体是他人、社会，是在作为客体的人和作为主体的人之间进行价值判断。[①]

在对人的价值界定的基础上，学者进一步分析了人的价值与教育价值的关系。有学者认为，从人是一切价值关系的主体方面来说，所有价值都体现着人的价值，教育价值同样是一种脱离了人这一主体的需要就不存在的价值。因此，教育价值不仅包含人的价值，而且全部教育价值的实现，都必须以实现人的价值为基础。[②] 这就揭示了教育在人的价值实现中的基础性地位，说明教育确立人的价值的重要性。

当然，教育并非人的价值实现的唯一基础或条件，只是基础性条件之一；反之，促进人的价值实现，确实是教育价值的核心。因此，教育中人的价值，就是要明确教育在促进个人发展和人的价值实现中有何作为。有学者认为，教育实际上是人的素质发展的决定因素，是对人的发展的一种价值限定。从价值角度看，教育发展了人的价值，提高了人的价值，增加了人的价值。可以说，教育过程就是人的价值的积淀过程。教育对人的价值的作用包括直接扩展人的价值和让人意识到自身的价值两个方面。前者是发展人的德、智、体、美诸方面的素质，后者是将人自身积淀的价值转化为人的创造活动的机制和起点，这是教育对人的价值作用的重要一面。[③]

20 世纪八九十年代，人的价值问题得到了学界关注，成为热点

---

① 王坤庆：《论教育价值中人的价值地位》，载《华东师范大学学报（教育科学版）》，1991(2)。

② 同上。

③ 孙喜亭：《人的价值・教育价值・德育价值》，载《教育研究》，1989(5)。

议题。从教育的政治价值、经济价值转向人的价值，可以说这是教育价值论研究的显著特点。① 20 世纪 90 年代引人瞩目的主体教育思潮和蓬勃发展的教育改革实验，正是在关注人的价值的思想氛围下形成的。从 20 世纪 90 年代开始，素质教育也逐步从理论研究走向教育政策层面，逐步成为中国教育政策的主旋律，而且对素质教育的认识更加突出了人的本体价值和人的全面发展在教育中的本体地位。② 尽管这一时期的教育实践所体现的教育价值取向仍然以社会价值为主导，但人的价值问题已经开始从理论研究向教育政策实践转化。

第三节　教育以人的价值为本（2000—2019 年）

21 世纪以来的教育价值研究，发生了两大深刻转型。一是从教育的外在社会价值向内在本体价值转型；二是从概念理论研究向教育实践、教育政策研究的视角转换。尽管 20 世纪 80 年代末，人的价值问题已经受到关注，形成了主体教育、素质教育等思想，但人的价值在教育价值中的真正确立，是在 21 世纪以来的教育中逐步实现的。在教育价值论研究中，对人的价值研究更加全面、深入；人的存在、人的解放、人性完善、人的自我生成③、人的全面发展、主体间性、以人为本、以个性为本等成为教育价值取向的关键词，形成了关怀生命、彰显人的价值的教育思潮。同时，随着时代的发展，理论界长期呼吁的"人的价值"，在教育政策和教育实践中得到了一定程度的重视和彰显。这一过程伴随着对教育价值观和教育价

---

①　郑金洲、王方林：《教育价值研究十七年》，载《山东教育科研》，1996(1)。

②　冯建军：《向着人的解放迈进——改革开放 30 年我国教育价值取向的回顾》，载《高等教育研究》，2009(1)。

③　薛忠祥：《当代中国教育的应有价值取向研究》，博士学位论文，山东师范大学，2009。

值取向的反思，体现在对未来教育价值秩序、价值取向的建构上。

一、重视人的发展：当代教育价值观的变革

20 世纪 90 年代开始，教育价值观问题就得到了广泛关注。概言之，教育价值观就是人们对教育价值的认识和评价，具有"鲜明的主体性特征"①。有学者认为，教育价值观问题是教育思想的核心，②教育价值观是教育哲学指导教育实践的中介。③ 因此，对教育价值观的研究是教育哲学研究的重要内容。尽管有学者提出教育价值观的变革问题，但更多的是从社会价值的角度考虑。20 世纪 90 年代，少数学者开始明确提出重视人的价值的教育价值观。④ 但大多数学者往往持"人与社会并重"的教育价值观。⑤ 21 世纪以来，随着改革开放与社会主义市场经济的逐步推进，中国社会经历着深刻转型，价值观念的多元和冲突在教育领域逐步显现。很多学者从不同角度提出了教育价值观变革的命题，其中最显著的变化是教育学界普遍呼吁确立重视人的发展的教育价值观，这种呼声在 21 世纪以来的研究中已经成为普遍共识。

世纪之交，有学者分析了知识经济的发展对教育价值观的变革的要求，把精英教育转变为全民教育，把一次性学校教育转变为社会化终身教育，把标准化教育转变为适应化教育，把分类施教转变为融合施教，把教育少数学生成才转变为教育所有学生成才，把单

---

① 王坤庆：《现代教育价值论探寻》，123—127 页，长沙，湖南教育出版社，1990。

② 孙喜亭：《教育价值观问题再论》，载《教育研究与实验》，1988(1)。

③ 汪路艳：《教育价值观：教育哲学指导教育实践的中介》，载《内蒙古师范大学学报(教育科学版)》，2017(12)。

④ 王坤庆：《论教育价值中人的价值地位》，载《华东师范大学学报(教育科学版)》，1991(2)。

⑤ 周志超、张文超：《教育价值观的历史评判与现实反思》，载《教育理论与实践》，1990(3)；周川：《教育价值观的传统与变革》，载《苏州大学学报》，1991(4)；周翠君：《坚持个人发展与社会发展相统一的教育价值取向》，载《华中理工大学学报(社会科学版)》，1994(4)。

一文化的教育转变为多元化的教育，把升学谋职的教育价值观转变为人的自由全面发展的教育价值观，把科学主义教育价值观转变为科学主义和人文主义相结合的教育价值观。[1] 还有学者分析了网络时代的教育价值观的变革，从一次性的学校教育走向社会化的终身教育，从划一性教育走向个别化教育，从客体的教育走向主体性教育，从以掌握知识为目的的维持性教育走向以掌握获取知识和能力为目的的创新性教育，从灌输式教育走向对话式教育，从以教为主走向以学为主，从形式的民主走向新的民主，从"权利平等"走向"机会均等"，从造就一元文化意识走向培养多元文化意识。[2] 这些变革呼声就其内涵来看，把人的发展的价值凸显出来。

自进入 21 世纪以来，越来越多的学者开始呼吁确立重视人的发展的教育价值观。有学者立足人类社会正在发生的巨大变化对确立新的教育价值观的客观要求，提出符合时代要求的新的教育价值观，即不仅要关注社会的发展，更要关注人的发展；不仅满足现实的需要，更应满足人未来发展的需要，即满足个人与社会可持续发展的需要。[3] 有学者提出，为了适应我国转型时期的社会发展和个体发展需要，应该确立一种科学合理的追求整体价值互相融合的社会主义和谐教育价值观，即面向未来，注重社会与个体的协调发展，并最终回归到人的教育价值观，建立以人为本的教育价值观。[4]

有学者在回顾当代中国教育史的基础上，呼吁中国教育价值观要完成现代化的超越，直指人本身的理念，形成一种以教育为中心（以人的发展、幸福为中心），以市场经济、法制和多元文化为支撑

---

[1] 李锐：《知识经济与教育价值的更新》，载《教育导刊》，1999(Z2)。

[2] 冯建军：《网络时代教育价值观念的变革》，载《江苏高教》，2001(1)。

[3] 张建平：《教育价值观的历史变迁及其新走向》，3 页，硕士学位论文，南京师范大学，2003。

[4] 孙玮：《人的发现：改革开放以来我国教育价值观的发展历程回顾与反思》，载《中国教师》，2008(13)。

点的新教育价值观。① 有学者从历史发展的角度分析中国当代教育目的的新变化，从而透视当代教育价值的历史转向。这些变化或者转向包括，由社会人到个体人，由对立人到合作人，由国家人到国际人，由被动灌输者到主动学习者。② 由片面发展转向全面发展，由侧重知识继承转向侧重知识创新和智力发展，由专才转向通才，由社会人转向个性人，由英才教育转向大众教育等。③

有学者认为，素质教育价值观是合于时代的教育价值观。这种素质教育是根据社会发展和人的发展需要，以全面提高全体学生的基本素质为根本目的，以尊重学生主体性和主动精神，注重潜能开发和健全个性发展，注重培养创新和实践能力为根本特征的教育。④ 有学者在反思的基础上，提出要建构当代中国的人文主义教育价值观。人文主义的教育价值观以尊重人的本性，实现人的价值，丰富人的精神，提高人的生命质量，提升人的生存意义，形成人的终极信仰为中心。基本内涵为，从教育方法上，尊重学生人的地位，使每个学生获得自己的发展和成功；在培养目标上，完善学生的人格，构建学生的意义世界和精神世界；从教育内容上，重视人文知识对人的精神的陶冶作用；从师生关系上，建立平等、民主、理解、对话的"你—我"关系。⑤

还有学者提出，21 世纪对人的发展的关注是全面的、立体的，不仅强调人的发展形式的主动性，还强调人的发展内容的全面性和发展结果的独特性。这就使得教育理论对人的发展作用由促进局部的主体性发展转换到促进完整、丰富、能动、独特的具体人的发展。

---

① 金忠明：《从政治的婢女到经济的侍从——现代中国教育价值的迷思》，载《上海教育科研》，2003(11)。

② 李焱：《当代教育价值的历史转向》，载《教育与职业》，2005(19)。

③ 南志涛、李中亮：《当代教育价值的历史转向论》，载《商丘师范学院学报》，2006(6)。

④ 陶红：《教育价值观的研究——关于教育的哲学思考》，161 页，博士学位论文，吉林大学，2005。

⑤ 陈杰：《对教育价值观的若干思考》，载《教育探索》，2002(1)。

一批学者进行以生命为核心的教育理论和实践研究，形成了以关怀生命为核心的教育思潮与实践探索。生命是教育的原点、基础教育为生命发展奠基、让课堂焕发生命活力、把精神生命发展的主动权还给学生等已成为学者的共识。[①] 教育实现由工具性教育向生命化教育的根本转换，是人的价值实现的根本要求。

因此，从侧重于社会价值的教育价值观，到提出人与社会并重的教育价值观，再到提出素质教育价值观、生命（化）教育价值观以及人文主义教育价值观，这反映了教育价值观随着时代发展不断改变，同时教育学者在教育价值观与时俱进的变革中形成了重视人的价值的普遍共识。

二、以人为本的教育价值取向

教育价值观通过教育价值取向表现出来。价值取向是教育主体在教育活动中，根据自身需求进行教育选择时所表现出来的一种价值倾向性。换句话说，它指在同时存在若干种教育价值方案或意向时，教育主体从自己的需求及利益出发，选择或倾向于某一方案或意向，以实现自己的教育价值目标。[②] 教育价值取向研究伴随着教育价值观研究的深入而逐步深入。从 20 世纪 90 年代中后期至今，教育价值取向研究一直是受到持续关注的领域。一方面，学者对我国当代教育实践的价值取向进行了反思和批判；另一方面，学者努力建构和确立新的教育价值取向。对我国教育实践的价值取向分析，体现了学者观照实践的学术自觉。高扬人的价值，突出以人为本，成为新的教育价值取向。

有学者对新中国成立至 20 世纪 90 年代的教育价值取向进行了反思，认为教育价值取向的选择主体包括国家主体、集体（社会）和

---

① 冯建军：《向着人的解放迈进——改革开放 30 年我国教育价值取向的回顾》，载《高等教育研究》，2009(1)。

② 刘旭东：《教育价值浅论》，载《青海师范大学学报（哲学社会科学版）》，1990(1)。

个体，相应形成了三类教育价值取向。第一，1949—1999 年，教育价值取向以国家对教育的需求为主，集体（社会）和个体对教育的需求处于从属地位，学校教育被看成是为国家培养人才；第二，就不同历史时期来看，20 世纪五六十年代，教育价值取向是政治价值；党的十一届三中全会以来，国家提出教育要为社会主义经济建设服务，仍以教育的国家价值和社会价值为取向；第三，随着改革开放的进一步深入，形成了国家、集体和个人教育价值取向的多元化局面；国家主要强调生产能力和政治思想觉悟，强调"经济人"和"政治人"的培养；集体（社会）关注教育带来的经济、社会效益，强调"组织人"的培养；个体对教育的需求表现为从自己的切身利益出发，把教育作为一种生活形态，期望获得一种精神上的满足和愉悦；第四，教育价值取向的多元化形成了一定的价值冲突。教育活动要想有一个明确的方向，就必须对各种价值取向进行整合。[1] 学者处于不同的时代，对多元化教育价值取向的冲突与整合进行分析，深化和拓展了对教育价值取向的认识。

有学者对多元化背景下的教育价值取向进行了反思，认为当前教育价值取向上反映出的问题有，在教育价值关系上，片面强调教育者的主体地位，忽视甚至否认受教育者的主体地位；教育偏离了育人轨道，片面追求升学率，阻碍人的全面发展；受科学主义和人本主义思想的影响，学科内容的分化与教学内容的片面化的状况依然存在；教育片面迎合社会需求，忽略人的整体素质的培养；对教育的工具价值过分追求给现行教育带来了某些不和谐的因素。[2] 有学者基于我国教育现状，认为工具性价值取向已充斥整个教育，功

---

①　王卫东、石中英：《关于建国后教育价值取向问题的思考》，载《江西教育科研》，1996(4)。
②　季海菊：《多元化背景下现代教育价值取向的哲学思考》，载《南京社会科学》，2007(12)。

利主义表现为外在目的对内在目的的僭越；理性主义表现为科学理性对人文关怀的凌驾；人力主义表现为人力资源开发对"成人"教育的代替。教育的本质和时代特性要求教育建立"人本位"的价值取向，以实现教育的育人性和超越性相统一的本质。① 有学者提出，社会本位教育价值取向决定了我国的教育质量观、人才观和评价观的偏移，导致教育运行模式有偏差；决定了课程取向方面的科学主义的唯理性课程观，忽视教育活动的主体；决定了课堂教学以书本知识、教师、教案为本位；决定了教学方法上的仓库式教学模式，扼杀了学生的主体性和主动性。这些问题都加重了学生的学习负担。②

"哲学就是在对事实背后的观念进行质疑、反思、批判的基础上，提出新的价值判断和应然的价值追求。"③构建新的教育价值取向，不能只停留在对以往教育价值观念、教育价值取向的评估分析层面上，而应该重视教育在现实社会背景和时代境遇中的实际价值。在教育价值取向的反思研究中，一些学者对确立什么样的教育价值取向多有涉及，在既有反思和批判的基础上进行实质性建构。而重视教育的本体价值，即人的发展价值，成为学者普遍的取向。

有学者认为，教育作为公共领域的活动性质使它既关注社会的共同利益，又关注全部公民的教育权利与需求，即教育要尽可能地人性化和多元化，在价值取向上要尊重个人权利与人的自由发展。通过个人品质的培养实现个人与社会的双重目的，以教育来培养公民是实现个人价值与社会价值统一的根本方式。④ 有学者认为，在多元化背景下，教育应以人为本，坚持以育人作为内在的质的规定；尊重价值选择的客观规律，注重内在价值和外在价值的合理整合；

---

① 赵艳平：《当前中国教育价值取向探寻——基于教育现状的反思》，载《当代教育科学》，2003(15)。

② 许杰：《论我国现行教育价值取向与学生的学习负担》，载《教育科学》，2003(1)。

③ 冯建军等：《教育哲学》，14 页，武汉，武汉大学出版社，2011。

④ 金生鈜：《教育的多元价值取向与公民的培养》，载《教育理论与实践》，2000(8)。

加强教育意识主体的素质建设；实现科学性和人文性的整合；重视文化价值；追求人和自然可持续发展的生态伦理教育价值取向。[1]对于教育价值取向多元化的冲突问题，有学者把整合价值冲突的希望寄托于教育理论工作者，并提出整合之后的教育价值取向应该在对国家教育价值取向进行理性批判的基础上，继续强调教育价值取向的总体性、历史性；充分考虑集体和个体的需求；更加重视教育的本体价值。[2]

有学者把素质教育与应试教育作为两种相互对立的教育价值取向，并且在阐述二者差别的基础上，强调素质教育产生的深刻变化是教育价值取向上的变革。素质教育改变了过去那种忽视教育的本体价值片面追求工具价值的教育价值取向方式，而以科学的方式来处理教育价值之间的冲突，主张在充分实现本体价值的基础上最大限度地实现工具价值，这在教育价值取向上引起了重大的变革。[3]有学者认为，在社会转型期的特殊条件下，教育要很好地完成自己的使命，就必须做到走进生活以建立教育的基础；关注生命以坚持教育的本真；提升精神以实现教育的追求；重塑信仰以恪守教育的灵魂。[4] 这些都是教育价值取向彰显个人价值的重要体现。

三、价值平衡：教育价值秩序与选择

近年来，教育价值及观念的混乱和冲突引起了很多学者的思考，教育价值秩序和教育价值选择问题，成为教育价值领域的重要论题。教育价值的秩序，就是某些价值在重要性以及实现顺序上靠前一些，

---

[1] ．季海菊：《多元化背景下现代教育价值取向的哲学思考》，载《南京社会科学》，2007(12)。

[2] 王卫东、石中英：《关于建国后教育价值取向问题的思考》，载《江西教育科研》，1996(4)。

[3] 邓银城：《素质教育产生的深刻变化是教育价值取向上的变革》，载《河北师范大学学报（教育科学版）》，1999(4)。

[4] 刘济良：《走向人文化的教育——新世纪我国教育的价值取向》，载《教育理论与实践》，2003(7)。

在出现价值冲突的时候优先予以考虑。①

　　有些人认为，诸多价值之间不存在一个先验的价值秩序，只存在特定情境中不同价值之间的比较。在一种情境中，一些价值可能具有优先性；在另一些情境中，另一些价值可能具有优先性。如何在不同的教育价值之间进行选择和排序，要视不同的社会情境来确定，不存在一个抽象的、普遍的、绝对的价值秩序。②

　　多数学者认为，不同的教育价值之间存在轻重和先后的秩序，否则就会陷入价值相对主义。比如，人的发展价值是教育的社会发展价值的前提，离开了人的发展价值，教育的社会经济价值、精神文化价值等便无从实现。因此，教育中人的发展价值的实现应该予以优先考虑，社会发展价值的实现是建立在前者实现的基础上的。还有不少学者认为，教育的文化价值是教育价值之根本。在教育促进社会发展的价值维度上，无论在教育的哪个阶段，传承人类已经创造的文明成果是最基本的价值，也是最优先实现的价值。③

　　有学者在存在承认价值秩序的基础上，指出教育领域的价值秩序不是绝对的、普遍的和抽象的，而是相对的、特殊的和具体的，应当视不同的教育和社会环境而定。比如，在学前和基础教育阶段，学生处在比较快速的身心发展阶段，这个时期将本体价值或内在价值放在工具价值或外在价值的前面还是合理的。到了大学阶段，学生身心各方面素质已经基本形成，需要为就业做准备，这个时候教育的价值取向更多地要考虑外在价值或工具价值所提出的要求。④

　　有学者认为，教育价值多元化是多年来我国教育价值变迁的主题。教育价值主体或客体的分化，导致教育价值多元化，其实质是

①　石中英：《教育的价值秩序》，载《北京教育(普教版)》，2017(4)。
②　同上。
③　同上。
④　石中英：《教育的价值秩序》，载《北京教育(普教版)》，2017(4)。

以多个重要的教育价值观作为基本因素，来影响人们在教育上的价值判断、价值取向和价值行为的社会状态。教育价值冲突的广泛存在和教育价值取向上普遍偏差，反映出教育价值的失序。重建教育价值秩序涉及各种教育价值孰重孰轻、孰先孰后的问题。教育促进人的全面发展的内在价值和理想追求，必须列于教育价值秩序的首位，发挥主导作用。重建教育价值秩序，需要缓解社会成员的生存压力，调整利益格局，进而建立合理的社会流动机制。①

价值活动的主体是人，无论是个体还是社会，一定价值秩序的形成或建构都涉及人的价值选择问题。因此，教育价值秩序是教育价值选择的结果。有学者指出，教育价值秩序的核心是人们的教育价值逻辑。教育系统、社会和个人，在教育价值秩序问题上的认识常常是不一致的。目前教育领域所出现的各种问题的根源，主要在于教育系统中发挥主导作用的教育价值秩序不具有先进性。为此，教育系统应该通过教育价值竞争，努力让建立在科学理性和人类理想基础上的教育价值秩序发挥主导作用。② 某种社会情境中具体教育价值秩序的构建，取决于人们的价值选择。这些对已有价值秩序的分析评估乃至反思批判，实际上存在着教育价值选择的方法论问题。正因如此，有学者专门分析了教育价值选择的方法、原则、策略。

有学者认为，价值是一元性与多元性的统一，在教育价值选择中人们要坚持"统一性原则"和"偏移性原则"，不断追求两种价值的内在统一和最佳结合，另一方面依据社会实际和教育状况，促成教育价值的适度摇摆。③ 有学者提出，科学的教育价值所指导下的教育价值选择，应当实现合规律性与合目的性的统一、历史性与现实

① 卢旭：《教育价值的多元、混乱与秩序重建》，载《中国教育学刊》，2012(5)。
② 刘庆昌：《教育价值的秩序》，载《教育科学》，2009(5)。
③ 扈中平、陈东升：《教育价值选择的方法论思考》，载《教育研究》，1995(5)。

性的统一、教育代价最小与教育效益最大的统一、内容与形式的统一。① 这种"统一性原则"和"偏移性原则",在很多学者的教育价值取向建构中得到体现。有学者提出,在世纪转换之时,中国教育立足于中国社会发展的历史性,确立的价值取向是在科学精神和人文精神之间保持必要的平衡。这种平衡是动态的、有所侧重的平衡,是偏重于科学精神,同时又不偏执于此,也注重人文精神的作用,是两者保持必要张力的平衡。② 有学者提出,在素质教育过程中,应该坚持"以个体发展为基础,以社会进步为主导"的教育价值取向。③ 有学者提出,转型期教育的价值取向就是实现教育的和谐与现代化的统一。④

面对实践中的各种价值取向,有学者认为,未来我国教育改革的根本价值取向应当坚持"为人民服务",体现中国特色社会主义教育的性质,在更高层面上对一些相互冲突的价值取向如国家主义与个人主义、经济主义与人文主义、精英主义与民主主义、普遍主义与特殊主义等进行超越。教育的价值取向是多元的,一个国家一个民族总有一个主流的价值观,中国的核心教育价值观是集体主义价值观,这是"平衡价值"的基础,各种教育价值取向都要在核心的教育价值观的前提下取得平衡。⑤ 这对于构建实践中的教育价值秩序,具有重要指导意义。

---

① 顾建军:《试论科学的教育价值观》,载《南京师大学报(社会科学版)》,1999(2)。

② 毛亚庆:《论世纪转换中国教育价值取向的历史定位》,载《教育理论与实践》,2001(4)。

③ 蔡中宏:《以个体发展为基础　以社会进步为主导——关于我国素质教育价值取向的认识和思考》,载《西北师大学报(社会科学版)》,2007(2)。

④ 熊明、刘晖:《社会转型期的教育价值取向——兼论教育现代化进程中的和谐观》,载《广东工业大学学报(社会科学版)》,2007(2)。

⑤ 顾明远:《再论教育本质和教育价值观——纪念改革开放 40 周年》,载《教育研究》,2018(5)。

第四节　教育价值论研究的总结与展望

新中国成立 70 年来，特别是改革开放以来，教育价值论领域取得了可观的研究成果。回顾以往的研究历程，有利于把握研究现状，明确存在问题，从而找到进一步突破的方向和新的生长点，以展望其未来的发展趋势。

一、教育价值论研究历程

教育作为一种培养人的活动，其价值是客观存在的。但从价值论的角度研究教育，西方是从 19 世纪下半叶开始的。在 20 世纪上半叶，我国就有学者把探讨教育价值作为教育哲学的"一种讲法"，主张教育哲学以教育价值为研究中心；[①] 教育价值论作为对教育价值问题的哲学审思，在我国 20 世纪上半叶的诸多《教育哲学》相关著作中也多有论及，[②] 但总体来说，其学术积累和传承比较薄弱。1949 年以后，如果从学术研究的角度来看，教育价值论经历了沉寂停滞、快速发展、反思深化三个发展阶段。

一是沉寂停滞阶段。从学科史的角度来看，1949 年至 1979 年的 30 年里，教育哲学作为学科在我国一度被取消。关于教育理论问题的哲学研究并未是在教育学或教育理论的名义下进行的。对苏联教育学的全盘接受（当时苏联教育学中的价值意识还未觉醒），导致我国学界对教育价值的研究也一度停滞和缺席。[③] 1979 年以后，教育

[①]　姜琦编著：《教育哲学》，邱椿序言，上海，群众图书公司，1933。

[②]　陆人骥著《教育哲学》（商务印书馆，1931）；范锜著《教育哲学》（世界书局，1933）；姜琦编著《教育哲学》（群众图书公司，1933）；傅统先编著《教育哲学讲话》（世界书局，1947）；张栗原著《教育哲学》（生活·读书·新知三联书店，1949）中皆有"教育价值论"的专题论述，参见冯建军主编：《中国教育哲学研究——回顾与展望》，30 页，北京，北京师范大学出版社，2015。

[③]　李长吉：《教育价值研究二十年》，载《高等师范教育研究》，2001(4)。

哲学作为一个学科得以恢复重建，但是相较于对教育本质、教育目的等问题的热烈争论，教育价值问题起初并没有得到关注。

二是快速发展阶段。20 世纪 80 年代初，对现实社会问题或教育问题的思考，以及西方教育理论的涌入和哲学界关于价值问题的探讨，都促进教育研究中的价值意识觉醒，教育价值研究的沉寂状态终于被打破。与当时国家重视教育事业的历史潮流相呼应，一些学者发出了重视教育价值研究的呼声，标志着教育价值研究的恢复和重新起步。20 世纪 80 年代中期，哲学界率先在"价值论"领域打开突破口，酿成了"价值热"。受此潮流影响，教育价值论开始成为一个"专门的论题"和"相对独立的研究领域"。①

这一时期的教育哲学著作中有不少涉及教育价值论的理论，标志着教育价值研究进入教育价值论的体系建构阶段。这一时期的主要成果大体可以分为三类。第一类是把教育价值作为教育哲学的重要内容予以单独论述，如黄济的《教育哲学通论》，在"教育本质论"之后、"教育目的论"之前专列"教育价值论"一章。第二类是专门论述教育价值研究的专著，对教育价值及价值观的深入探究，使有的学者试图创立一门新的学科，即教育价值论。如王坤庆的《现代教育价值论探寻》（湖南教育出版社，1990）等。第三类是以教育价值为主线和核心统摄教育哲学的体系，这与教育哲学应以教育领域中的价值问题为其独特的研究对象②的主张是相呼应的。如王坤庆的《现代教育哲学》，涵盖价值与价值观、教育价值分类、教育价值观、教育职能价值、教育目的价值、知识教育价值等基本问题。

除了研究成果数量上的繁荣之外，这一时期研究论题的广度也大为拓展。学者针对教育价值的界定与特性，对教育的社会价值、

---

① 瞿葆奎主编：《教育基本理论之研究（1978—1995）》，406 页，福州，福建教育出版社，1998。

② 王坤庆：《现代教育哲学》，54 页，武汉，华中师范大学出版社，1996。

政治价值、经济价值、文化价值、人类学价值、教育价值与人的价值等论域，开展了广泛研究，研究内容日趋丰富，并且在教育价值界定、教育价值分类与构成等问题上产生了积极的学术争论。

三是反思深化阶段。进入 21 世纪以来，教育价值论研究仍然保持快速的发展态势，不但大部分作为学科概论的教育哲学著作涉及教育价值问题，如冯建军等的《教育哲学》、石中英的《教育哲学》都设立了"价值论与教育"主题；而且涌现出很多以教育价值为主题的研究生学位论文；还产生了一些教育价值论专著，如杨国安的《教育价值问题》(中国文化出版社，2015)等。重视教育的本体价值，成为普遍的共识。

在前期快速发展的基础上，21 世纪以来的教育价值论研究，在回顾中走向反思，在反思中走向深化。一方面，很多学者对以往的教育价值研究进行回顾和总结。在对总体研究状况的反思方面，包括对 20 世纪 80 年代初以来教育价值研究的述评①、对学校教育价值取向研究的反思②、对教育价值取向研究的述评③、对教育价值观念研究的述评④等。另一方面，这一阶段的研究开始深入对日常教育生活、教育实践中价值问题的反思层面。例如，学者对改革开放以

---

① 冯建军主编：《中国教育哲学研究——回顾与展望》，133－157 页，北京，北京师范大学出版社，2015；李长吉：《教育价值研究二十年》，载《高等师范教育研究》，2001(4)；李长吉、贾志国：《教育价值研究三十年》，载《浙江师范大学学报(社会科学版)》，2012(2)。

② 李家成：《"学校教育价值取向"研究的反思》，载《南京师大学报(社会科学版)》，2003(5)。

③ 薛忠祥：《20 年来我国教育价值取向研究述评》，载《教育科学研究》，2009(11)。

④ 李长吉：《教育价值观念研究述评》，载《上海教育科研》，2002(4)。

来的我国教育价值取向的演变①、时代背景下的教育价值观念的变革②、当前中国教育价值取向③等现实问题进行分析和反思，形成了教育政策的价值分析等热点领域。一大批学者从理论与实践相结合的角度，对教育政策的价值基础、价值分析模式、价值取向和价值追求、价值评价标准，以及一些教育政策中的具体价值问题进行了深入研究。此外，学者不仅回顾和反思了已有教育价值取向，也建构和前瞻了未来教育价值趋向。

二、教育价值论研究特点

经过 70 年的发展，教育哲学中关于教育价值的研究，主要形成了教育价值的界定与分类、教育价值关系的维度与秩序、教育价值观与教育价值取向等论域，每一论域范围内又产生了若干论题，并且在每一论域、论题上教育价值论取得了不同的研究进展。

教育价值论研究呈现出三个特点。一是从早期注重价值概念研究到中期进行教育价值论建构，从前期以教育价值理论研究为主到后期逐步关注教育实践中的价值问题，再到理论研究与实践研究并重的研究取向。20 世纪 90 年代，在教育价值论研究起步不久，就有学者致力于构建教育价值论的理论体系，这体现了学者高度的学科

① 冯建军：《向着人的解放迈进——改革开放 30 年我国教育价值取向的回顾》，载《高等教育研究》，2009(1)；蔡军：《从教育政策看改革开放以来我国教育价值取向的转型》，载《教育导刊》，2009(7)；孙玮：《人的发现：改革开放以来我国教育价值观的发展历程回顾与反思》，载《中国教师》，2008(13)。

② 冯建军：《网络时代教育价值观念的变革》，载《江苏高教》，2001(1)；季海菊：《多元化背景下现代教育价值取向的哲学思考》，载《南京社会科学》，2007(12)；高伟：《现代性背景下当代教育价值批判》，载《陕西师范大学学报(哲学社会科学版)》，2010(2)；王静：《教育全球化视域下当代中国学校教育价值反思》，硕士学位论文，曲阜师范大学，2012。

③ 赵艳平：《当前中国教育价值取向探寻——基于教育现状的反思》，载《当代教育科学》，2003(15)；金忠明：《从政治的婢女到经济的侍从——现代中国教育价值的迷思》，载《上海教育科研》，2003(11)；杨颖东：《失衡与反拨——我国学校教育价值取向的偏差反思和调整》，博士学位论文，华东师范大学，2014。

自觉和理论品格。21 世纪以来，对教育实践的教育价值研究与对价值取向的反思与批判，对教育政策的价值分析等，都体现了教育价值论关照教育现实的研究旨趣，形成了该论域新的生长点。二是在一些基本概念和基本观点上形成了普遍共识。目前，在教育价值的概念上，学者普遍采用主客体关系说或意义说来界定概念；在教育价值关系的维度上，学者普遍承认个体价值与社会价值（政治、经济、文化等）的基本分类。始于 20 世纪 80 年代的对当代教育实践价值取向的反思，成为后来学者普遍的学术行为。保持对理想价值的坚守和对偏差迷失的价值现状的批判性分析，体现了学者可贵的学术担当。在教育价值选择的方法和原则上，"统一性原则""偏移性原则"以及"价值平衡"策略得到广泛的认可与运用。这些基本共识，对于学术积累和研究的推进具有重要意义。三是教育价值研究产生了一些系统性的研究成果，如新近的学者在综合教育价值分类的研究成果基础上，以新的视角建构教育价值分类系统，改变了已有教育价值分类研究中观点重复、缺乏创新的局面，把相关的研究提升到一个新水平。

教育价值的理论与实践呈现"变奏"关系。教育价值的理论研究除了要考虑理论的逻辑自洽外，还注意从社会背景和时代境遇中认识教育价值问题。因此，作为教育哲学的重要主题和研究领域的教育价值论，贯穿着关照实践的旨趣。回顾共和国教育学 70 年中各个阶段的理论研究与教育实践，呈现出"缺席""呼应""领先""互动"的关系，理论研究与现实的教育价值取向并不同步。在"沉寂停滞"阶段，教育实践的主导价值是政治价值，当时学者缺少理论上的自觉，理论研究相对于教育实践的价值取向是缺位的；20 世纪 80 年代初，教育现实问题促进了教育研究价值意识的觉醒，当时出现的教育价值方面的研究成果，与国家重视教育事业的社会潮流相呼应；在快速发展阶段，理论研究日益重视人的价值，而教育实践所体现的价值取向仍然以社会价值为主导，理论研究在关注人的价值问题上走在了教育现实的前面；在反思深化阶段，理论研究开始对教育实践中的价值问题进行反思和建构，教育价值的理论研究与教育实践呈现出一定互动态势，理论界长期呼吁的人的价值在教育政策和教育实践中得到了一定程度的重视和彰显。保持教育实践与理论研究的良性互动，不仅有利于推动教育价值论的研究走向成熟，而且在科学的教育价值观的指导下的教育实践，也将更好地实现教育价值。

一些核心论题的研究仍然有待突破和深化。教育价值论研究尽管取得了丰硕成果，但是在很多核心论题上仍然存在薄弱环节，一些关键性的理论问题仍然有待澄清。例如，从"意义论"角度对教育价值的概念进行界定，虽然从理论上克服了"关系论"界定的一些弊端，但是尚未得到学者的广泛认同；教育价值的分类、秩序、教育价值观、教育价值取向的研究，大多还是"关系论"的主客二元的思维方式；基于"意义论"界定的教育价值概念如何运用到教育价值论对具体论题的分析中，仍然有待突破。关于教育价值观冲突和价值整合的研究，观点纷呈却缺少聚焦、对话、论争基础上的深化。学者在处理多元化价值诉求和教育价值冲突时，虽然注重立足社会历史条件来分析，但是多元的价值取向如何在核心价值观的前提下实现多元性与一元性的"价值平衡"，其研究仍待展开。此外，关于教育价值实现、教育价值研究方法论、教育价值虚无化的消除等论题，仍有待探明。在教育的社会价值研究中，存在着将教育功能与教育价值混同的倾向。如何界定二者的联系与区别，并且在此基础上确定教育价值研究的内容，有待进一步厘清。

三、教育价值论研究的展望

关于教育价值论研究的未来发展，一方面，学者要解决已有研究中存在的问题和不足，实现薄弱环节、关键问题的突破，在学术传承和积累的基础上进一步发展；另一方面，学者要坚持理论联系实际，把教育价值、教育价值观、教育价值取向置于新的社会历史条件下予以审视，避免从概念到概念、从文本到文本的抽象论述和空泛议论。这一原则或方法论，也决定了教育价值、教育价值观、教育价值取向的内涵是动态发展、历久弥新的。

教育价值论更加注重对人生意义的关照和对人的生存关怀。人的发现、人的解放是 70 年来教育价值论研究中的一个鲜明主题。教育价值论对价值理想的坚守和追求，必须通过关照当代人的生存境遇、人生意义和理想的生存方式、价值追求来提升精神和意义的"深度"①，而非在"需要—满足"主客二分的方式中让教育价值选择变得因精神缺失而过于世俗。因此，在教育价值概念的界定上，"意义论"因其对人的精神和意义的关照，应该得到更多关注。教育价值论研究要克服"意义论"的问题，必须关注社会历史条件下的人的生存境遇和需要，避免脱离人的价值抽象谈论人的精神和意义。教育价值论还应对多元化时代的价值迷失、价值冲突做出反省和回应，以核心价值观指导下的教育实践承担起促进价值平衡、守护理想价值的使命。

基于信息技术和社会变革的教育价值论要有创新。人类社会正在步入智能时代，移动互联网、大数据和人工智能的运用越来越普及。智能时代将广泛改变人类的生产生活方式，人类生存和劳动的意义也将发生革命性变化，对教育理念、模式产生深刻影响。人工智能迫使人类重新思考教育的意义，需要从理论上回答人工智能时代的教育价值问题。教育对社会发展和个体发展的价值在内涵上将发生什么样的变化？在价值实现的过程中将产生什么转变？人工智能时代将形成什么样的教育价值观和价值取向？这些都是教育价值论研究值得关注的课题。在生态文明建设中，教育应该承担什么样

① 李长吉、贾志国：《教育价值研究三十年》，载《浙江师范大学学报（社会科学版）》，2012(2)。

的价值使命，以及如何实现价值，迫切需要学者做出理论上的系统思考和解答。

基于新思想资源的教育价值论要有拓展。除了教育价值论理论体系的构建与创新外，运用教育价值论的观点和方法分析教育实践问题，如教育政策的价值分析等，成为该领域新的生长点。这种重心由教育的价值向教育中的价值问题下移，为教育价值论的研究拓展了广阔空间。但是，已有的教育价值论在分析教育中的价值问题时，尚不能提供充足的、有深度的分析框架，往往需要借助其他价值概念和理论。尤其是政治哲学、应用伦理学在当代哲学中的勃兴和发展，为教育价值分析提供了新的思想资源和方法论借鉴。在借助其他学科思想资源来拓展教育价值论的研究时，学者要注意教育价值的主体性和独特性，以正确的理性态度对待外来思想资源，形成教育价值与其他社会价值的对话和互动。

探索中国特色的教育价值理论。已有的教育价值论研究，无论是对历史现实的反思，还是对当下状况的批判，都呈现出强烈的现实关怀。但是，基于本土实践的理论形态的教育价值研究还不够深入。中国特色教育价值论的构建，不仅包括思想方法和话语体系，还必须关照中国教育的政策方针、实践和发展走向。2018 年召开的全国教育大会，把教育列为"功在当代、利在千秋"的德政工程，把教育提升为"国之大计、党之大计"；2019 年发布的《中国教育现代化2035》，明确"以凝聚人心、完善人格、开发人力、培育人才、造福人民为工作目标，培养德智体美劳全面发展的社会主义建设者和接班人，加快推进教育现代化，建设教育强国，办好人民满意的教育"，"坚持为人民服务，为中国共产党治国理政服务，为巩固和发展中国特色社会主义制度服务，为改革开放和社会主义现代化建设服务"。这些教育思想和方针，不仅更新了人们对教育的政治价值、社会价值的认识，也突出了美育、劳动教育在新时代教育实践中的价值。正如有学者指出的，未来我国教育改革的根本价值取向应当坚持"为人民服务"，体现中国特色社会主义教育的性质。[①] 学者唯有基于对本土教育实践、教育问题的回应和互动，才能真正构建中国特色的教育价值论。

[①]　顾明远：《再论教育本质和教育价值观——纪念改革开放 40 周年》，载《教育研究》，2018(5)。

第五章

教育人性论研究

　　人是教育的原点，任何教育理论，不论是有意识的，还是无意识的，都必然要建立在某种人性假设的基础上。[①] 因此，教育中的人性问题，始终是教育哲学研究的基本问题。回顾新中国成立70年的教育研究历程，对于人性问题的研究经历了从少探索、忌探索到敢讨论、多讨论的过程，学者对人性问题越来越关注，形成了一系列的理论研究成果。

第一节　人的全面发展的初步探讨(1949—1976年)

　　1949年9月，《中国人民政治协商会议共同纲领》延续了毛泽东对新民主主义教育性质的判断，明确提出，"中华人民共和国的文化教育为新民主主义的，即民族的、科学的、大众的文化教育。人民政府的文化教育工作，应以提高人民文化水平，培养国家建设人才，肃清封建的、买办的、法西斯主义的思想，发展为人民服务的思想

---

　　① 　鲁洁：《实然与应然两重性：教育学的一种人性假设》，载《华东师范大学学报（教育科学版）》，1998(4)。

为主要任务"①。为实现这一目标，新中国成立后，学者以马克思主义为指导，以国家建设需要为导向，关注人的全面发展。

一、人的全面发展的内涵

人的全面发展理论是马克思主义学说的核心组成部分。1951 年，全国高等教育会议和中等教育会议提出，要以人的全面发展作为我国教育的基本原则和方针。1952 年颁布的《中学暂行规程（草案）》和《小学暂行规程（草案）》要求对学生"实施智育、德育、体育全面发展的教育"。当时所理解的全面发展，指的是心身两方面都要同时得到发展，大家都得到同等的教育。

《人民教育》自 1951 年起，开设专栏讨论"全面发展教育"问题。1955 年，张凌光发表《实行全面发展教育中若干问题的商榷》一文，通过对全面发展理论的考察，他提出，全面发展的人就是"才德兼备、身心健康、手脑并用、智情并茂、意志坚强的共产主义新人"，但全面发展不是平均发展，应允许在掌握一般基础知识的基础上有重点地发展个性。② 文章发表后，掀起了万丈波澜，首次引发了教育领域对"人的全面发展是什么"这一基本问题的激烈争论。

赞同者认为，人的全面发展不仅指在德、智、体、美以及劳动能力各方面获得正常的、健全的、和谐的发展，同时指能够充分发展各自的性格、兴趣和才能的活生生的人。③ 反对者认为，基础教育的目的在于培养社会主义全面发展的成员，使每个社会成员都掌握各门科学基础知识，能从一个生产部门转到另一个生产部门，不致终身束缚于某一职业。④ 在一部分反对者看来，有重点地发展个

---

① 张凌光：《实行全面发展教育中若干问题的商榷》，载《人民教育》，1955(2)。

② 同上。

③ 朱智贤：《"全面发展因材施教"的方针是符合个性发展的客观规律的》，载《人民教育》，1956(9)。

④ 丁丁：《不要把中学教育引上歧途》，载《人民教育》，1955(6)。

性会造成人的片面发展，违背了社会主义教育目标，要始终推崇让每个人都能得到全面发展。

一部分学者认为，从全面发展教育的组成部分看，智、德、体、美、综合技术教育都是培养人全面发展不可或缺的，其中并没有重点与非重点之分，它们都是同等重要的，而且彼此是互相联系和互相渗透地和谐发展的。[①]

1957年，毛泽东在《关于正确处理人民内部矛盾的问题》中提出，教育要培养有社会主义觉悟的有文化的劳动者，就是既懂政治又有文化，既能从事脑力劳动又能从事体力劳动的人。这时，人的全面发展被理解为脑力劳动与体力劳动全面发展。

二、全面发展与个性发展的关系

人的全面发展到底指向人的"全面发展"还是指向人的"个性发展"问题，既涉及全面发展的主体问题，即全面发展指的是个人的全面发展，还是所有人、一切人的全面发展；也涉及全面发展的内容问题，即全面发展指的是个性方面的发展，还是所有方面的发展。全面发展与个性发展之间的关系问题一直是我国教育研究领域中的重要问题。

1952年，有学者提出，要促进人的个性的全面发展，认为人的个性的全面发展首先指的是社会上每一个人，不分阶级、性别、种族，都有机会受到充分的教育，成为全面发展的人；其次，人的个性的全面发展意味着德、智、体、美统一和谐的发展，而不是片面的、畸形的发展。[②] 可以看出，这一认识与我们对全面发展的理解基本上是一致的，这一观点秉持的看法是全面发展与个性发展是同一的。

[①] 王棠、徐仁声：《全面发展呢，还是重点发展呢？》，载《人民教育》，1955(4)。

[②] 青士：《论人底个性的全面发展——凯洛夫教育学第二章学习笔记》，载《人民教育》，1952(6)。

有学者认为，把全面发展理解为平均发展，过分强调集体，事事强求一致，忽视学生的个性差异，是对马克思主义教育学的粗暴曲解。有学者干脆认为，提出全面发展而漏掉了个性，是对马克思主义人的全面发展学说的歪曲，马克思主义关于人的全面发展学说的完整提法是"个性全面发展"[①]。在这里，学者基本上所持的观点是全面发展的说法与个性的全面发展的说法是不同的，两者有根本区别，而马克思主义人的全面发展学说指向的是个性的全面发展，并非全面发展。

有学者认为，全面发展与个性发展是一种包含关系，即全面发展包括个性发展，个性发展属于全面发展的子集。有学者对此提出质疑，认为仅仅从个性全面发展的字面上引申出全面发展应包括个性发展，这样会走向对马克思主义人的全面发展学说粗暴曲解的道路。一方面，翻译名词的偏差会引起理解上的牵强附会，个性全面发展曲解了马克思主义人的全面发展理论。另一方面，个性全面发展中的个性往往被理解为个别特殊性中的"个性"，与"全面发展"是相背离的。[②] 与前几种观点不同，这一观点肯定了马克思主义指向的是人的全面发展，而并非人的个性发展。

三、全面发展与因材施教的关系

新中国成立初期，为促进学生全面发展，在实际教学中，中学课程参照苏联的教学计划进行，门类繁多，内容繁重，师生被"门门5分"的重负压得喘不过气来。1955年，张凌光率先揭示了中学教育中五对突出矛盾，即提高教学质量与加重学生负担的矛盾，普通教育和高等教育对学生要求不同的矛盾，各种知识的教学和政治思想教育的矛盾，灌输知识和培养学生自主钻研精神、独立思考能力的

---

① 王铁：《因材施教是贯彻个性全面发展的必要手段，但不应把它补充到教育方针上去》，载《人民教育》，1956(9)。

② 徐时中：《"个性全面发展"译名的商榷》，载《人民教育》，1956(10)。

矛盾，全面与重点的矛盾。他继而指出，解决上述矛盾的办法就是打消对"门门 5 分"的追求，有一二门 5 分，其余 3 分就很好。而克服教育工作中的缺点最重要的有两条，一是实施综合技术教育，二是学生学习要有重点。[①] 该观点初步萌发了教育要遵循学生差异性的思想。

1956 年，张凌光又指出，教育学生只强调统一，只强调相同，忽视在统一相同的基础上要有若干差异，这样，不只不能适应目前生活的需要，并且根本不合乎辩证唯物的世界观。接着他便提出了"全面发展、因材施教"的必要性。[②] 同年 6 月，陆定一在部分省委、市委宣传部部长会议上提出"全面发展与因材施教相结合"的教育观点。由此，引发了教育研究领域对全面发展与因材施教的大争论，焦点是"因材施教是否可以成为教育方针"。

赞成将"全面发展与因材施教"作为教育方针的，以张凌光为代表，人数较少。不赞成的是多数。有学者认为，全面发展针对的是教育目的，因材施教是教育方法；换言之，前者是培养什么人的问题，后者是如何培养人的问题。如果问：要培养什么样的人？答案当然是多种多样的，但最概括和最一般的答案就是要培养全面发展的人。那么，怎样培养呢？答案当然也是多种多样的，但最概括和最一般的答案就是要因材施教。[③]

有一种反对的声音，认为因材施教的原则应该着重提出，但与全面发展相并列不妥。这样做，在教育理论上没有根据，在实际教育中也会引出困难与偏差。[④] 有学者指出，人的全面发展是马克思主义哲学的基本问题，是无产阶级专政的一个基本任务，如果添上

---

① 张凌光：《实行全面发展教育中若干问题的商榷》，载《人民教育》，1955(2)。
② 张凌光：《关于培养学生个性全面发展的教育问题再商榷》，载《人民教育》，1956(8)。
③ 王焕勋：《不必把"因材施教"加在"全面发展"的教育方针上去》，载《人民教育》，1956(10)。
④ 曹孚：《对于"全面发展的教育"问题的看法》，载《人民教育》，1956(10)。

"因材施教"，则会把"人的全面发展"中"人"这个主体去掉，会使马克思主义人的全面发展变形。[1]

有赞成者在区分教育方针、教育目的、教育内容三者之间的关系后，坚持认为，全面发展、因材施教方针的提出是适时的、正确的。[2] 有赞成者分析了全面发展与因材施教的关系，认为全面发展要求学生在德、智、体、美及基本生产技术方面获得健康的发展，同时，马克思主义也主张人的个性、特性和爱好有所不同，应该得到充分发展。只有在全面发展的基础上，个性才能更好地发展，因此，全面发展与因材施教是可以结合起来而成为教育方针的[3]，并且全面发展、因材施教是一个完整的教育方针。[4] 遗憾的是，在全面发展与因材施教问题之争刚擦出火花后，随着"文化大革命"的爆发，这一争论逐渐走向沉寂。

第二节　人的全面发展的再探和争论（1977—1999 年）

1978 年，党的十一届三中全会重新确立了解放思想、实事求是的马克思主义思想路线，党和国家的工作重心重新回到经济建设上来，确立了教育必须为社会主义建设服务，社会主义建设必须依靠教育的方针。

教育研究领域又开始对人的全面发展理论进行讨论。以《教育研究》为例，通过开设专栏、召开学术研讨会等形式，该杂志共刊发了40 多篇与"人的全面发展理论"相关的文章。其中，刘佛年、陈信泰、

---

[1]　许崇清：《人的全面发展的教育任务（续）》，载《人民教育》，1957(5)。

[2]　陈少廷：《"全面发展、因材施教"方针的提出是适时的、正确的》，载《人民教育》，1956(12)。

[3]　莫济杰：《"全面发展、因材施教"可以作为教育方针》，载《人民教育》，1956(12)。

[4]　冯海燕：《"全面发展、因材施教"是一个完整的教育方针》，载《人民教育》，1956(12)。

孙喜亭、王逢贤、厉以贤、鲁洁、陈桂生、胡德海等大批著名学者都参与其中。这一时期对马克思主义人的全面发展学说的研究内容极为丰富，争论也颇为激烈。争论主要集中在 20 世纪 80 年代至 90 年代初期，90 年代后期相关的讨论减少。

一、人的全面发展"指什么"的争论

20 世纪 80 年代，为了正确认识和澄清马克思主义人的全面发展理论，教育研究领域对这一问题展开了激烈的"本质之争"，具体表现在两个方面。一是对"德智体全面发展"产生了质疑，提出"能力全面发展"观点；二是对"体力劳动与脑力劳动相结合是马克思主义人的全面发展的本质特征"的观点进行了辩论。

首先是德智体全面发展与能力全面发展之争。1980 年，陈桂生在全国马克思主义教育思想研究会年会上率先提出，全面发展是一个科学的概念，是相对于人的片面发展而言的。在马克思主义经典作家看来，人的全面发展指的是人的劳动能力的多方面的充分发展。因此，全面发展指的是"能力全面发展"，并非"德智体全面发展"。该观点一经提出，便引发了热烈争论，形成了旗帜鲜明的"两派"——赞同派与反对派。两派都从马克思主义经典著作中寻求"证据"，论证自己的观点更符合马克思主义全面发展学说的原意。

持反对观点的学者指出，马克思主义经典作家在批判资本主义的教育、评论空想社会主义者的工厂教育、论述未来新社会的教育时，都十分重视德智体诸方面。因此，就马克思主义经典作家的整个教育思想来看，德智体全面发展和人的全面发展在实质上并无区别。但单纯将全面发展的教育理解为能力的充分发展反而有违马克思全面发展的理论。① 从马克思主义关于人的全面发展学说的萌芽、形成和发展全过程来看，无论从生产力和生产关系的社会关系，这

---

① 许梦瀛：《略论人的全面发展》，载《教育研究》，1981(11)。

一理论的早期和后期一系列著作的有机联系，理论结合实践方面，还是从人的发展和社会条件、教育条件，以及培养目标和教育途径的关系等方面都可以看出，人的全面发展的根本就是德智体全面发展。① 即使到共产主义社会，人的全面发展也离不开德智体方面的发展。因此，人的全面发展与德智体全面发展并无本质区别，只有发展程度的不同。②

持赞成观点的学者提出，马克思在《资本论》中所谈的人的全面发展，完全是从构成现代生产的基本要素之一的劳动力应具备的素质来论证的。主张德智体全面发展的教育是由生产力发展所要求的，是由社会主义政治经济决定的。但德智体全面发展的概念，较马克思在《资本论》中提出的人的全面发展的概念，在外延上扩大了，在内涵上却没有确切反映出马克思对现代劳动力的智力和体力所揭示的本质的要求。③ 同时，在全面历史地研究马克思主义关于人的全面发展理论后，有学者指出，人应当在德智体方面都得到发展，但道德和体力、智力属于不同的范畴，前者属于社会意识的范畴，是个人和他人关系的反映；后者属于在个人遗传素质基础上形成和发展起来的人的能力的范畴。因此，不能简单地将人的全面发展理解为德智体全面发展。④

其次是人的全面发展的本质特征之争。有学者提出，人的全面发展的本质特征就是劳动者的智力和体力的充分发展。⑤ 有学者认

---

① 裴时英：《略论人的全面发展与共产主义道德教育》，载《河北大学学报（哲学社会科学版）》，1983（S1）。
② 傅资云：《人的全面发展在马克思主义教育学说中的地位》，载《湖南师院学报（哲学社会科学版）》，1983（S1）。
③ 孙喜亭：《马克思在〈资本论〉中对人的全面发展的质的规定》，载《教育研究》，1981（7）。
④ 陈桂生：《全面地历史地研究马克思主义关于人的全面发展的理论》，载《教育研究》，1984（8）。
⑤ 周惠英：《关于人的全面发展问题讨论纪要》，载《教育论丛》，1981（1）。

为，体力劳动和脑力劳动相结合是人的全面发展的本质特征。① 也有人提出反对意见。

马克思主义关于人的全面发展学说，既包含新人适应新的生产力要求的观点，也包括新人适应新的生产关系要求的观点。因此，人的全面发展的本质特征，不仅体现在脑力劳动和体力劳动相结合上，也体现在高度的政治觉悟和科学文化知识的结合上。② 而且马克思对人的全面发展概念有多方面的解释。作为生产力要素的人的全面发展，主要是指劳动者在体力和智力以及才能、志趣等多方面的充分发展，成为有多方面能力的人，而不是机器的活的附属物、器官和工具。人的全面发展，主要是指人的肉体和精神的全面发展。因此，体力和智力的结合不足以完全表述人的全面发展。③

马克思、恩格斯反复论证过脑力劳动和体力劳动的分离或结合，最终指出，体力和脑力相结合是提高人的能力的必要条件，没有体力劳动和脑力劳动的真正结合，也就不会有人的体力和智力的充分发展。因此，人的全面发展学说包含体力劳动同脑力劳动相结合的意义。如果认为马克思主义全面发展学说只有体力和脑力相结合的意义，而不包括体力和智力的充分发展，这个观点也是片面的。④

二、人的全面发展的学科属性之争

很长一段时间，不少学者都将马克思主义的人的全面发展学说看作是马克思主义教育学的基本原理。但伴随着对马克思主义人的全面发展学说本质的讨论，教育研究领域对这一问题有了新的认识。

有学者认为，马克思在《资本论》中所谈的人的全面发展，完全

---

① 孙喜亭：《马克思在〈资本论〉中对人的全面发展的质的规定》，载《教育研究》，1981(7)。
② 刘云翔：《试论人的全面发展的本质特征》，载《辽宁教育》，1981(7)。
③ 厉以贤：《马克思的异化理论与人的全面发展学说》，载《教育研究》，1981(10)。
④ 蒋超文：《论人的全面发展与全面发展的教育》，载《华南师院学报(社会科学版)》，1982(4)。

是从构成现代生产的基本要素之一的劳动力所应具备的素质来论证的。因此，马克思主义关于人的全面发展的学说是政治经济学的概念。① 或者，在全面发展理论中，马克思、恩格斯是把人的发展规律作为一种经济发展规律来进行分析的，是把人作为一种生产力要素，作为生产过程中的人来加以考察的，着重解剖了在这一个过程中人所具有的属性和特征及其发展的历史，也就是人的劳动生产能力（体力和脑力的总和）及其发展的问题。因此，人的全面发展学说是整个马克思主义经济学体系中的一个组成部分，属于经济学范畴。② 或者，"个人的全面发展"是科学社会主义的范畴。

有学者坚持认为，人的全面发展属于教育学范畴。首先，人的全面发展理论是无产阶级的教育实践斗争的经验总结；其次，教育学与人的全面发展理论所要解决的问题基本相似，即个体与社会的矛盾；最后，无论是哲学的、经济学的概念，还是社会主义学说的概念，都是为了揭示个人全面发展的规律，这一点与教育的目的也是不谋而合的，因此，人的全面发展理论是一种教育理论或教育思想。③

还有一种观点认为，人的全面发展学说属于"多学科范畴"。有学者通过对马克思主义关于三大社会形态下人的发展方式的特征的论述，说明马克思主义关于人的全面发展学说绝不仅仅是一个教育学原理，还是一个内在地凝聚着马克思哲学思想的精华、统摄着社会活动各个方面的哲学原理：既与政治经济学和科学社会主义密切相关，同时还涉及心理学、教育学。④ 有学者提出，马克思主义关

① 孙喜亭：《马克思在〈资本论〉中对人的全面发展的质的规定》，载《教育研究》，1981(7)。
② 鲁洁：《马克思主义全面发展的学说与社会主义教育目的》，载《教育研究》，1982(7)。
③ 王焕勋主编：《马克思教育思想研究》，重庆，重庆出版社，1988。
④ 丁学良：《马克思的"人的全面发展观"概览》，载《中国社会科学》，1983(3)。

于人的全面发展学说，是一个有着形成和发展过程的完整理论，不能简单地采用"化归法"，把它划到某一特定领域，也不能把"人的全面发展"仅理解为经济学概念。用马克思主义经典领域的任何一个方面都不足以概括"人的全面发展"，它贯穿于马克思整个理论体系之中。①

三、人的全面发展与教育目的关系之争

长期以来，在解决培养什么样的人的教育问题上，马克思主义关于人的全面发展学说扮演着关键作用，甚至是决定作用。因此，在很长一段时间内，不少学者认为，我国社会主义的教育目的与马克思主义关于人的全面发展学说基本上是一致的。直至 20 世纪 80 年代，教育研究领域开始对这一观点提出了质疑。

一部分学者坚持认为，马克思主义关于人的全面发展学说是我国教育目的的理论基础。马克思关于人的本质"是一切社会关系的总和"的观点是历史唯物主义关于人的最基本的观点，因而也是人的全面发展和教育目的论的基本观点，因此，必须把马克思关于人的本质和马克思主义关于人的全面发展学说所揭示的普遍原理和我国实际结合起来，从我国实际出发考虑教育目的的问题。② 马克思主义关于人的全面发展学说，是指"人的一切物质的和精神的属性"的全面发展，是智力和体力充分和谐的发展，是为生产关系和其他社会关系（政治的、道德的、审美的）所决定的和为社会所要求的各种思想品德和精神面貌的充分发展，是全体社会成员突破地方和民族的局限而获得的普遍发展。这是无产阶级所向往的并须为之奋斗的崇高

---

① 董标：《试论马克思关于人的全面发展学说的科学发展》，载《教育研究》，1986(8)。
② 康汉湘：《马克思关于人的本质和全面发展的学说与我国的教育目的》，载《河北大学学报（哲学社会科学版）》，1983(S1)。

理想，也是无产阶级取得政权后制定教育目的的重要依据。①

一部分学者提出质疑。有学者提出，人的全面发展学说确立了科学的人的发展观，指明了人的发展方向，是确立社会主义教育目的的重要理论基础。但是，在阐明社会主义教育培养目标理论时，如果用全面发展学说概括一切，在两者之间进行单线联系、简单对号，这不仅在理论上会产生各种不能自圆其说的矛盾，造成逻辑上的混乱，在实践中也会产生一定的危害。② 有学者提出，我国教育学中的教育目的理论一般分为"马克思主义关于人的全面发展理论"与"人的全面发展教育"两部分。尽管援引马克思主义关于人的全面发展的理论解释教育目的问题，用意非常好，但问题在于马克思主义关于人的全面发展理论本身不是关于教育目的的理论。因为德智体全面发展的教育目的与马克思主义关于人的全面发展的经典表述是形似神异的，两者之间虽有联系，但毕竟不是一回事。所以，"马克思主义关于人的全面发展理论"与"人的全面发展的教育"只是机械地拼在一起，在逻辑上并不契合。③

马克思主义关于人的全面发展学说虽不是教育目的性的理论，但不能否认对确立我国教育目的的指导意义，理应成为我国教育目的的理论基础，但并非唯一的、全部的理论基础。因为马克思主义关于人的全面发展学说，是以社会（生产）分工为线索的，从考察社会生产过程中劳动者的发展入手，进而把个人的发展规律作为一种经济发展的规律。而教育目的的确立既要立足现实，也要面向未来，但这一学说不是马克思主义创始人为未来教育所设定的目标。④

---

① 陈乃林、孙孔懿：《马克思主义的人的全面发展学说是我国现阶段教育方针的重要理论基础》，载《教育研究》，1992(1)。

② 鲁洁：《马克思主义全面发展的学说与社会主义教育目的》，载《教育研究》，1982(7)。

③ 陈桂生：《略论人的全面发展理论与教育目的》，载《华东师范大学学报（教育科学版）》，1992(2)。

④ 冯建军：《我国教育目的理论基础之辨析——兼评教育目的理论中的误区》，载《许昌学院学报》，1995(2X)。

第三节　教育人性研究的全面丰富(2000—2019 年)

21 世纪以来，以人民为中心成为社会发展的根本要求，教育研究领域更加关注人。教育研究由对社会人的关注转变成对个体人的关注，由整体的、抽象的人转向了具体的、个体的人。众多学者提出，要在教育过程中更加重视受教育者的需要和兴趣、创造和自由，尊重人的尊严、人的潜能和价值，促进人的个性全面、自主地和谐发展。

21 世纪对人的发展的关注是全面的、立体的，不仅强调发展形式的主动性，还强调发展内容的全面性、发展结果的独特性。一个鲜活的生命体走进教育研究视野，关注学生的个性发展成为教育改革的响亮口号，呵护个体生命发展成为教育的重要追求。

这一时期，教育学者以促进个体个性发展为导向，回归到人性，并"出于人性，通过人性，为了人性"，从人的本质属性出发，探究人性化教育。学者关注到个体生命，"授受知识，开启智慧，点化或润泽生命"，以成全每一个具体、健全的生命为宗旨。学者以人的方式对待人，着眼于人不同于生物的独特一面，探究以人为中心的教育，形成了一系列丰硕的成果。

一、人性化教育研究

教育的根本任务在于促进人的发展。然而，长期以来，教育变得与人相疏离。教育把人性当作物性，教育所要满足的不是人之发展的需要，只是社会的需要。20 世纪 90 年代末，鲁洁率先批判了现实教育中人性的缺失和异化，呼吁从人性的本质属性出发探讨教育问题，但该时期对这一问题的探讨相对较少，研究力量薄弱，研究成果颇少，可以把这一时期看作是"人性化教育"研究的前奏。

迈入 21 世纪后，人性化教育研究得到越来越多学者的关注，涌现一系列研究成果，尤其是 2009 年 11 月召开的以"人性与教育"为主题的全国教育基本理论专业委员会第十二届学术年会，将对这一问题的研究大大向前推进了一步。学者在继承与发展、反思与批判的基础上一步步对人性化教育问题进行了深入研究。

（一）教育与人性假设的关系

"'人是什么'是'教育的第一问题'。"①人在教育和教育学中占据重要地位。人性是人的本质属性，在对人的认识中，有关人性的认识或假设，居于核心地位。② 人性论与教育的关系问题，是教育理论特别是教育哲学的根本问题。无论是历史还是在现实中，人们的教育观总是与一定的人性观相联系，或者说，人性观制约着人们选择的教育观。③

人性假设是人们依据一定的价值取向对人性的现实表现进行有选择地抽象，是人的实践活动的基本理论前提。④ 教育学中的人性假设就是作为建构科学理论体系的逻辑前提而提出的，重心在于回答"教育是什么"，"教育何以可能"和"教育何以如此"等问题。今天的教育学，其知识的积累与分化、研究视角与方法的多样化等，与历史上的教育学已经不可同日而语。但现实是，诸如教育社会学、教育经济学，尽管作为教育学的二级学科，研究的都是与教育相关的问题，但它们的母体学科并不是教育学，甚至也不是教育学与社会学、经济学等在真正意义上学科交叉的产物，而只是其他学科对教育学边界的渗透，因此，教育学在各门科学的冲击下，能否作为一门独立的学科继续存在和发展下去而不至于被终结？在很大程度上取决于它是否有自己独立的学科立场和视角，其中包括是否有特

① 张楚廷：《教育哲学》，26 页，北京，教育科学出版社，2006。
② 《教育哲学》编写组编：《教育哲学》，84 页，北京，高等教育出版社，2019。
③ 王坤庆：《关于人性与教育关系的探讨》，载《教育研究与实验》，2007(3)。
④ 文雪、扈中平：《人性假设与教育意谓》，载《高等教育研究》，2004(5)。

定的人性假设。独有的人性假设是教育学生存的关键。从建构理论体系的需要出发，按照逻辑前提必要并且充分的标准，教育学的人性假设在于人性是可以改变的，人具有主体性。人性是可以改变的假设是人类教育活动得以开展的必要前提，而人具有主体性的假设则是教育活动得以展开的充分依据。长期以来，教育学中的人性假设主要针对受教育者，在论及教育者时提出的不是人性假设而是理想人格，或者说是教育者的"应然人性"。那么，"应然人性"能否作为教育学的人性假设呢？从建构教育学理论的角度看，凡是以某种"应然人性"作为人性假设的，都会在对教育实践的解释中陷入困境；凡是没有提出"应然人性"的，也都不是完整的教育理论。①

人性是复杂的，集合了各种各样的因素。人性在结构上是立体的，在性质上具有不完整性，在表现方式上具有情境性。而教育与人性的关系在不同层面有着不同体现，在前提上，人性是可以教化的；在逻辑上，人性需要教化；在过程上，对人性的教化是不确定的；在结果上，对人性的教化是有限度的。在教育实践中，需要坚持的教育立场是坚信人性可以教化，放弃对人性的单一假设，尊重人性的丰富性。②

就语境而言，人性概念逐渐从对自然和超自然（神性）的背离中转向对物化的反动，由此人性概念为教育的人文化增添了越来越丰富的内涵。就结构而言，人性概念呈现出轻视身体方面，偏重心灵方面，且在心灵方面逐渐从理性层面转向非理性层面的特征，给教育带来的是教育目的观的转换。就可塑性而言，人性概念具有某些不变的要素，但是这些要素的表现形式在不断发生变化，为教育的必要性提供了重要基础。就基础而言，人性概念可以在生物进化的

---

① 冯向东：《对教育学人性假设的追问》，载《北京大学教育评论》，2012(4)。
② 柳海民等：《教育学视角下人性特征及其教育实践立场》，见《中国教育学会教育基本理论专业委员会第十二届年会论文集》（上册），2009。

系列中加以阐释，进一步说明人类在学习或教育上的独特性和可能性。① 由此可见，对于人性与教育的关系问题，学术界的普遍认识是，教育的对象是人，教育是属人的世界，人性是教育理论体系构建的坚实基础。不同的人性看法和不同的人性假设，决定了不同的教育行动纲领和方法、步骤。②

（二）教育的人性假设

教育是人的教育，教育理论是建立在一定的人性假设基础之上的。中西方教育哲学历史中出现过多种人性假设，诸如性善论、性恶论、性非善非恶论、政治人、经济人、理性人、非理性人、文化人、游戏人等。21 世纪以来，我国学者根据社会和教育发展的走向，提出了诸多有影响的人性假设。

一是"实然与应然"的教育人性假设说。1998 年，鲁洁发表《实然与应然两重性：教育学的一种人性假设》一文，阐明了马克思关于人的两重性的认识，揭示了人性的奥秘。她认为，马克思的人双重地存在着，主观上作为他自身而存在着，客观上又存在于自己生存的这些自然无机条件之中。这段话，一方面，从客观向度揭示了人必然地、无可避免地存在于他所生存的各种自然、社会条件之中。人是一种对象性的存在，他不能脱离他的对象物而存在。他的生存状态要由各种对象关系所规定，也就是说，他是以一种实然状态存在着的。另一方面，马克思又从人的主体性向度揭示，人"是为自身而存在着的存在物"。与其他自然物不同的是，他能够按照自己的需要，通过对象性活动，去超越各种被给定的对象性关系，去打破那种预成的、宿命的生存方式，去实现所应是的目的。由此，他又是以一种应然的状态而生存着的，也就是说，人性的本质既在现存的

---

① 程亮：《教育的人性基础》，载《教育理论与实践》，2014(16)。
② 王北生：《教育的人性基础与人性化教育》，载《教育科学》，2010(4)。

实然中，又在超越现存的应然中。实然与应然的两重性，是人性的基本属性。基于此，人性的两重性假设具有很重要的教育意义。长期以来我们习惯于将人、教育对象作为一种实体，把一系列已经表现为事实的属性视作为他们的本性而没有将那种"可能性筹划"（海德格尔）置于我们对他们把握的视野之中，也就看不到应然性向度。

人的能动性、主体性正是在这种单向度实然性中丧失。人之应然追求，人的理想、超越、生命涌动等，都会因其属超验的、形而上的存在而被排除在教育视野之外。人性的两重性假设，事实上重新肯定了人在实存之上的超越性，肯定了人的能动性、主体性、理想性，对教育的本质属性形成更深刻的认识，即教育的本质属性在于"引导完备人性的建构与发展"。教育要按照受教育者的各种给定情况，向受教育者传授已有文化知识，使他们具有时代的历史规定性。但是，教育究竟不同于灌注香肠，只需朝里面灌满各种现实规定性即可了事。教育的本质属性更应当表现为，使受教育者能够在已有的各种现实规定性中奋起，去追求新的自我、新的世界；使得一切文化、知识、道德规范等，在他们身上得以产生生成性变化，转化为创造潜力；使受教育者能以一种批判的向度去面对、掌握、审视现实生活和现实世界。总之，教育所要培育的还包括人的应然性。教育使人有追求，有理想，有创造，有超越，有对意义世界的建构，有终极性的关怀，它引导人，使得这种人的属性得以从他们身上萌发、形成、伸张、提升……使他成为真正的人。完整人性的形成有赖于教育，教育的本质属性也在于此。① 2001 年，鲁洁在《培养有理想的人》一文中，依然从具有双重性的人性假设出发，主张理想是一种人所特有的存在方式。人总是要从多样的世界中选择一种最具有价值意义的事物作为理想，把它作为实践活动所追求的目标，

---

① 鲁洁：《实然与应然两重性：教育学的一种人性假设》，载《华东师范大学学报（教育科学版）》，1998(4)。

通过现实活动而将它转化为现实的存在。按照理想与现实、实然与应然的双重人性结构，激发人对理想的追求是教育无可推卸的职责，也是教育学研究的永恒主题。①

二是具体个人的人性假设说。叶澜指出，教育学基本理论的突破，需要从对人的认识的反思开始。在有关人的认识上，主要缺失的是具体个人的意识，需要实现的理论转换是从抽象的人向具体的人的转换。关注具体个人并不是要求教育学去描述一个个个体的特性、发展、成长及其教育，而是要改变教育学中抽象的人的概念，用具体个人作为教育学中人学的支点，去重新认识教育和建构新时代的教育学。具体个人作为教育学的一个基础观念，意味着对人的认识要发生一系列的变化，要承认人的生命是在个人中存活、生长、发展的；每一个具体个人都是不可分割的有机整体；个体生命是以整体的方式存活在环境中，并在与环境不可中断的相互作用和相互构成中生存与发展；具体个人的生命价值只有在各种生命经历中，通过主观努力、奋斗、反思、学习和不断超越自我，才能创建和实现，离开了对个人生命经历的关注和提升，就很难认识个人的成长与发展；个人是既有唯一性、独特性，又在其中体现着人之普遍性、共通性的个人，是个性与群体性相统一的个人。教育学的立足点和视角也要发生相应变化，不会只关注教育的社会价值，忽视教育对每个人在社会中生存、发展、实现人生价值和幸福的意义；不会把个体成长作为起点研究，而是作为教育个体重要的内在需求与动力研究；不会把教育只看作是知识、技能的传递过程，而是看作必须进行自我超越的意识和能力，进而提升人的生命质量和创造能力的过程；不会把个体之间的差异看作问题，而是当作教育的资源和财富去开发；不会只根据人的今天去判断、决定他的明天，而会发现

① 鲁洁：《培养有理想的人——世纪之交对德育的一点思考》，载《教师研究与实验》，1999(2)。

人的发展的可能，并使这种可能转化为现实，作为教育研究的重要课题。①

三是实践人的人性假设说。从方法论的视角，将古今中外关于人性观点归结为两种。第一是从物的角度看待人，把人物化，重视人的物性；第二是从神的角度看待人，把人神化，重视人的神性。②但"物化观点、神化观点，这两种观点看似对立，思维方式却是一个，它们都把人性看作单一不变的本性。'或这，或那；或是，或否'，追求单一、前定、不变本性的这种思维，正是属于'物种本性'的规定。人类最先达到的是物性认识，人们用认识物的方式去认识人，按照物种规定去理解人性，这就是历史上对人性总是陷于抽象化理解、难以跳出'抽象人性论观点'的主要思想根源"③。因此，要以人的观点看待人，人就是人。人有物性，又有超物性；人是生命存在，又具有超生命本质。既不能把人完全看作物，也不能把人完全看作超物之物。人既有物性，又有超物之性。把人归为物性，或把人归为神性，都不能正确地揭示人性的存在。人作为人的本性应该属于人的自为本性。这种自为本性归根结底源于人的实践。实践性是人的基本属性。实践造就了人。人的一切属性都源于人的生产劳动和社会生活实践。人性是随着实践的不同而生成的。④ 源于此，学者提出了实践人的人性假设，教育就是使人立足于自己的实践，去追求自己的应当。

四是比较人的人性假设说。有学者分析了道德人、政治人、经济人、社会人、文化人等人性假设的不足，进而依靠复杂性思维，以开放、动态的视野来关照人性，以人性之复杂性和生成性、可能

①　叶澜：《教育创新呼唤"具体个人"意识》，载《素质教育大参考》，2003(4)。
②　冯建军：《实践人：生活德育的人性之基》，载《高等教育研究》，2010(4)。
③　高清海：《论人的"本性"——解脱"抽象人性论"走向"具体人性观"》，载《社会科学战线》，2002(5)。
④　同注②。

性为基础，寻求更加动态和立体的人性假说，提出了比较人假设。比较人指的是确定自我与他者、自我与他我之间的相同点和差异性，做出判断并采取某种行动的人性形象。比较的维度包括社会关系中的利益、个体主观世界中的精神所得和客观世界中的物质所得。比较人的教育学意义在于，一方面教育要引导人以自信，追寻人的可能性存在，使人获得优越感；另一方面教育要促使人以完善，符合人的复杂性存在，使人变得更好。①

五是新性善论说。新性善论是一种不同于孔孟儒家伦理所倡导的新的人性假设理论。新性善论认为，人的道德生活的起点并不是零，儿童从一开始就是道德生活的主体。由于人类整体的社会实践的作用，祖先们无数次的道德操作实践会在文化心理的道德形式方面有所遗传，形成不思而虑的"良知"和不学而能的"良能"或"善端"。这种先天心理图式的存在决定着即使是不满1周岁的婴儿也不等于道德上的"白板"，德育对象一直是道德生活的主体，一直以自己的方式生活于道德之中，理解、掌握、运用着道德规范。因此，不论是教育活动还是道德教育活动，都必须尊重儿童的主体性，使儿童通过更加自主的形式来发展内在品性和德性。②

二、生命教育研究

（一）生命教育研究的历程

生命教育最初起源于20世纪初，是从西方社会兴起的死亡学中演变而来的。20世纪60年代，针对美国社会存在的吸毒、自杀、他杀、性危机等众多危害生命问题，美国学者杰·唐纳·华特士首次提出了生命教育思想，拉开了生命教育研究序幕。华特士不仅是生

---

① 徐胜阳、扈中平：《人性假设的教育学反思——兼论"比较人"假设及其教育意蕴》，载《基础教育》，2018(4)。

② 檀传宝：《学校道德教育原理》，40页，北京，教育科学出版社，2000。

命教育理论的创建者，同时也是最早开始生命教育的实践者。1968
年，他在加州北部内华达山脚下创建了第一所生命教育学校"阿南达
生活智慧学校"（Ananda Living Wisdom School）。

与西方国家相比，我国对生命教育的关注时间相对较晚。20 世
纪 90 年代末，我国对生命教育有所研究，但处于萌芽状态，从数量
上来看，该时期所产生的成果寥寥无几。进入 21 世纪后，我国正式
拉开了生命教育研究的序幕。2000 年，叶澜等在《教育理论与学校实
践》一书中，专门论述了"学校教育的生命基础"。该文明确提出了
"生命是教育的基础"，"生命的价值是教育的基础性价值"，"教育是
直面人的生命、通过人的生命、为了人的生命质量的提高而进行的
社会活动"的思想。① 同时，以生命教育研究成果为基础，叶澜主持
推进了"新基础教育"实验，创造性地构建了"生命·实践教育学派"，
引发了学术界对生命教育的诸多思考，极大推动了学术界对生命教
育的研究，如刘济良的《生命教育论》（中国社会科学出版社，2004）、
冯建军的《生命与教育》（教育科学出版社，2004）和《生命化教育》（教
育科学出版社，2007）、张美云的博士论文《生命教育的理论与实践
探究》（华东师范大学，2006）、肖川的《生命教育引论》（天津教育出
版社，2014）等。

我国生命教育研究从兴起到发展，在不足 20 年的时间里，产生
了一系列学术成果，形成了生命教育的理论思潮和实践变革，已成
为教育研究和实践中的高频词。截至 2019 年，与生命教育有关的著
作有 400 多本，学术论文有 4500 余篇。在实践层面上，生命教育得
到了各省市中小学的认同和重视。上海、辽宁、黑龙江、湖南、湖
北、江苏、山东、吉林、云南等省市均积极颁布了相关实施方案。
2010 年，《国家中长期教育改革和发展规划纲要（2010—2020 年）》明

---

① 叶澜、郑金洲、卜玉华：《教育理论与学校实践》，北京，高等教育出版社，2000。

确提出要重视安全教育、生命教育、国防教育、可持续发展教育。2016 年，《中国学生发展核心素养》为生命教育的研究和实践提出了新的要求等。这一系列改革纲要和教育实践都说明，生命教育理念已深入人心，发挥着积极的教育作用。

（二）生命教育的内涵

早期，我国学术界对生命教育内涵的认识聚焦于预防和解决具体的生命问题。有人针对青年学生虐待生命的现象，指出生命教育是引导学生正确认识人的生命价值，理解生活的真正意义，培养学生的人文精神，激发学生对终极信仰的追求，滋养学生的关爱情怀。① 在一定程度上，这类针对生命问题的治疗性研究可被归属于意义上的生命教育。

后来，有学者认为，生命教育是"依据生命的特征，遵循生命发展的原则，以学生自身潜在的生命基质为基础，通过选择优良的教育方式，唤醒学生的生命意识，启迪学生的精神世界，开发生命潜能，提升生命质量，关注生命的整体发展，使学生充满生命活力，具有健全、鲜明的个性，掌握创造智慧的教育活动"②。此类研究着眼于教育与生命的内在联系，探讨了生命教育的价值追求，指向生命教育的使命。

有学者从西方生命教育起源回答了生命教育的内涵，提出生命教育是"通过有目的、有计划、有组织地进行生命意识熏陶、生存能力培养和生命价值的提升教育，使学生认识生命，敬畏生命，珍爱生命，欣赏生命，探索生命的意义，实现生命的价值"③。

有学者整合多方观点，提出生命教育是一个多元的集合概念，

---

① 张云飞：《呼唤生命教育》，载《社会》，2003(3)。
② 王北生、赵云红：《从焦虑视角探寻与解读生命教育》，载《中国教育学刊》，2004(2)。引文有改动。
③ 冯建军：《论生命化教育的要义》，载《教育研究与实验》，2006(5)。引文有改动。

包括多个维度与层次。但一般而言，对生命教育概念的界定主线是明确的，都是基于生命，围绕生命，为了生命。如生命教育是以生命为基点，借助生命资源，唤醒、培养人们的生命意识与生命智慧，引导人们追求生命价值，进行有生命意义的活动。① 由此可见，当前我国对生命教育的认识早已超越了生命教育的最初指向，赋予了生命教育新的意蕴。

（三）生命教育的目标与内容

针对具体生命问题，生命教育旨在协助学生了解人生的意义、目的、价值，进而引导学生珍惜生命与人生，喜爱生命与人生，能尊重自己、他人、环境及自然，过有意义的人生，并使自我价值充分发挥，贡献社会。② 有学者提出，生命教育涉及生存意识教育、生存能力教育和生命价值升华教育三个层次。生存意识教育，包括生命安全教育、生活态度教育、死亡体验教育；生存能力教育，包括动手能力、适应环境的能力、抗挫折能力、安全防范能力和自救能力；生命价值升华教育，即生命质量提升教育，是生命教育的最高层次。这三个层次相互联系、相互渗透。③ 有论者提出生命教育涉及五个方面内容。一是人与自己的教育；二是人与人的教育；三是人与环境的教育；四是人与自然的教育；五是人与宇宙的教育。④ 有论者提出，生命教育要凸显生命之美，一要形成"悦享生命"的生命观念，从积极、正向、美好的方面开展活动，让孩子在生命成长中无论遇到怎样的艰难困苦，都不要辜负生命，都能体会到生命的意义；二要培育"满怀希望"的生命态度。每个个体生命都是有限的。在有限的生命中，人应该是有为的——道德地对待生命；人也应是

---

① 刘慧：《生命教育内涵解析》，载《课程·教材·教法》，2013(9)。
② 张振成：《生命教育的本质与实施》，载《上海教育科研》，2002(10)。
③ 许世平：《生命教育及层次分析》，载《中国教育学刊》，2002(4)。
④ 文雪：《生命教育论》，载《山东教育科研》，2002(9)。

无为的——虚怀若谷地静待生命智慧的来临；人更应是有待的——满怀希望地活着，向往生命之美的境界；三要提升从美的角度体验生命的能力，提升生命的选择力、创造力。[1]

有论者认为，人具有自然生命、精神生命、价值生命、智慧生命。与之相对应，生命教育应该包括四方面内容。一是生存意识和生存能力的教育，强调身体与营养、健康与锻炼、安全与防范、认识自然与保护环境等；二是生活态度与健全人格的教育，强调热爱生活，尊重与关爱生命，自尊自信，有健全人格等；三是理想信仰与真、善、美的教育，强调崇高理想和信仰，培育真之情感、善之人性、美之情操等；四是科学艺术和创新精神教育，强调科学与艺术素养的完美结合，重视培育人的独立思考和批判精神。[2]

新生命教育认为，在人的生命中，自然生命、社会生命和精神生命构成生命的长宽高，组成立体的、完整的人。生命教育以"过一种完整幸福的教育生活"为核心理念，围绕人的自然生命、社会生命和精神生命展开教育，引导学生热爱生命，积极生活，成就人生，拓展生命的长宽高，让有限生命实现最大价值，让每个生命成为最好的自己。新生命教育基于人的三重生命（自然生命、社会生命和精神生命）、三重目标（珍爱生命、积极生活、成就人生），提出新生命教育的六大领域，即生命与安全、生命与健康、生命与养成、生命与交往、生命与生涯、生命与信仰。[3]

有学者对当前生命教育研究进行反思，认为在理论层面上，生命教育不断向哲学尤其是生命哲学的方向延伸；在实践层面上，生命教育却找不到自己的目标和定位，无法实现课程化的实践建构。

---

[1]　刘慧：《生命之美：生命教育的至臻境界》，载《教育研究》，2017(9)。

[2]　刘济良等：《生命的沉思：生命教育理念解读》，76－89页，北京，中国社会科学出版社，2004。

[3]　冯建军、朱永新、袁卫星：《论新生命教育课程的设计》，载《课程·教材·教法》，2017(10)。

生命教育研究实际处于表面繁荣而实际贫乏的境地，理论研究并没
有促进生命教育的课程化和实践化的发展。大量对于生命教育的研
究尚未真正意识到生命教育面临的真正问题，或多或少地具有顾名
思义的味道。这些研究更多地停留于哲学思辨阶段，即用哲学领域
的生命代替教育领域的生命——生命教育实践。[①] 这是导致生命教
育实施处于困境的关键所在。

第四节　教育人性论研究的总结与展望

教育哲学研究对人性的关怀无处不在。人的全面发展、人性化
教育、生命教育等，研究皆以人为基点，关注人的尊严，尊重每个
人的发展特性，无一不体现教育本质。"我们有理由宣布，中国的教
育，从理论到实践，已经进入了人的新时代，开启了人的教育的新
征程！"[②]

一、教育人性论研究进程

教育人性论研究大致分为以下四个阶段。一是 1949 年到 1966
年，是教育人性论研究的初探期。这一时期集中探讨的是培养什么
样的人的问题，即要回答的是制定什么样教育目的的问题，主要关
注了马克思主义关于人的全面发展理论，具体表现为对人的全面发
展内涵进行初步认识，对全面发展与因材施教、个性发展等问题展
开讨论。第二阶段为 1966 年至 1976 年，是教育人性论研究的中断
期。第三阶段为 1977 年到 2000 年，是教育人性论研究的复归期。
在反思以往研究的基础上，学者重新研究教育中的人性问题，针对
马克思主义关于人的全面发展学说的内涵、本质、学科属性、与教

[①]　苗睿岚、薛晓阳：《生命教育的转向与教育定位》，载《教育发展研究》，2016(24)。
[②]　冯建军：《回到"人"——世纪之交教育基本理论研究的共同主题》，载《基础教育》，2013(1)。

育目的的关系等问题展开激烈讨论，呈现出百家争鸣之势。第四个阶段为 21 世纪初期的近 20 年，是教育人性论研究的全面发展期。围绕"教育人性论"这一研究主题，学者从不同侧面、不同角度展开深入研究，在借鉴别国经验的基础上，创造性地提出了许多独特见解。

二、教育人性论研究反思与展望

教育人性论研究在取得成就的同时，也存在三个方面问题，必须始终保持清醒，进行反思，认识到、解决好存在的问题，突破已有研究，取得更加充分、更加全面的研究成果。

一是研究主题深度还需加强。从新中国成立初期对人的全面发展的关注，到改革开放后对教育"目中无人"状况的反思，进而对主体性教育、人性化教育、生命教育等主题展开研究。这些研究主题的更迭过于迅速，尤其是在改革开放后，几乎每 10 年更换一次。研究主题的快速更迭，反映出教育研究领域对人性问题的关注程度，同时也说明研究还不充分，不全面。学者需要继续探究教育中的人性问题，对人的全面发展理论进行深入研究，为立德树人提供理论支撑。

二是理论研究与实践研究的对话还需加强。理论揭示真理，实践检验真理。理论研究与实践研究相互促进、相互依托。任何理论要想形成影响，都必须与实践不断展开沟通和对话。学术界对教育人性论极为关注，也确实产生了一些理论成果，然而，很多教育理论还没有充分关注教育实践，缺乏同教育实践展开深度对话，与教育实践产生了一层或厚或薄的隔膜，造成了教育理论与教育实践的疏离。一方面，教育理论与教育实践的疏离，导致教育理论研究走进了"象牙塔"，沉浸在想象之中。由于缺乏对教育实践的关照，教育理论研究往往陷入了"死胡同"，既丢失了理论创新的动力，也失去了理论创新的平台，学者难以展开更为深入的思考和探索，研究容易处于停滞状态。另一方面，教育实践越来越远离教育理论的规范和指导，或者说教育理论对教育实践的影响甚微，对人的观照不足，往往"摸着石头过河"，难实现突破性发展。在今后研究过程中，要重视教育理论与教育实践的对话，教育理论研究要更多地走进学校，关注教育实践；同时，也要让学校的教育实践获得更多理论指导，获得理论思想的推动力量。通过教育理论的深入挖掘，以及教育理论与教育实践之间的有效联结，使教育理论研究不断自我超越，推动教育实践，促进教育发展。

三是思维方式还需转变。教育人性论研究的思维往往是单一的、静态的，缺乏复杂的、动态的、批判的思维模式。在人的全面发展理论与教育研究中，"非是即否"的思维模式占据主导地位。要么是德智体全面发展说，要么是能力全面发展说；要么人的全面发展理论与教育目的基本一致，要么不一致等。在人性化教育研究中，重视对人性属性的认知，忽略人性本真；泛泛谈论人之为人的特性，强调人性的终极性，忽略人性的动态性、生成性；习惯于运用静态化思维方式看待人性，缺乏动态化的思维模式的运用等。这些都阻碍了教育人性论研究的进一步发展。在今后研究过程中，需要转变思维方式，以动态生成的观点审视人性，运用复杂性思维认识人性，改进和完善教育人性论研究。

第六章

教育主体论研究

主体是指实践活动和认识的承担者，是以客体为目标的能动性根源。我国学者对于主体的认识与苏联学者基本一致。在这里，主体是人指有目的、有意识地从事实践活动和认识活动的人。主体是有头脑，能思维，能从事社会实践活动与认识活动的个人。① 主体存在于一定的关系网络之中，是处于中心地位，具有自主性和能动性的存在者。人正是在与人、与社会及与自然的关系网之中彰显自己的主体身份与主体性的。教育主体就是教育活动中的具有自主性与能动性的存在者，即教育活动中的人。

教育主体哲学探讨的是教师与学生的主体地位、作用，及其相互关系。只有人才可以成为教育主体，这一点在哲学界没有多少争论，而在教育学研究领域却争议颇大。因为教育活动不同于一般的社会实践活动，存在着两个地位与性质迥异的人群，即教师与学生，以至于不能简单地套用哲学理论解释教育现象。关于教育活动中的主体问题困扰着整整一代学者，讨论了几十年后，逐步达成了一些理论共识。

---

① 金炳华等编：《哲学大辞典》（修订本），2038—2039 页，上海，上海辞书出版社，2001。

第一节　引导与主动：教育主体观念的萌芽状态
（1949—1977 年）

从 1949 年到 1966 年，中华人民共和国成立 17 年期间，教育理论领域还没有提出教育主体这个概念，但教育学研究与教学却实实在在地阐述了教师与学生应有的地位，应发挥的作用以及相互关系，提出教师在教育教学中应该发挥主体性作用，领导教育活动的开展，同时，学生应该自觉主动地学习，教育主体性哲学在这个时期可以描述为"有实无名"，有其内容，却无相应称呼。这一阶段可以称为教育主体性哲学的萌芽期，或者称为处于"前主体概念"的教育主体性哲学。"文化大革命"期间，教育主体性哲学研究被迫中断。

一、苏联教育学教材中体现的主体观念

研究中国教育学，首先需要研究凯洛夫的《教育学》，它奠定了新中国教育学的基本框架，提供了教育学的基本观点。这本具有"母版"意义的教材，对教师与学生的地位、作用进行了详细阐述。教师在教学中要起领导或主导作用，"教师本身是决定教学效果的最重要、最具决定性的因素"①。"学生知识的充实、自觉性和巩固性，首先或大部分是依赖于教师的。一切问题都在于教师怎样教授和怎样指导学生自动地做功课。应该首先把教学看作是教师在学生掌握知识、技能和熟练技巧的过程中的领导。"②

在强调"教师的领导作用"的时候，③ 凯洛夫认为，"学习是学生

---

① ［苏联］凯洛夫：《教育学》（上册），80 页，沈颖等译，北京，人民教育出版社，1950。引文有改动，后同。

② ［苏联］凯洛夫：《教育学》（上册），81 页，沈颖等译，北京，人民教育出版社，1950。

③ 同上书，80 页。

自觉地与积极地领会知识的过程"①。学生要积极主动、独立自主地去认识客体，而不能被动消极地学习。"学生没有自身的积极性，是不可能领会知识的。"②"苏维埃教学法对于教学与教育，提出了全面发展学生脑力活动的任务，发展儿童独立思维的任务，学会独立地去认识客体、自动地研究发生着的矛盾及解决矛盾的任务。"③也正是在这种重视学生积极性、主动性的教育思想主导下，"学生自觉性与积极性原则"被列为教学的基本原则之一。④

1952 年，国内翻译了叶希波夫和冈查洛夫合著的《教育学》。该书把"学生自觉性与积极性原则"列为教学的基本原则，认为，"教育学不能把学生看作只是消极地从教师或书本取得知识，而是积极地参与教学过程"⑤，学生不要机械地把所学的东西死记下来，需要以批判的态度去对待知识。⑥ 在教师的有力指导下，把教学工作建立在学生积极性、自觉性之上。

二、新中国早期教育学教材中体现的主体观念

1954 年，曹孚出版了《教育学通俗讲座》，接续上面的观点指出："教学是教师在学生的自觉与积极参加之下，以知识、技能、熟练技巧的体系武装学生的过程。"⑦从教学的定义可以看出，教学包括"教师的教"和"学生的学"两个方面，"单有一方面是进行不起教学的，若单有教师教而没有学生学，或者单有学生学而没有教师教，这都

---

① ［苏联］凯洛夫：《教育学》(上册)，81 页，沈颖等译，北京，人民教育出版社，1950。。

② 同上书，81 页。

③ 同上书，76 页。

④ 同上书，104 页。

⑤ ［苏联］叶希波夫、冈查洛夫：《教育学》(上册)，151 页，沈阳，东北教育出版社，1952。

⑥ 同上书，152 页。

⑦ 曹孚：《教育学通俗讲座》，59 页，北京，人民教育出版社，1954。

不行"①。若是片面强调学生的学习活动，一切让学生决定，这就削弱了教师的领导作用，对教学造成伤害；若是片面强调了教师的领导作用，而忽视了学生的积极性、自觉性，教学就会变成注入式的教学，也不利于教学活动。虽然教师的教与学生的学相辅相成，是统一的，但"教师的教"引领着"学生的学"，教师起决定作用。"教师的领导与学生的自觉性、积极性应在教学过程中很好地结合起来，统一起来。而在这两者之中，起决定作用的是教师的领导作用。学生在学习中的自觉性与积极性，基本上是要由教师组织、保证的。"②学生的"学"是在"教师领导"下进行的，但教学离不开学生积极、自觉、主动的参与。

1957 年，由开封师范学院教育教研室编写的《教育学讲义》与华中师范学院罗景濂编写的《教育学讲义》两本教材，与凯洛夫、曹孚等编写的教材一样，把自觉性与积极性原则作为教学的基本原则，教师要引导学生独立思考，发挥学生积极性、主动性、自觉性，教师不能唱"独角戏"，学生自觉地掌握知识的原则是教学规律性的反映。③ 教师要避免死记硬背，"善于诱导学生学习的自觉性和积极性，使学生在自觉的基础上，积极地深思熟虑地掌握知识，并能自觉地积极地把所学知识应用于实践"④。

曹孚等人明确而清晰地阐述了教师与学生在教育教学过程中的地位和作用，既肯定了教师的主体性作用，又不否定学生的主体性，只有双方都发挥主体性，教育教学活动才能成功。教育教学活动既不能离开学生积极主动的学，也不能离开教师正确的领导。

① 曹孚：《教育学通俗讲座》，59 页，北京，人民教育出版社，1954。
② 同上书，59 页。
③ 罗景濂编：《教育学讲义》上册，181 页，武汉，华中师范学院，1957。
④ 开封师范学院教育教研室编：《教育学讲义》，111 页，武汉，湖北人民出版社，1957。

三、1958—1959 年大讨论中的主体观念

1958 年 10 月，刘佛年在《文汇报》发表《教学工作中的群众路线问题》一文，反对教师起主导作用的观点，认为起主导作用的应该是党。一石激起千层浪，学术界围绕"教师的主导作用"，先后在《文汇报》《人民日报》《光明日报》等展开了大讨论。1959 年 3 月，《文汇报》召开座谈会，并在 3 月 21 日发表了《论教师的主导作用》的社论，总结各方观点，并提出了共识性的学术观点。①

社论指出，首先，应该肯定教师的主导作用。教师的主导作用，是指在党的领导之下，教师在教学过程中对于学生所起的作用。教师是教育者，学生是受教育者。教师的主要任务是教，学生的主要任务是学。在教学过程中，教师有所传授，在授受之间教师总是起着主导作用的。不承认教师的主导作用，是不符合实际情况的。

其次，党的领导与教师的主导作用不矛盾。党是教育工作的统帅，教育工作必须由党来领导。然而，党对教育工作的领导不能代替教师的工作，只有充分调动教师的积极性，发挥教师在教学中的主导作用，教育工作才能成功。教师的主导作用发挥得越充分，教学质量越高，越表现出党领导的加强。同时，只有在党的正确领导之下，教师在教学中的主导作用才能充分发挥出来。

再次，教师的主导作用不会压抑学生的积极性。新社会的师生关系是一种尊师爱生、教学相长、师生之间完全民主平等的关系。学生尊师，是尊其专业性高，尊其诲人不倦，尊其学识渊博，日新又新；而对于教师教学中的错误部分，学生可以提意见，提批评，或展开辩论。经过批评和辩论，师生间往往能互相否定错误，从而提高教学质量，并促进师生间的互相团结、共同提高。在师生平等、教学相长的原则下，学生的积极性、创造性必然不断发扬，教师的

---

① 《文汇报》社论：《论教师的主导作用》，载《文汇报》，1959-03-21。

主导作用才能充分发挥。

最后，正确发挥教师与学生双方的主动性。关于师生地位的正确的看法和做法应该是，在党的领导下，在教学相长的原则下，发挥教师在教学(包括讲课、指导作业、指导实习、测验、考试、答疑等过程)中的主导作用，不夸大、也不否认教师的主导作用。教师要在充分尊重学生积极性、主动性的基础上发挥主导作用。

1959 年，南京师范学院教育系编写的《教育学》吸收了《文汇报》社论的观点，认为教师要在教育过程中充分发挥主导作用，教师起主导作用可以说是一种客观存在，不容否认。教师的主导作用主要是指教师在党的领导下，是在教学相长的原则下发挥主导作用的。师生是一种平等民主的关系，是尊师爱生的关系。在师生平等、教学相长的原则下，不仅学生的积极性、创造性可以不断增长，而且教师的主导作用更能充分发挥出来。①

这个时期，教育学者开始注意到教育活动中的主体性问题，只是没有使用这一概念。如当时国内出版的教育学教材、讲义都毫无例外地把"自觉性与积极性原则"作为教学的基本原则，充分认识到学生发挥积极性、主动性、自觉性的价值与意义。当然，教育学者也没有忽视教师的主体性作用，普遍认为教师的主导作用主要体现在发挥学生的积极主动性、自觉性方面。

1959 年至 1960 年的大讨论，使教育理论界形成了"党的领导、教师主导、学生主动、教学相长、师生民主"的教育主体思想共识，认识到教育活动需要发挥师生双方的积极性与主动性，离开了谁，教育活动的效果都要打折扣。

---

① 南京师范学院教育系编：《教育学》，107－108 页，南京，江苏人民出版社，1959。

第二节　谁是主体：教育主体的争鸣(1978—1990 年)

1978 年以后，教育学走上了恢复重建之路，教育主体问题的讨论重新进入学者视野。

一、谁是教育主体

于光远在 1979 年全国教育科学规划会议之前，写了《教育认识现象学中的"三体问题"》①，并在会议上做了《关于教育科学体系问题——在全国教育科学规划会议上的讲话》②，提出了教育的"三体问题"，即"教育中教育者、受教育者和环境三者共同起作用的问题"。他认为："在一般认识论中，处理的是认识主体和认识客体之间的'二体问题'。教育认识现象学要处理的则是教育者、受教育者和环境之间的'三体问题'"。

教育和生产有很大不同。生产的对象是物，而教育的对象则是活的人。在生产过程中能动作用只属于劳动者，而在教育过程中，教育者和受教育者都有能动作用。在教育活动中，教育者是第一主体。同时，从认识论上说，受教育者当然是一个主体，但又是教育者施加影响的对象。教育活动中教育者、受教育者与教育环境相互之间形成了复杂的关系。教育者的作用虽然十分重要，但毕竟只能起指导、扶植、培养受教育者的作用。在这个意义上说，受教育者是教育认识运动中的中心人物。但是从教育而不是从一个人自我培养、自我修养的观点来看，教育者在教育过程中处于主导地位，因为教育者知识水平，从事教育工作的水平，经验和技巧，对整个教育系统所做的安排等，对教育质量的好坏(在受教育者的情况为既定

---

① 于光远：《教育认识现象学中的"三体问题"》，载《中国社会科学》，1980(3)。

② 于光远：《关于教育科学体系问题——在全国教育科学规划会议上的讲话》，载《教育研究》，1979(3)。

的情况下）等的教育成果是起决定作用的。受教育者是教育认识运动
中的中心人物和教育者在教育过程中处于主导地位，两者也是不矛
盾的。教育过程是否能够收到最好的效果，要看能否充分发挥教育
者与受教育者的能动作用，以及这两者是否结合得很好。教育者要
使受教育者能够很好地接受自己施加的影响，就要使受教育者充分
发挥其主观能动作用。

　　这两篇文章发表以后，立即在教育领域引发了一次关于教育主
体的大讨论，持续十余年。于光远在文章中说，在发表《教育认识现
象学中的"三体问题"》之前，听取了顾明远等人的建议。顾明远于
1981 年在《江苏教育》上发表文章，提出"学生既是教育的客体，又是
教育的主体"这一观点，可谓是教育中主体、客体问题的第一位提出
者。这一观点在他与黄济主编的《教育学》教材中进行了专门阐述，
认为学生既是教育的客体，又是教育的主体，是一条具有十分广泛
意义的教育规律。强调学生的主体作用，要和发挥教师的主导作用
结合起来。只有教师的主导作用发挥得好，学生的主体作用才能发
挥出来。①

　　教育中存在着教师中心和学生中心相矛盾的问题，没有认识到
师生两者之间的辩证关系，只强调了一方面的作用，忽视了另一方
面的作用，都是片面的，不科学的。在教育过程中，教师根据一定
的教育目的、计划、内容等对学生施加影响，起着主导作用，学生
是在教师的指导下得到发展的。从这个意义上讲，学生是教育的客
体。但是，教育过程不同于一般的生产过程，学生不是被动地接受
教育，学生有主观能动作用。从这个意义上来讲，学生又是教育的
主体。

　　教师的职责就在于充分发挥学生的主观能动性，学生的积极主

---

① 　顾明远、黄济主编：《教育学》，66—70 页，北京，人民教育出版社，1982。

动性越高，教育效果会越好，教育的质量就越高。这就要求教师不要包办代替，学生也不要死记硬背，教师要了解学生是生动活泼的人，人与人不一样；要尊重学生，使学生渐渐感到自己是教育活动的主人；要启发学生的自觉性、主动性，积极主动地学习。① 这本《教育学》，明确对教育活动中的教师与学生的主体地位、各自作用、相互关系等做了详细的阐述。很多小学教师也认识到学生具有主体性，是教育活动的主体，教学活动要取得成功需要教师发挥主导作用，调动学生的积极性、主动性，教师的教学主导作用与学生的学习主动性是联系在一起的。

1983 年，王策三在《论教师的主导作用和学生的主体地位》②中，明确"必须坚持教师的主导作用"，"教师主导作用要与学生主体地位一致"，"如果没有学生的主体作用，也就没有教师的主导作用"。王策三认为，以前，教学中对"学"的重视和研究不够，并不是由于人们对教师主导作用讲多了或抬得太高了，从而应该少讲一些或贬低一些；恰恰相反，要真正重视并切实搞好"学"必须强调更好地发挥教师的主导作用。教师起主导作用具有客观必然性和必要性，教学的方向、内容、方法、进程、结果和质量等，都主要由教师决定和负责。教师的主导作用要与学生的主体地位相一致。多年来，对教师主导作用的理解和贯彻的确存在着问题，直接导致对学的忽视，往往把教师的主导性和学生的主体性割裂，把学生的被领导等同于不要学生的主体地位。其实，学生和他们的学，固然是在教师的教的领导下进行的，但是，教又是为学而存在的，否则就毫无意义，教师主导作用必须必然有一个落脚点，这个落脚点只能是学，教学所追求的目标和结果，一定要由学体现出来。更重要的一点，学是

---

① 顾明远、黄济主编：《教育学》，66—70 页，北京，人民教育出版社，1982。
② 王策三：《论教师的主导作用和学生的主体地位》，载《北京师范大学学报（社会科学版）》，1983(6)。

学生自己的独立的主动的活动，教师代替不了。如果没有学生的主体作用，也就没有教师的主导作用。

以讲授方法为主的教学，虽不注定是"满堂灌"，却很容易形成"满堂灌"，学生虽不要求被动，却很容易被动；它虽是重要的很好的学习形式之一，但所占比重过大并把地位固定化，确实值得研究。要根据具体内容和条件，探索、创造多种多样的具体形式，而不致对某一种具体形式绝对地肯定或否定。努力把握马克思主义的教师主导作用观，是克服重教轻学而又不致走向重学轻教极端的一个重要理论前提。

二、学生单一主体论

学生是单一教育主体的观点，首先要推顾明远的"学生既是教育的客体，又是教育的主体"的提法。这一提法在改变具体教育活动中忽视学生主动性与积极性方面有着重要理论价值与实践意义，人们开始认识到学生不再是被动接受的客体，也是教育的主体。他在1987年进一步明确提出，要"树立以学生为主体的观念"，"在教学过程中只有一个主体，这就是学生"。我国长期以来的教育传统是把教师放在中心位置，把学生视作被动地接受教育的对象，看不到学生的主观能动性，也不注意培养学生的主动精神和独立能力。因此，"必须转变这种传统的教育思想，把学生看作是教育的主体（主人翁）"。教师的主导作用主要"体现在有组织有计划地启发学生的积极主动性上。学生的积极主动性越高，教育效果就越好，教育质量就越高"①。顾明远的提法，对于提高学生的主体性有着"振聋发聩"般的影响。

燕国材鲜明地提出学生单一主体论。他在《少先队研究》1993年第5期上发表了《再论学生是教育过程的唯一主体》，在《教育科学研

---

① 顾明远：《论教育的传统与变革》，载《中国社会科学》，1987(4)。

究》1993 年第 4 期上发表了《论学生是教育过程中的唯一主体》。文章认为师生双主体论是很值得商榷的、深思的，依据"外因通过内因而起作用原理"和"心理内化理论"提出"学生主体论"，认为学生是教育过程的唯一主体。学生主体论不仅不会削弱教师的作用，反而会更有效地发挥教师的作用。因为教师是教育过程中的外因，学生才是教育过程中的内因；按照"外因通过内因而起作用"的马克思列宁主义原理，教师的作用不论多大，只有当学生主体愿意接受时，才能发挥；反之，学生不愿意接受，它再大的作用也会等于零。[①]

厉以贤也认为学生是教育活动的主体；教师只是不可缺少的指导者。"学生是教学活动的主体。教学认识活动离不开教师的指导，学生主体的活动及主体自身的发展都是在教师指导和帮助下完成的，但教师不能构成教学认识活动的主体，教师只是不可缺少的'指导者'。把学生看成是教学认识活动的主体，承认学生在教学活动中的主体地位，这是基于对教学活动本质的认识。"[②]上述学者针对教育过程中学生主体性地位的缺失，提出学生是教育教学活动的主体，这是很可贵的，反映了教育思想的进步。

三、教师单一主体论

与"学生单一主体论"相对的是"教师单一主体论"，秉持这一观点的学者，坚信教师才是教育活动的唯一主体，学生由于教育活动的特性与自身条件的限制不能作为教育主体，只能是潜在的主体，而不是现实的主体。学者认为，现在教育理论界有一种说法，即为了反对传统的灌输式教育方法，强调学生在教育过程中的能动性，一些学者便把学生抬高到主体地位，于是教育实践便出现了双主体。这种主张不论其主观愿望如何，在认识上总是不科学的，因而在实

---

① 燕国材：《论学生是教育过程中的唯一主体》，载《教育科学研究》，1993(4)。

② 厉以贤主编：《马克思主义教育思想》，164 页，北京，北京师范大学出版社，1992。引文有改动。

践中也不会产生多少积极效果。[①]

主体是人，主体只能由人来承担，所以，教育主体一定会落在教师与学生的肩上。但是人只能是潜在的主体，所以，并不是所有人都具有主体的条件。也就是说教师与学生不一定都是教育主体，有可能一方还处于教育客体的位置上。

黄崴认为，构成主体的是人，但构成客体的并不一定是非人，教育过程的客体是学生。无论是在教的过程中，还是在学的过程中，学生都是作为教育的客体而存在的。在教和学统一的过程中，教师是教的主体，学生是教的客体，在学生学的过程中学生既是主体，又是自身的客体。由于教育过程是教与学的整合过程，因此，不能把二者割裂开来，因为离开了教就不是教育学意义上的学；离开了学，也无所谓教。[②]

教师是教育活动的主体，学生只能是客体。教育的主体是教育者。教育是教育者进行的一种有目的、有计划、有组织的培养人的活动。教育者是教育实践的对象，是教育的客体。在教育活动中，从根本上讲，受教育者是被发展、改造的对象，他从不是自觉能动地改造和发展的教育者，而是按照教育者的教育展开自己的学习活动。离开教育情境，大谈学生的主体性而忽视教师在教育活动中的主体地位是错误的，作为主体的教育者只有充分发挥其主体性——自觉能动性、创造性和自主性，才能够充分调动作为客体的学生的主观能动性和积极性，使学生的身心得以充分、自由、和谐的发展。[③]

---

① 曾小玉、陈建翔：《对教育本质的重新考察——论教育是人类加速自身建构与改造的社会实践》，载《教育研究》，1986(12)。

② 黄崴：《关于教育主体与客体问题的探讨》，载《河南师范大学学报(哲学社会科学版)》，1991(4)。

③ 黄崴：《关于教育主体与客体问题的探讨》，载《河南师范大学学报(哲学社会科学版)》，1991(4)。

　　马健生认为，作为人的学生也是可以成为客体的，因为学生是与教师相对应的，虽然作为人，学生具有自为、自在的特性，但是，学生，作为教学的对象，则受到教师的规定和对象性的限定。学生不仅在理论认识层面上具有成为客体的可能，还在现实层面上具有成为客体的客观条件。作为实践的主体虽然是人，但是，人并不因此就自然而然地具有真正的主体性。就学生而言，他们由于受到了许多条件（包括外部条件及自身发展水平）的制约，难以具备这些主体性特征，至少不能充分具有这些主体性特征。因此，在教学实践中，学生作为主体的条件是不充分的，只是教学实践的客体。

　　正是由于学生不具备成为教育主体的主体性特征，教育活动的存在才是必要的与可能的。从某种意义上说，正是因为学生的主体性不足，教学实践才是必要的。教学实践主要是作为教学实践的主体教师不断地作用于并影响、改造、发展教学实践的客体，即学生，从而培养其主体性直至确立其主体地位的过程。可以说，一旦学生充分发展了其主体性以至确立了主体地位，那么，这就意味着教学目的的真正实现，意味着教学过程的完结，这才是"教是为了不需要教"的真正体现。但是，在促进学生主体性发展的教学活动过程中，学生则是教师进行教学实践的对象（客体）。[①]

　　教师单一主体论并不否认学生在教育活动中的主动性、积极性，同样认识到教育活动的成功是建立在充分尊重学生基础上的。教师是主体，学生是客体，但是作为客体的学生也具有主体性。教师主体性的发挥也要以了解、尊重学生的主体性为前提。教师作为主体与学生作为客体是相互统一的，相互依存的。[②] 作为客体的学生具有自身的规定性，即是自主、能动的客体，也就是具有主体性的客

---

　　①　马健生、王琦：《论教学实践观——兼评"主导主体说"》，载《教育科学》，1995(3)。

　　②　黄崴：《关于教育主体与客体问题的探讨》，载《河南师范大学学报(哲学社会科学版)》，1991(4)。

体，有自己的需要、兴趣、爱好和思想，对各种教育影响有自己的选择。学生作为教学实践的客体并不妨碍其主动特性的发挥，教学活动正是教师根据自己对学生的主动性等的发展的认识来组织进行的。学生的主动性及其身心发展的特点是教学的依据，是学生客体相对独立于教师主体的重要表现，不过，学生客体的这种主动性、能动性及其身心方面的发展是教师作为主体启发、引导、培养、激发和改造的对象、目的和结果。①

四、师生双主体论

无论是学生单独作为教育主体，还是教师单独作为教育主体，都存在着一定的困境。面对教育中单一主体的危机，有学者提出教师与学生同为教育主体的双主体论。教育活动是由教师的教与学生的学组成的两个过程与两个主体的综合。

王冬桦认为，在教育过程中同时存在两个主体，即教的主体教师和学的主体学生。教学的主体具有双重性，即教师既是教的主体，又是学生学的客体；学生既是学的主体，又是教师教的客体。② 上述论点中，教育主体具有双重性，教师与学生既是主体又是客体。教师与学生究竟在教育中处于什么位置，主要依据教的活动与学的活动的划分。在学的活动中学生是主体，教师是客体，而在教的活动中教师是主体，学生是客体。这种观点存在着一种教与学割裂开来的嫌疑，分别把教师和学生置于两种过程中来确立其主客体地位，显然，这是不科学的。教与学两者是统一的，不可分离的，既不能撇开学生的学而论教，也不能撇开教师的教而言学，教和学是一个过程的两个侧面，但不是两个过程。

成有信认为，教育活动由教师、学生以及教育影响等三个要素

---

① 马健生、王琦：《论教学实践观——兼评"主导主体说"》，载《教育科学》，1995(3)。

② 王冬桦：《教学的双主体性问题的探讨》，载《教育研究》，1990(8)。

构成，包括教的活动与学的活动。在教的活动中，教师是主体，学生和教育影响（教育内容）是客体，其中学生是实践活动变革的对象，而教育影响（教育内容）则是实践活动变革学生的手段。在学的活动中，学生是主体，教师和教育影响是客体，其中影响（教育内容）是学生的认识对象，教师是认识的向导，同时学生这个主体又是自我发展和变革的对象。教育活动中教的活动和学的活动有共同的客体，这就是教育影响。

教师作为教的过程的主体是整个教育过程的领导者、设计者、组织者和实施者，而学生作为学的过程的主体则是在教师影响下和指导下的自我认识者和自我发展者。教的活动领导着学的活动，学的活动是整个教育活动的主体活动。教师是教育实践活动即教的活动的主体。教的活动作为一种社会实践活动，其任务是变革和改造客观世界，具体变革的对象是学生，是学生的身心。教师是学生学习活动的指导者，学生在学习活动中是认识和发展的主体。[①]

顾明远认为，对于客观世界（包括教材）来讲，教师、学生都是主体，客观世界是认识的客体。教师和学生如以一方为认识的主体，则他们又互为对方认识的客体。"在教学过程中只有一个主体，就是学生"的说法不妥。应该说，教师、学生都是主体。"教师的主导作用和学生的主体作用不是互相排斥的，不能说因为要发挥教师的主导作用，学生就只能被动地接受教育，也不能说因为要发挥学生的主体作用，教师就只能被动地围着学生转，不去执行教育方针，进行有目的有计划的教育。相反，两者是互相作用、辩证统一的。主张学生的主体作用并不排斥教师的主导作用，相反，对教师的主导作用提出了更高的要求。"[②]

---

① 成有信：《论教育活动及其诸要素》，载《北京师范大学学报》，1990(4)。
② 顾明远：《再论教师的主导作用和学生的主体作用的辩证关系》，载《华东师范大学学报（教育科学版）》，1991(2)。引文有改动，后同。

五、教师主导—学生主体论

单一学生主体论，对教育活动中忽视学生主体地位起到了纠偏作用，但是又可能走入忽视教师主导、指导作用的误区。当然，持有学生单一主体论的学者也不否认教师的重要作用。单一教师主体论考虑到学生的不成熟状态，作为专业人员的教育者应该起主体作用，有可能出现忽视学生主体性的倾向，当然，持此观点者也不否认学生的积极性、主动性。双主体论更是强调师生双方的主体性，双主体很快就会转向"教师主导—学生主体论"。顾明远后来也认为教师与学生都是主体，在论述中转而论述教师有主导作用、学生有主体作用。"教师的主导作用和学生的主体作用不是互相排斥的，不能说因为要发挥教师的主导作用，学生就只能被动地接受教育，也不能说因为要发挥学生的主体作用，教师就只能被动地围着学生转，不去执行教育方针，不去进行有目的、有计划的教育。相反，两者是互相作用、辩证统一的。主张学生的主体作用并不排斥教师的主导作用，相反，这对教师的主导作用提出了更高的要求。"①

王策三明确地提出教师在教育活动中的主导性作用，即"教师主导，学生主体"论。教师主导和学生主体是辩证统一。学是在教之下的学；教是为学而教。换句话说，学这个主体是教主导下的主体；教这个主导是对主体的学的主导。教师的教与学生的学是统一的，不能把教师的主导与学生的主体理解成对立的、矛盾的，而"要把教师的主导作用和学生的主体地位统一起来。过去的问题之一就是，在理论上一直拒不承认学生的主体地位，把教师的主导地位和学生的主体地位对立起来"。

教师的领导或主导作用具有客观必然性和必要性。教学的方向、

---

① 顾明远：《再论教师的主导作用和学生的主体作用的辩证关系》，载《华东师范大学学报（教育科学版）》，1991(2)。

内容、方法、进程、结果和质量等，都主要由教师决定和负责，学生决定不了，也负不了这个责任。同样，教师主导作用必须也必然有一个落脚点，这个落脚点只能是学生的学习。因此，从学习这个角度来观察，学生主体是毫无疑义的。即使把学生的学和教师的教统一起来观察整个教学，学生也是主体，当然不是一般的主体，而是教主导下的主体。所以，"要承认学生的主体地位"，教是外因，学是内因，学生才是真正的教育主体。既然学生的学习是一种认识活动，这种认识活动必须是能动的、主动的、独立的活动，教师包办代替不了，那么，学生就当然是主体，需要自己做主。[①]

"教师主导，学生主体"的观点开始流行，"坚持以教为主导和以学为主体的统一"，或"坚持教师的主导作用和学生的主体地位的统一"。丁钢认为，这一初步共识值得商榷，"'教为主导'实际上是从角色作用上来确定的；而'学为主体'则是一种认识论意义上的表述。这两种表述并不在一个定义层面上，因而也就无法确切地去解释两者之间的统一关系"。"教学主体就是一种由教师与学生所共同构成的复合主体，这种复合主体的内部的矛盾运动体现为教与学的对立统一。在承认学是以学生为主体的同时，也必须肯定教是以教师为主体的。从教的角度看，教师是教的主体，学生是教的对象与客体；从学的角度看，学生是学的主体，教师的行为以及教学的内容、方法和风格等方面，便成为学的对象与客体。"[②]

上述观点有其合理之处，也有各自的偏颇之。学生是主体，教育活动不能离开学生的主体性，没有学生的积极、主动、自觉的参与，教育是不可能成功的。同样，教师是不是主体先不论，在教育活动中教师必须起到引导作用，主导着教学活动的进程。无论如何，

① 王策三：《教学论稿》，123—126 页，北京，人民教育出版社，1985。

② 丁钢：《"教师为主导，学生为主体"论质疑——教学主体的再认识》，载《教育研究与实验》，1987(3)。

学者都认识到教师与学生都要积极、主动地参与到教育活动之中，离开哪一方的主体性，教育都是不可能成功的。教师不能不顾学生的主体性而进行灌输式、填鸭式、强迫式教育，教师要利用自己的专业知识、技能引导学生向正确的方向发展。

第三节　培养学生主体性：主体教育哲学（1991—1999 年）

主体性教育理论是 20 世纪 80 年代师生主体关系研究的自然延伸与总结。主体性教育是培育人的主体性的教育理论，"教育的根本在于培育和发挥人的主体性"①。主体性教育主要有两层意思。一是人在自我发展中的主体性，二是"人在历史发展中的主体性"。第一层意思是第二层意思的前提。"为了造就具有主体性的社会主体，弘扬人在社会历史发展中的能动作用，我们就必须注重在教育过程中调动、培育和不断提高学生的主体性。"②"教育的基本规律实质上是受教育者主体性培育的规律。"③

成有信认为："主体性是现代人的基本特征"④。孙喜亭认为："教育应该是弘扬人的主体性精神的教育，教育理应促进人的创造精神、自主精神得到发展"⑤。黄济认为："弘扬人的主体性，唤起人的主体意识，发挥人的主体活动能力，已成为时代精神的主旋律"。培养人的主体性已经成为教育理论与教育实践的重要课题。⑥ 王策三把教育主体理论上升到教育主体哲学的高度，认为"教育主体哲学

---

　　① 　王道俊、郭文安：《试论教育的主体性——兼谈教育、社会与人》，载《华东师范大学学报（教育科学版）》，1990(4)。
　　② 　王道俊、郭文安：《关于主体教育思想的思考》，载《教育研究》，1992(11)。
　　③ 　王道俊、郭文安：《试论教育的主体性——兼谈教育、社会与人》，载《华东师范大学学报（教育科学版）》，1990(4)。
　　④ 　孙喜亭等：《人的主体性内涵与人的主体性教育》，载《教育研究》，1995(10)。
　　⑤ 　同上。
　　⑥ 　黄济：《人的主体性与教育》，载《教育研究与实验》，1997(1)。

就是主张教育是主体的教育哲学"。"我国教育理论界在新时期中，探讨了教师主导和学生主体的理论。这些都应视作关于教育主体性的研究成果，亦即事实上在不断探索着怎样发挥教育主体性以培养主体性的人。"①

"教育是人的主体活动，教育要培养主体的人。"弘扬人的主体性，培养具有主体性的人是教育的根本职能，是人全面发展的根本特征。"之所以要培养全面发展的人，就是要发展人的主体性。主体性是全面发展的人的根本特征。主体性强的人，就是自觉能动性强的人。"培养具有主体性的人来促进社会的发展，目的是实现人的解放与自由，但是没有学生主体性的发展，社会的发展是不可能的。教育对社会发展作用的大小，取决于教育在多大程度上培养出主体性的人。②

正是在这种理论背景下，学者们纷纷参与到主体性教育理论的建构中来，提出了很多有价值的理论观点，这对于促进主体性教育理论的发展有着重要的意义。

一、教育要培育主体性的人

在教育目的上，主体性教育理论强调培育人的主体性，实现从外在化的工具性教育目的转向内在化的主体性发展的教育目的。③裴娣娜认为："主体性提出的立论点，是针对长期以来将人作为工具的观点，主体性关注的是对人自身发展的追求，探讨的是如何使人成为一个现实的人、一个完整的人"④。教育的内在目的是学生主体性的发展，指向学生的自我发展、自我创造、自我实现，培育学生

---

① 王策三：《教育主体哲学刍议》，载《北京师范大学学报（社会科学版）》，1994(4)。
② 同上。
③ 冯建军：《走向主体性的教育哲学观引论》，载《教育理论与实践》，1998(5)。
④ 裴娣娜：《主体教育的理论探析（笔谈）——主体教育理论研究的范畴及基本问题》，载《教育研究》，2004(6)。

成为自己的主人。拥有主体性的人自然而然就会成为社会发展的主体，从而实现教育的外在化的目的。

王道俊和郭文安认为："教育的根本在于培育和发挥人的主体性"，培育学生的主体性也是教育的本质特点。[1] 王策三认为："教育是人的主体活动，教育要培养主体的人；不断高扬教育的主体性——这正是马克思主义者奋斗的目标之一"[2]。成有信认为："主体性是现代人的基本特征"，"现代人是有独立个性的人，是有主体性的人，是有独立见解的人，是有创造性和有开拓精神的人"。孙喜亭认为："教育应着眼于人的主体性发展"，"教育应该是弘扬人的主体性精神的教育，教育理应促进人的创造精神、自主精神得到发展"[3]。黄济认为："弘扬人的主体性，唤起人的主体意识，发挥人的主体活动能力，已成为时代精神的主旋律"。培养人的主体性已经成为教育理论与教育实践的重要课题。"要用主体思想来设计教育中的全部工作，使学生真正做到自主、自立、自觉、自强、自信，做学习的主人。"[4]

桑新民认为："当代哲学的主潮是探求和高扬人的主体性，教育是人类直接以塑造和建构主体自身为对象的实践领域"[5]。教育是人类主体性的建构与发展的实践活动，离开了主体性的发展，教育也就不成其为教育了。现代教育哲学不能忽视弘扬主体性的时代精神与培育主体性的教育目的，教育实践活动要以主体性教育观念为指导。扈中平认为，教育的最高目的是把人培养成社会历史活动的主体。教育要促进人的解放，就必须把人培养成社会历史活动的主体，

---

[1] 王道俊、郭文安：《试论教育的主体性——兼谈教育、社会与人》，载《华东师范大学学报(教育科学版)》，1990(4)。

[2] 王策三：《教育主体哲学刍议》，载《北京师范大学学报(社会科学版)》，1994(4)。

[3] 孙喜亭等：《人的主体性内涵与人的主体性教育》，载《教育研究》，1995(10)。

[4] 黄济：《人的主体性与教育》，载《教育研究与实验》，1997(1)。

[5] 桑新民：《呼唤新世纪的教育哲学——人类自身生产探秘》，4 页，北京，教育科学出版社，1993。

促使人成为社会的主人、自然界的主人和自身的主人。在教育过程中必须重视培养和发挥人的能动性、自主性、创造性和超越性。确立主体性的教育思想，这已成为现代教育观的核心，也是中国教育改革的突破口。[①]

只有拥有主体性的人才能积极、主动地参与社会生活，成为社会生活的主体。盲从、服从、唯唯诺诺、没有主见、四处寻求庇护的人没有可能成为社会发展的推动力量，只能阻碍社会发展。"现代教育培养的人应该是有主体性的人。教育在本质上是对个体主体性的培育过程，是一种主体性教育。主体性教育的近期目的是在教育过程中，通过增强学生的主体意识和发展学生的主体能力，培育和提高学生在教育中的能动性、自主性和创造性，使他们具有自我教育、自我管理和自我完善的能力，从而成为教育活动的主体和自我发展的主体；远期目的则是造就主体性的社会成员，弘扬人在社会发展中的能动作用，把学生培养成为社会历史活动的主体。"[②]可见，主体性教育理论在教育目的上是内在性目的与工具性目的、社会性目的与个体性目的的统一，统一于主体性的发展之中。有了健全的主体性的、完整的、全面发展的人，自然而然就会衍生出社会性的教育目的。

二、学生是自我发展的主体

在教育对象上，主体性教育理论强调学生是教育活动的主体，不是客体，是积极主动而富有个性的人。"倡导主体性教育哲学观，在根本上应确立两种观念。第一，教育以人为出发点，就是把人作为目的，把人的价值视为教育的最高价值，把构建和完善人的主体性视为教育的直接目的和最高目的。第二，人是教育的主体。教育

---

①　扈中平：《教育的最高目的是把人培养成社会历史活动的主体》，载《教育研究与实验》，1994(2)。

②　张天宝：《试论主体性教育的目的观》，载《教育理论与实践》，1996(6)。

活动不是'主—客'之间的塑造模式，而是'主—主'之间的双向交流。"①20 世纪 90 年代以来，学生的主体性地位得到普遍承认，学生在教育活动中从被动接受的角色转向到主动建构的角色。

王道俊、郭文安认为："在教育过程中需要调动、培育和提高学生的主动性、积极性、创造性、自主性"②，"教育的基本规律实质上是受教育者主体性培育的规律……受教育者在活动中自身的能动性、创造性和自主性发挥得愈充分，那么，德智体发展得将愈好，主体性将愈高"③。黄济认为 L"要用主体思想来设计教育中的全部工作，使学生真正做到自主、自立、自觉、自强、自信，做学习的主人"④。扈中平提出"人是教育的出发点"⑤，教育活动不能把学生当客体来培养，要尊重学生的兴趣、需要以及价值观念，把人的价值视为教育的最高价值，教育活动要从现实具体的生动活泼的学生出发。"凡是注重发挥、调动、培养与提高学生主体的教育都是进步的、有价值的教育，都受到了后世的肯定、继承和发扬。"⑥

虽然在主体性内涵的表述上还存在着差异，但是普遍认识到学生在教育活动中的主体地位。承认学生的主体性是主体性教育理论的立足点，逐渐地认识到学生是具有主体性的"人"，不是被动的"物"。"主体性作为人的一种特性，是相对于依赖性、被动性、模仿性、简单适应性的，包括自主性、主动性和创造性。"⑦

面对以前把学生当客体的灌输式教育，学者开始探讨学生在教

① 冯建军：《走向主体性的教育哲学观引论》，载《教育理论与实践》，1998(5)。
② 王道俊、郭文安：《关于主体教育思想的思考》，载《教育研究》，1992(11)。
③ 王道俊、郭文安：《试论教育的主体性——兼谈教育、社会与人》，载《华东师范大学学报(教育科学版)》，1990(4)。
④ 黄济：《人的主体性与教育》，载《教育研究与实验》，1997(1)。
⑤ 扈中平：《人是教育的出发点》，载《教育研究》，1989(8)。
⑥ 郭文安：《为弘扬主体教育思想而努力》，载《教育研究与实验》，1993(1)。
⑦ 裴娣娜：《主体教育的理论探析(笔谈)——主体教育理论研究的范畴及基本问题》，载《教育研究》，2004(6)。

育活动中应该实现一种怎样的"主体性转身"。这种"转身"的基本表述为，从传统、应试教育中的被动角色转变为现代、素质教育中的主动角色。学生不再是单一知识的接受者而是意义的建构者；学生不再是消极被动的学习者而是积极主动的学习者；学生之间不再是竞争者而是相互合作者。学生角色的转变是学生在教育活动中主体地位的体现，只有充分认识到"学生是人"，"是具有主体性的人"，才能真正实现学生在教育活动中角色的转变，还原本真的教育。

三、促进学生潜在主体性的转化

在认识到学生主体性的基础上，学生的角色从被动接受者转变成主动建构者。但是，承认学生的主体性并不等于学生已经成为完善的主体了，学生角色的转变在很大程度上表现为一种应然的价值期望，而非事实。承认学生具有主体性是主体性教育的理论前提，而认清学生主体性的不成熟状态，则是主体性教育的现实根据，提升学生的主体性水平是主体性教育的实践旨趣，要促使学生从不成熟、不健全的主体性走向成熟、健全的主体性。

檀传宝认为："主体性存在着潜在、中介、现实等不同的形态"①。承认学生具有主体性，并不代表学生已经具有成熟的主体性了。在某种意义上，学生主体性是一种潜在的主体性，而非现实的主体性，主体性更是教育活动所追求的目标。郝德永认为，学生以主体的身份进入教育过程，并不是说学生在教育过程一开始就具有完善的主体形态，从某种意义上讲，它同时也是教育过程要完成的一个重要任务。因而，学生作为主体具有双重含义。其一，学生是学习活动、课外活动、社团活动的主要承担者，是一种身份特征；其二，学生是发展的对象，教育过程中的学生是一个可塑性极强的具体存在，其主体形态经历着由低级向高级的发展过程，其主体形态的特征则经

---

① 檀传宝：《试论教育主体性形态及其实现》，载《南京师大学报（社会科学版）》，1995（2）。

历着由不成熟向成熟、不完善向完善不断转化的过程。①

学生的主体性是不成熟的。学生在教育过程中还不具备完全的主体性，学生正处于生长发育的关键时期，主体意识淡薄，主体素质、能力匮乏，带有很大的盲目性和被动性，大多数无法能动、自主地学习和选择。从严格意义上讲，他们并不是教学过程的现实主体，而只具有成为主体的"潜能"。教学的根本目的就是使学生实现由潜在主体向现实主体的转变。"教学过程的本质就是促使学生由潜在主体向现实主体的转变过程，即塑造和建构学生主体。在这一过程中，教师应充分发挥主导作用，创造条件，培养学生的自我教育和自我发展的能力，促使他们由他主学习向自主学习转变。"②

培养学生的主体性，当然离不开教师的主体性，"唯有教师注意启发、讲解，并善于引导学生独立思考，进行探索与反思的教育，才能使学生个性、主体性充分发展，具有较高的主动性、创造性和自主性，在学习和交往上有较多的自觉度与自由度"③。

主体性教育理论从来不否认教师的主体性，教师的主体性发挥程度决定了学生主体性的发挥程度，教师主体性与学生主体性不是此消彼长，而是相互促进的。黄葳认为："主体性教育可以理解为一种教育原则，即教育中的主体性原则。这是主体性发展的客观要求。在教育中既要承认教育者主体性的存在，也要承认受教育者主体性的存在"④。教育者的主体性应围绕激发和提高学生主体性来发挥，学生主体性发挥得越好、越充分，就说明了教师的主体性发挥得也好。在这里，教师的主体性与学生的主体性统一起来了，统一于学生的主体性发展之中。

---

① 郝德永、张宝泉、柳海民：《论学生主体及其发展》，载《东北师大学报（哲学社会科学版）》，1998(4)。

② 张天宝：《"学生主体论"质疑》，载《上海教育科研》，1995(10)。

③ 王道俊、郭文安：《试论教育的主体性——兼谈教育、社会与人》，载《华东师范大学学报（教育科学版）》，1990(4)。

④ 孙喜亭等：《人的主体性内涵与人的主体性教育》，载《教育研究》，1995(10)。

第四节　关注主体间性：主体教育哲学的深化（2000—2019 年）

一、从主体性到主体间性

鲁洁通过研究教育中人的转型问题，提出培养"走向世界历史的人"，教育要看到人与人之间沟通、交流、理解、合作的重要性。她依据马克思关于人的发展形态以及现代社会主体性呈现的困境指出："单子式个人正在逐步丧失其存在的历史根据，作为个体的人正走向世界历史性的存在，也即走向类的存在、类主体发展的阶段。""教育作为人类一种自觉的自我发展与提升的实践活动，理应主动推进人的生存形态的发展，从当代的现实情况出发，将世界历史性个人的生长发展作为其归旨，努力促进当代人的革命，人的转型，这就是当代教育的主题"①。

学生从独立个体发展到世界历史性的个人，是一种否定之否定的教育过程。学生作为主体性的人，需要展现个体主体性，成为具有自尊、自立、自主、自强的主体，这是首要的。同时，学生生活在共同体之中，是一种类主体性存在，需要发展学生的类特性，关注到主体间性的品质，培养具有世界历史性的个人，尊重、关心同样作为主体的他人，关心所在共同体甚至人类与自然的和谐发展。"我们的教育既要成为独立人格、丰富多样的个体价值的弘扬的催生剂，又要成为个体价值单向度的肯定、极端化的扩张的解毒剂。教育既不能在蒙昧中追求抽象的整体价值，同样也不能无理性自发地让个体价值无限放大。这就是中国教育需要有高度自觉的理性去把握的艰巨任务。"②教育不是要放弃主体性教育理论，不是要防止出

---

① 鲁洁：《走向世界历史的人——论人的转型与教育》，载《教育研究》，1999(11)。
② 鲁洁：《走向世界历史的人——论人的转型与教育》，载《教育研究》，1999(11)。

现西方的那种单子式主体性，而是要发展主体间性的教育理论，关注到人作为共同体成员的责任与使命。

冯建军在国内较早提出了"类主体教育"，先后发表《时代·类主体·教育》(1998)、《个人主体教育的反思与类主体教育的建构》(1999)、《当代主体教育论——走向类主体的教育》(2004)、《走向类主体——当代社会人的转型与教育变革》(2005)等。他认为，类主体教育不是反对主体性教育，而是要在个体主体性培养的基础上重视人与人的主体间的维度。"类主体性教育，一方面要培养个人的主体性，另一方面又要防止个人主体性的过分膨胀，要体现人类发展所要求的类观念、类视野。""类主体首先是一个个人主体，类主体性是奠基于个人主体性之上的，离开了对个人主体地位及其主体性的肯定，对类主体的地位及类主体性的肯定就会缺乏根基。"①主体的发展形态表明了主体是"从单子式主体到类主体，从个人的主体性到主体间性。教育必须适应这一变革，走向类主体教育。教育目的要从个人主义走向共同体主义，教育实践从对象化活动走向交往"②。

随着教育主体性哲学的发展，学者开始关注主体间性理论，阐述教育从主体性转向主体间性的必然与必要性、内涵与实践要求，试图从主体间性理论视野来研究中国教育，如熊川武的《论后现代主义观照的教育主体现代化》(1998)、曾新的《论主体性教育中的主体间性》(2001)、冯建军的《主体间性与教育交往》(2001)、郝文武的《教育：主体间的指导学习》(2002)、尹艳秋等的《主体间性教育对个人主体性教育的超越》(2003)、岳伟与王坤庆的《主体间性：当代主体教育的价值追求》(2004)等论文。2004 年以后，关于主体间性教育理论的论文越来越多，反映了主体性教育理论发展又一个阶段的到来。

---

① 冯建军：《时代·类主体·教育》，载《现代教育论丛》，1998(4)。
② 冯建军、尚致远：《走向类主体——当代社会人的转型与教育变革》，载《教育研究》，2005(1)。

二、主体间性哲学是主体性哲学的深化

"引入主体间性范畴，为探讨教学活动的生动性、丰富性、建构性，直至教学活动成功或失败的原因，都提供了一个新的视角，一个阐释的理论基点。"①"主体间性的研究是主体性教育研究的新视角。"②主体间性教育理论是主体性教育理论的深化与拓展，破解了教育中主体性所面临的师生"主—客"的困境，实现了教师作为主体和学生作为主体的理论融通，教师与学生、学生与学生走向了一种交往实践。

主体间性教育理念和主体性教育理论不是对抗性、非此即彼的关系。主体间性教育理论承认个体的主体性，并以个体主体性为前提，为基础，所要警惕的是占有性的、单子式的主体性，倡导的是不同主体之间的主体性融合，即交互主体性。熊川武认为："教育主体现代化的发展方向是主体性与主体间性的融合。因为没有主体间性，主体性的发挥往往失去合理性，出现过之与不及的现象。反之，没有主体性，主体间性就失去了存在的根基和不断发展的源泉"③。冯建军认为："主体间性作为主体间关系的规定，是指主体与主体之间的相关性、统一性，它要以个人主体性为基础。人不成为主体，不具有主体性，人与人之间就不会有主体间性"④。曾新认为："脱离了主体性，主体间性失去了它的现实基础，成为空虚。主体间性并不意味着个体主体性的丧失。不是一个主体取代另一个主体，或覆盖另一个主体"⑤。主体间性意味着主体之间彼此承认对方的同等

---

① 冯向东：《从"主体间性"看教学活动的要素关系》，载《高等教育研究》，2004(5)。
② 曾新：《论主体性教育中的主体间性》，载《华中师范大学学报（人文社会科学版)》，2001(5)。
③ 熊川武：《论后现代主义观照的教育主体现代化》，载《华东师范大学学报（教育科学版)》，1998(4)。
④ 冯建军：《主体间性与教育交往》，载《高等教育研究》，2001(6)。
⑤ 曾新：《论主体性教育中的主体间性》，载《华中师范大学学报（人文社会科学版)》，2001(5)。

主体地位，不以占有对方为目的，意味着强制和压迫的消失。

教育中首先需要承认学生的主体性，并发展学生的主体性，这是主体间性教育理论的前提；还需要承认他者的存在，引导学生认识到他人同样是主体，走出自我中心，发展学生的公共性，这是价值追求。"主体间性教育是对个人主体性教育的超越"，"强调承认并尊重学生在教育活动中的主体地位，以促进个体主体性的提高与发展；另一方面又是对个体主体性的超越，引导学生向主体间性人格的提升，正确认识和处理人与自然、人与社会及自我与'他我'的关系"①。主体间性教育理论在教育目的上表现为从个人主义到共同体主义的转变，在尊重个人主体性的前提下关注类主体的培养；在教育过程上表现为从对象化活动发展到交往活动，交往实践是主体间性生成的基本机制。②

师生、生生之间从"主体—客体"间的对象化关系（即"交互客体性"的交往关系）走向"主体—主体"间的主体间性的关系（即"交互主体性"的交往关系）是一个巨大进步，但是，这种主体间的关系还可以更进一步地发展，从注重利益互惠、以自我为中心的外在主体间性关系转向尊重差异、以爱为特征的内在主体间性关系。外在主体间性交往关系表现为，人与人是主体间的平等关系，个人在发展自我主体性时，也发展了他人的主体性，但这种主体间性是以"利益"为纽带的；内在主体间性是一种以爱、尊重他者差异性为纽带的交往关系，实现了主体间的共在、共生、共享。③ 外在主体间性超越了师生、生生之间主体与客体间的对立关系，走出了"交互客体性"

---

① 尹艳秋、叶绪江：《主体间性教育对个人主体性教育的超越》，载《教育研究》，2003(2)。

② 冯建军：《个人主体教育的反思与类主体教育的建构》，载《南京师大学报（社会科学版）》，1999(6)。

③ 冯建军：《从主体间性、他者性到公共性——兼论教育中的主体间关系》，载《南京社会科学》，2016(9)。

的关系，但是这种交往关系往往以自我为中心来衡量他者，试图把他者纳入"我"的体系，忽视了他者的差异性，从而并未发自内心地尊重他者，更多的是基于一种外在化互惠的利益关系。"在内在主体间性中，主体打开了自我封闭的'窗户'，充分地敞开自己的心灵世界，主体之间内心相互开放，在更深的层次上接纳对方，相互关怀、相互理解，进而形成一种心灵的共鸣与共生。"①内在主体间性更倾向于从他者的视域来认识、理解自我，尊重他者绝对的差异，重新阐释人与人之间的关系，构建一种人人都尊重他者差异性，包容他者，对他者负责的伦理关系。

三、建立主体间的交往机制

叶澜认为："人类的教育活动起源于交往，在一定意义上，教育是人类的特殊的交往活动。"②"交往的教育过程观，不把教育过程看成'主体—客体'的对象化模式，而是看成'主—客—主'的交往实践模式。"③交往实践模式是主体性教育理论在教育过程上的体现，它强调教育过程要从"灌输""约束"转向"发展""引发"和"解放"。教育过程的本质不是约束人的内在力量，而是要启发、引导、发展人的内在力量。主体性教育就是教育者充分发挥自己的主体性，通过启发、引导受教育者的内在的教育需求，使受教育者积极主动地将社会的要求内化到教育者的心理结构中，从而建构其主体性。这里教育者和受教育者都具有双重角色，他们共同参与教育活动，在平等民主的师生交往实践中促进主体性的共同建构。④

和学新同样把师生交往当作主体性教育理论的基本过程。他把

---

①　冯建军：《他者性：超越主体间性的师生关系》，载《高等教育研究》，2016(8)。

②　叶澜主编：《新编教育学教程》，32 页，上海，华东师范大学出版社，1991。

③　冯建军：《论交往的教育过程观》，载《教育研究》，2000(2)。引文有改动。

④　冯建军：《走向主体性的教育哲学观引论》，载《教育理论与实践》，1998(5)。

"教学过程视为一种师生双方主体性共同发挥与建构的过程"①。教育活动的效果在于具有主体能动性的教师和学生，他们绝不是消极被动地适应，而是积极能动地作用于教学活动。他认为，活动是主体性的生成机制和源泉，主体性教学是通过教师和学生彼此之间的交往而实现的活动，教育要坚持活动性原则，教师要把活动性贯穿在教学的整个过程，使学生最大限度地处于主体激活状态，能主动、积极地动手，动口，动眼，动耳，动脑，去行动，去实际操作，给学生创设积极活动的情境，使学习成为学生自己的自主活动。②

　　师生交往实践必然要求师生建立一种平等民主的关系，不是以指导为名来干涉、强制、灌输，以至于不尊重学生的主体性。张天宝把平等民主的师生关系，并由这种关系产生了生动活泼、自由和谐的教育氛围，看成是学生主体性发展的基本条件和前提。③ 他认为，一方面，需要改变专制主义的教育过程观，改变学生不敢言、不敢思、不敢（也不能）自主，时时处于被动、压抑状态；一方面要警惕那种忽视教师主体性的放任主义教育过程观，它也影响了学生主体性的发展。要反对上述两种极端认识，树立一种平等民主的教育过程观，尊重学生的主体地位，让学生得以生动活泼、自由地发展。④ 王道俊、郭文安认为，平等民主的师生关系是主体性教育的前提，"要反对一切压抑学生的做法，使学生处于平等、和谐的人际关系之中……建立相互信赖、尊重、友爱、平等与合作的社会主义人际关系，创建宽松、开放、民主的校风、班风……建立符合儿童年龄特点的民主管理制度"⑤。

① 和学新：《师生主体性双向建构与基础教育课程改革》，载《教育研究》，2002(9)。
② 和学新：《主体性教学：内涵与特征》，载《中国地质大学学报（社会科学版）》，2001(3)；《主体性的生成机制与教学设计》，载《教育研究》，1997(11)。
③ 张天宝：《试论主体性教育的目的观》，载《教育理论与实践》，1996(6)。
④ 同上。
⑤ 王道俊、郭文安：《让学生真正成为教育的主体》，载《教育研究》1989(9)。

　　主体性教育理论倡导一种交往性的过程观，既尊重学生也要体现教师的主体性，要求教育过程"从静听到活动，重视活动的教育学意义；从专制到民主，为学生创造一种自由和谐的教育氛围"①。

　　主体性教育理念在 2001 年教育部印发的《基础教育课程改革纲要(试行)》中得到了充分体现。纲要提出，教师在教学过程中应与学生积极互动，共同发展，要处理好传授知识与培养能力的关系，注重培养学生的独立性和自主性，引导学生质疑、调查、探究，在实践中学习，促进学生在教师指导下主动地、富有个性地学习。教师应尊重学生的人格，关注个体差异，满足不同学生的学习需要，创设能引导学生主动参与的教育环境，激发学生的学习积极性，培养学生掌握和运用知识的态度和能力，使每个学生都能得到充分的发展。

第五节　教育主体论研究的总结与展望

　　教育主体哲学是关于教育主体的哲学理论，探讨的是教师与学生的主体地位、作用及其相互关系的问题。教育实践活动不同于其他社会实践活动，它不是简单套用"主体—客体"的实践关系模式来解释教育中的教师、学生以及其相互关系。教师与学生应该是教育实践活动中的具有自主性与能动性的存在者，师生主体性的表现不同而又相互关联。如何理解师生主体性，如何充分发挥师生主体性就成为教育主体哲学主要争论的焦点。

一、研究的基本阶段

　　自中华人民共和国成立以来，教育主体哲学理论研究大致经历了五个阶段。新中国成立初期 17 年，在借鉴、学习苏联教育学基础

———————

　　①　冯建军：《走向主体性的教育哲学观引论》，载《教育理论与实践》，1998(5)。

上，认识到教师主导与学生主动的关系。这一阶段虽然学界没有正式提出教育主体这一概念，却孕育了教育主体观念，认识到教师与学生的主体性地位与作用。这个时期可以描述为"有实无名"，有其内容，却无相应称呼。教育主体性哲学在这一时期开始萌芽，在教育学相关教材或者研究论文中教育学者普遍认识到学生的主动性与积极性的充分发挥是教育成功的关键因素，教师的主导作用体现在充分发挥学生的主动性与积极性上。

1978 年以后，教育主体哲学研究回到正轨。学者虽然提出了不同的主体观念，争论也很激烈，但是有一点是相同的，那就是逐渐认识到教师与学生都是教育的主体，教育教学一定要关注这两个主体的主动性与积极性。

正是在这种充分发挥师生主体性、主动性、积极性的观念影响下，学者开始思考主体性教育思想的建构问题，提出了一系列至今看来还很具有指导意义的观点，如"教育要使个体获得一种自我发展、自我增长的能力"，"教会受教育者创造性的思考"，"教育是人之自我建构的实践活动"，"教育的根本在于培育和发挥人的主体性"，"教育的基本规律实质上是受教育者主体性培育的规律"，"弘扬人的主体性，唤起人的主体意识，发挥人的主体活动能力，已成为时代精神的主旋律"，培养人的主体性已经成为教育理论与教育实践的重要课题，"教育主体哲学就是主张教育是主体的教育哲学"，"我国教育理论界在新时期，探讨了教师主导和学生主体的理论。这些都应视作关于教育主体性的研究成果，亦即事实上不断探索着怎样发挥教育主体性以培养主体性的人"。从这些观点可以看出，教育主体哲学越来越凸显，观点越来越系统化，形成了一种主体性教育哲学思想。同时，主体性教育哲学思想也和中国基础教育改革与素质教育结合在一起，成为基础教育改革的重要哲学基础。

20 世纪末期以来，教育主体哲学研究开始反思主体性教育哲学理论，关注主体间性哲学理论。主体间性是作为主体的人与人之间的沟通、交流、相互作用、影响所体现的内在属性。主体间性教育理论在认识论和方法论意义上强调的是师生、生生之间的意义的相通性；在存在论意义上关注的是师生、生生之间的主体的共在性；在实践论意义上，认为教育活动是以客体（学习内容）为中介的内在的关联性。学者认为，主体间性教育是对个人主体性教育的超越：从主体性到主体间性，再从外在主体间性到内在主体间性。

二、研究的基本成果

教育主体哲学理论是在师生关系的讨论与争鸣中确立起来的，并成为一种时代哲学；理论成果主要体现在两个方面。一是教育主体成为教育学的一个重要范畴，进入了教育学教材；二是教育主体哲学理论不断深化，从主体性到主体间性，进而到外在主体间性与内在主体间性并重。

学者在检讨教师作为主体、学生作为客体的理论观点的基础上，提出了"教师单一主体论""学生单一主体论""教师主导、学生主体论""师生并列为双主体论"等各种观点。上述各种观点仁者见仁、智者见智，都有其合理性，也都有其局限性。学者逐渐认识到学生在教育活动中的主体地位，认识到学生与教师一样都是教育主体。

20世纪80年代，在教育学教材中不仅教育主体没有出现，而且关于学生的具体章节都没有设置。20世纪90年代的教育学教材把"教师与学生"纳入教材体系的还不是很多。到了2000年左右有了根本性改变，很多教育学教材设置了"教师与学生"的相关章节，却未以"教育主体"为章节的标题名称。随着教育主体哲学理论研究的深入，学者逐渐认识到教育主体作为一个重要教育范畴的可能性与必要性，并在教育学著作与教材中以"教育主体"为章节标题。标题名称的变化反映了教育学者对教育主体哲学理论认识的深化，此后，许多教育学教材中设置了"教育主体"的章节内容。

　　20 世纪 90 年代以来，教育主体哲学理论成为一种时代教育哲学，不断促进着中国教育思想和实践由传统向现代转型。教育主体哲学理论，在教育对象观上，强调学生是教育活动的主体，不是客体，是积极主动而富有个性的人；在教育目的上，强调培育人的主体性，从人的外在化工具性表现转向内在化主体性发展；教育任务是促进学生的潜在主体性的转化，学生在教师指导下从被动的接受者转变成为主动的建构者；在教育过程上，倡导一种交往性的过程观，既要尊重学生的主体性也要体现教师的主体性，进而从"主体—客体"生产实践观走向"主体—客体—主体"交往实践观。

　　一部分学者在西方社会主体性危机的基础上，立足主体间性的类哲学理论，提出了走向类主体教育，当代主体性教育哲学要关注人与人之间的主体间性。主体间性理论为教育主体哲学理论提供了新的哲学范式和方法论原则，教育作为人与人之间的活动，需要在主体间性的视域中进行考察。师生之间从"主体—客体"对象化关系走向"主体—主体"的主体间的关系是一种理论深化，主体间的关系也可以从外在主体间性关系转向内在主体间性关系。内在主体间性更倾向于从他者的视域来认识、理解自我，尊重他者绝对的差异，重新阐释人与人之间的关系，构建一种人人尊重他者的差异性，包容他者，对他者负责的关系。

三、未来研究的展望

　　教育主体性哲学或者说主体性教育思想取得了丰硕的理论成果，在教育实践领域得到了普遍关注，成为基础教育改革的重要哲学基础。同时，也需要在以下方面需要进一步深化与拓展。

　　第一，教育主体性哲学需要关注学生主体性培养方面的研究。主体性教育最终落脚点在于学生主体性获得充分发展，培养学生的主体性当然不能失去了教师的指导，这是前期研究所达成的共识。学者需要进一步厘清教师的指导与学生主体性的发挥是一种什么关系，不同年龄阶段的学生在主体性培养上有什么特点，又如何在年龄特征的基础上分层培养学生的主体性，当前翻转课堂、合作性学习、探究性学习等学习方式在培养学生主体性方面有哪些价值与限度，那些鼓励"先学后教""以学定教""多学少教"的教育教学实践，有没有经过教育主体哲学的理论检讨等，都需要进一步深入探索。

第二，教育主体性哲学需要进一步关注主体间性研究，特别是内在主体间性方面的研究。主体性教育不能培养出单子式的主体，要培养学生的类主体性、主体间性、公共性，越来越多的学者关注到单子式的主体教育出现了一定的危机。教育中首先需要承认学生的主体性，并发展学生的主体性，这是主体间性教育理论的前提；还需要承认他者的存在，引导学生认识到他人同样是主体，走出自我中心，发展学生的公共性。这就需要主体性教育哲学研究在未来进一步深入拓展，特别是在内在主体间性研究方面。

第三，教育主体性哲学需要进一步关注教育领域的独特性研究。教育主体性哲学研究还存在着一定的模仿痕迹，套用哲学领域的理论来研究教育问题。虽然这也是教育哲学的一种生产方式，但这种方式对于教育领域独特性关注得不够，教育主体性哲学研究需要在特殊性方面重点关注。例如，对于人与人之间是主体间关系，教育是具有主体性的人与人之间的社会交往实践活动，这种主体间的关系在教育领域与其他领域有什么不同？作为肩负教育职责的教师与未成年学生的主体间的关系，与理性的社会主体之间的主体间关系又有什么不同？未成年学生之间的主体间关系是什么样？如何理性看待主体间性的教育哲学本身？诸如此类的问题还有待进一步深入探讨。

第四，教育主体性哲学还需要进一步关注教育主体性的地位研究。前期主体性研究成果更多地关注教育内部教师与学生主体性的研究，较少关注到教育外部主体性的研究，即教育作为一项社会活动在很多时候不能过于依赖其他社会领域，需要有自己的主体性。当然，这不是说，教育能够完全独立于其他社会领域，或者摆脱其他社会领域的影响。教育主体性哲学未来需要进一步关注教育的外部主体性问题，审思教育的相对独立性、学校的自主性方面的议题。没有教育的外部主体性，就难以实质性地发展教育的内部主体性，学生的主体性培养在很多时候也将受到限制。

第七章

教学认识论研究

认识论是哲学的重要组成部分，核心在于阐明人类认识的本质及其发生与发展规律。由于认识论一词来源于希腊文"知识"与"学说"两个词的结合，即关于知识的学说，故称知识论。教学认识论是认识论在教学领域的具体化，主要研究教学认识的本质及其发展规律。教学活动即教师教学生学习的活动，主要是或本质上是一种认识活动，是一种特殊的认识或认识的一种特殊形式。教学认识论就是研究教学认识的这些方面和过程及其运动规律的理论。[①] 教学认识论的主要内容包括，教学认识的本质、结构、主客体及其关系、认识方式、标准、检验与评价等方面。教学认识论古已有之。古今中外教育史上所有教育家及教育著作，只要对教学问题发表意见，特别是在对教学过程的本质以及教学过程的阶段、程序、程式等问题进行解释或设计的时候，实际上都无一例外地讲到教学认识论。[②] 教学认识论往往带有时代烙印，不同时代背景下对教学认识有着不同的理解。新中国成立 70 年以来，教学认识论备受关注，从对教学

[①] 北京师范大学教育系《教学认识论》编写组编：《教学认识论》，1 页，北京，北京燕山出版社，1988。

[②] 同上书，3 页。

的一般认识与探讨逐步发展成为教育学的重要研究领域。教学认识论是哲学认识论与教学论交叉而形成的一种理论。对新中国成立 70 年来的教学认识论研究进行回顾与总结，对教育学学科发展与教育实践变革，具有积极的价值。

第一节　教学特殊认识说：教学认识论的初步探讨
（1949—1976 年）

新中国成立初期 17 年，是教学认识论的初步探讨阶段，这一阶段对教学过程的本质开展了深入探讨，形成了"教学特殊认识说"。这一认识的提出最初源于对苏联的全面学习，并在教育教学的本土化发展中得以深化。

一、师法苏联："教学特殊认识说"的提出

新中国成立初期，教育界在教学认识方面开始全面师法苏联教育教学思想，以服务于我国的教育教学需要。1950 年，凯洛夫《教育学》引入中国，对中国教育学发展产生了深远影响，拉开了"教学特殊认识说"的序幕。"教学首先在于以知识、技能和熟练技巧的体系去武装学生，并在这一过程中有计划地促进学生的认识能力和才能得到发展。"[1]"我们在教学过程与科学的认识过程之间发见了一致之点。马克思列宁主义的辩证法，要求我们考虑所有的'条件、地点和时间'。教学不是、也不可能是与科学的认识过程完全一致的过程。"[2]这是凯洛夫以马克思主义认识论为理论基础提出的教学过程本质观，即提出了教学过程在本质上是一种特殊的认识过程的观点。1952 年，杜贺夫内伊的《教学法原理》对马克思列宁主义的认识论和

---

①　［苏联］凯洛夫：《教育学》上、下册，沈颖等译，53 页，北京，人民教育出版社，1953。
②　同上书，60 页。

苏维埃学校的教学理论、教学的直观性、自觉性等方面做出了系统的论述。1956年，申比廖夫和奥哥洛德尼柯夫合著的《教育学》在第二编教学理论中，提出"作为教学对象的教学过程的一般概念；教学是用系统的科学知识、技能和技巧武装学生，形成他们的共产主义意识，发展他们的认识能力和创造能力的过程；教学是学生认识活动的过程"[1]等观点。对从苏联引入的具有基本代表性的教育学著作进行分析发现，其基本的教学认识论思想是一致的。

新中国成立后，我国教育学界掀起了学习凯洛夫《教育学》的热潮。教学过程是一种特殊的认识过程的观点在这一阶段得到了确证与深化。有学者认为，以学生在教学过程中掌握知识体系、完成各种作业实践的本质来说，是一种认识活动。这种认识活动，是人类认识客观世界的特殊形式。[2] 有学者从教学过程的依据入手提出，马克思列宁主义的认识论是教学过程的方法论的根据，而巴甫洛夫高级神经活动学说，是教学过程的自然科学基础。[3] 由此可以看出，凯洛夫的教学认识论思想在这一时期受到了普遍认可与推崇，这与当时社会政治、经济、文化与教育的现实状况密不可分。

二、结合本土实践："教学特殊认识说"不断发展

1955年，教育部明确提出要"创建和发展新中国的教育学"。1957年，以《人民教育》刊发《为繁荣教育科学创造有利条件》一文为标志，教育学中国化被正式提出。在这一背景之下，教学认识论研究进入了新阶段。学者结合中国教育实际，针对"教学特殊认识说"进行了深入探讨，这尤其体现在这一阶段所出版的诸多教育学著作

---

[1] ［苏联］波·恩·申比廖夫、伊·特·奥哥洛德尼柯夫：《教育学》，目录页，北京，人民教育出版社，1956。

[2] 陈汝惠：《"实践论"与教学过程——纪念"实践论"发表二十周年》，载《厦门大学学报(社会科学版)》，1957(2)。

[3] 万梅亭：《试论教学过程的自然科学基础》，载《福建师范大学学报(哲学社会科学版)》，1956(1)。

之中。

北京师范大学教育系教育学教研组编写的《教育学讲义》延续了凯洛夫的教学认识论思想，提出"教学过程和科学认识过程不是完全一致的"观点。在教学过程中，学生的认识具有特殊性。学生掌握既知的、为人类所已获得的真理；学生经常由教师引导，学习从不完备的知识学到更加完备和更加深刻的知识；学生不仅掌握知识，发展自己的认识能力、才能和禀赋，并且受到教育。[①] 此外，陈元晖的《教学法原理》（湖北人民出版社，1957）、南京师范学院《教育学》编写组的《教育学》（江苏人民出版社，1959）等著作都有对教学过程的专门探讨，基本一致认为教学过程是一种特殊的认识过程。此外，曹孚的《教育学通俗讲座》（人民教育出版社，1954）、傅统先的《教学方法讲话》（山东人民出版社，1956）、车文博的《教学原则浅说》（湖北人民出版社，1958）等著作也含有教学认识的观点。1963 年刘佛年的《教育学》在凯洛夫的《教育学》框架基础上，增加了教育与政治经济的关系、我国社会主义教育方针、教育与儿童身心发展的关系等内容，拓展了"教学特殊认识说"。

"教学特殊认识说"不仅在诸多教育学著作中有所体现，相关学术论文也有集中反映。1957 年，宁德辉率先在《湖南师院学报（人文科学）》发表《论教学原则是教学过程规律的反映》指出："教学过程在实质上首先是个认识问题，因此在教学中教师必须把学生的认识活动安放在马克思列宁主义认识论的基础上，才能获得解决。教学过程与科学认识活动过程并不完全一致，教学过程有其自身特点"[②]。方惇颐在《教学中理论与实践的关系问题》一文中指出，教学过程是

---

① 北京师范大学教育系教育学教研组编：《教育学讲义》上，10—11 页，北京，北京出版社，1957。

② 宁德辉：《论教学原则是教学过程规律的反映》，载《湖南师院学报（人文科学）》，1957(2)。

人类认识世界的整个过程的一部分，是认识过程的一种形式。在教学中，学生的认识过程和科学家的认识过程比较起来，有它的特点。① 陈科美提出，教学过程是一种特殊形式的认识过程，与认识过程在本质上是一致的；因此，认识过程的规律性也同样反映在教学过程中。② 许宗实提出，教学过程和人们认识世界的过程是有区别的，教学过程是人们认识世界的过程的一种特殊方式方法。③ 由此，"教学特殊认识说"逐步明晰并得以确证。潘懋元提出，从教学实践到社会实践是教学过程中理论联系实际的一个重要发展，认识与实践是相统一的，教学过程是一个以知识、技能、技巧武装学生的过程。④ 高启沃在《教学过程必须遵循马克思主义认识论的原理》中提出，教学过程不同于一般的认识过程，教学过程有它的特殊规律，学生学习间接经验必须以感性经验为基础，学生掌握知识是一种自觉的、主动的认识运动，学生掌握知识是一个认识不断深化的过程。⑤ 通过对这一时期发表的相关论文梳理发现，对教学认识论的研究主要集中在教学过程方面，尤其是在教学过程的本质以及教学理论与实践关系的探讨中，确证了"教学特殊认识说"观点。

对教育学的学习和引进不仅局限于苏联，还引进翻译西方教育学著作，如 1964 年出版的美国教育哲学家白恩斯、白劳纳合编《当代资产阶级教育哲学》。这无疑对教学认识的深化产生了积极影响。

总之，在新中国成立初期 17 年中，受到凯洛夫教学认识论的影响，"教学特殊认识说"在教学认识方面占据主流位置。即使在教育学中国化的提出与发展过程中，也一直延续。"教学特殊认识说"的

---

① 方惇颐：《教学中理论与实践的关系问题》，载《理论与实践》，1959(8)。

② 陈科美：《从教学过程的规律性来看教学工作中的跃进问题》，载《文汇报》，1959-11-16。

③ 许宗实：《教学过程和认识过程的区别》，载《人民教育》，1961(8)。

④ 潘懋元：《再论教学过程中的理论联系实际——高等学校教育专题研究之五》，载《厦门大学学报(社会科学版)》，1962(2)。

⑤ 高启沃：《教学过程必须遵循马克思主义认识论的原理》，载《江淮学刊》，1964(3)。

主要观点是，教学活动在本质上是一种认识过程，学生的体力、智力和思想品德的形成都是以认识为基础并通过认识实现的，因此，认识过程在教学活动中占据基础性地位和作用；教学活动中的认识又不同于人类的一般认识过程，主要是学生个体的认识，具有特殊性。[①]

三、理论迷失与实践扭曲：教学认识论的异化阶段

1966 年"文化大革命"爆发，新中国成立以来教育学所取得的经验与成就被否定。对于促进教学认识发展的国外教育理论由学习与引进转向了批判与否定。以批判凯洛夫的《教育学》为代表，其中也包括对其教学认识论的批判。

1970 年，上海人民出版社出版《彻底批判凯洛夫的〈教育学〉》一书。一些人认为教学过程就是认识过程，而人的认识无不带上阶级的烙印。教学过程就是两种思想斗争的过程。同时，认为凯洛夫提出的"教学不是、也不可能是与科学的认识过程完全一致的过程"是不合时宜的，马克思列宁主义认识论在教学过程中效果不明显。此时，"教学特殊认识说"受到批判。

教学认识来源于教育实践，教育实践对教学认识产生重要影响。这一阶段的教育实践也遭到破坏。

第二节　形成理论体系：教学认识论的重建（1977—2000 年）

1978 年，"真理标准问题的大讨论"之后，教学认识论研究进入新的历史阶段，开启了由教学认识的一般探讨到教学认识论理论体系的形成与建构阶段。

[①]　杨小微、张天宝：《教学论》，233—234 页，北京，人民教育出版社，2007。

一、恢复与重建教学认识论

"文化大革命"结束后，教学认识迎来了重要的发展时机。重新评论凯洛夫的教育学思想成为开展教学认识新探讨的导火索。鲁洁、令狐昌毅、李湘林、吴也显在《教育研究》1979 年第 1 期发表《他们究竟要"改造"什么》，提出："教育这种社会现象的特殊矛盾、特殊本质，决定了学校的首要任务就是向学生传授知识。这个首要任务反映了教育工作的客观规律。"①余立发表的《根据实践是检验真理的唯一标准，探讨教育工作中的规律》也提出："教育要适应四个现代化的需要，有必要从理论上彻底澄清一些重要见解，探索并掌握教学工作的规律。在教学过程中，必须发挥教师的主导作用。"②方天培根据"两种对立的认识论"提出了关于教学认识的主张。③ 此后，教学认识论问题受到学者的高度关注。

1979 年 8 月，全国教育学研究会第一届年会关于教学论问题的讨论在兰州举行。会议主要探讨了教学的一般原理、教学过程的规律以及教学原则等方面的内容。1980 年，于光远发表《教育认识现象学中的"三体问题"》指出，教育是一种社会现象，同时又是一种认识现象，因此教育学可以从两个方面研究，分别形成教育社会现象学和教育认识现象学两门学科。教育过程从认识论的角度来看，是受教育者的认识过程。④ 而教育认识现象学的提出以及从认识论角度分析教育过程的观点实际上就是一种教学认识论，或可以说是教学认识论的初步提出。胡克英在《教学论若干问题浅议》中对学习知识

① 鲁洁、令狐昌毅、李湘林、吴也显：《他们究竟要"改造"什么：评〈谁改造谁〉》，载《教育研究》，1979(1)。
② 余立：《根据实践是检验真理的唯一标准，探讨教育工作中的规律》，载《教育研究》，1979(1)。
③ 方天培：《教学理论的批判继承和发展问题——兼评〈谁改造谁〉中"两种对立的认识论"》，载《杭州师范学院学报(社会科学版)》，1979(1)。
④ 于光远：《关于教育科学体系问题——在全国教育科学规划会议上的讲话》，载《教育研究》，1979(3)。

与发展能力、教与学、教学过程与科学研究过程展开了论述，提出
"教学过程是引导学生认识和学习改造世界的捷径"，"教学就是引导
学习"等观点。[①] 此后，教学过程的本质问题引起了教育学界的争
论。蒲心文与陈觐熊先后在《教育研究》1981 年第 1 期上发表《教学过
程本质新探》和第 9 期上发表《关于教学过程的本质》，蒲心文在 1982
年第 6 期上发表了《教学过程本质再探》，对教学过程的本质进行探
讨。1982 年，邹有华发表《教学认识论》一文，对教学认识论的建立
原因或根据以及教学认识论的基本内容进行了论述。[②] 温寒江从哲
学的角度对教学过程进行了探讨。[③] 1983 年，曾成平、熊明安、蒲
心文在全国教育研究会上提交的《试论教学认识论及其特点》论文，
对教学认识论做出具体界定，提出了教学认识论的研究任务。1983
年 10 月，华东、华北地区七院校教育学第三次学术讨论会"关于教
学过程的本质和规律的探讨"在天津师范大学举行，会议总结了教学
过程的本质问题和教学规律问题，拉开了深入探讨教学认识的序幕。
自此，教学认识论作为一个研究领域被正式提出。

二、建立教学认识论理论体系

从教学认识论的提出到确立为一个研究领域需要大量的研究积
淀。这一时期，出版了诸多有代表性的教学论的及教育哲学专著，
为教学认识论理论体系的确立奠定了基础。代表性著作包括董远骞
的《教学论》(浙江教育出版社，1984)、王策三的《教学论稿》(人民教
育出版社，1985)、吴杰的《教学论——教学理论的历史发展》(吉林
教育出版社，1986)、关甦霞编著的《教学论教程》(陕西师范大学出
版社，1987)、罗明基的《教学论教程》(黑龙江人民出版社，1987)

---

① 胡克英：《教学论若干问题浅议》，载《教育研究》，1979(3)。
② 邹有华：《教学认识论》，载《课程·教材·教法》，1982(1)。
③ 温寒江：《教与学，外因与内因——关于教学过程的哲学思考》，载《教育研究》，
1983(8)。

等。与教学认识论相关的教育哲学著作包括黄济的《教育哲学》、傅统先与张文郁的《教育哲学》、北京师范大学《教育哲学教学参考资料》编写组的《教育哲学教学参考资料》等。王策三的《教学论稿》深入分析了教学的基本概念，对教学过程进行了系统阐释与总结，标志着教学认识论初步形成。1988 年北京师范大学教育系《教学认识论》编写组编写的《教学认识论》一书，对教学认识的各个方面进行了系统探究，对教学认识论概念进行了系统解读与界定，标志着教学认识论理论体系真正确立。

这一时期，从认识论角度探讨教学过程持续受到学者的高度关注。教学过程不仅在教学论的相关著作中作为专门章节进行探讨，而且在学术论文方面也做了集中研究与讨论。研究的主题主要集中在教学过程的本质与规律的探讨上，[①] 以及对国外教学过程本质的认识之中。[②] 此外，学者也探讨了实践论对研究教学过程的指导意义[③]、教学过程及其矛盾要素的分析[④]、教学过程的社会交往现象分析[⑤]、教学过程的核心问题[⑥]等方面的内容。具体到教学认识方面，

---

　　①　梁春涛：《关于教学过程的本质和规律的探讨》，载《教育研究》，1984(2)；洪宝书：《教学过程本质若干问题之我见》，载《教育研究》，1984(11)；徐勋：《试论教学过程的特点和规律》，载《教育研究与实验》，1986(1)；任廷库：《教学过程及其规律的认识》，载《青海师范大学学报(哲学社会科学版)》，1986(4)；张保钧：《历史地、具体地认识教学过程》，载《新疆师范大学学报(哲学社会科学版)》，1988(2)；郝森林：《教学过程本质的再认识》，载《教育研究》，1988(9)。

　　②　姜俊和：《当代国外对教学过程本质的几种认识》，载《外国教育研究》，1989(2)；裴娣娜：《皮亚杰理论对教学认识论研究的启示》，载《教育研究》，1986(5)；涂茶：《杜威的教学认识论述评》，载《教育研究与实验》，1988(1)。

　　③　温寒江：《〈实践论〉对研究教学过程的指导意义》，载《教育研究》，1984(4)。

　　④　刘要悟：《教学过程及其矛盾要素的分析》，载《教育研究》，1984(4)。

　　⑤　唐文中、赵鹤龄：《教学过程的社会交往现象分析》，载《教育研究》，1990(3)。

　　⑥　余盛泽：《教学过程的核心问题是组织和发展认识结构》，载《课程·教材·教法》，1987(12)。

相关学术论文主要针对教学过程的认识本质①、教学认识过程论②、教学认识论再认识③等方面进行了探讨。教学认识论的理论体系正是在相关专著的出版以及学术论文的研究探讨中逐步确立的。

三、发展与反思教学认识论

20 世纪 90 年代，教学认识论进入了发展与反思阶段。学者随着对教学认识的理解不断加深，在对教学认识进行批判性审视的基础上，提出了新观点、新认识，丰富了教学认识论的研究视域。在这一时期，教学认识论的发展特点主要表现在以下几个方面。

第一，对教学过程、教学本质的认识论探讨在教学认识论研究中占据主流位置。北京师范大学教育系《教学认识论》编写组编写的《教学认识论》一书明确提出，教学过程是一种认识过程，教学认识具有特殊性。据此，教学过程的认识论探讨成为学者们关注的重要议题，并开展了一系列的探究。有学者从以知识结构转化为认知结构、以认知结构活化转变为智力、将认知结构和智力系统结合起来等方面来阐释教学过程的基本规律。④ 也有学者从教学过程中的主客体认识方面探讨教学过程的内在发展特点。⑤ 在教学本质的探讨中，学者基于对国内外教学本质论的评述，揭示了教学本质的特性。⑥ 有学者对教学本质的"层次类型说"做出梳理与评析。⑦ 可以说，这一时期对教学过程、教学本质的认识论探讨与历史梳理在很

---

① 谢家训：《关于教学过程的认识本质问题》，载《云南师范大学学报（哲学社会科学版）》，1985(4)。

② 冯增俊：《教学认识过程论》，载《海南大学学报（社会科学版）》，1986(1)。

③ 王开敏：《对教学认识论的再认识》，载《安徽教育学院学报（社会科学版）》，1988(4)。

④ 韩忠：《教学过程基本规律探索》，载《黑龙江高教研究》，1992(3)。

⑤ 王月胜、胡艳红：《试析教学过程中的主客体关系》，载《教育研究》，1995(9)；朱德全：《教学过程中主客体关系的统一性与动态性》，载《中国教育学刊》，1996(3)；华玉和：《试论教学过程中主客体的转化》，载《中国教育学刊》，1997(2)。

⑥ 严成志：《教学本质的对比研究》，载《四川师范大学学报（社会科学版）》，1995(4)。

⑦ 张广君：《教学本质层次类型说原初意指及其方法论价值新探》，载《宁夏大学学报（哲学社会科学版）》，1998(3)。

大程度上反映了教学认识论的新进展。

　　第二，将教学认识论研究置于教育哲学的整体发展以及教学论的历史梳理中。20 世纪 90 年代是教育学学科发展的重要时期，学者在深入探究过程中，适时关照了对教学认识论的探索。在黄济的《教育哲学通论》中，知识论与教学章节专门就认识论与知识观和教育观、中外教学论发展的历史概述、教学论中的几个主要问题进行了深入阐释。在对教学论的历史梳理中，裴娣娜对教学论研究主题进行了阐述，总结出要提高教学论研究的理论概括程度，以一定的哲学认识论、系统科学方法论为基础，构建一系列高层次的具有一定包容性的理论框架，如"教学认识论""教学活动论"等相关理论。① 李秉德等在《教学论学科建设问题的回顾与展望笔谈》中也提出，要通过教学认识论、本体论、价值论共同提升教学研究的水准。② 可以说，学者通过在教育哲学的整体发展与教学论的历史梳理中探索教学认识，切实将教学认识论纳入教育学学科的整体构成之中，不仅凸显了教学认识论作为一个研究领域的重要性，同时进一步推进了研究视野。

　　第三，对教学认识论的反思批判不断加强。教学"特殊认识说"自提出以来，在受到广泛认可的同时，对其质疑之声也不断。李秉德的《教学论》提出，教学过程是一个包含认识和实践两个方面的活动过程，是一个认识与实践统一的过程。③ 李定仁和张广君对"教学特殊认识说"做出肯定评价的同时，提出其存在的问题，并进一步指出，教学过程不只是认识过程，从整体上看更是实践过程。④ 王本

　　① 裴娣娜：《论我国教学论学科建设与发展》，载《中国教育学刊》，1998(6)。
　　② 李秉德等：《教学论学科建设问题的回顾与展望笔谈》，载《西北师大学报(社会科学版)》，2000(1)。
　　③ 李秉德主编：《教学论》，25 页，北京，人民教育出版社，1991。
　　④ 李定仁、张广君：《教学本质问题的比较研究》，载《华东师范大学学报(教育科学版)》，1997(3)。

陆针对教学认识论的批评做出回应，提出了教学认识论是被取代还是发展的重要议题。① 可以说，教学认识论正是在对自我的反思与争论中不断深化的。

第三节　教学认识论研究的深化与拓展(2001—2019 年)

进入 21 世纪后，教学认识论研究呈现多元化发展态势。尤其是伴随着 2001 年《基础教育课程改革纲要（试行）》的颁布实施，教学认识论研究进入了新的发展阶段。教学认识论研究面对丰富而多变的教学实践，面对不断发展的教学理论，呈现出研究视角的多样与创新。

这一时期，学者从多学科视角研究教学认识论。学者在哲学视角下探讨教学认识论主要有两种观点：一种是坚持以马克思主义认识论为指导来探讨教学过程中的认识论问题，另一种是不能将马克思主义认识论作为唯一视角解释教学认识论，由此形成了马克思主义哲学和后现代主义哲学两种取向的教学认识论。这两种观点之分歧集中于认识主体、认识对象、认识方法等方面。从我国基础教育课程改革实施 10 多年来的成效来看，教学实践一直在不断检验、丰富并具体化教学认识理论，两种理论取向呈现的悖论张力将殊途同归地走向实践本土化的教学论。② 近年来，过程哲学、分析哲学、后现代主义等哲学思想的引进为教学认识论的发展提供了更为广阔的空间。③

教学认识论的反思争鸣也进入了一个新阶段，呈现出争论范畴

---

① 王本陆：《教学认识论：被取代还是发展》，载《教育研究》，1999(1)。
② 夏英：《试议两种哲学取向的教学认识论》，载《教育理论与实践》，2014(1)。
③ 张欣、侯怀银：《近 10 年中国教学论学科建设的本土探索》，载《当代教育与文化》，2011(4)。

扩展、批判程度更加深入的特点，教学认识论研究由此进入理论重构期。有学者分析了传统教学论表现出教学价值观陈旧、理论框架封闭保守、学科体系僵化过时、研究方法单一等问题后指出，教学过程在本质上被视为"特殊认识过程"，而使教学过程40多年来重复着哲学认识过程的概念原理。这一哲学认识论指导下演绎出来的几条众人皆知的规律和原则也日益显示出对实践指导的乏力。① 有学者指出并论证了现存教学本质"特殊认识说"及其衍生理论"教学认识论"所存在的重大理论缺陷，认为根本出路在于现存理论的合理定位和向本体论的回归。② 作为教学认识论的创建者与捍卫者，王策三在《认真对待"轻视知识"的教育思潮——再评由"应试教育"向素质教育转轨提法的讨论》一文中提出，要加强教学认识论研究，正是对这一领域没有注意和缺乏了解，才导致由"应试教育"向素质教育转轨提法的倡导者轻视知识的问题。③ 对此，有学者提出反对意见。作为新课程理论的倡导者，钟启泉等从新课程所倡导的教育价值观、知识教育观，以及新课程在继承与借鉴、追求理想与面对现实四个维度，阐释新课程的基本理念，同时对以凯洛夫教育学为代表的教育思想提出了批判。④ 此后，对教学认识论的争鸣持续不断，有学者认为教学过程在本质上是教师教学生认识的过程，并高度重视知识传授的价值，提出发展和完善教学认识论。也有学者对其存在的问题、理论失误的根源以及局限性方面提出意见。可以说，教学认识论正是在反思与争鸣之中不断发展完善的。

纵观21世纪以来教学认识论的研究，在教学认识论的理论建构

---

① 魏新民、蔡宝来：《教学论的困境与出路》，载《教育研究》，2002(6)。
② 张广君：《反思·定位·回归：论"教学认识论"》，载《西北师大学报(社会科学版)》，2002(5)。
③ 王策三：《认真对待"轻视知识"的教育思潮——再评由"应试教育"向素质教育转轨提法的讨论》，载《北京大学教育评论》，2004(3)。
④ 钟启泉、有宝华：《发霉的奶酪——〈认真对待"轻视知识"的教育思潮〉读后感》，载《全球教育展望》，2004(10)。

和实践影响两个方面均取得了显著进展。

一、教学认识论的理论建构日趋完善

(一)教学认识论的理论基础

学者非常重视对教学认识论的理论基础的探究,从一定意义上来说,教学认识论的诸多争议与其理论基础的认识密不可分。学者正是由于对教学认识论理论基础的不同认识而产生观点的分歧。教学认识论的理论基础主要包括哲学基础、心理学基础、系统论基础等。哲学基础的探讨中又可以分为马克思主义哲学、后现代主义哲学、分析哲学、人文哲学、实用主义哲学等,其中学者多以马克思主义哲学为教学认识论的理论基础。教学认识论的心理学基础源于从心理学学科解读认识的概念。就目前研究状况与发展而言,教学认识论的理论基础逐渐由单一走向多元,并逐步深化发展,为教学认识论的深入研究奠定了基础。

(二)教学认识论的体系结构

在对教学认识论体系结构的探讨中,王策三在《教学认识论(修订本)》中进行了系统完整的阐释,主要包括教学认识的基本概念、教学认识的主体、教学认识的客体、教学认识的领导、教学认识的方式、教学认识的检验、教学认识的活动机制、教学认识的社会性、教学认识中科学和艺术的统一。[①] 此后,裴娣娜、丛立新、王本陆、郭华等人对教学认识论的体系结构做了进一步的完善与拓展。整体来看,这种教学认识论的体系结构在教育研究领域具有一定共识。

(三)教学认识论的批评与完善策略

在 20 世纪末至 21 世纪初,教学认识论的批评之声空前,在一定程度上反映了教学认识论发展所面临的困境。伴随着对原有教学

---

① 王策三主编:《教学认识论》,目录,北京,北京师范大学出版社,2002。

认识论的批评，学者提出了多种完善策略。

第一种是拓展教学认识论的原有范畴。有学者聚焦于认识本身，认为不应将认识仅仅看作反映过程，而应对认识的创造性本质加以关注。[1] 有学者提出，教学认识不仅是一个认识过程，而且是一个建构过程；师生之间不是一种单主体性关系，而是一种主体间性关系；教学认识不仅是一种科学性认识，而且是一种艺术性认识；教学认识不仅是一种个性认识，而且是一种社会性认识。[2] 有学者对教学认识中的另一半——非理性认识进行了系统阐释，认为非理性教学认识是通过非逻辑思维形式进行思维活动的诗性认识方式，是对机械、功利的理性教学认识的批判与反思，与理性教学认识呈互补共生的辩证发展关系。[3]

第二种是跨越教学认识论与教学价值论的对峙。有学者提出，争论的本质主要体现了教学认识论（科学或知识派别的教授观）与教学价值论（人文或实践派别的生成或建构观）这两种形态的对峙，解决争论的方式是跨越对峙，回归教学本体论。[4] 还有学者提出，通过教学生成论的建构以实现对教学认识论的超越。[5] 总体而言，发展完善的教学认识论，以更好地为教学实践服务成为学者的基本共识。

（四）教学认识论的范式转型

教学认识论的范式转型既来自对教学理论不断丰富发展的诉求，

---

① 郝志军：《认识的创造性与教学理论研究——兼论深化和发展教学认识论问题》，载《宁夏大学学报（人文社会科学版）》，2000(3)。

② 柳士彬：《重建教学认识论》，载《教育探索》，2004(8)。

③ 杨晓：《教学认识中的另一半：非理性认识的思考》，载《课程·教材·教法》，2017(2)。

④ 王小飞：《回归教学本体论：从形态对峙到本体理解》，载《教育科学研究》，2008(3)。

⑤ 柳士彬：《教学生成论纲要——兼论对教学认识论局限性的超越》，载《天津市教科院学报》，2005(6)。

也来自教学实践的强烈呼唤。学者对教学认识论范式转型的认识主要集中在以下几个方面。其一，转向生活认识论。有学者提出，要从科学认识论转向生活认识论，认为教学过程不只是一个认知性的掌握知识、发展智慧潜能的过程，更是一个完整的人的生成过程，是师生生命意义不断显现的生动活泼的生活过程。生活认识论是基于对教学的本真追问，也是基于对马克思主义哲学认识论之精神实质的重新深刻领会。[1] 有学者直接提出，教学意味着生活，主张赋予教学以生活的意义。[2] 还有学者论述了科学认识论的局限性，提出转向生活认识论有利于推动现代教学研究范式的转换。[3] 其二，转向实践与生成。有学者提出，立足于教学实践的要素关系审视教学认识系统，力求建构一个具有广阔包容性的改造主观世界的教学认识论新体系。[4] 有学者提出，教学认识论应从知识论转向生成论。[5] 其三，转向建构主义。有学者认为，从客观主义迈向建构主义，实现教学认识论的变革与超越，是我国新课程改革的必然选择。[6] 总的来说，教学认识论的范式转型成为教学认识论的热点议题，呼唤着更具包容性的教学认识论新体系的出现。

[1] 周建平：《从"科学认识论"到"生活认识论"——论教学的认识论基础的转换》，载《教育研究与实验》，2002(1)。

[2] 迟艳杰：《教学意味着"生活"》，载《教育研究》，2004(11)。

[3] 刘扬、程胜：《教学认识论的转向》，载《当代教育论坛（宏观教育研究）》，2003(12)；王攀峰：《生活认识论及其对现代教学论研究的启示》，载《教育理论与实践》，2005(9)。

[4] 张华龙：《基于实践观的教学认识论——教学认识论核心概念与范畴体系的反思》，载《教育研究》，2010(5)。

[5] 张广君、孙琳：《教学认识论的人道主义向度——生成论教学哲学的立场》，载《教育研究》，2013(4)；张晓洁、张广君：《教学认识论的当代转向：从知识论到生成论——生成论教学哲学的认识论镜像》，载《教育研究》，2017(7)。

[6] 王艳玲：《从"客观主义"到"建构主义"：教学认识论的变革与超越》，载《全球教育展望》，2006(9)。

二、教学认识论的实践影响逐步加深

(一)教学认识论与教育改革

教学认识论对教育改革具有重要意义，在一定程度上决定了教育改革的方向和实效。学者围绕教育改革的认识论问题、知识观的转变问题、新知识观的建立问题等开展了系列研究。有学者提出，在基础教育改革中需要高度重视知识的掌握，重构课程知识的权威，教学过程作为一种认识过程应该得到深入认识而不是否定。[1] 关于基础教育改革的观念问题，有学者针对教育价值观、知识观与知识教育、教育发展观等问题进行了系统探讨，提出在知识教育观上，应厘清传授与讲授、直接经验与感性知识、知识与人类文化遗产等概念，以及学生学习与一般人类认识的区别。[2] 还有学者就个体认识论视野中的教育和教育改革进行了研究。[3] 总体来说，认识论问题是教育改革的关键问题，学者围绕教育改革的认识论提出了一系列理论观点与改革建议。

教学认识论中知识观的转变与教育改革的关系是学者关注的重要议题。有学者从知识观的基本理论角度分析了其对教育改革的影响。如黄济在《教育哲学通论》中探讨了什么知识最有价值和如何有效地掌握知识的问题，分析了主要哲学流派的知识观，如经验主义知识观、实用主义知识观、理性主义知识观，以及马克思主义知识观对教育的影响。[4] 石中英在《知识转型与教育改革》和系列论文中对知识转型与教育改革的相互关系进行了深入探讨，鲜明指出了知识转型对教育改革的重要影响。[5] 有学者从当代知识观的巨大变革

---

① 石中英：《当前基础教育改革的若干认识论问题》，载《学科教育》，2002(1)。

② 孙振东、陈荟：《关于基础教育改革几个观念问题的讨论》，载《教育学报》，2005(2)。

③ 刘啸霆、张仲孚、吴卫东：《个体认识论视野中的教育和教改》，载《高等师范教育研究》，2000(1)。

④ 黄济：《教育哲学通论》，108—122页，太原，山西教育出版社，1998。

⑤ 石中英：《知识转型与教育改革》，目录，北京，教育科学出版社，2001；石中英：《知识性质的转变与教育改革》，载《清华大学教育研究》，2001(2)；石中英：《本土知识与教育改革》，载《教育研究》，2001(8)。

角度分析其对教育改革的影响。如王凤秋分析了当代知识的变化特点，提出了以教育目标、内容、手段的更新进行全方位的教育改革等具体应对措施。① 潘洪建认为，当代知识观蕴含内在、开放、动态的知识本质观，多维、互补的知识价值观和积极内化、主动生成、合作建构的知识获得观。基础教育改革应认真处理好知识目标、课程结构、教学方式和教学评价等方面的问题。② 周燕提出，当代知识观转型的关键是从关注知识的外在意义转向关注知识的内在意义，当代教育应建立在后现代知识观的基础上，致力于知识的内在意义。③ 还有学者从新知识观的建立角度，提出其对教育改革的意义。李越对心理学的新知识观进行了系统阐释，并提出了新知识观对教育改革的启示意义。④ 整体而言，从对知识转型的基本理论探讨到当代知识转型的特征分析，再到新知识观的建立与探索，研究逐渐走向深化，对教育改革的影响与启示更趋理性和实效。

(二)教学认识论与课程教学改革

教学认识论是一种与课程教学实践有着高符合度的理论，是对课程教学实践的理论化、概括化、系统化，揭示了现代课程教学以传递和掌握系统的科学文化知识为核心的本质特征。⑤ 围绕教学认识论与课程教学改革，学者主要从以下几个方面进行了深入探讨。

第一，基于对教学认识过程中错误问题的分析，提出正确的态度与做法。有学者讨论了对待教学认识过程中学生所犯错误的两种态度。一种视其为教学的失败，另一种则视其为学习主体性的表征。

---

① 王凤秋：《当代知识的变化与教育改革》，载《教育研究》，2000(4)。
② 潘洪建：《当代知识观及其对基础教育改革的启示》，载《教育研究》，2004(6)。
③ 周燕：《从知识的外在意义到知识的内在意义——知识观转型对教育的影响》，载《全球教育展望》，2005(4)。
④ 李越：《认知取向的新知识观及其教育改革意义》，载《陕西师范大学学报(哲学社会科学版)》，2004(2)。
⑤ 郭华：《现代课程教学与教学认识论》，载《北京大学教育评论》，2012(3)。

这两种态度，会引发教学危机。正确的态度应该是对教学认识过程中所犯的错误采取一种理性批评的态度或者说"批判理性主义"的态度。① 正确态度或做法的提出，是对课程教学改革的建议。

第二，基于对教学认识方式优化问题的探讨，推进基础教育课程改革。有学者提出，自觉加强有关教学认识方式优化问题的研究，是推行新基础教育课程改革的重要条件。从某种意义上说，教学认识方式是否优化，直接制约着课程改革的价值实现程度乃至成败；同时，可以通过课程改革促进教学认识方式的多样化。② 可以说，教学认识方式优化与教育课程改革是相互影响、相互促进的。

第三，基于教学认识论中的知识观分析，提出课程教学改革的建议。知识观是课程改革的基本内容，又构成课程改革的重要前提。③ 新课程改革以来，围绕着知识观与课程教学改革的议题开展了广泛的探讨，出现了许多争鸣，如现代知识观与后现代知识观之争。有学者在分析了后现代的知识观的内涵、特征基础上，提出其对课程教学改革具有重要的启示意义。④ 对此，许多学者提出了不同意见。有学者认为，联系我国国情以及我国教育改革的实际，只有注重科学知识教育，走出后现代知识观，才能保证新课改的顺利进行。⑤ 有学者提出，要树立以科学知识为核心的课程观。⑥ 有学者提出知识观的多种转向，并指出其对深化基础教育课程与教学改革

---

① 石中英：《教学认识过程中的"错误"问题》，载《北京大学教育评论》，2006(1)。
② 王本陆：《教学认识方式优化与基础教育课程改革》，载《教育研究》，2002(9)。
③ 潘洪建：《当代知识观及其对基础教育课程改革的启示》，载《课程·教材·教法》，2003(8)。
④ 聂荣鑫：《后现代知识观中的课程改革》，载《全球教育展望》，2003(6)；姜勇、郑富兴：《后现代知识状况与新教育观的呼唤》，载《外国教育研究》，2003(12)；赵颖：《后现代知识观与课程改革》，载《辽宁教育研究》，2005(3)；宋彩琴、杜元宏：《后现代知识观视野下的课堂教学》，载《甘肃高师学报》，2009(3)。
⑤ 潘新民、张薇薇：《必须走出后现代知识观——试论科学知识教育的作用与价值》，载《教育学报》，2006(4)。
⑥ 赵婧：《"课程知识观变革"之检视》，载《教育导刊》上半月，2009(3)。

所具有的启示。^① 有学者对新课程理念所倡导的知识观包括建构主义知识观、后现代主义知识观和人本主义知识观等进行了反思，提出只有认识现有知识概念的合理性，充分吸收各种知识观的优点，尊重我国基本国情，才能适应基础教育改革的要求，保证基础教育的健康发展。^② 总的来说，知识观对课程教学改革的影响是巨大的，教育研究领域的诸多争议，包括"钟王之争"，焦点问题就在于对知识的不同看法。人们只有树立正确的知识观，才能推进课程教学改革的顺利进行。

第四节　教学认识论研究的总结与展望

新中国成立 70 年来，教学认识论研究取得了诸多成就，在教学实践中产生了广泛而深刻的影响，与此同时，也存在着一些不足之处。在总结取得的成就、分析存在问题的基础上，对教学认识论研究进行展望，有利于促进教学认识论研究的深化与完善。

一、加强教学认识论的中国贡献研究

作为教育哲学与教学论的交叉领域，教学认识论一直是学科探讨的重要议题，并在教育教学的理论建构与实践推进方面发挥了重要作用。进一步加强教学认识论的中国贡献研究具有重要意义。

教学认识论发展经历了从国外借鉴到本土建构的发展过程。明确提出"教学本质上是一种特殊的认识过程"的是苏联。我国教育研究领域在吸收国外教学认识论成果的基础上，形成了中国特有的教学认识论体系。这在教育哲学和教学论的相关著作中得到了一定体现。许多教育哲学与教学论著作中"都有专门的章节探讨和论述认识

---

① 闫守轩：《知识观的转向与教学改革的深化》，载《湖南师范大学教育科学学报》，2004(1)。

② 张磊：《新课程改革的知识观反思》，载《教育发展研究》，2009(2)。

论或知识论与教育、教学的关系问题，更明显地属于教学认识论领域"①，如黄济的《教育哲学》、申振信的《现代教育哲学》、杨小微的《现代教学论》(山西教育出版社，2004)等。也有以教学认识论命名的著作，如王策三的《教学认识论》、涂荣豹的《数学教学认识论》、张广君的《守望与前行：教学认识论的当代视野》等。近年来，教学认识论思想越来越多地出现在教育哲学与教学论的相关著作与论文之中。

　　教学认识论的中国贡献研究主要体现为理论贡献和实践意义两个方面。理论贡献主要体现在教学认识论对实践问题合理的理论解释上。② 实践意义主要集中在教学认识论对教育教学改革的具体影响上。这无疑对教学认识论学科地位的确立产生了积极作用。然而，近年来教育学界对教学认识论的贡献研究相对不足，制约了教学认识论的进一步发展。加强教学认识论的中国贡献研究，可以从以下几个方面进行。第一，积极吸收教育哲学、教学论、心理学等相关学科的最新研究成果，丰富和完善教学认识论体系，提升教学认识论的中国贡献；第二，梳理、分析与借鉴国外教学认识论的研究成果与实践经验，在启示与对比中拓展对教学认识论中国贡献的认识；第三，针对具体教育教学问题，从教学认识论视角进行深入分析研究。教学认识论面临的主要问题是，如何在充分吸收教学理论与实践以及相关学科发展成果的基础上，深入研究各种新现象、新问题，努力把对教学认识的概括和抽象不断上升为具体丰富的概念？这是教学认识论需要进一步探索的主题与发展的方向。③ 这也是提升教学认识论中国贡献的重要路径。

---

　　①　北京师范大学教育系《教学认识论》编写组：《教学认识论》，3页，北京，北京燕山出版社，1988。

　　②　郭华：《"教学认识论"在中国的确立及其贡献》，载《山西大学学报(哲学社会科学版)》，2015(4)。

　　③　王本陆：《教学认识论：被取代还是发展》，载《教育研究》，1999(1)。

二、深入开展教师与学生认识论的研究

教学认识论是教学认识之理论，即把教学活动作为人的一种客观的特殊的认识过程来进行一般研究的理论。[1] 教学认识论实质上是人的认识论。人是社会实践活动的主体，包括教学认识活动。教学认识就是从主体出发，通过主体活动，实现主体发展。从教学认识论的实践价值来看，要实现教学认识论理论成果的实践转化，离不开对教学主体认识论的研究。

首先，进一步加强学生认识论研究。学生是教学活动的主体，也是教学认识的主体。王策三的在《教学认识论》中明确指出，教学认识主要是指学生的认识。在此基本定位下，关于教学认识论的研究也主要是学生认识论研究。然而就直接研究学生认识论而言，相关成果并不多见，且部分研究存在以哲学认识论代替学生认识论的问题。进一步加强学生认识论研究一方面可以加强学生认识论意义、认识本质、认识机制及认识路径等方面的研究。另一方面可以加强教学在学生认识中的作用机理研究，即研究如何通过教学实现学生认识的提升。此外，可以开展学生认识论与教师认识论及教学认识论的关系探讨。三者既有联系又有区别。通过开展这三者的关系研究，明确各自的边界及所指，在相互区别与融通中促进学生认知水平的提升。

其次，开展教师认识论研究是对教学认识论的重要补充。在已有教学认识论研究中，教师是作为教学认识的领导或主导来看待的，教学认识即教师通过教学促进学生认识提升的过程。由此可以看出，教师认识论未能得到充分的重视。作为教学主体之一的教师，其认识论应成为教学认识论研究的重要组成部分。教师认识论起源于对哲学认识论的探讨，是哲学认识论在教师主体上的实际运用。关于

---

[1]　王策三主编：《教学认识论》，目录，北京，北京师范大学出版社，2002。

教师认识论研究，有三种取向，包括教师认识论的哲学研究取向、教育心理学研究取向、教师教育研究取向。① 根据教学认识论自身发展的特点，教师认识论可以从理论取向和实践取向两个层面进一步开展研究。理论取向即可以沿着哲学认识论的道路继续推进，实践取向则是对教师实践教学中的认识论问题进行深入探讨。

三、拓展基于核心素养的学科教学认识论研究

学科教学认识论在语文、数学、历史等学科取得了一定的进展，进入 21 世纪以来，相关著作和论文逐渐增多，对教学实践产生了重要的影响。但整体而言，学科教学认识论研究还存在许多不足之处。学科教学认识论的相关理论建构有待深化，学科之间的教学认识论研究存在不平衡，有部分学科并未开展教学认识论探究，缺少学科教学认识论的对比研究，以及结合新时代要求来开展教学认识论探讨的研究比较匮乏等。学科教学认识论是教学认识论的重要组成部分，是教学认识论发挥学科教学实践影响的重要方面。结合学科教学认识论研究的成就以及存在的问题，学者可以基于核心素养，拓展学科教学认识论研究。

从价值论层面来讲，教学认识论服务于学生核心素养的提升。拓展基于核心素养的学科教学认识论研究正是出于学科教学认识论的价值考量。2014 年 3 月，教育部发布《教育部关于全面深化课程改革，落实立德树人根本任务的意见》，指出教育部将组织研究提出各学段学生发展核心素养体系，明确学生应具备的适应终身发展和社会发展需要的必备品格和关键能力。② 2016 年 9 月，核心素养研究课题组发布了《中国学生发展核心素养》，提出学生发展核心素养的

---

① 李学农：《教师认识论与教师的教学专业成长》，载《课程·教材·教法》，2011(3)。
② 《教育部关于全面深化课程改革，落实立德树人根本任务的意见》，http://old. moe. gov. cn/publicfiles/business/htmlfiles/moe/s7054/201404/xxgk_167226. html，2014-04-08。

总体框架和基本内涵。2017 年，课程标准中明确提出了学科核心素养，是学科育人价值的集中体现，是学生通过学科学习而逐步形成的正确价值观念、必备品格与关键能力。这些关于核心素养的规定，为学科教学认识论研究指明了方向。尤其是基于核心素养的各项具体指标来开展学科教学认识论探讨将成为教学认识论研究的新领域、新契机。

我国教学认识论研究取得了可喜的成果，在丰富教育理论体系的同时，对教育实践也产生了深远影响。展望未来，需要进一步开展教学认识论研究，借鉴多学科最新研究成果，结合新时代的核心议题，立足于教育教学的现实问题，拓宽教学认识论研究视野，进一步丰富教学认识论的研究成果，为中国教育事业的蓬勃发展做出贡献。

第八章

德育论研究

德育作为一种培养人的道德的实践活动，背后蕴藏着特定的道德教育哲学，称为之德育论。新中国成立以来，德育研究经历了数次重大转折和变革，同时不断促进自身的探索创新和发展完善。通过对新中国成立 70 年来的德育研究历程的详细梳理，可以更好地分析、归纳和总结德育理论研究的历史成就及经验教训，更好地展望中国德育理论体系构建的未来方向及重要使命，从而使德育研究与新时代中国特色社会主义实现共鸣共振，培育能够担当中华民族伟大复兴重任的时代新人。

第一节　德育论研究的"苏联化"改造(1949—1955 年)

伴随着新中国的成立，我国的政治制度、经济制度、教育制度等都发生了巨大变化。1949 年 12 月 23 日，教育部召开第一次全国教育工作大会。会议明确提出，新中国的教育事业不仅要吸收最早解放地区的教育经验以及旧教育的一些经验，同时重点要借鉴苏联教育建设的先进经验，以实现对中国教育的全面"苏联化"的改造。这一阶段的教育学研究，正如郑金洲和瞿葆奎所言，"一改以往'仿

美'的面貌，它伴随着新中国的成立呈现出了新气象"①。这种新气
象在德育理论研究中的体现，就是开始走向了"一边倒"，在模仿乃
至于照搬苏联德育经验的过程中探索中国德育建设之路。这种全面
"苏联化"的路向，集中体现在两个方面。

　　一方面，开始全面模仿和照搬苏联经验，嫁接苏联德育理论以
及德育实践模式，以满足新中国德育工作破旧立新的迫切需要。学
者全身心投入苏联教育著作的翻译和出版工作、苏联共产主义德育
思想的宣传工作中。1950 年，生活·读书·新知三联书店率先出版
了苏联学者叶西波夫和龚察罗夫的德育著作《苏联的新道德教育》。
全书共分为八章，分章节介绍了苏维埃爱国主义教育、社会主义人
道主义教育、集体主义教育以及列宁、斯大林论苏维埃道德教育等，
阐明苏联共产主义道德教育的原则及方向。1950 年，王雁冰撰文，
认为该书"是我们实行新民主主义的教育，即民族的、科学的、大众
的教育方针下，尤其在培养共同纲领里面所规定的新国民道德时，
最有用的一本书"②。1950 年，凯洛夫的《教育学》出版发行，成为这
一时期我国教育学者争相模仿和学习的榜样。凯洛夫《教育学》有专
门论述道德教育的章节，第八章"共产主义道德教育原理"、第九章
"共产主义道德教育的方法"，第十章、第十一章、第十二章分别阐
述了辩证唯物主义世界观的教育、苏维埃爱国主义与民族自豪感的
教育、劳动教育等内容，对苏维埃共产主义道德教育的基本原理和
方法做了详细介绍。这一时期还翻译出版了冈察洛夫的《教育学原理
初译稿》。该书第八章专门讨论了道德教育的原理；奥戈罗德尼科夫
的《教育学》第十章、第十一章、第十二章分别讨论了苏维埃的德育
原理、德育方法以及爱国主义教育。

　　另一方面，在学习和模仿苏联德育经验的基础上，我国学者发

----

① 郑金洲、瞿葆奎：《中国教育学百年》，101 页，北京，教育科学出版社，2002。
② 王雁冰：《介绍"苏联的新道德教育"》，载《人民教育》，1950(4)。

表了一系列的德育研究成果。比如，熊承涤的《介绍两本共产主义道德教育的书》(《人民教育》，1954 年第 10 期)、何之的《加强对学生的共产主义道德教育》(《江苏教育》、1955 年第 4 期)、杨成的《集中进行共产主义道德教育的几点经验》(《人民教育》，1955 年第 6 期)、章炼峰的《关于共产主义道德教育中的几个问题》(《人民教育》，1955 年第 4 期)等研究成果，主要是介绍苏联德育工作的经验，倡导学习和借鉴苏联模式。与此同时，北京师范大学教育系还于 1957 年以凯洛夫《教育学》为蓝本组织编写了一本《教育学讲义》①，其中第十二章至第十七章集中阐述了共产主义道德教育的原则与方法、爱国主义教育、集体主义教育、劳动教育、纪律教育等内容，基本上照搬了凯洛夫《教育学》中的理论框架和思想观点。这本讲义是这一时期中国德育理论发展的一个缩影，即在全面学习和模仿苏联教育学模式的基础上，以苏联共产主义政治思想为指导，基本上照搬苏联德育理论及经验，从而在不知不觉间对中国德育理论体系进行了全面"苏联化"的改造。

在学习和模仿苏联经验的同时，这一时期展开了对约翰·杜威的实用主义教育学及美国教育模式的批判，以拒绝西方资本主义道德教育思想，从而进一步表明了学习苏联的决心和意志。

第二节　德育论研究的"中国化"探索(1956—1977 年)

1956 年开始，中苏关系日益恶化，使得中国教育必须摆脱苏联教育模式的束缚，独立探索"中国化"的教育发展之路。这一时期的"中国化"教育改造带有强烈的时代印记。总体而言，这一时期德育理论研究的"中国化"探索，体现在两个方面。一是全面批判苏联教

---

①　北京师范大学教育系教育学教研组编：《教育学讲义》，目录，北京，北京出版社，1957。

育学，尤其是批判凯洛夫《教育学》，在批判、反思中全面厘清与苏联教育经验的关系；二是在挫折中摸索中国教育及德育的出路，试图走出属于中国自身的教育学和德育理论研究的发展道路。

一、对凯洛夫《教育学》及苏联德育模式的批判

中苏关系恶化之后，我国教育领域开始了对苏联教育学及德育理论体系的批判，矛头集中指向凯洛夫《教育学》及其德育思想。1957 年春，曹孚在中央行政学院以"教育学研究中若干问题"为题做学术报告。曹孚认为，我们不能片面地照搬、照抄凯洛夫《教育学》，我们要在方法论方面丰富教育学中国化的理论基础，以避免教育体系的模式化、教条化和孤立化。[①] 1957 年，瞿葆奎发文指出，我们应该对凯洛夫《教育学》及苏联德育经验保持清醒头脑，但是一直以来，"我们存在着教条主义的学习态度，这种教条主义的学习态度，我们必须努力批判和克服"[②]。因此，要结合中国实际情况来学习和借鉴苏联教育经验，避免犯教条主义的错误。瞿葆奎主张以理性的态度来反思和批判凯洛夫《教育学》及德育思想，既要看到凯洛夫《教育学》及苏联模式的贡献，同时要坚决批判照搬苏联模式的教条主义。1958 年以后，凯洛夫《教育学》受到了更严厉的批判。这一时期德育理论研究的"中国化"探索和改造，不再以苏联的共产主义德育思想体系为模板，而是以毛泽东思想为指导，结合中国德育实际阐发了学校德育、思想政治教育的意义和任务、原则、过程、方法等，开始独立探索"中国化"的德育理论研究之路。

二、探索德育理论体系的"中国化"道路

伴随着对凯洛夫《教育学》及其所代表的苏联模式的全面反思和

---

① 曹孚：《教育学研究中的若干问题》，见瞿葆奎主编：《教育学文集·教育与教育学》第 1 卷，579—599 页，北京，人民教育出版社，1993。

② 瞿葆奎：《关于教育学"中国化"问题》，载《华东师范大学学报（人文科学版）》，1957(4)。

批判，我国教育学界随即也展开了构建中国教育学及德育体系的独立探索。1956 年，瞿葆奎在《人民教育》上发文指出，我们要避免用苏联教育理论"生搬硬套"中国的教育实践，但是在实际工作中，我们"在很大程度上还是采取你引凯洛夫和别洛夫斯基的话，我引崔可夫和斯达西耶娃的话，来证明你或者我早已作出的结论……如果只是想依靠人家的话，那末所作出的结论就必然缺乏说服力，同时也容易把讨论导入简单化"①。1957 年，瞿葆奎发表了《关于教育学"中国化"问题》一文。该文指出，"过去，我们在教育理论和实践工作中，对学习苏联先进教育理论和经验，与我们本国的情况结合不够，用脑筋不够。也就是说，我们存在着教条主义的学习态度"②。而中国教育学的发展，不可能建立在这种教条主义基础之上，而必然要与我们"本国的情况相结合"，自主探索教育的中国化道路。德育领域逐渐开展了德育理论体系的中国化探索。

许宗实在《人民教育》上发文指出，凯洛夫《教育学》在德育问题上只是一般性地提出要培养共产主义道德，但是并没有紧密联系社会实际和阶级斗争，对于中国的德育工作而言，"从整个教育方针上说，我们要求从德、智、体几个方面生动活泼地、主动地得到发展，成为有社会主义觉悟的有文化的劳动者"③。孙陶林发文指出，我们必须坚决、彻底地克服脱离实际的教条主义的严重倾向，"建立我国自己的教育学，编写我们自己的教育学教材"④。当然，这其中也包括德育教材的编写工作。这一时期，北京师范大学教育系教育学教研组编的《教育学讲义》(1957)、华东师范大学教育学教研组的《教育学讲义初稿》(1959)、南京师范学院《教育学》编写组编订的《教育学》

---

① 瞿葆奎：《如何在教育学领域中实现"百家争鸣"》，载《人民教育》，1956(11)。

② 瞿葆奎：《关于教育学"中国化"问题》，载《华东师范大学学报(人文科学版)》，1957(4)。

③ 许宗实：《社会主义教育学中的一个重要问题》，载《人民教育》，1964(6)。

④ 孙陶林：《建立我国教育学，革新教育学的教学工作》，载《学术月刊》，1958(8)。

（1959）等，都在批判凯洛夫《教育学》及苏联德育模式的基础上，对
教材中的德育部分进行了"中国化"的探索和改造，核心的改造是不
再以苏联共产主义德育思想体系为模板，而是以毛泽东思想为指导，
结合我国教育以及德育的实际问题展开学科知识体系的中国化探索，
展现了当时学者的德育理论成果和智慧结晶。此外，众多学者纷纷
发文探索中国德育的发展道路，黄济的《对〈中小学共产主义道德教
育的内容和方法〉的意见》（《读书》，1958 年 11 期）、卢达君的《当前
学校中思想政治教育的迫切任务》（《人民教育》，1959 年第 12 期）、
孟豫的《谈谈关于共产主义道德的教学问题》（《江苏教育》，1962 年第
22 期）等论文，展现出了中国学者探索"中国化"道路的努力。这些研
究成果试图结合中国的实际情况走出一条属于自己的德育发展之路。
这次"中国化"探索有其特殊的政治背景及社会背景，是中苏关系恶
化之后我国德育领域摆脱苏联模式的一次尝试。

　　总的来说，中国德育理论的这次"中国化"探索，有其独特的时
代背景，是在比较被动的背景下（中苏关系解体）展开的一次探索，
是摆脱凯洛夫《教育学》及苏联教育模式的一次尝试，因而其独立性
是比较弱的。1966—1976 年，德育论研究停滞。

第三节　德育论研究的重建与转型（1978—1999 年）

　　1978 年以后，德育学科的发展和德育理论研究开始复苏，并且
向着现代化与科学化的方向不断前进。这一时期，一方面表现为德
育领域对"文化大革命"时期的思想展开集中的反思和批判。另一方
面，20 世纪 80 年代以后，德育理论工作者广泛进行了德育基础理论
的研究，对德育的地位、德育的本质、德育的功能等展开了全方位
探索，深入开展了中国德育理论体系的建构；同时随着德育理论研
究的发展，德育学科也不断走向深化，出现了德育学科的分化与整

合并存的趋势，有效促进了德育理论研究的科学化与现代化。

20世纪八九十年代，整个德育理论研究领域开始进入一个宽松的、快速的发展时期，德育学者开始着手建构现代化的德育理论体系，就德育的本质、内容、功能以及方法等方面展开全方位探索。德育理论体系的建构，极大促进了德育研究的科学化，同时也推进了德育理论的现代化，并且在这一过程中逐渐形成了具有中国特色的德育理念及实践路向。这一时期的德育本质研究经历了从"外铄论"到"内化论"，再到"适应性与超越性统一论"的转变。在20世纪80年代，德育的"外铄论"得到了不少学者的认同。《中国大百科全书·教育》把德育定位为"按照一定社会或阶级的要求……把一定的社会思想和道德转化为个体思想意识和道德品质的教育"[1]。胡守棻在《德育原理》一书中基本上沿用了这一观点，认为德育就是"把一定社会的思想道德规范转化为受教育者个体的思想品德"[2]。这主要还是从外在角度来理解德育的，认为德育的本质就是把外在于个体的道德规范传授给个体。90年代初期，学者逐渐认识到德育不仅是传授外在的道德规范，同时这种传授工作还需要个体主动去"内化"，因而强调德育的本质是"通过受教育者积极主动的内化和外化，促进其养成一定品德的教育活动"[3]。到了20世纪90年代后期，鲁洁相继发表了《道德教育：一种超越》（《中国教育学刊》，1994年第6期）、《论教育之适应与超越》（《教育研究》，1996年第2期）等论文，认为道德教育不仅要让受教育者能够适应现实生活，更要让受教育者能够超越现实，追求一种超越性的道德生活。这在全国范围内引起了巨大反响，实现了德育本质从"外铄论"到"内化论"再到"适应性与超

---

① 中国大百科全书总编辑委员会等编：《中国大百科全书·教育》，59页，北京，中国大百科全书出版社，1985。

② 胡守棻主编：《德育原理》，36页，北京，北京师范大学出版社，1989。

③ 扈中平主编：《教育学原理》，384页，北京，人民教育出版社，2008。

越性统一论"的转变。

德育不仅重视政治功能，同时重视社会经济功能以及个体发展功能。鲁洁在《商品经济与教育》一文中指出，学校教育及道德教育不能脱离于商品经济的发展，而要培养人的"竞争观念、时效观念、开拓精神、创造意识等思想素质"①，以适应商品经济发展的需要。胡晓莺在《学校德育与社会主义商品经济》一文中指出："一方面，学校德育要为实现共产主义理想培养人才做好充分准备，另一方面，又必须为商品经济服务，使广大受教育者能够适应现实生活之需要。"②此外，杨华生的《商品经济与道德教育》(《山东教育科研》，1989 年第 3 期)、张耀灿的《改革与道德教育》[《华中师范大学学报(哲学社会科学版)》，1986 年第 2 期]、余光的《社会主义商品经济与学校德育》(《教育评论》，1988 年第 2 期)等也都谈到德育与经济改革之间的深层关系，强调德育的社会经济功能。这一时期还重视德育的个体功能。鲁洁率先提出"德育的个体享用功能"，认为德育可以使人在满足精神需要、实现自我价值的过程中体会到幸福感和享受感。③ 这引起了学者们对德育的个体功能的普遍关注。

这一时期也展开了德育内容的科学化和规范化的探讨，学者开始逐渐归纳出德育内容体系的主要方面，包括道德教育、法制教育、思想政治教育、心理健康教育等。④ 在具体的德育内容上，注重社会主义教育、爱国主义教育、集体主义教育、社会公德教育、基本文明礼仪教育等，形成了一个"大德育"的体系。这也使得德育内容体系更好地适应社会主义现代化建设的需要。

这一时期的德育理论研究非常重视对德育过程的基本规律的探

---

① 鲁洁：《商品经济与教育》，载《江苏高教》，1989(1)。

② 胡晓莺：《学校德育与社会主义商品经济》，载《中国教育学刊》，1989(1)。

③ 鲁洁：《试论德育之个体享用性功能》，载《教育研究》，1994(6)。

④ 詹万生主编：《整体构建德育体系总论》，311 页，北京，教育科学出版社，2001。

索，总结出多元的、合理的德育方法，包括榜样示范法、理想激励法、情感陶冶法、对话讨论法、行为训练法等方法，从而以更加科学的、符合规律的德育方法促进学生的道德成长，提升学校德育工作的实效性。比如，严正的《中小学德育原理与方法》（华中师范大学出版社，1989）、魏贤超的《现代德育原理》（浙江大学出版社，1993）、檀传宝的《学校道德教育原理》（教育科学出版社，2000）等著作都在德育方法上展开了深入探索，强调通过更加现代化、科学化的德育方法，促进受教育者道德品质的全面发展。

20世纪90年代，德育学作为一门独立的学科已经初具规模，并且通过向内挖掘、向外拓展，形成了学科不断分化与融合的趋势。一方面，德育学科从内部不断分化出了许多子学科。比如，探讨德育课程的德育课程论，探讨德育课堂教学的德育教学论，探讨德育方法的德育方法论，以及展开中西方德育比较分析的比较德育论等。另一方面，德育学开始寻求与其他学科的交叉和融合，在跨学科、交叉学科的视角上研究德育问题，建构德育的新理念、新方法。比如，德育与哲学的交叉产生了德育哲学（道德教育哲学），德育与社会学的交叉产生了德育社会学，德育与美学的交叉产生了德育美学，德育与环境学的交叉产生了德育环境学，德育与心理学的交叉产生了德育心理学等。通过不断挖掘，德育学科深入探讨了德育的本质、目的、内容、方法等核心主题，德育理论及德育学科的基础更加稳固；通过向外不断地探索，德育学科形成交叉学科和跨学科的理论研究，从更开阔的理论视角研究德育问题。总体来说，这一时期的德育学科分化的趋势是不可避免的。这既是德育学科不断走向科学化、现代化的必然结果，也是德育学科获得更长远发展的必然途径。

在德育学科不断走向分化的背景下，德育理论研究出现了非常显著的学科融合的趋势，在分化中不断走向融合，同时在融合中又不断走向分化。德育学科的融合趋势，集中体现在两个方面。一方面，伴随着德育理论研究更加成熟化、体系化，众多学者根据德育理论领域的研究成果，编撰了大量德育学著作以及理论教材，对研究成果进行归纳和综合，促进了学科理论体系的融合发展。比如，赵翰章主编的《德育论》(吉林教育出版社，1987)、胡守棻主编的《德育原理》(北京师范大学出版社，1989)、缪克成的《德育新论》(百家出版社，1992)、鲁洁等主编的《德育新论》(江苏教育出版社，1994)、黄向阳的《德育原理》(华东师范大学出版社，2000)、檀传宝的《学校道德教育原理》(2000)等。另一方面，这种融合趋势体现为出现了一批致力于促进德育理论与德育实践融合的研究成果。这些研究成果基于现实德育问题，探讨通过综合性的理论及策略促进学校德育工作的开展，使德育理论与德育实践走向互融互通，比如，高纪辉等主编的《德育理论与实践》(大连理工大学出版社，1992)、李长喜和卓晴君主编的《德育理论与实践》(教育科学出版社，1992)、魏贤超主编的《现代德育理论与实践：主体参与式德育与整体全息德育课程的理论与实践》(杭州大学出版社，1994)、张耀灿主编的《中学德育理论与实践》(湖北教育出版社，1994)等成果。

第四节 中国德育模式多样化(2000—2019 年)

进入 21 世纪以后，中国德育学者开始站在更加多元、开放和包容的立场上审视德育问题，努力建构中国德育的理论话语体系，产生了一批兼具理论原创性与实践引领性的德育模式，形成了学术争鸣的态势。这种态势的形成，具有多方面原因。一是在理论发展的背景上，中国德育理论研究经过 20 世纪八九十年代的复苏和发展，理论积淀越来越深厚，理论层面的创新动能也越来越足，为学术争鸣奠定了坚实的理论基础；二是在社会环境层面上，伴随着改革开放的深入推进以及思想领域的进一步解放，宽松的思想氛围以及学术自由理念更加深入人心，学者得以从多元、开放的视角对德育理论展开积极探索；三是从国际化的背景来看，这一时期的国际学术交流日益加深，中西方德育理论的碰撞不断启发着中国学者的思考，促进了多样化的德育思想及德育模式的生成。以下简要介绍几种比较具有代表性的德育模式。

一、生活德育模式

生活德育理论是改革开放以来我国德育理论研究领域的重大理论创新，也对中国学校德育实践产生了重要影响。生活德育模式倡导学校道德教育要回归儿童的生活世界，重新建构起道德与生活的内在联系，实现对知性灌输的传统德育模式的全面反思与超越。南京师范大学的鲁洁于 20 世纪 90 年代末首次提出道德教育要回归儿童的生活实践的主张，她强调道德教育必须要尊重儿童的身心发展规律，道德教育的内容应当是儿童可以接受和理解的，不能与儿童的生活形成分裂。[1] 在推进小学品德与生活、品德与社会课程改革的过程中，鲁洁更加明确地提出了生活世界是德育的根基，回归生活是德育课程改革的基本理念，德育课程是以生活为本的，是为了生活的，是通过生活而进行的。[2] 高德胜的《知性德育及其超越——现代德育困境研究》《生活德育论》，强调了道德教育与学生生活世界的本然联系，德育回归儿童的生活世界着意味，德育必须完完全全地走进儿童的生活，站在儿童的立场思考问题，与儿童的心灵世界息息相通。[3] 回归生活世界的道德教育，并不是单方面的培养人的德性，而是要培养人在生活中的德性，是为了人能够过一个更加美而善的生活。道德教育不仅要在生活中展开，同时道德教育的目标

---

① 鲁洁、王逢贤主编：《德育新论》，178—182 页，南京，江苏教育出版社，1994。

② 鲁洁：《回归生活——品德与生活，品德与社会课程与教材探寻》，载《课程·教材·教法》，2003(9)。

③ 高德胜：《生活德育论》，40—41 页，北京，人民出版社，2005。

是生活，是人能过一个有德性而幸福的生活。

生活德育模式在提出之后，就在全国产生了重大影响。一方面，在国家教育政策的层面上，生活德育模式对国家教育政策的制定产生了重要影响。鲁洁及其团队参与了品德与生活、品德与社会国家课程标准的研制工作，课程标准强调道德教育课程要贴近学生的生活世界，反映学生的生活需要，并以此为基础促进学生的道德人格的发展。另一方面，她还亲自组建了德育课程开发团队，直接主持了江苏教育出版社的《品德与生活》《品德与社会》以及教育部统编教材《道德与法治》的编写工作，把生活德育的理念落实到一本本的课程教材当中，影响到基础教育学校中的大多数教师以及学生。

二、情感德育模式

情感德育模式是 20 世纪 90 年代初期以来形成的一种重要德育模式。在当时的教育环境下，应试教育的模式及方法的弊端日益显现，在教育目标及内容上重知识灌输，轻价值传递和情感陶冶；在教学过程中忽略教师与学生、学生与学生之间融洽、活泼的人际及情感关系，学生的情感需要得不到满足；在教学评价上走向了评价标准的单一化，重卷面分数，轻综合素质，致使学生兴趣特长受到压抑，情感交流及人格发展得不到肯定，从而出现了情感关怀能力减弱，不懂得关爱他人，社会责任感差等问题。[①] 在此现实背景之下，朱小蔓将"情感"这一要素引入学校德育，探讨了人的品德发展与情感之间的关系，从全新视角关注"以情感人"的道德教育。从 20 世纪 90 年代开始，朱小蔓发表了一系列关于情感教育的学术论文以及《情感教育论纲》(人民出版社，2007)、《儿童情感发展与教育》(江苏教育出版社，1998)等多部著作，并在 2005 年出版的《情感德育论》一书中详细地阐述了情感德育理论。她认为，情感德育应以情感

---

① 朱小蔓：《情感德育论》，98—99 页，北京，人民教育出版社，2005。

体验为基础，以情感与认知相互影响、彼此促进为主要过程，以情感态度的养成为基本表征，从而有效培养受教育者的道德人格。[①]情感德育模式的思想主张包括，(1)道德教育不能仅仅关注儿童的道德认知和理性思维能力，而要关注人的情感发展，并且通过各种富含情感内涵的、潜移默化的德育活动以及教学方法激发学生的道德情感，通过道德情感促进学生的道德人格的发展；(2)道德教育要重视人的情感交往关系，道德教育的本质是促进人的精神和品格的成长，需要在德育过程中贯穿情感的交流，强调情感性体验，从而通过情感交往推动受教育者的品德发展；(3)道德教育应强调生命的情感叙事，关注学生的生命情感体验，让学生讲述自己的生命故事，这不仅可以挖掘潜在的道德教育资源，同时有助于发挥学生的道德潜能，不断突破自身的局限性，成长为富有道德情操的生命主体。

三、欣赏型德育模式

欣赏型德育模式是在集中反思中国德育的"功利主义症候群"的基础上提出的。檀传宝认为，中国德育陷入了功利主义的怪圈，导致德育的信度和效度的缺损，造成德育危机。对于德育危机的超越，需要摆脱功利主义德育的影响，重建非功利的审美意趣与德育的本真联系，使德育从美学获得滋养，增强德育的超功利的审美内涵，通过美来达到德育的目标和效果。[②]德育之所以需要从美学那里获得精神滋养，主要有两方面的理由。从宏观哲学层面来看，真正的真和善(或"至真""至善"的境界)总是有着美的天然的渗透的，同时德育美学观是教育、德育主体性弘扬的必由之路，教育和德育主体性发挥的极致状态在于审美化的教育活动的实现。在微观的心理学方面，现代心理学的发展已经揭示出包括审美需求在内的需要的不

---

① 朱小蔓：《情感德育论》，74 页，北京，人民教育出版社，2005。

② 檀传宝：《1979～1994：功利主义德育观美学超越的历程》，载《高等师范教育研究》，1996(4)。

可或缺性和人的真正类本质特征，因而德育美学观有其科学的基础。德育美学观要借鉴美学精神的核心是对主体自由的追求，在现实美与艺术美的统一中促成道德主体对道德人生的诗意追求。① 欣赏型德育模式强调，德育是学生在自由的情境和心态下自主和自由地欣赏并接受一定价值导向的教育活动。② 在欣赏型德育模式下，德育的内容与形式经过审美化改造，成为"一幅美丽的画""一曲动听的歌"，与这幅画、这首歌相遇的人就会在"欣赏"中自由地接纳这幅画、这首歌所表达的价值内涵，从而使德育达到"美善相谐"的境界。

四、生命德育模式

生命德育模式的提出是对现代社会及现代教育中"生命扭曲""生命异化""生命颓废"等现象的反思和拷问。生命德育模式认为，现代社会和现代教育在一定程度上导致了人的生命异化，使人脱离了生命的本真存在，使人失去了对生命意义的追寻。③ 生命德育模式认为，道德教育要以人的生命为基点，展现生命的完整性与独立性，凸显生命的价值与尊严。④ 人的生命的本质特征，在于人不仅拥有物质性的生命，还拥有精神性的生命；人不仅要活着，而且要活得有意义。这意味着，德育不仅要保全生命，使人"活着"，同时更要激扬生命，促进生命，提升生命，使人活得"有意义""有价值""有尊严"。⑤ 生命德育模式凸显了个体生命的尊严与价值，使道德教育在促进生命的整全、生命的健康以及生命的意义方面发挥更加重要的作用。生命德育模式促进学校德育对青少年学生的生命的本真内涵

---

① 檀传宝：《德育美学观》，32—33 页，太原，山西教育出版社，1996。
② 黄海群：《欣赏型德育模式的探索与实践》，载《中国高等教育》，2011(Z3)。
③ 刘济良 等：《生命的沉思——生命教育理念解读》，66—73 页，北京，中国社会科学出版社，2004。
④ 刘铁芳：《生命与教化——现代性道德教化问题审理》，121 页，长沙，湖南大学出版社，2004。
⑤ 冯建军：《生命教育与生命统整》，载《教育理论与实践》，2009(22)。

的关注，使教育不再只是关注知识和考试，同时更加关注学生的健全生命的发展，关注学生的生命价值的实现。生命德育模式在引导青少年学生的生命成长中发挥了重要作用，使青少年学生的生命发展越来越趋于真善美。

五、制度德育模式

制度德育模式认为，制度不仅是一种外在的规范性力量，本身还具有丰富的道德内涵，德性的制度可以培养德性的人，不道德的制度可以培养不道德的人。因为，当制度本身不道德时，生活于这个制度下的人将遭受不良的道德影响，成为道德败坏的人。制度德育模式主张，学校德育不仅要重视德育课程及教学的作用，更要重视德性的制度体系建设；只有建构德性的制度体系，青少年学生才能在德性的制度生活中逐步成长为道德的人。为此，建设德性的制度体系是学校德育工作的重要环节。学校德育应该通过制度育人、育德，这就要求学校必须以平等性、民主性、公正性以及人本性等为基本原则来建构起德性的学校制度体系，形成德性的学校制度生活，最终"通过道德的制度培养道德的人"[①]。唯有建立起德性的制度，实现学校制度的德性化改造，学校德育才能真正培养具有德性精神的人，否则学生的德性成长必然会因为缺乏制度的保障而面临阻碍。制度德育模式不仅在理论体系上有创新，同时在一定程度上推动教师反思自己所在学校的制度问题，形成制度德育的理念，无形中提升了学校道德教育工作的效果。

六、交往德育模式

交往德育模式认为，传统德育模式过度偏重道德价值观的知性灌输，导致师生交往关系异化为一种主客体二元对立的关系，进而阻碍了德育实效性的提升。为改变这种状况，2000年以后，学者纷

---

① 杜时忠：《人文教育与制度德育》，298页，合肥，安徽教育出版社，2012。

纷围绕着主体间的交往与对话这一德育主题展开学术探索，并提出了以交往对话来重塑学校德育的学术主张。冯建军指出，教育活动（包括道德教育活动）必定是一种人与人之间的关系，应该体现着人与人的主体之间的交往，从而才能真正完成教育的使命。[①] 张天宝认为，教育（包括德育）在本质上是一种建立在生产实践活动基础上的人与人之间的特殊的交往活动。[②] 学校德育不是由教育者向受教育者单向度地传递道德价值观，而是在主体间性的交往关系中传递道德价值观，从而形成教育者与受教育者之间的真正意义上的交往对话。交往德育模式主张，交往对话是学校道德教育的基础，教育者与受教育者应当回归人与人之间的本真的交往关系，学校德育回归教师与学生之间的平等性与开放性的交往对话，在交往对话中达成价值共识，而不是形成价值灌输。交往德育模式推动了学校德育更广泛关注交往对话、民主讨论、公共协商等德育新理念、新方法，促进了教师和学生展开更加平等、民主以及包容的对话，使得教师与学生的心灵世界更好地沟通和融合，而不再是使教师、学生生活于两个分隔的世界当中，失去沟通与对话的基础。这对于解决当前学校德育实践工作中的一些问题具有显著效果。

第五节　德育论研究的总结与展望

德育研究经历了数次重大的转折和变革，从新中国成立初期的"苏联化"改造到中苏关系解体之后的"中国化"探索，从"文化大革命"的全面停滞再到改革开放以来的探索创新，德育论研究在波折中不断前进，实现着自身的现代转型及改革创新。21 世纪以来，中国学者继续德育基础理论的研究，同时更加注重在本土教育语境及现

[①]　冯建军：《主体间性与教育交往》，载《高等教育研究》，2001(6)。
[②]　张天宝：《走向交往实践的主体性教育》，71 页，北京，教育科学出版社，2005。

实教育问题的背景下展开中国德育的新理念、新路径、新方法的创新，形成了一批兼具理论原创性与实践引领性的德育模式，展现出了多元开放姿态下的学术争鸣与多元探索。这促进了中国德育理论研究的持续发展。纵观70年的德育研究的发展历程，可以看出几个比较显著的发展趋势。

第一，德育研究在吸收和借鉴其他国家的德育理论及经验的基础上，展开独立的探索，寻找适合于中国的德育发展之路。新中国成立初期，德育理论研究主要是模仿和学习凯洛夫《教育学》及其所建构的苏联共产主义道德教育体系。这使得我国的德育理论研究失去了自主性和独立性，甚至在不知不觉中成为苏联德育模式的"附庸"，不利于探索适合于自身的德育发展之路。1956年，德育理论研究逐步展开独立、自主的"中国化"探索，学者开始在摆脱苏联德育模式的基础上摸索适合于中国的德育发展之路。"文化大革命"使得这一探索陷于停滞。1978年以后，伴随着改革开放、解放思想的深入人心，社会主义市场经济体系以及学术思想体系的不断建立和健全，德育理论研究开始重新探索适合于中国实际情况的德育发展之路。德育理论研究不再照搬、照抄别国的德育经验，而是始终保持一种开放的姿态，在吸收和借鉴先进的德育理论及经验的基础上，逐步展开独立、自主的学术探索，使得德育理论研究不断走向深化和拓展，从而取得了稳步的发展和进步。

第二，德育研究不断走向现代化和科学化，逐步建构出适合于社会主义现代化建设的现代德育理论体系。我国的现代化建设，体现在德育理论研究领域，就是不断建构现代化、科学化的德育理论体系，使其成为中国现代化进程的有机组成部分，成为现代化的促进力量。因而，德育研究领域就不断对德育的本质、德育的目标、德育的内容、德育的过程、德育的方法等展开全方位的深入探索，努力推动德育思想理论体系的现代化转型。尤其是改革开放以来，伴随着中国社会现代化进程的加速以及中国特色社会主义市场经济体制的不断完善，德育理论研究在现代化与科学化的道路上不断走向深化和拓展，德育学科发展出现了分化与融合并存的显著趋势，德育与心理学、德育与社会学、德育与哲学、德育与文化学等的交叉与融合，使得德育理论研究获得了更加开阔的视野，同时形成了更加科学化和合理化的理论体系。德育学者围绕着社会主义现代化建设，逐步构筑了适合于中国现代化的德育理论体系，为培育能够适应社会主义现代化建设的新人奠定了更加坚实的基础。

第三，德育研究不断走向国际化，并且在国际化背景下探索建构具有中国特色的德育理论话语体系。当今社会，国际学术交流不断加深，中西方学术理论（包括德育理论研究）的碰撞、交流、融合的趋势更加明显。从新中国成立初期的学习苏联，再到改革开放以来的吸收和借鉴西方发达国家（尤其是美国）的先进德育经验，不断推进德育理论研究领域的视域融合。在中西方的学术思想的交流和碰撞中，源自西方的德育理论及模式（比如道德认知发展、价值澄清模式、关怀德育模式、品格教育模式等）对我国德育理论研究产生了显著影响，引起关注、学习和借鉴。同时推动了中国德育学者站在中西方融合的国际视野分析和研究中国德育问题，建构本土的德育理论话语体系，形成适合本土背景的德育模式。这些德育模式包括生活德育模式、情感德育模式、欣赏型德育模式、生命德育模式、制度德育模式，以及交往德育模式等。这些德育模式是为了解决中国德育发展过程中某一方面的问题而逐渐形成和发展起来的，它们具有理论与实践的双重针对性。它们在学术理论研究中具有独到之处，体现着学者在建构中国德育理论话语体系中的探索和创新，发挥着学术引领和价值引领的作用。

展望未来，中国德育理论研究必将继续以多元、包容、开放的姿态直面本土的、现实的、亟待解决的德育问题，全面地展开德育理论的中国探索，在新时代中国特色社会主义背景下构建出中国德育的理论话语体系，促进理论与实践的创新发展。一方面，中国德育理论研究的全球化与本土化的融合趋势将越来越显著，在未来很长一段时期内，中国德育学者必将更好地融入全球化的学术发展中，形成更加包容和开放的国际视野，吸收世界范围内的前沿德育理论思想，并与中国问题、中国需要、中国特色更好地融合，促进中国德育话语体系的本土建构，形成具有中国特色的德育理论乃至德育流派。另一方面，中国德育理论研究将继续改革创新，形成"一"与"多"的辩证统一关系。"一"是新时代中国特色社会主义理论体系，它是中国德育理论的根基；"多"则是在兼容并包的态势下实现中国德育理论研究的多元探索和学术争鸣。中国德育理论研究将更好地实现一与多、中与西、传统与现代的有机融合，推进德育理论的自主发展与创新发展，更好地培育德智体美劳全面发展的时代新人。

第九章

中国传统教育哲学研究

中华民族有着悠久的文化传统，教育哲学思想源远流长。中国传统教育哲学是"在中国历史上形成的、经过不断创造和革新并以变化了的形式存在于现代教育之中的教育哲学观念和思考教育问题的方式"①。新中国成立以来，特别是 20 世纪 80 年代以来国内学者对中国教育哲学思想进行了深入研究，取得了一批研究成果。

第一节 中国传统教育哲学研究的历程

新中国成立以来，中国传统教育哲学思想的研究历程，主要经历了四个阶段。一是新中国成立初期 17 年对教育旧思想进行改造阶段，二是"文化大革命"期间批判传统教育思想阶段，三是改革开放以来的系统整理与广泛研究阶段，四是 21 世纪以来全面扩展和深入研究阶段。

一、新中国成立初期 17 年对旧教育思想的改造(1949—1965 年)

从新中国成立到 1965 年的 17 年是我国社会主义建设的探索阶

---

① 于述胜、于建福：《中国传统教育哲学》，3 页，南京，江苏教育出版社，1996。

段，强调用社会主义、马克思列宁主义的思想武装知识分子和人民群众，对封建主义、资本主义的思想进行改造批判，中国教育哲学思想在很多时候都被当作批判的对象。

1949—1956 年，文化教育界开展了知识分子的思想改造运动，与社会主义思想体系不相适应的儒家思想的政治伦理、纲常观念、仁义道德成为批判的对象。① 如韦悫在《教育是什么?》一文中批判了孔孟教育思想。②

与此同时，教育领域对中国教育哲学思想进行了初步讨论。1957 年 2 月号《人民教育》开辟研究中国传统教育经验专栏，编者按指出："对于孔子教育遗产的研究评价，是我们研究中国过去教育经验的重要工作之一。对于孔子不只要从他的点滴的教学经验来研究，更要从他整个的思想体系社会背景来研究。"同期刊登了许梦瀛的文章《略谈孔子的教学法思想》，客观总结了孔子学思并重、注重实践、因材施教、培养乐学的旨趣和由知到行、启发性原则的思想。③ 车树实的《〈学记〉简介》(《人民教育》，1962 年第 9 期)一文对《学记》的教育目的、"教"与"学"的关系、教育教学原则进行了介绍。虽然说学者要批判地继承前人思想，但由于当时的政治形势，批判居多。之后，中国传统教育哲学研究的学术性下降。

二、"文化大革命"时期对传统教育哲学的全面批判(1966—1976 年)

1966—1976 年，在"文化大革命"的影响下，孔子等人的儒家教育思想受到批判。1975 年冯天瑜的《孔丘教育思想批判》一书是最有代表性的研究孔子教育和哲学思想的专著。他从孔子的生平和政治、哲学思想以及办教育的目的、培养目标、教育内容、教育方法和治

---

① 张斌贤、楼世洲主编：《当代中国教育学术思想研究(1949—2009)》，451 页，北京，中国社会科学出版社，2011。
② 韦悫：《教育是什么?》，载《人民教育》，1950(1)。
③ 许梦瀛：《略谈孔子的教学法思想》，载《人民教育》，1957(2)。

学方法、对后世的影响等方面进行了批判性的论述。

值得一提的是，梁漱溟于 1974 年撰写了《今天我们应当如何评价孔子》的文章，全文长约 3 万字，对当时的批孔运动持反对意见，提出应对孔子进行公正评价。该文后来发表在《群言》杂志上。① 张斌贤等将"文化大革命"期间人们对孔子封建主义教育思想批判的主要冲突概括为，阶级教育与有教无类的问题、实践第一与知行并重的问题、思想改造与因材施教的问题、"闹而优则仕"与"学而优则仕"的问题。他认为在当时的政治情况下，难以达到对孔子教育思想的正确理解和评价。②

三、改革开放后对中国传统教育哲学的整理与挖掘(1977—1999 年)

1979 年，全国教育科学规划会议提出重新开设"教育哲学"，高等师范院校于 1980 年重开了"教育哲学"课程，教育哲学研究与教学步入了一个崭新阶段。"挖掘和整理我国的教育哲学思想，是建立具有中国特色的教育哲学一科所必不可少的一项工作。"③学者开始了对中国教育哲学思想的系统整理，取得了丰硕的研究成果。

（一）研究中国传统教育哲学思想的著作不断增多

学者从哲学高度对中国传统教育思想的发展演变进行理论总结，在中国传统教育哲学思想研究方面取得了丰硕的成果。其中，代表性成果有，黄济的《中国传统教育哲学思想概论》(1994)，崔宜明等的《中国传统哲学与教育》(1995)，于述胜、于建福的《中国传统教育哲学》(1996)，何光荣的《中国古代教育哲学》(1997)等。于述胜 1991 年完成的博士学位论文《朱熹教育思想体系》④、于建福 1996 年完成

---

① 梁漱溟：《今天我们应当如何评价孔子》（上、下），载《群言》，1985(2、3)。
② 张斌贤、楼世洲：《当代中国教育学术思想研究(1949—2009)》，118 页，北京，中国社会科学出版社，2011。
③ 黄济、陆有铨：《我国教育哲学建设的回顾与前瞻》，载《教育研究》，1988(11)。
④ 于述胜：《朱熹与南宋教育思潮》，济南，山东大学出版社，1996。

的博士学位论文《孔子的中庸教育哲学思想探微》等也是这一时期研
究教育哲学思想的专门成果。

　　学者的研究各成体系，各具特色，分别体现了对中国传统教育
哲学的发展历程、基本论题、核心范畴、重要人物、主要著作等的
研究(见表 9-1)。

　　表 9-1　1979 年至 20 世纪末我国学者编写的中国传统教育哲学著作

序号	书目	主要内容
1	黄济:《中国传统教育哲学思想概论》,河南教育出版社,1994	中国传统教育哲学思想的发展历程、社会观与教育、人性论与教育、伦理观与教育、知识论与教学、美学与美育
2	崔宜明等:《中国传统哲学与教育》,上海教育出版社,1995	中国传统哲学与科技教育、中国传统哲学与道德教育、中国传统哲学与审美教育
3	于述胜、于建福:《中国传统教育哲学》,江苏教育出版社,1996	中国传统教育哲学的历史发展、中国传统教育哲学的基本范畴
4	何光荣:《中国古代教育哲学》,北京师范大学出版社,1997	本体论、人性论、认识论、教育论、道德修养论、人生意义论
5	于建福:《孔子的中庸教育哲学》,中央编译出版社,2004	孔子的中庸思想之渊源及本义、思想体系、对中华文化传统的影响、价值与缺失、历史命运、现代教育价值与转换、"中和"教育理念与 21 世纪人类和谐

　　黄济主编的《中国传统教育哲学思想概论》，是新中国第一本评
介中国传统教育哲学思想的著作，它"由论而入于史"①，即出于建
立学科知识体系的需要并从现代教育哲学问题出发，对传统教育哲
学观点进行系统梳理。他认为，中国传统哲学思想，包括教育哲学

――――――――
　　①　于述胜:《近 30 年中国传统教育哲学研究的不同理路》,载《北京师范大学学报
(社会科学版)》,2010(6)。

思想在内，大致经历了先秦的诸子百家、汉代的经学和神学、魏晋的玄学、隋唐的佛学和"三教"并举、宋明理学、明末清初的实学（或经世致用之学）、近代的西学东渐等不同发展阶段。① 中国传统哲学思想在形成发展过程中具有不同特点，并从社会观与教育、人性论与教育、伦理观与教育、知识论与教学、美学与美育等方面分专题深入研究了中国传统教育哲学的基本问题，对中国传统教育哲学思想及其代表人物的历史地位和作用做了客观评价，将中国传统教育哲学思想的特点归纳为"天人合一""政教统一""文道结合""师严道尊"。

如果说黄济的《中国传统教育哲学思想概论》只揭示了中国教育哲学论域，于述胜、于建福的《中国传统教育哲学》则初步建构起中国传统教育哲学的范畴和概念体系，包括性与习、知与行、道与文、教与政、天人合一与理想人格。刘复兴、刘长城的《传统教育哲学问题新释》（湖北教育出版社，2000）则提取了"天道与人道""政与教""学问与人格""为己与为人""高明与中庸"等范畴，有重点地进行了分析探讨与评论。郭齐家提出了"道与德""性与习""知与行""理与欲"及"义与利"的基本范畴。②

何光荣的传统教育哲学思想研究别具一格。他在代表作《中国古代教育哲学》的"自序"中写道："中华的教育思想本来就出自哲理，特别是人生哲理；哲学之于教育，不是从外部提供方法论，而是哲学本身就有教育之大义存焉；教育亦不限于徒具孤立之含义，而是在实践哲学，故哲学与教育混为一体。"③"中国之哲学深蕴着教育思想，中国之教育思想体现着完备的哲理；二者关系极为密切，几乎

---

① 黄济主编：《中国传统教育哲学思想概论》，1 页，郑州，河南教育出版社，1994。
② 郭齐家：《中国传统教育哲学与全球伦理》，载《教育研究》，2000(11)。
③ 何光荣：《中国古代教育哲学》自序，1 页，北京，北京师范大学出版社，1997。

可以说一而一、二而二，二者统一于一体之中。"①他以本体论—人性论—认识论—教育论—道德修养论—人生意义论而自成逻辑体系，深入阐发了传统教育哲学之思想内涵。

（二）教育哲学教材不同程度地涉及中国教育哲学思想

1978 年以来，一批教育哲学教材相继出版，其中很多包含了中国教育哲学思想的内容，或是范畴，或是人物，或是古代著作。如黄济的《教育哲学初稿》（1982）和《教育哲学》（1985）在教育的社会职能、人性论、美学与美育中论及了中国传统教育哲学思想；王为农、郑希晨的《教育哲学》（1990）回顾了中国教育哲学思想的变迁，概述了近代康有为、梁启超、严复、谭嗣同、孙中山、蔡元培、陶行知、杨贤江、毛泽东等人的教育哲学思想；钟祖荣的《基础教育哲学引论》（1996）提及了中国古代教育家的人性论思想和《学记》《中庸》《劝学》的教育哲学思想等。

（三）发表了诸多中国教育哲学思想研究论文

中国教育哲学思想研究论文，1978 年前可谓是"寥若晨星"，1978 年后则可谓是"灿若繁星"，教育学界、哲学界、史学界学者发表了诸多有关中国教育哲学思想的研究论文。一是从不同方面探析了学派、人物、范畴等的教育哲学思想学说。如于建福的《孔子的中庸教育哲学思想初探》②分析了孔子以"中庸"为教育理论与实践的哲学基础的内涵与具体表现。二是一些学者对教育哲学和教育哲学思想的研究做了阶段性反思，如黄济、陆有铨为纪念党的十一届三中全会撰文，阐述了发掘和整理我国古代教育哲学思想的重要性，指出："中国的教育哲学思想史，为教育哲学学科的建立提供了极为丰

---

① 何光荣：《中国古代教育哲学》自序，4 页，北京，北京师范大学出版社，1997。
② 于建福：《孔子的中庸教育哲学思想初探》，载《山东师大学报（社会科学版）》，1991（1）。

富的历史遗产，我们必须认真进行学习和总结，做到古为今用"①。这些丰富的研究成果极大地促进中国教育哲学思想研究形成崭新局面。

20 世纪末期 20 年，中国教育哲学思想第一次克服了对西方教育哲学理论的严重依附，得到系统整理和阐释，为我国教育哲学研究"本土化"提供了有益的思想资源。所取得的大量理论成果，特别是出版的一批颇有影响的专著和教材，标志着教育哲学建设具有了中国元素，这在中国传统教育哲学发展过程中具有里程碑意义。

四、21 世纪以来中国传统教育哲学研究的扩展和深入(2000—2019 年)

21 世纪以来，学者"对教育哲学的多元理解使得教育哲学的内涵越来越丰富，对教育问题的关注范围也越来越宽泛"②，中国教育哲学思想研究的重要性更加凸显。

（一）研究内容系统全面

由中国教育史学者出版的传统教育哲学著作以张瑞璠主编的《中国教育哲学史》（四卷，2000）为代表。《中国教育哲学史》以史带论，总体上以历史为线，展现中国从古代到近代教育哲学发展的轨迹。作者在"前言"中指出，中国教育思想的历史发展和嬗变经历了两个高峰和一次转折。第一个高峰出现在春秋战国时期，形成了儒家学派；第二个高峰出现在宋明时期，形成了宋明理学；中国近代教育在西方文化的冲击下出现了一次转折，这就是从传统教育向现代教育的转换。围绕着"两个高峰，一个转折"，《中国教育哲学史》分为四卷，第一卷由春秋到东汉，第二卷由魏晋到南宋，第三卷由元代到清初，第四卷是近代（1840—1949）。在每一个阶段中，以人物为点，围绕着三个相互联系的范畴"人性论""义利观"和"理想人格"进

---

① 黄济、陆有铨：《我国教育哲学建设的回顾与前瞻》，载《教育研究》，1988(11)。

② 刘洁：《中国教育哲学 30 年：回顾与展望——全国教育哲学专业委员会 2010 年专题会综述》，载《教育研究》，2010(9)。

行思想梳理。其中，人性论是其理论基础，义利观是其根本价值导向，"天人合一""内圣外王"的理想人格是其终极追求。张瑞璠在写作《中国教育哲学史》时，给自己定下的目标就是"《中国教育哲学史》理应写出中国特色和中国气派，避免套用西方教育哲学的概念范畴"。现在看来，这个目标达到了。《中国教育哲学史》虽然也是中国教育思想史，但与一般的中国教育思想史不同，"其思辨深度明显加强，其整体把握能力也有明显提升，较好地体现了哲学研究的整体性和以价值论为中心的特点"①。它对不同时期教育思想的认识上升到哲学的高度，这可归结为教育哲学的著作。

各卷内容如下（表 9-2）：

表 9-2 张瑞璠主编《中国教育哲学史》各卷内容

卷号	著者	内容
第一卷	陈超群	第一章 儒家重义轻利的价值取向与以德育为核心的教育哲学思想 第二章 墨家重"利"贵"义"的价值取向与文科、实科并重的教育哲学思想 第三章 道家脱俗求真的价值取向与学以求"复其初"的教育哲学思想 第四章 法家重利求强的价值取向与"壹教"于农战和法治的教育哲学思想 第五章 秦汉价值观的综合性发展与教育哲学思想的流变
第二卷	黄明喜、于述胜	第一章 魏晋玄学的教育哲学 第二章 隋唐时期的教育哲学 第三章 北宋理学教育哲学 第四章 南宋理学教育哲学（上）：朱熹 第五章 南宋理学教育哲学（下）：陆九渊与杨简 第六章 宋代的功利主义教育哲学

① 于述胜：《近 30 年中国传统教育哲学研究的不同理路》，《北京师范大学学报（社会科学版）》，2010(6)。

续表

卷号	著者	内容
第三卷	于述胜、张良才、施扣柱	第一章 过渡时期的理学教育哲学 第二章 明代心学教育哲学的创立 第三章 王守仁的教育哲学 第四章 心学派教育哲学在明中后期的发展 第五章 明代气学派的教育哲学 第六章 明末与清前期的教育哲学(上) 第七章 明末与清前期的教育哲学(下)
第四卷	黄书光	第一章 西学东渐与中国传统教育哲学思想的松动 第二章 对西学的理论反应与中国近代教育哲学兴起 第三章 中西教育哲学调和汇合的艰难探索(上) 第四章 中西教育哲学调和汇合的艰难探索(下) 第五章 双元对峙的教育哲学观 第六章 中西教育哲学融通的再求索 第七章 马克思主义者的教育哲学观与中国教育现代化的道路选择

(二)研究主题聚焦深入

一是集中于对某一学派或几个学派的断代研究。如韩钟文的《先秦儒家教育哲学思想研究》(2003),集中论述了在中国教育哲学思想史上占有重要地位的先秦儒家学派论教育与社会发展、教育与人的发展、教育目的、道德教育、教学思想、美育思想诸方面,其概述路径与黄济一脉相承。部分学术论文选取了具体学派,如张学强的《先秦儒、墨、道、法教育哲学三题》①。二是集中于对某一人物或几个人物的专门研究。研究人物的教育哲学思想成果颇丰,近年来的一些硕博论文也常常以某一人物的教育哲学思想研究为选题。三是集中于对某一范畴或几对范畴的具体研究。中国教育哲学思想在

----

① 张学强:《先秦儒、墨、道、法教育哲学三题》,载《西北师大学报(社会科学版)》,2002(1)。

发展过程中，有着自己的一套特殊概念、范畴和命题，如义与利、理与欲、性与习、学与思、知与行等，对思想家的教育观产生重要影响，成为思想家之间交锋的热点。学者通过指向范畴的研究，洞察其中的深刻认识和精辟见解。

（三）研究视角切近时代

有学者认为："我们今天仍应吸取传统教育哲学思想的精华，并赋予它新的时代特色，在文化的继承和创新中走向现代化。"[①]如何寻求传统教育哲学思想的时代价值问题受到关注。刘复兴、刘长城的《传统教育哲学问题新释》（2000）择取历史上反复出现而在现代教育中又具重要意义的理论问题，包括"天道与人道""政与教""学问与人格""为己与为人""高明与中庸"等有重点地进行评析。郭齐家认为，中国传统教育哲学具有综合观、辩证观、内在观的特征，追求身与心、人与人、社会、宇宙自然的统一和谐。[②] 吴亚林、王学认为，中国传统教育哲学具有生机勃发的人文精神、内在超越的道德理想、具体实用的理性思维、内圣外王的理想人格和追求美善相乐的审美意蕴，这些独特的精神气象，是传统中国人生命情怀、生存价值的精神依托与理论根据。[③] 对中国传统教育哲学的创造性转化，成为新时代中国特色社会主义走向文化自信的重要支柱。

一些概论性的教育哲学著作和教材包含中国教育哲学思想的章节或篇目，有黄济、郭齐家主编的《中国教育传统与教育现代化基本问题研究》（北京师范大学出版社，2003）、陶志琼的《新旧之间：教育哲学的嬗变》（2003）、冯建军等的《教育哲学》（武汉大学出版社，2011）、朱哲的《教育哲学思想片论》（湖北人民出版社，2014）、刘良华的《教育哲学》（2017）和《教育哲学》编写组编写的《教育哲学》

---

① 王坤庆：《21 世纪中国教育哲学发展前瞻》，载《教育研究》，1998(3)。
② 郭齐家：《中国传统教育哲学与全球伦理》，载《教育研究》，2000(11)。
③ 吴亚林、王学：《中国传统教育哲学的精神气象》，载《教育研究与实验》，2016(1)。

（2019）。总体来看，21 世纪以来学术界对中国教育哲学思想的研究取得了诸多新的进展、新的突破，呈现繁荣景象。

第二节　中国传统教育哲学的范畴

中国教育哲学思想有着自己的一套范畴体系。"中国古代教育哲学范畴有单个的，但多数是成对的，中国古代教育家探究教育规律或教学规律，总结教育经验或教学经验，在使之构成理论体系时，特别重视范畴之间的辩证关系。"①诸如性与情、性与习、理与气、理与欲、道与德、义与利、立志与笃行、内省与慎独、仁与智、知与行、教与学、学与思、博与约、故与新、道与艺、文与质、心与物、形与神、动与静、虚与实等。这些范畴是中国教育哲学思想的核心概念与基本观念所在。

一、仁智观与教育

（一）"仁"与"智"的内涵

"仁"与"智"是儒家重要的思想范畴，"仁"是孔子思想的核心，"智"（知）是与之并举的德目。仁智观体现了人们对理想人格的倾向性和规定性。

从"仁"与"智"的含义来看，学者指出，在《论语》"樊迟问仁"中，孔子把"仁"解释为"爱人"，指人与人之间要有同情心，要互相尊重，互相关心，互相爱护，表达了人之求善的自然感情，可以说是"仁"的精髓所在。仁是人所固有的属性，亦是人之所以为人的根本保证，"仁者，人也"（《礼记·表记》），仁主要包括内化的道德情感、外化的道德规范，以及至上的精神境界等。孔子所谓的"智"就是"知人"

---

① 黄济主编：《中国传统教育哲学思想概论》，312 页，郑州，河南教育出版社，1994。引文有改动。

（《论语·颜渊》），是指人所具有的道德理性和认识能力，即认知人的立身处世之道，获得人道智慧，表达了人之求真的自觉理性。两者既展示了人性的自然倾向，也表达了人道的价值追求。在《论语》中，"仁""智"常常比肩而立，孔子有时以"约礼"和"博文"来指称"仁"与"智"的具体实践形态，表征人性的向善与求真。①

新儒家对"仁""智"的含义做了进一步了阐发，所谓"仁"，是一种发自生命内在的、建立在生命之间的"同情共感"基础上的情感，即从对自我生命肯定的价值立场出发，在推己及人乃至及物过程中所生发出来的对他人和他者生命的肯定和培护之情。所谓"智"，则是一种认识和把握外在世界的能力，代表了一种将生命的内在冲动外在化、客观化的指向。②

"仁"的本质是指人与人之间相互关爱，相互扶助，彼此同情。"仁"对人而言，既是一种应尽的义务，也是一种责任担当。"仁"的含义非常复杂，不仅有爱亲、敬长、友人、律己等意，还包括恭、宽、信、敏、惠和刚、毅、木、讷等内容。"智"原意为智慧、智谋，本质是指具有明辨是非的判断能力。孔子说："智者不惑。"孟子也把"智"界定为明辨是非的能力，并且认为是人与生俱来的固有的心理品质。③ "智"即"知"也，具体内容包括四个方面，智者知命、智者知礼、智者知言、智者知人。④ 儒家关于"知"的学问有三，第一，知人道，求真务实；第二，知天道，追求客观规律；第三，知天命，

① 邵显侠：《孔子的"仁智统一"说及其现代价值》，载《南京师大学报（社会科学版）》，1996(2)；宇汝松：《孔子"仁"、"智"思想研究》，载《兰州学刊》，2014(7)。

② 李翔海：《"仁智双彰"的现代显扬——略论现代新儒家人生哲学的基本价值取向》，载《南昌大学学报（人文社会科学版）》，2011(2)。

③ 张传燧、康再兴：《孔子"君子""成人"核心素养观的现代转化及其实践策略》，载《河北师范大学学报（教育科学版）》，2019(2)。

④ 张传燧、康再兴：《孔子"三德六材"学生核心素养观及其当代意蕴》，载《课程·教材·教法》，2018(1)。

正确处理主观与客观的关系。①

　　学者对一些具有代表性的思想家的"仁""智"范畴进行了研究。从《论语》中的有关内容来分析,孔子对"仁"的论述最核心的是"爱人","己所不欲,勿施于人"以及"己欲立而立人,己欲达而达人"②。孔子的"仁"是一种全新的价值观念,是对"王官之学"的旧价值系统的最大突破。孔子仁学蕴含着丰富的文化精神,可概括为十点:忧患意识、尊生健动、人道精神、主体精神、经世致用、厚德载物、和谐有序、内圣外王、人文化成、道尊于势。③ 也有学者对戴震哲学中的"仁""智"范畴进行了研究,认为在戴震的思想体系中,仁是最高的道德准则,智是认识客观事物规律的能力;仁是从道德论的角度谈的,智是从认识论的角度谈的;仁与智的反面是私与蔽。仁与智是人的最完善的标准,由于人有私和蔽,所以人不能达到仁与智,解决的方法在于去私、去蔽。其局限性和不足之处是没有明确指出私和蔽的根源,去私和去蔽的善良愿望在当时是无法实现的。④ 有学者考察了王艮的安身说与其所述"仁""智"概念。在王艮看来,仁的内涵是"爱人",具有普泛性的特点,表现为抽象性、包容性与多样性。王艮有关智的说明,几乎都与安身、保身之事相关,智所满足的两项条件:一是顺于仁的精神,属于在仁的范围内的一种智巧;二是身之安保的要求,使身能最终不为物陷。⑤

　　基于以上研究可以看到,儒家的"仁"以"爱人"为核心,侧重道德情感、规范、境界;"智"与"知"相通,侧重道德理性与认知,两者各包含着丰富的内涵,从而对中国传统教育的具体内容产生深刻影响。

---

　　①　段尊群:《"仁智统一"的哲学意蕴与现代启示》,载《湖南科技大学学报(社会科学版)》,2014(6)。
　　②　石中英:《孔子"仁"的思想及其当代教育意义》,载《教育研究》,2018(4)。
　　③　韩钟文:《先秦儒家教育哲学思想研究》,335—351页,济南,齐鲁书社,2003。
　　④　冒怀辛:《论戴震哲学中的"仁""智"范畴》,载《学习与思考》,1984(4)。
　　⑤　黄卓越:《王艮安身说/保身说中体现的仁智关系》,载《中国文化研究》,2006(3)。

（二）"仁"与"智"的关系

"仁"与"智"的关系在儒家思想中呈现出内在统一性，两者相得益彰。有学者指出，对孔子思想中仁与智关系的表达有三种。第一种是仁、智、勇并列，即"仁者不忧，知者不惑，勇者不惧"（《论语·宪问》）和"知者不惑，仁者不忧，勇者不惧"（《论语·子罕》）；第二种是仁者、智者并列，即"知者乐水，仁者乐山；知者动，仁者静；知者乐，仁者寿"（《论语·雍也》）；第三种是"仁且智"，即"若圣与仁，则吾岂敢！抑为之不厌，诲人不倦，则可谓云尔已矣"（《论语·述而》），子贡曰："学不厌，智也；教不倦，仁也。仁且智，夫子既圣矣乎！"（《孟子·公孙丑上》）"仁且智"还呈现出另外的一面：仁具有独立性，自身圆满，而知虽重要，但是仁的手段，如"仁者安仁，知者利仁"（《论语·里仁》）。[1]　一方面，仁智的统一性表现为"仁中蕴智"。另一方面，仁智的统一性表现为"智中涵仁"。最后，仁、智统一的最高形态——仁且智，是儒家圣人的实践标准和理想境界。[2]　此外，"仁智双彰"构成了现代新儒家人生哲学的基本价值取向。

虽然儒家普遍主张"仁""智"统一，但学者对两者重要性的认识却存在较大差异。一方面，关于"仁""智"轻重而形成的不同学说，学者认为有重德轻智论、重智轻德论、德智对立论、德智统一论四种观点。其中，德智统一这一观点占据着主导地位。[3]　孔子主张仁智和谐统一，"知"是从属于"仁"的。在孔子思想中，对德育予以高度重视。但智育也很重要，强调"未知，焉有仁？"（《论语·公冶长》），此外明确指出了"智"是"仁"的必要条件，没有智，也就没有

①　万光军：《从仁智到仁义：孔孟思想的重要转承》，载《道德与文明》，2010(3)。
②　宇汝松：《孔子"仁"、"智"思想研究》，载《兰州学刊》，2014(7)。
③　顾娅娣：《中国古代心理学思想中的仁智问题》，载《上海师范大学学报(哲学社会科学·教育版)》，2001(3)。

真正的"仁"。① 孟子以"仁且智"为成就圣人的内在根据，既与孔子
思想一脉相承，又有所区别。在孟子看来，圣人的智与一般人的智
仍是同一类型的智，区别只在于圣人能够使智由"凿"而"大"。孟子
既归重于智，同时强调智之于仁的扶持作用，从而有助于道德实践
主体经由人人都能做到的反求诸己功夫，达到像先知先觉者一样的
理想人格。② 近代康有为将智作为"人道进化"的动力予以系统提升，
彰显了智的认知创制作用。他认为，智是仁、义、礼、信呈现的基
础，但他并没有以智全面取代仁，而是提出仁智并举来统领其他德
目，他的仁智并举仍是仁主智辅。③ 有学者归纳指出，许多思想家
认为德智双方是同等重要且难以分割的，有的主张"必仁且智"[董仲
舒的"仁而不智，则爱而不别也；智而不仁，则知而不为也"(《春秋
繁露・必仁且智》)；王充的"尽才尽德"(《论衡・量知》)]，有的则倡
导"仁质智行"[如"凡人之性，莫贵于仁，莫急于智。仁以为质，智
以行之，两者为本"(《淮南子》)]。④

　　黄济认为，由于所处的时代，所接触的新材料、新问题不尽相
同，学者对仁智的理解侧重点也有不同；如孟子、陆九渊、王阳明
侧重于体认仁，而荀子、朱熹、王夫之、顾炎武等侧重于弘扬智；
要体认仁，当然倡导向内反省的直觉法；要弘扬智，自然主张向外
探求的理智法。但从总的倾向看，儒家思想系统是仁智合一而以仁
为统帅的系统，仁的一面特别彰显，而智的一面没有得到独立的、

---

① 陈亚萍、梁励：《论儒家教育思想主旨——"成人之道"》，载《江苏社会科学》，
1997(6)；冯溪屏：《试论孔子思想中天命、仁、智三者的统一》，载《玉溪师专学报》，
1986(3)。
② 杨海文：《"仁且智"与孟子的理想人格论》，载《孔子研究》，2000(4)。
③ 马永康：《智与"人道进化"——论康有为对智的提升》，载《人文杂志》，
2018(11)。
④ 顾娅娣：《中国古代心理学思想中的仁智问题》，载《上海师范大学学报(哲学社会
科学・教育版)》，2001(3)。

系统的发展。① 也就是说，总体来看，在强调"仁且智"的同时，较之"智"（智育），"仁"（德育）在儒家教育哲学思想中更为突出，且得到了更好发展。

（三）达成"仁"与"智"的途径

既然仁智统一是儒家的理想人格，那么如何在教育过程中培养这一完善人格，学者对此也进行了探讨。如何能达到仁的境界，儒家认为忠恕之道为人（仁）之方。同时，儒家还将"爱人"之仁，从抽象的道德理想转化为具体的道德品德，具体表现为"恭、宽、信、敏、惠"。如何达到"智"，儒家设计了一条由学到知，由知到智，再到仁智统一的践行路线。②

在孔子的人道关怀中，智而仁是成人的基本进路，仁且智则是成圣的逻辑旨归。首先，"智"是积学而不惑的理性表现形态。孔子虽然说过有"生而知之"（《论语·季氏》）的上智存在，但在现实的具体教化中，强调的是学以成智。其次，择善而从的德性培养是智德的重要内容和旨趣所归。如孔子强调通过多闻、多见，然后择善而从；《中庸》提出"博学之，审问之，慎思之，明辨之，笃行之"的"智"德完整的培养程式。最后，智德的境界在于灵活应世，大智若愚。孔子视"仁""智"为人道之必需，并侧重于"由智而仁"的基本教序。孔子反对不经理智思考的仁德滥用，从而在人格培养上表现出某种先智、重智的倾向；反对鲁莽行仁，强调理性、智慧在仁德践行中的重要性。在孔子的人道实践中，"智"与"仁"都不是一个独立自成的完整体系，需要借助他力才能得以自存和完善。为此，孔子倡导"智而仁"的智、仁互动辅益的修身模式，并在智、仁的不同境

---

① 黄济主编：《中国传统教育哲学思想概论》，302 页，郑州，河南教育出版社，1994。

② 段尊群：《"仁智统一"的哲学意蕴与现代启示》，载《湖南科技大学学报（社会科学版）》，2014（6）。

界中，分化出人道进程的先后顺序与等次。①

有学者认为，从以"仁"为核心的伦理观出发，孔子提出教育应以道德教育为主，提倡寓德教于教学，并提出"深思""立志""克己""力行""内省"的道德修养方法。② 孔子践行"仁"的根本方法就是"能近取譬"，推己及人。③ 在孔子看来，某人既要靠众人的帮助，如师友切磋交流与共同"言志"；又要靠个人的主观努力和追求。为此，孔子特别强调立志。不过，孔子对这一问题的认识有时表现出明显的二元论：一方面，他认为认识来源于后天，强调后天的学习作用；另一方面，他认为有天生的"生而知之"者，将德性培养看成是对天赋道德意识的唤醒，表现了其唯心主义的局限性。④

还有学者探讨了其他儒家人物的观点。例如，荀子也十分重视"智（知）"在培养理想人格方面的重要意义，认为人有认识客观事物的能力，视"诵数""思索"为"成人"的首要条件。同时，荀子认为认识不能停留在单纯的"知"人，还要实践，人学止于行，才能真正明晓事理。人们只有学习、思索、力行和不断修养，用礼义来培养自己，才能"积善成德"，造就"成人"。⑤ 对于"欲仁"以及如何实现"仁"的问题，张载坚决反对"欲仁而未致其学者也"的片面态度，突出强调了仁与智的统一。⑥

（四）"仁"与"智"教育哲学思想的研究意义

儒家"仁""智"教育哲学思想的价值，首先体现在教学论方面，

---

① 宇汝松：《孔子"仁"、"智"思想研究》，载《兰州学刊》，2014(7)。

② 崔宜明等：《中国传统哲学与教育》，115—118 页，上海，上海教育出版社，1995。

③ 石中英：《孔子"仁"的思想及其当代教育意义》，载《教育研究》，2018(4)。

④ 陈亚萍、梁励：《论儒家教育思想主旨——"成人之道"》，载《江苏社会科学》，1997(6)。

⑤ 段尊群：《"仁智统一"的哲学意蕴与现代启示》，载《湖南科技大学学报（社会科学版）》，2014(6)。

⑥ 林乐昌：《张载对孔子仁学的诠释——以"仁智"统一为中心》，载《唐都学刊》，2013(2)。

理解儒家"仁""智"思想对于我们深入研究儒家学派教学过程、教学方法论是有意义的，把知当作行的基础，把知当作行的展开的教学过程论，及启发式教学方法，都与仁智合一、以仁为笼罩的观念有关。有学者视人生为人格不断完善的过程，教学过程与教学方法自然要将重点落实在人格教育之中。[①]在课程教学过程中，要做好三维目标的设计，追求智与德的共生；要营造能够实现智德共生的教学过程，增加实践的分量；要以知行合一的思路开展教学评价，综合考察和评价学生的智力与道德在实践中的彰显状况。[②]

在德育论方面，孔子的"仁智统一"说，包含着"爱人"与"知人"的统一，在当时的社会有着十分重要的进步意义，奠定了儒家主体人格修养论的基础。影响所及，对于形成中华民族的精神与品格起了重要的积极作用，[③]对构建和谐社会和促进人的全面发展有着重要的启示，[④]是构建和实施学生发展核心素养的重要资源。[⑤]同时，孔子"仁"的思想对于今天的教育理论和实践也具有非常重要的意义，能够启迪教育者重新思考教育的人性基础、价值取向，以及道德情感，包括同情心在道德教育和人的形成中的重要性。对孔子"仁"的思想中存在的一些理论不足，在教育研究和实践中也要加以批判性分析和对待。[⑥]仁智合一的认识论的合理之处是把认识论和人性的自由发展紧密地关联起来，避免了西方近代哲学局限于考察实证知

---

①　黄济主编：《中国传统教育哲学思想概论》，303页，郑州，河南教育出版社，1994。

②　夏永庚、周险峰：《儒学"仁智双彰"的教学意义》，载《湖南科技大学学报（社会科学版）》，2015(6)。

③　邵显侠：《孔子的"仁智统一"说及其现代价值》，载《南京师大学报（社会科学版）》，1996(2)。

④　段泽群：《"仁智统一"的哲学意蕴与现代启示》，载《湖南科技大学学报（社会科学版）》，2014(6)。

⑤　张传燧、康再兴：《孔子"三德六材"学生核心素养观及其当代意蕴》，载《课程·教材·教法》，2018(1)。

⑥　石中英：《孔子"仁"的思想及其当代教育意义》，载《教育研究》，2018(4)。

识之所以可能的知识论观点，而以知为仁的必要条件，实有见于道德行为的理性自觉的品格。其不足之处是，忽视对自然的研究，真而归于善。儒家认识论的理论得失对传统教育有深刻的影响，这首先表现为传统教育重视道德教育而轻视科技教育；其次，传统科技教育具有明显的工具化、附庸化倾向，在儒家思想占主导地位的中国古代社会，这种倾向具体地表现为一种政治上的实用主义。① 有学者指出，该哲学思想时代的局限性还表现在：第一，儒家倡导的"仁爱"，有着严格的宗法等级制度；第二，把人的全面发展仅仅理解为所谓"完人""圣人"、具有高尚品德的人，这是片面的；第三，在教育过程中，重德育，轻智育，将六艺的学习作为通往君子人格的方法和手段，这种传统文化理念阻碍了自然科学的发展。在挖掘其价值的过程中必须坚持扬弃的原则，吸取精华，剔除糟粕。②

二、义利观与教育

(一)"义"与"利"的内涵

"义"与"利"是中国教育哲学思想的一个核心范畴，也是古代思想家们争辩得最激烈的重要问题之一。

关于"义"的含义，不同学派具有不同的标准。学者认为，从儒家的观点来看，孔子以"义"作为人生价值取向，符合义者即可行，不符合义者即不可行，充分体现了道德的自觉性。"义"不是一个特殊的道德范畴，而是指一般的当然准则。③ 孟子常以"仁义"并举，"义"是仅次于"仁"的四大善端之一。孟子之"义"以"恻隐之心"为基

---

① 郁振华、刘静芳：《儒家哲学和传统科技教育》，载《江淮论坛》，1996(5)。
② 段尊群：《"仁智统一"的哲学意蕴与现代启示》，载《湖南科技大学学报(社会科学版)》，2014(6)。
③ 黄济主编：《中国传统教育哲学思想概论》，242 页，郑州，河南教育出版社，1994。

础和出发点，以王道和仁政为最高原则和最高目标。① 儒家崇尚义
而反对言利，"义"即理所当然，即遵循道德原则和道德规范，行应
当之事。"义"与"应当"相联系，而"应当"与人之所以为人相联系。②
然而，从道家、法家的观点来看，老子反对儒家的仁义礼教，追求
本性复归，符合自然，认为"道"是义之为义的最高标准，从而主张
"上无为"之道德教育和"下自化"的自然主义教育。在法家那里，义
之为"宜"的本质内涵就是守法。③ 概言之，儒家之义是宜于礼，道
家之义是宜于自然，法家之义是宜于法。

关于"利"的含义，有公利与私利、物质利益与精神利益的区别。
学者认为，儒家反对言利，其所谓利专指私利，而墨家宣称"义，利
也"，其所谓利专指公利，即国家人民之利。儒家认为最高的价值是
道德觉悟，强调精神生活具有比物质生活更高的价值，精神生活的
提高有待于人伦之教。④ 对重利求强的法家来说，"利"也是重要的
核心概念，其特征是重实际功利而不言精神利益。

有学者认为，与传统义利学说一般性地界定义利概念有别，王
夫之对义利概念做了不同含义与层次的区分，将义一般性地界定为
在"立人之道"的基础上，有"一人之正义""一时之大义"和"古今之通
义"的不同层次或类型。他把"利"解释为"生人之用"，利也，有"非
道德""合道德"和"反道德"的不同指向和意义，从而大大发展了古代
的义利之辨。王夫之主张义利合一与义利并重，认为一个健全的社
会既要正德，又要利用厚生；对庶民百姓既要"富之"，亦要"教之"，
使其在享有物质生活便利的同时能过有意义的精神生活。⑤

---

① 张瑞璠主编：《中国教育哲学史》(第一卷)，50—59 页，济南，山东教育出版社，
2000。
② 冯建军等：《教育哲学》，120 页，武汉，武汉大学出版社，2011。
③ 张瑞璠主编：《中国教育哲学史》(第一卷)，224—228 页，378 页，济南，山东教
育出版社，2000。
④ 张岱年：《新时代的义利理欲问题》，载《北京大学学报(哲学社会科学版)》，1994(6)。
⑤ 王泽应：《王夫之义利思想的特点和意义》，载《哲学研究》，2009(8)。

（二）"义"与"利"关系的讨论

"义""利"关系既可指道德与利益的关系，也指社会公利与个人利益的关系。关于"义"与"利"的关系问题，既有对立的一面，也有统一的一面，不同学派有不同的观点。学者认为，在中国历史上长达数千年的义利之辨中，关于义利关系的取向模式大体上有"先后、本末、轻重"的争论。"先后"关系涉及的是义利之间的选择顺序，有所谓先义后利说、先利后义说等；"轻重"关系涉及的是义利之间的价值对待，有所谓重利轻义说、重义轻利说等；"本末"关系实质上是轻重关系的哲学提升和凝结，有所谓义本利末说、利本义末说等。考虑到现实生活中人们价值选择和历史上义利之辨的实际情况，可将义利关系的取向模式概括为重义轻利论、重利轻义论、义利俱轻论和义利并重论四种。[①]

重义轻利，即主"义"派，以儒家为代表。黄济认为，孟子、荀子、董仲舒、程颢、朱熹、王阳明等就是主"义"派，如董仲舒提出"正其谊（义）不谋其利，明其道不计其功"[②]。有学者认为，孔子把义与利初步对立起来，"君子喻于义，小人喻于利"，但他并不反对利，主张"见利思义"[③]。有学者专门从义利观的角度剖析了孔子的教育哲学思想，认为孔子以公利为义和强调个人对社会的道德义务的重义轻利的义利观，奠定了中国传统价值体系中社会本位的价值取向。教育的价值要通过对社会的作用及其效果才能体现。有学者主张以德治国，以礼经世，教育的目的是培养明礼行义、有道德修养和治国才能的从政人才，"学而优则仕"。在个人道德修养方面，

---

① 王泽应：《义利关系的不同类型及其实质》，载《南通大学学报（社会科学版）》，2006(2)。

② 黄济主编：《中国传统教育哲学思想概论》，243 页，郑州，河南教育出版社，1994。

③ 同上书，242—243 页。

孔子认为道德追求本身具有至高无上的独立价值，提倡以自我完善为目的的"为己"之学，以此唤醒人们道德追求的自觉意识。① 孟子将"为利"还是"为义"作为区别小人与君子的价值标准，为义是善或君子的价值标准，义是"良贵、天爵"。当生命与道义发生矛盾的时候，孟子提倡"舍生取义"。② 荀子的义利思想以其对人性善恶问题的探讨为理论基础，主张"先义后利""以义制利""以义应变""以义为利""兼利天下"。③ 在中国古代教育哲学思想史上，一直以"重义轻利"为主要倾向是与中国古代宗法制和君主专制主义联系在一起的。个人没有独立自主的政治经济权利，从而形成了个人利益必须绝对服从于家族、国家利益的要求。④

重利轻义，即主"利"派，以法家为代表。学者认为，法家义利观以人性好利、自私为立论基础，主张利以生义，以利为义，以法制利，以法为社会生活的最高准则。法家以利为价值导向，崇尚实力（国力、兵力），充分肯定利（物质基础）对社会生存和发展的作用。特别是管子一派，提出了"仓廪实则知礼节，衣食足则知荣辱"的观点。法家主"利"派忽视或根本否定道义以及人们对它的追求。在公利与私利的关系上，法家明确区分二者，主张私利绝对服从公利，并以公法的形式规定下来。⑤

义利俱轻，既不主"义"也不主"利"，以道家为代表。学者认为，与先秦其他各家的入世态度不同，道家既不崇义，又不重利，认为人世间的义与利都是没有意义的，甚至是有害的。老子和庄子都主

---

① 陈超群：《从义利观剖析孔子的教育哲学思想》，载《华东师范大学学报（教育科学版）》，1995（1）。

② 王泽应：《义利关系的不同类型及其实质》，载《南通大学学报（社会科学版）》，2006（2）。

③ 黄娟：《荀子义利观探析》，载《人民论坛》，2012（32）。

④ 黄济主编：《中国传统教育哲学思想概论》，244 页，郑州，河南教育出版社，1994。

⑤ 许青春：《法家义利观探微》，载《中南大学学报（社会科学版）》，2006（6）。

张去掉人们的好义、好利之心，启导人们要从"义利"的束缚中超越出来，用唯一有价值的"道"来统摄一切。道家主张轻物重生，轻利贵己，追求精神自由的逍遥境界。从形式上看，这似乎不是一种严格意义上的义利观，但就其内容实质而言，又确实蕴含着对义利关系的深刻见解，可以说是一种独具特色的义利观。①

义利并重，即"义""利"结合，这以墨家为代表。学者认为，与孔孟之道不同，墨子墨学的义利观是既贵义又重利，且以利喻义和以利释义。墨家将"义"与"利"看作纵向生成的关系，在利益基础上以利释义，为"利义同一论"。② 墨家提出义利合一，认为义就是利人利国，贵义就是贵利。天下没有脱离利害关系的纯粹的道义。墨子把普遍有利于天下一切人称为义，把自利、害天下的行为称为不义，主张"利人乎即为，不利人乎即止"③。

何光荣对义利对立统一的问题有独到的认识，他认为，"义中有利，利中有义也，唯在认识与处理得宜耳"。实际社会生活与活动具有复杂性，"在无损大义之前提下，重利反而更有利于义，如取其利以办教育，以济民困，以兴民力，是大义也，是乃召大义于天下也，利不违义，义利相安也"。因此我们不可狭隘地理解义利，要以大功利主义之眼光对待之，而且"不要为拜金主义者所囿；义者，宜也，宜于道也，宜于德也，宜于言也，宜于行也，即为大义也，既为人生大义所寄也，何惧之有"④。

---

① 黄济主编：《中国传统教育哲学思想概论》，242 页，郑州，河南教育出版社，1994；许青春、朱友刚：《先秦道家义利观探微》，载《济南大学学报（社会科学版）》，2003(5)。

② 萧成勇：《儒墨义利之辩与传统道德教育的现代转型》，载《教育理论与实践》，2016(7)。

③ 王泽应：《义利关系的不同类型及其实质》，载《南通大学学报（社会科学版）》，2006(2)。

④ 何光荣：《中国古代教育哲学》，378－379 页，北京，北京师范大学出版社，1997。引文有改动。

(三)"义利之辩"与人才教育取向

古代思想家出于不同的目的持有不同的义利观,从而形成了"道德型人才"和"事功型人才"两种不同的人才教育主张。

一是"道德型人才"教育观。学者指出,儒家的义利观是在其对天人关系的理解和把握的基础上产生的,是为了从根本上回答人生的目的和理想问题。从孟子开始,把义与利赋予了道德属性,从而根据义利的舍与求来区分道德意义上的君子和小人。[①] 宋代理学家突出了道义价值与道德型人才。他们不遗余力地推崇儒家的纲常伦理,并将其上升至本体论的"天理"高度,严守"义利之辩",贯彻"穷理灭欲"的理学教育纲领,注重心性修养,致力于"内在超越"的人才教育追求。程颐、程颢、朱熹基于封建社会统治长治久安的目的,坚持由内圣而外王的"道德型人才"范式,并设计了一整套以伦理为本位的人才教育理论。最终理学家在宋代以"义利之辩"占了上风,理学及其教育哲学被上升为官方意识形态。[②]

二是"事功型人才"教育观。事功型人才的提出乃特定时代之使然。针对当时严重的内忧外患和积贫积弱局面,出自富国强兵的目的,范仲淹、李觏、王安石、陈亮、叶适均不同程度地提出了"事功型人才"理想和以实学为旨趣的人才教育主张。北宋范仲淹在坚持儒家伦理本位的基础上,十分重视功利实学的阐发,引入"苏湖教学法"对太学进行改革。李觏强烈要求变革更张,重建儒家教育的经世治国使命,主张通过实实在在的名师分业教学和学生德业考察,以获取其理想中的治国安民之实才。王安石也强调变法之士与致用之才的人才教育。南宋功利主义教育家陈亮、叶适提出了与理学家截然异趣的义利说,在此基础上构建了以实学为旨趣的"成人"观。这

---

① 杨清荣:《儒家义利观解读》,载《道德与文明》,2005(1)。

② 黄书光:《"义利之辩"再兴与宋代人才教育观的理论争锋》,载《高等教育研究》,2011(1)。

些争论有助于人们重新思考封建社会急剧变革时期的人才素质、类型、及其教育问题。①

(四)"义"与"利"教育哲学思想的研究意义

"重义轻利"的价值观对中国教育产生了两个方面的深远影响。首先，这种道义论的价值观规定了理想人格的塑造。古代教育家普遍把"贵义"，即模范遵守伦理道德作为培养目标，注意引导学生正确处理物质利益与道德信念的关系。另外，这种道义论的价值观直接影响到教育内容的选择。"贵义"使古代教育家十分重视道德教育；"轻利"则使自然知识和生产知识被排除在教育内容之外。中国古代教育形成的轻自然、斥技艺的传统，固然有许多原因，但是不能不看到它与"重义轻利"的价值观有一定的联系，这对中国古代自然科学的发展是十分不利的。② 儒家正统派的重义轻利思想，虽然具有一定的深度，但对于中国社会经济的发展起了显著的消极作用。③"事功型人才"与"道德型人才"教育观的利弊得失，对于当代中国社会的和谐发展和教育改革的理性建构无疑具有十分重要的启迪意义。④

三、性习观与教育

(一)"性"与"习"的内涵

"性"与"习"是古代教育哲学思想中有关人性和教育的一对基本范畴。性习观体现着人的自然本性与后天习染同教育的关系问题。

---

① 黄书光：《"义利之辩"再兴与宋代人才教育观的理论争锋》，载《高等教育研究》，2011(1)。
② 黄济主编：《中国传统教育哲学思想概论》，244－245 页，郑州，河南教育出版社，1994。
③ 张岱年：《新时代的义利理欲问题》，载《北京大学学报(哲学社会科学版)》，1994(6)。
④ 黄书光：《"义利之辩"再兴与宋代人才教育观的理论争锋》，载《高等教育研究》，2011(1)。

　　"性"的基本含义指人与生俱来的本质或特征。"性"是"习"的前提和基础，也是教育的逻辑起点。学者将古代人性论思想分为三种：一是生以言性，首倡者是战国时期的告不害，他说"生之谓性"，后得到荀子和戴震等人的发挥；二是道德心以言性，首倡者是孟子，他认为道德理性是人与动物相区别、人之所以为人的特殊本质；三是超越心以言性，包括道家自然之性和佛性的内在超越性。从不同学派来看，先秦儒家说的性以善恶，有性无善无不善论、性善论、性恶论、性三品说等论说；先秦两汉的道家说性则以动静，秉持"性情动静"说；佛教的性论以染净论性为特征，"心性本净，客尘所染"；宋明理学的人性论则是传统人性论的综合发展。①

　　"习"的基本含义指人与外部世界相互作用的活动过程。古代思想家们以各自的"性"论为依据，进而论述"习"的含义及其在促进人性发展中的力量。如有学者认为，孔子"性相近也，习相远也"的"习"指的是后天习染，包括教育与社会环境的影响。后天教育和社会环境的影响不同，才造成人的发展有很大差别。② 有学者认为，王夫之赞孔子"习相远"之说，主张"习与性成"，所谓的"习"，除了指环境习俗影响之外，还有一个意思就是教育。③ 这些均强调了教育的作用。

　　（二）"性"与"习"的关系

　　"性"与"习"的关系体现了先天与后天对人性的影响。在人性的形成和改变上，虽然不同的人有着各自不同的主张，如孟子主张"求"和"致"，荀子主张"伪"和"积"，王充主张"化"，韩愈主张"导"，

---

　　① 于述胜、于建福：《中国传统教育哲学》，40—63页，南京，江苏教育出版社，1996。

　　② 李宏：《从"性相近也，习相远也"管窥孔子教育思想》，载《历史教学（高校版）》，2007(5)。

　　③ 杨金鑫：《王夫之论性与习》，载《湖南师院学报（哲学社会科学版）》，1982(4)。

李翱主张"复",张载主张"反",陈确和王夫之等更主张"习"而后"成",都是对"性"与"习"的关系的不同论述。①

学者普遍认为,"性"与生俱来,但并非固定不变的,"习"对"性"具有重要作用。孟子提出先验的人性本善学说,这些先天具有的"善端"扩充为现实的善,关键是能否存养得住。"习"的作用就是收回散失的善性加以存养扩充。荀子更提出"注错习俗,所以化性"的主张,强调"渐"与"积"的教育和学习的工夫。董仲舒提出性三品说,认为人在本质方面有着不可逾越的先天的界线,但他仍承认"性"可能与现实不同,提出"教之然后善"的思想,特别是对"中人之性"更是如此。宋明时期张载提出了"变化气质"的学说,强调人在本质上可以改造,并突出了封建的伦理道德修养的社会作用。在性习关系的众多意见中有一个共同点,就是人们都重视自我修养和教育的作用,基本上都认为人性是可变的。② 在王夫之的性习观中,"性"的"日生日成"与"习"的关系极大。人性虽有为善的可能,但会受见闻的局限,以及社会环境的影响,如果一个从小养成一种不良的习性,以后虽有严师益友加以劝勉,临以赏罚,亦无法匡正。王夫之也认为"教修而性显","君子之为学也,将以变其气习也",肯定教育在人性发展中起着重要的作用。③

学者认为,中国哲学思想中的性习观强调"性""习"结合,并突出"习"的方面。孔子既看到了人的先天因素的细微差异,也看到了后天因素在个体差异形成中的重大作用。王安石再次彰显了孔子的性习论思想,主张人性的善恶乃是"习"的结果,并非先天所固有的。明代思想家王廷相继承和发扬了先秦时期的"习与性成"的理论,在

---

①　黄济:《教育哲学通论》,44—46 页,太原,山西教育出版社,1998。

②　黄济主编:《中国传统教育哲学思想概论》,166 页,郑州,河南教育出版社,1994。

③　杨金鑫:《王夫之论性与习》,载《湖南师院学报(哲学社会科学版)》,1982(4)。

未否定人的遗传禀赋的差异的前提下，强调"习"的重要，主张"凡人之性成于习"①。

（三）由"习"成"性"的途径

中国教育哲学思想非常认可后天的教育是人性改变的重要途径，并强调环境的选择与作用。学者指出，从"习相远也"的观点出发，孔子认为，人要发展，教育是很重要的，"少若成天性，习惯之为常"（《大戴礼记·保傅》）。同时，人的生活环境应受到重视，要争取积极因素的影响，排除消极因素的影响。因此，孔子一方面强调居住环境的选择，主张"里仁为美，择不处仁，焉得知?"（《论语·里仁》）；另一方面强调社会交往的选择，主张"君子食无求饱，居无求安，敏于事而慎于言，就有道而正焉，可谓好学也已"（《论语·学而》）。② 墨子在人性问题上主张"素丝论"，认为人的本性是无所谓善恶之别的，完全是在环境和教育的影响下，由人们学习的结果所致。他同时强调"染不可不慎"，说明了人在社会环境中的自主意识，选择环境的主观因素和支配环境的主体作用。③ 王充在认识人性有善有恶的同时，也认识到人性的善恶是可以通过环境熏陶和教育训练加以改变的，主张两者的有机结合。他把教分为圣王之教与师徒之教。前者认为君王对臣民具有教育的职责，后者肯定教师对学生的教育训练在改造人性中的巨大作用。王充坚信教育具有变恶为善的功能，同时也没有将教育看成是万能的，认为教育还有必要与法禁相互配合。④

---

① 李元华：《中国古代思想家论个别差异的形成》，载《首都师范大学学报（社会科学版）》，1999(5)。

② 李宏：《从"性相近也，习相远也"管窥孔子教育思想》，载《历史教学（高校版）》，2007(5)。

③ 李元华：《中国古代思想家论个别差异的形成》，载《首都师范大学学报（社会科学版）》，1999(5)。

④ 燕良轼：《两汉时期的性习心理思想》，载《心理学报》，2001(5)。

关于"习"发生作用的最佳时期是在童年。有学者指出，王夫之认为"生之初，人未有权也，不能自取而自用也"，只好"惟天所授"，唯天所命。"已生以后，人既有权也，能自取而自用也"，"人道"就继承了"天道"而行使了职权，"习"就开始发生作用了。在王夫之看来，人的幼儿时期是人性形成的重要时期，应该"养其习于童蒙"。教育必须从小抓起，否则，童蒙失教，成年之后就难以挽救了，并认为只能是"圣人"来进行教育。①

（四）"性""习"教育哲学思想的研究意义

学者认为，关于古代性习观在近现代的充实与发展，有三条进路。一是用近代的自然人性论，进一步发展古代"即生以言性"的思路，如康有为、谭嗣同和严复；二是面对新的形势，用西方的哲学思想方法，发展中国传统的道德人性论，例如，现代新儒家的道德形而上学的奠基人熊十力对性习关系的"性修不二"论；三是用马克思主义的唯物史观的社会实践观点，解释、说明人的本性和人的本质，如李大钊、陈独秀和毛泽东。② 学者认为："性相近也，习相远也"，指出人的天赋素质相近，这打破了官学时代奴隶主贵族的天赋比平民的天赋高贵、优越的思想，成为人人可能受教育，人人都应当受教育的教育平等思想的理论依据。③ 性习观对现代教育的重要启示是，在个体的人性发展中，社会要营造良好的直接环境和间接环境，学校要发挥主导作用，家长要创造一个良好的家庭环境，个体应发挥自己的能动作用，努力完善自己的人性。④

---

① 杨金鑫：《王夫之论性与习》，载《湖南师院学报（哲学社会科学版）》，1982(4)。

② 于述胜、于建福：《中国传统教育哲学》，78—86 页，南京，江苏教育出版社，1996。

③ 李宏：《从"性相近也，习相远也"管窥孔子教育思想》，载《历史教学（高校版）》，2007(5)。

④ 郗强、姚本先：《孔子性习论的心理学诠释与启示》，载《当代教育论坛》，2005(17)。

四、学思观与教育

(一)"学"与"思"的内涵

"学"与"思"是教学论的主要范畴，体现教学中知识学习与发展思维能力的辩证关系。关于"学"与"思"的含义，有学者认为，古代教育家所谓的"学"，主要是指间接知识，亦即理性知识。①《论语》中的"学"与"思"和我们今天所说的"学习"与"思考"并不相同。"学"是"后觉者"之事业；"效"是"学"之要务；"学"的内容是前人累积的经验与智慧；"学"的任务目标是"学"者通过"问""识""习"的方法牢固识记和熟练掌握所"学"内容，以继承前人的经验与智慧；在"学"中，超出"学"的范围与目的的思考、质疑和批判是不被提倡的。"思"是在实践中展开，并且面向新实践的思考能力，是主体对自我有意识的监督能力。②

(二)"学"与"思"的关系

"学"与"思"的辩证关系，黄济认为，体现为以学启思，以思促学，学思结合，相辅相成。孔子的"学而不思则罔，思而不学则殆"，司马迁的"好学深思，心知其意"的命题就蕴含着这种根本精神。又如王夫之说："致知之途有二：曰'学'，曰'思'。'学'则不恃己之聪明而一唯先觉之是效，'思'则不徇古人之陈迹而任吾警悟之灵。""学非有碍于思，而学愈博则思愈远；思正有功于学，而思之困则学必勤。"学习的主要任务是接受、继承前人创造的文化遗产，思考则是发挥自己的智力对所获得的知识进行分析与综合，以求别开生面的、创造性的发展。人们以广博的学识为基础，才能高瞻远瞩，深谋远虑，发现前人不足之处，带着疑难问题去思考，反过来又会感觉到

---

① 周庆义：《中国古代教育家关于"学"和"思"的论述》，载《山西教育科研通讯》，1983(4)。

② 黄晓珠：《孔子学思理论的文化语境还原——基于〈论语〉文本的解读》，载《教育学报》，2016(2)。

学之不足，从而更加勤奋地学。①

"学"与"思"孰轻孰重，各家各派有所不同，存在着后人对前人因革损益的特点。学者分析指出，在孔子的教育思想体系中两者并非同等重要，而是"学"重于"思"。"学"在《论语》中出现多达 66 次，"思"出现 26 次，与"学"并提只有 3 次。② 孔子的学思观以"学""思"并重为前提，但更看重"博学""好学"；孟子对"好学""博学"不太注重，而主张学问应"由博返约"，其"思"侧重于"尽心知性""求其放心"的当下体察；荀子继承并深化了孔子的"好学""博学"传统，尤重"积学""强学"，学习内容也由"仁"转向"礼"，且吸收了道家等学派的资源，建构了较为系统的经验主义学思观。③

（三）治"学"善"思"的方法

古代思想家对如何"学"，怎样"思"做了具体阐述。学者分析指出，孔子强调在"博学"的基础上运思，主张带着问题去学。"博学"不仅指读书，还包括"多闻、多见、多识、多问"，学习的关键在于能否将学与思结合起来。提出"多闻阙疑""多见阙殆""知者不惑""择善而从"，启导学习者发扬"知之为知之、不知为不知"的实事求是精神，不盲目信从古人与古书，用怀疑、批判的眼光审视所学的知识，独立思考，发现问题，求得真是。同时，孔子还提出"九思"说，主张"视思明，听思聪，色思温，貌思恭，言思忠，事思敬，疑思问，忿思难，见得思义"，对"思"的方法、功能与价值做了深入的剖析。孟子所说的"尽信书，则不如无书"是为了启发学习者积极思维，用怀疑的眼光、批判的精神去读书。荀子不仅论及思的重要性，而且

---

① 黄济主编：《中国传统教育哲学思想概论》，323 页，郑州，河南教育出版社，1994。

② 黄晓珠、黄书光：《孔子对学思概念的型构及其教育方法论意义》，载《教育学术月刊》，2017(5)。

③ 孙齐鲁：《孔、孟、荀学思观辨略》，载《孔子研究》，2009(6)。

对"思"的方法也做了合理探究。《礼记·学记》提出了"记问之学,不足为人师"的原则,又强调"开而弗达则思","知其心,然后能救其失也"。既肯定独立思考的重要性,又明确指出启发式教学的关键在于"启思",使学生在学习过程中处于积极思维的状态。① 张载提出学习离不开"诵记","诵记"必先要"明理""了悟",不能只理解大义,"书多阅而好忘者,只为理未精耳"(《经学·理窟·学大原上》)。对整个教与学来说,人还要"疑",要"思",要"问"。朱熹治学,重在熟读、精思,提出朱子读书法:循序渐进,熟读精思,虚心涵泳,切己体察,著紧用力,居敬持志。② 王夫之认为,学习必须持之以恒,要有一种学习的紧迫感,有怀疑精神,"学成于聚,新故相资而新其故;思得于永,微显相次而显察于微",这都蕴含了深刻的学思观。③

(四)"学""思"教育哲学思想的研究意义

学者认为,"好学深思"是中国教育哲学思想的核心。中国教育哲学积有丰富的治学经验,并对学思之间的辩证关系做了新的阐发。"学"与"思"结合,是求得真知、达到博通境界的方法。明清以来,科举制度与学校教学日趋腐败导致学生死读经典,墨守成规,违背"好学深思"的原理,应该引以为戒。④ 学思结合的教学方法对后世中国人的影响十分深远。它成为中国文化的重要理念,甚至国外也有不少教育家在探索和践行着这一思想,是"一份珍贵的遗产"⑤。"学""思"并立

---

① 黄济主编:《中国传统教育哲学思想概论》,323—325页,郑州,河南教育出版社,1994。

② 周庆义:《中国古代教育家关于"学"和"思"的论述》,载《山西教育科研通讯》,1983(4)。

③ 舒默:《王夫之论学与思、博与约的辩证关系》,载《社会科学》,1983(11)。

④ 黄济主编:《中国传统教育哲学思想概论》,324—327页,郑州,河南教育出版社,1994。

⑤ 谢艳霜:《论孔子"学思结合"的教育思想及其现代价值》,载《国家教育行政学院学报》,2008(1)。

的教育方法值得重新探讨，其有合理性的地方值得重新阐发，其具有实践可能性的地方值得重新应用。①

五、知行观与教育

(一)"知"与"行"的内涵

"知"与"行"属于认识论和道德论中的一对范畴，所要解决的是人们的认识与实践之间的关系问题。《尚书·说命中》载"知之非艰，行之惟艰"，被认为是最早提出的知行概念。

学者指出，"知"一般是指知"道"、知识、认识；"行"的本义为道路，引申为走、行动和实践。② 知和行两个概念，在中国传统思想中，有多种不同含义。知是一个标志主观性的范畴，行则是主观见之于客观的外在行为的范畴。在基本含义相同的情况下，不同思想家对它们的理解和运用，却可以有很大的差异，同一个思想家又可以在不同的知识领域运用而使两者呈现不同的意义。例如，儒家将"知"分为"德性之知"与"闻见之知"；在朱熹思想中，对知、行范畴的使用各有十余种不同的概念。③ 王阳明"知行合一"的完整内涵呈现为四重向度：知为"知觉"，为"感知"，为"知识"，为"良知"。④

知行范畴的含义经历了由传统向现代的嬗变，有学者对此进行了概括。第一，在"知"的内容和"行"的形式上，"知"的内容取决于"行"的形式。传统的"知"范畴以德性之知为主要内容，是因为传统的"行"范畴以道德修养的种种"工夫"为主要形式。现代的"知"范畴

---

① 黄晓珠、黄书光：《孔子对学思概念的型构及其教育方法论意义》，载《教育学术月刊》，2017(5)。
② 苗润田：《知之非艰，行之惟艰——儒家知行学说的现代思考》，载《哲学研究》，1999(11)。
③ 于述胜、于建福：《中国传统教育哲学》，78—86 页，南京，江苏教育出版社，1996；黄济主编：《中国传统教育哲学思想概论》，267—270 页，郑州，河南教育出版社，1994。
④ 董平：《论"知行合一"的四重向度》，载《社会科学战线》，2019(2)。

以自然领域和社会领域的科学为主要内容，是由于在现代的"行"的范畴里，其形式转变为宽广的社会实际活动。第二，在"知"的主体和"行"的主体上，两者是同一的。在传统的知行范畴里，获取德性之知和进行德性修养工夫的主体，都是以达到圣贤为目标的个体。现代知行范畴关于知行主体的阐释，表现了从个体的圣贤逐渐走向人民群众的思想趋势。第三，在"知"的形成和"行"的过程上，传统的"知"范畴中"知"的形成主要是与"修身"相联系的。现代的"知"范畴则从一般认识活动的意义上来考察"知"的形成。第四，在"知"的作用和"行"的作用上，两者是相互的。[1]

(二)"知"与"行"的关系

中国教育哲学思想中"知"与"行"的关系，主要指道德认识和道德实践的关系，但也包含一般认识论的意义。[2] 从已有研究成果来看，这体现在两者的"先后、难易、轻重"问题上。

在知行的先后问题上，学术界认为有"行先知后论、知先行后论、知行合一并进论"等观点。第一，行先知后论。孔子在知行关系上强调"行"处于道德实践的优先地位，认为"弟子入则孝，出则悌，谨而信，泛爱众而亲仁，行有余力，则以学文"(《论语·学而》)。王廷相、王夫之、颜元等也持这种知行观。[3]

第二，知先行后论。宋明理学家都突出知的主导地位，强调以知为先、以知为本。理学家的知行观侧重道德内涵，由知行讲格物、致知，侧重于知。理学的知行观以"去人欲，存天理"为工夫，以超凡入圣为目标，这迎合了宋明时期加强道德教化的需要。[4] 其中主

---

①　陈卫平：《中国近代知行范畴的嬗变》，载《学术月刊》，2001(1)。

②　黄济主编：《中国传统教育哲学思想概论》，263—264页，郑州，河南教育出版社，1994。

③　苗润田：《知之非艰，行之惟艰——儒家知行学说的现代思考》，载《哲学研究》，1999(11)。

④　魏义霞：《宋明理学知行观探究》，载《齐鲁学刊》，2007(2)。

要以程朱为代表。程颐指出无论做任何事情，都要有知的指导，否则就无法取得积极的成效，"须是知了方行得"，"识在行之先"。朱熹也认为，知行在逻辑上有先后之分，"知、行常相须，如目无足不行，足无目不见。论先后，知为先，论轻重，行为重"（《朱子语类》卷九）。以知、行关系理论为基础，朱熹通过阐发《中庸》的有关思想，提出为学的一般程序是：博学之，审问之，慎思之，明辨之，笃行之。程朱讲知先行后，力图说明道德实践对道德认识的依赖性，突出强调道德认识对道德实践的规范和指导作用，凸显了道德实践主体的认知自觉性。

第三，知行合一并进论。此观点的主要代表是湛若水、王阳明。王阳明认为知与行"元来只是一个工夫"，是同一工夫的不同方面，"知是行的主意，行是知的工夫；知是行之始，行是知之成"。"知行工夫本不可离，只为后世学者分作两截用功，失却知行本体，故有合一并进之说。"[1]

在知行难易问题上，主要有知易行难、知难行亦难等不同意见。第一，知易行难论。孔子虽是知行统一的学者，但他特别强调行的艰难与重要，荀子也有相同的主张。儒家学派将知识论与道论结合在一起，致知与修养的问题乃不可分，所以"知易行难"与重视道德实践的精神有一定关系。汉唐以来的政治家、思想家基本上持赞同的观点。但是，在不同的历史时期，政治家、哲学家对"知之非艰，行之惟艰"所做的新的诠释，是有特定的含义，要进行具体分析。[2]第二，知难行亦难。宋代程颐为了贯彻"力行须先知"的思想，改造了《尚书》"知之非艰，行之惟艰"的命题，提出"知难行亦难"的观点。

———

[1] 苗润田：《知之非艰，行之惟艰——儒家知行学说的现代思考》，载《哲学研究》，1999(11)；张瑞璠主编：《中国教育哲学史》（第二卷），174—187 页，济南，山东教育出版社，2000。

[2] 黄济主编：《中国传统教育哲学思想概论》，264—265 页，郑州，河南教育出版社，1994。

他说:"故人力行,先须要知,非特行难,知亦难也。"要点是在知难,突出"知"的功能与价值。①

在知行孰轻孰重上,有重知、重行和知行并重三种取向。程颐重知,认为"学莫贵于知","内不知好恶,外不知是非,虽有尾生之信,曾参之孝,吾弗贵矣"。朱熹则强调行的重要性,之所以知轻行重,是因为知不能脱离行,只有"亲历其域,则知之益明"。人通过践行才能使所知进一步深化,行是知的目的、归宿,"工夫全在行上"。王阳明也是一个重行学者,他提出知行合一说,反对把知行分作两截,更反对知而不行,也是强调道德实践的决定作用。其他如王夫之、颜元等也都重行;而王廷相、吴廷翰等则主张知行并重。②也有学者不苟同学术界一般认为的朱熹"重行轻知"的观点,而是指出,朱熹秉承程颐以知为重而不以行为轻的思想,提出"行重知要",强调力行为重,致知亦重,即发展成为行知并重、相须互发的知行统一观,这是对中国哲学史上知行难易轻重问题的总结和创造性的发展。③

(三)致"知"力"行"的方法

有学者认为,儒家特别强调"学而知之",注重理性自觉。道家、法家具有反知识的倾向,道家主张"去知",法家则强调"以法为教"。④ 同一学派也有不同的观点。如果说孔子的"知"表现为外求"问"和"学",孟子的"知"则表现为内求"尽心知性",扩充固有的善性。⑤ 王阳明提出了"事上磨炼"的方法,主张在教学中坚持"着实躬

---

① 黄济主编:《中国传统教育哲学思想概论》,265—266页,郑州,河南教育出版社,1994。
② 苗润田:《知之非艰,行之惟艰——儒家知行学说的现代思考》,载《哲学研究》,1999(11)。
③ 杨翰卿:《论朱熹重行不轻知的知行观》,载《西南民族大学学报(人文社科版)》,2010(4)。
④ 黄济主编:《中国传统教育哲学思想概论》,270页,郑州,河南教育出版社,1994。
⑤ 温克勤:《略论先秦儒家伦理的知行统一论》,载《道德与文明》,2005(2)。

行"，既反对"不能思维省察"的"冥行妄作"，也反对"不肯着实躬行"的"悬空思索"。① 由"行"到"知"，再由"知"到"行"的一次反复是不行的，必须要经历"行—知—行"的循环往复、螺旋上升的发展。在肯定"亲知"为一切知识的根本这一基本思想的同时，陶行知承认"闻知""说知"是个体获得知识的另外两条有效途径。②

古代思想家还特别注重道德情感、意志等心理因素在由道德认知转化为道德行为过程中的重要作用。孔子认为，"知之者不如好之者，好之者不如乐之者"，对善"好之"乃至"乐之"的道德情感可以使人形成一种稳固的好善乐善的道德品质。孔子强调"志于学""志于道"和对道的"笃信""有恒"，认为有了坚定的道德意志就可以成就崇高的道德行为。孟子提出了"诚"和"思诚"的思想，在他看来，诚作为一种心灵境界，对人的道德践行具有决定性的意义，表现于治民、信友、事亲等的道德行为都是"诚"的结果。他提出"夫志，气之帅也"的志气说，强调人要"尚志"。荀子也强调人应有好恶的道德情感，坚定的道德意志才能破除一切阻碍干扰，实现道德行为。程朱理学也非常重视道德情感、意志在由知到行的过程中的重要作用，如朱熹强调"居敬""诚意"的重要性。③

（四）"知""行"教育哲学思想的研究意义

大多数学者阐述了知行观对学习理论、道德实践的重要意义，认为知行观构成了传统学习目的论、学习价值论、学习过程论，以及学习方法论的认识论和实践论基础。知行观还影响到学习原则和方法理论的形成和发展，如学行结合、知行统一，即理论知识学习

---

① 郭微微、程红艳：《王阳明"知行合一"学说对于化解学校德育知行脱节的启示》，载《教育科学研究》，2017(7)；陈增辉：《王守仁教育方法论》，载《上海大学学报(社会科学版)》，1999(2)。

② 石中英：《试论陶行知教育哲学的几对基本范畴》，载《教育研究与实验》，1992(2)。

③ 温克勤：《略论先秦儒家伦理的知行统一论》，载《道德与文明》，2005(2)；温克勤：《略论汉代和宋明儒家伦理的知行统一思想及其现代意义》，载《天津社会科学》，2005(4)。

与实践训练相结合、学用一致等原则，见、亲（观察）、习（练习）、行、接（实践）等学习方法。[①] 认识和实践的矛盾、知与行的矛盾，仍然是现代社会条件下的对象性活动的基本矛盾。在现代社会条件下，知行脱节依然是一个十分普遍的社会问题，知而不行、行而不知、重知轻行、重行轻知等现象大量存在。儒家曾提出过一些方法和措施，对于我们今天如何才能做到知与行的统一，具有一定的启发意义。[②] 当然，正如前文所提及的，学者也指出了传统知行教育哲学思想中存在的一些局限性和不足，主张加以辨别，批判地借鉴合理的、有价值的认识。

第三节 中国传统教育哲学研究的总结与展望

70 年中国教育哲学思想研究，既有立足中国文化传统、以中国文化传统为底色，对古代和近现代丰富的教育哲学思想资源的深挖掘，又有对文化传统的现代性审视和思想理论创新的新建树。

一、中国传统教育哲学的研究成就

70 年来，国内一大批学者的不懈追求和共同努力，推动了中国教育哲学思想研究的持续进展，取得显著成就。

第一，奠定了中国教育哲学学科建设发展的基石。中国教育哲学思想研究，是中国教育哲学学科体系建设不可或缺的重要组成部分，也是一项重要课题。特别是 20 世纪 80 年代学科重建以来，学术成果日益显现和丰富起来。迄今，已出版了一大批具有影响力的学术专著和研究论文，无论在"量"上还是在"质"上都有了明显提高，

---

① 张传燧：《中国传统学习理论的哲学基础》，载《华东师范大学学报（教育科学版）》，1999(2)。

② 苗润田：《知之非艰，行之惟艰——儒家知行学说的现代思考》，载《哲学研究》，1999(11)。

为中国教育哲学学科本土化建设做出了较大的理论贡献。

第二，形成了中国教育哲学思想研究的多学科视野。除了教育研究领域，哲学、史学、文学等研究领域的很多学者也致力于中国教育哲学思想研究。他们从各自的学科背景出发，采用不同的学科视角，多维度解读了中国教育哲学思想，各有所长，各具风格。这种多学科视野的研究促使人们对中国历史上各家各派的教育哲学思想了解更加全面，探讨更加多元，认识更加开阔。

第三，拓展了中国教育哲学思想研究的广度。首先是研究的内容涵盖广，包括天道观与人性论、历史观与社会观、伦理观与道德论、知识观与教学论、审美观与美育思想等诸多方面，[1] 注重全面性和系统性。其次是研究的范围涉及广，在中国 2000 多年的封建社会中，基本上形成了以儒家思想占主导地位的格局，儒家及其代表人物如孔子、孟子、荀子等教育哲学思想的研究一直比重较大。与此同时，学者们也十分注意兼采各家，对如墨家、道家、法家、佛家等代表人物的教育哲学思想，以及近现代的教育哲学思想，尤其是马克思主义教育哲学理论进行了多方面研究，思想异彩纷呈，这充分展现了中国教育哲学思想的博大精深。

第四，增强了中国教育哲学思想研究的深度。我国教育哲学学科在恢复重建之初，面临的主要任务是对中国传统教育哲学思想进行梳理和阐释。而随着学科建设的发展和 21 世纪以来的深入，对某一人物、某种观点、某对范畴的研究更加深化，人物与人物之间、不同观点之间、国内与国外之间的比较研究不断增多。以孔子"仁"的思想为例，石中英基于《论语》文本和其他学者的论述对其要义进行了再分析，[2] 檀传宝比较了孔子的"仁"与诺丁斯的"关怀"概念，认为两者在仁者爱人、关爱的关系性、关爱的情境性上具有重要的

---

① 黄济：《教育哲学通论》，2 页，太原，山西教育出版社，1998。

② 石中英：《孔子"仁"的思想及其当代教育意义》，载《教育研究》，2018(4)。

相同点。① 学者通过对此类问题的深入挖掘、比较分析，提升了人们对中国教育哲学思想的理解层次。

第五，彰显了既重学理分析又重实践观照的研究特色。从已有研究来看，学者不仅从理论层面探讨了中国教育哲学思想的学术性问题，而且还从实践层面借鉴传统教育哲学思想以积极回应教育现实，提出了诸多见解。或以古代人性论看现代健全人格的培养，或以修身哲学看当代道德教育原则，或以知行观看如何解决当下教育中的知行关系问题，或以美育思想启示当今审美教育……从中赋予了传统教育哲学思想时代的"生命"。

二、展望未来应处理好的四种关系

面对新时代中国教育哲学持续建设的重要使命，展望未来中国教育哲学思想研究的新发展，在遵循其内在的学术逻辑基础上，教育学者要协调处理好四种关系，教育哲学才能焕发出新的生机。

一是古今关系。古今关系问题涉及如何看待中国传统教育哲学思想。关于如何处理古今问题，先哲们已早有论述。孔子特别强调"好古"，在《论语·述而》中说"我非生而知之者，好古，敏以求之者也"②，意为学问是从古文化中汲取智慧，以勤奋求来的。王充《论衡·谢短篇》中也道明了知古与知今的关系，"夫知古不知今，谓之陆沉，然则儒生，所谓陆沉者也。……夫知今不知古，谓之盲瞽"③，即治学者只有了解古今，今以古鉴，古为今用，才能明晓事理，学以致用。然而，有的学者却将传统与现代对立起来，要么主张简单的复归传统，要么认为完全摒弃传统，都是不足取的。实际上，古与今不仅关涉时序上的前后相继，在某种程度上呈现出的更

---

① 檀传宝：《爱的解释及其教育实现——孔子的"仁"与诺丁斯的"关怀"概念之比较》，载《教育研究》，2019(2)。

② 邹懔校注：《论语译注》，98页，上海，上海三联书店，2018。

③ （汉）王充著，张宗祥校注，郑绍昌标点：《论衡校注》，256页，上海，上海古籍出版社，2010。

是一种"质"的差异。如何有所选择、科学分析，把中国传统教育哲学思想的宝贵资源转化为现代教育的有机成分，力求"立时代之潮头、通古今之变化、发思想之先声"，这值得学者长久思考与探索。

二是中西关系。中西关系问题反映了人们对待中西方两种不同思想资源的态度。无论是中国的教育哲学思想还是西方的教育哲学思想，都形成于一定的历史文化背景之下，两者无优劣之分，都有其存在的价值和意义。"我们需要借鉴和吸收西方教育哲学的成果和思想，但不能游走于西方教育哲学流派之间，没有自己的主心骨，我们必须有文化自觉和文化自信，必须确定自己的位置和坐标。"①因此在研究过程中，我们应避免全盘西化和民族虚无主义。一方面，我们要充分认识和肯定中国文化和教育发展的独特性，深入挖掘我国教育哲学思想的价值，树立文化自信。另一方面，以西方教育哲学为参照来反观我们自己的传统，深入理解有关命题的意义，并进行重构，实现中西对话与互动。我们只有不忘本来、吸收外来，才能更好地面向未来。

三是扬弃关系。扬弃关系问题体现了怎样对传统教育哲学思想进行取舍利用。"作为历史遗产，即使是优秀的，也是一定历史时期的产物，必然带有历史的、甚至阶级的局限性，因而对它必须要有分析，有鉴别，有所吸取，有所扬弃，有所改造创新。"②因此，教育学者研究中国传统教育哲学思想要具备正确的态度，遵循在批判的基础上继承的原则。要弘扬符合社会发展要求、积极向上的内容，而自觉鉴别和摒弃与社会发展要求不符的、落后的、腐朽的观念，汲取传统教育哲学思想的精华为现代教育所用。

四是传创关系。传创关系问题事关中国教育哲学思想何以继承与发展。建设中国特色的教育哲学不可脱离中国传统文化这一根基

---

① 冯建军主编：《中国教育哲学研究——回顾与展望》，85 页，北京，北京师范大学出版社，2015。

② 黄济：《再谈中国教育哲学》，载《教育研究与实验》，2002(4)。

或源泉，不能不体现传统教育哲学思想的睿智。有学者指出，这一过程中，"中国教育哲学学者的任务就是重新解释、重新安置、重新诠释古典教育智慧，以期在今天焕发出新的生命力，这一任务只能通过创造性转化来完成"①。在传承中创新，在创新中传承，正是中国教育哲学思想研究的可行、必行之路。

---

① 高伟：《建构有中国气象的教育哲学》，载《教育研究》，2018(9)。

第十章
现代西方教育哲学研究

中国教育哲学"在翻译的基础上引进，在模仿的基础上创立，并在本土化的诉求下成长、壮大、发展"①。然而，在新中国成立之后，教育领域全面学习苏联教育理论，在教育学的学科设置中取消了教育哲学课程，在一段时期内，中国教育哲学研究处于停滞状态。随着改革开放的实施与深化，教育也在逐渐改革，不断开放，我国的教育哲学学科得以恢复重建，与西方教育领域的思想对话日益频繁，西方教育哲学译介与研究也呈现出繁荣景象。

第一节　现代西方教育哲学研究的历程

一、西方教育哲学研究的批判与停滞(1949—1976 年)

新中国成立初期，教育文化领域的重要任务是改造旧思想，塑造新思想，培育共产主义接班人。1954 年 5 月召开的第二次全国宣传工作会议提出思想文化战线要贯彻过渡时期的总路线，要对资产阶级唯心主义思想进行批判。1955 年 5 月，《人民教育》发表了《批判

---

① 胡金木：《20 世纪上半叶中国教育哲学学科发展的回顾与审思》，载《高等教育研究》，2016(8)。

唯心主义思想的重大意义》的社论，并开辟"批判资产阶级教育思想"专栏，全国各大报刊纷纷发表相关主题的批判文章，对西方教育家和教育思想展开批判。其中，实用主义哲学思想作为资产阶级思想中最主要的一派和影响最大的一派①，受到的批判最为猛烈。

这一阶段，批判资产阶级教育思想的著作有《资产阶级教育思想批判》(1956)②、曹孚著《实用主义教育思想批判》(1956)③、陈元晖著《实用主义教育学批判》(1957)④和《现代资产阶级的实用主义哲学》(1963)、傅统先著《反动的实用主义教育思想批判》(1957)⑤等。此外，为配合对实用主义教育哲学思想的批判，一些人还翻译引进了一批马克思主义学者对实用主义批判的著作，如苏联教育学家冈察洛夫等的《资本主义国家教育批判》(第1辑，1951)⑥、B. C. 佘夫金的《杜威教育学批判》(1953)⑦、康福斯的《保卫哲学——反对实证主义和实用主义》(1955)⑧、哈利·威尔斯的《实用主义：帝国主义的哲学》(1955)⑨、林哈尔特的《美国实用主义》(1956)⑩、康·梅里维尔的《美国的实用主义》(1958)⑪，等等。

20世纪50年代末，中国也试图建立具有中国特色的教育学体

---

① 陈元晖：《现代资产阶级的实用主义哲学》，上海，上海人民出版社，1963。
② 文化教育出版社编：《资产阶级教育思想批判》第三集，北京，文化教育出版社，1956。
③ 曹孚：《实用主义教育思想批判》，北京，新知识出版社，1956。
④ 陈元晖：《实用主义教育学批判》，北京，人民教育出版社，1957。
⑤ 傅统先：《反动的实用主义教育思想批判》，武汉，湖北人民出版社，1957。
⑥ ［苏］冈察洛夫等：《资本主义国家教育批判》第1辑，思闻等译，上海，中华书局，1951。
⑦ ［苏］B. C. 佘夫金：《杜威教育学批判》，佘增寿译，北京，五十年代出版社，1953。
⑧ ［英］康福斯：《保卫哲学——反对实证主义和实用主义》，瞿菊农等译，北京，生活·读书·新知三联书店，1955。
⑨ ［美］哈利·威尔斯：《实用主义：帝国主义的哲学》，葛力等译，北京，生活·读书·新知三联书店，1955。
⑩ ［捷克］林哈尔特：《美国实用主义》，郑启温等译，北京，人民出版社，1956。
⑪ ［苏］康·梅里维尔：《美国的实用主义》，郭力军译，上海，上海人民出版社，1958。

系，不再一味地批判西方教育思想，开始翻译和介绍西方教育哲学思想。如人民教育出版社出版了由白恩斯和白劳纳合编、瞿菊农译的《当代资产阶级教育哲学》(1964)，其中涉及唯心主义、古典实在论、青年的基督教教育、存在主义、实用主义、分析教育哲学、语义哲学与教育等。[1]《现代外国哲学社会科学文摘》《世界哲学》《哲学研究》等期刊也译介了不少西方教育哲学思想最新动态。这一时期引入和发表的文章，不仅涉及西方古典教育和哲学思想，如苏格拉底、卢梭、康德、黑格尔等人的教育哲学思想，现代西方教育哲学流派如存在主义、分析教育哲学等也得以引入。

遗憾的是，"文化大革命"中断了刚刚萌芽的西方教育哲学思想的再次引入，1966—1976 年，无论是中国传统教育哲学还是西方教育哲学思想都遭到了批判。[2]

1949—1979 年的许多著作论文缺乏具体分析和实事求是的科学态度，并没有对西方教育哲学理论进行认真研究，而是出于政治需要，许多著作的政治标准很高，理论辨析和证明、客观论证标准不高。

二、西方教育哲学研究的重启(1977—1999 年)

1978 年后改革开放带来人们的思想解放，人们对待西方教育哲学的立场发生了转变，为重新评价和研究西方教育哲学思想提供了良好的思想环境。很多人认为"很有必要对西方世界各个方面的状况有更新的和更深刻的认识，从中汲取经验教训，以促进我们事业的更好发展"，对待西方思想，我们"应当抱着实事求是的态度重新研

---

[1] 白恩斯、白劳纳编：《当代资产阶级教育哲学》，瞿菊农译，北京，人民教育出版社，1964。

[2] 侯怀银、田小丽：《20 世纪下半叶教育哲学学科建设的本土探索》，载《当代教育与文化》，2012(3)。

究和评价现代西方思想家及其理论"①。

在教育哲学研究领域，黄济先生指出，"我们对待教育哲学遗产和当代各个资产阶级教育哲学流派，都应当以马克思列宁主义的正确态度和方法，历史地、实际地做一番缜密的和认真的研究工作，取其精华，去其糟粕，使其为建立马克思主义教育哲学服务"②。研究逐渐走出学术政治化樊篱，改变了过去全盘否定的范式。国外各种流派思潮大量传入中国，为中国学者思考教育问题提供了重要的思想资源。可以说，西方教育哲学思想的重新研究，是与教育哲学的重建同步的③。西方教育哲学思想的译介构成了我国教育哲学学科建设的重要内容。在翻译的过程中，学者对西方教育哲学思想流派进行重新整理，及时吸收西方教育哲学的最新研究成果。

这一阶段，西方教育哲学思想主要有以下几个来源。一是翻译西方教育哲学著作，比较有代表性的有华东师范大学教育系和杭州大学教育系编译的《现代西方资产阶级教育思想流派论著选》(1980)，陈友松主编的《当代西方教育哲学》(1982)等。二是翻译西方经典哲学著作，如商务印书馆于1981年推出"汉译世界学术名著丛书"，西方经典哲学名著得以系统出版，为研究积累了重要的原著资料。三是译介当代西方教育哲学最新动态，如《外国教育动态》在1980年选登了R.D.范斯科特等的《当代西方教育哲学流派》，阐述了要素主义、永恒主义、进步主义、改造主义、实用主义、存在主义和分析哲学等流派的教育哲学观点。四是西方教育哲学学者陆续来中国开展学术交流，中国教育学者走出国门学习交流，这都为传播教育哲

---

① 刘放桐：《代序：重新认识和评价杜威》，见杜威：《新旧个人主义——杜威文选》，5页，上海，上海社会科学院出版社，1997。
② 黄济：《关于教育哲学研究的几个问题》，载《北京师范大学学报》，1981(2)。引文有改动。
③ 冯建军主编：《中国教育哲学研究——回顾与展望》，74页，北京，北京师范大学出版社，2015。

学新成果和新思想提供了新途径。

同时，国内学者也开始了对西方教育哲学各流派的代表人物、哲学基础和基本哲学主张等进行全方位的论述和评价。这些评介性论著一方面介绍西方教育哲学流派思想，另一方面加上作者的解读，对系统了解西方教育哲学思想起到了重要作用。这一阶段国内学者出版的关于主要西方教育哲学思想研究的著作包括：崔相录的《二十世纪西方教育哲学》(1989)、吴杰的《外国现代主要教育流派》(1989)、曹延亭的《现代外国教育思潮》(1989)、赵修义和邵瑞欣的《教育与现代西方思潮》(1990)、陆有铨的《现代西方教育哲学》(1993)、毕淑芝和王义高的《当代外国教育思想研究》(1993)、季苹的《西方现代教育流派史论》(1995)。此外，不少概论性的教育哲学著作也涵盖了对西方主要教育哲学思想流派的评介，如黄济的《教育哲学初稿》(1982)和《教育哲学》(1985)、傅统先和张文郁的《教育哲学》(1986)、刁培萼和丁沅编著的《马克思主义教育哲学》(1987)、王为农和郑希晨主编的《教育哲学》(1990)、曾成平的《现代教育哲学新论》(1991)，等等。部分教育哲学著作虽未全面概述，也涉及少数流派或人物的研究：张振东的《教育哲学的基本概念》(1982)对结构主义进行了评述；《教育哲学教学参考资料》编辑组编写的《教育哲学教学参考资料》(1986)收录了皮亚杰的《明日教育的结构基础》和陈列的《"西方马克思主义教育理论"述评》。

三、西方教育哲学思潮的全面深化研究(2000—2019 年)

20 世纪末期，教育哲学研究步入快速发展阶段，研究成果大量涌现，为我国教育哲学学科和教育发展提供了理论参照。

首先，国内学者围绕西方教育哲学思想出版了很多著作或发表了很多论文，对西方教育哲学思想进行了全面阐述和评价，深化了人们对西方教育哲学思想的认识。著作主要有：陆有铨的《躁动的百年——20 世纪的教育历程》(1997)、张全新的《二十世纪西方教育哲

学》(2004)、何齐宗的《现代外国教育理论流派述评》(2006)、北京师
联教育科学研究所的《[当代]西方教育思潮·理论流派与梅逊〈西方
当代教育理论〉选读》(2006)、陈晓端和郝文武的《西方教育哲学流派
·课程与教学思想》(2008)、黄志成的《西方教育思想的轨迹——国
际教育思潮纵览》(2008)、彭正梅的《现代西方教育哲学的历史考察》
(2010)、唐爱民的《当代西方教育思潮》(2010)、毕红梅和李东升的
《当代西方思潮与思想教育》(2010)、刘良华的《西方哲学：“生命·
实践”教育学视角之思》(2015)，等等。

　　其次，国内学者不再止步于评介，越来越多地将西方教育哲学
思想研究纳入其教育哲学著作，有选择地进行融合创新。主要代表
性著作有：黄济的《教育哲学通论》(1998)、张全新和张宗祥编著的
《教育哲学概论》(2003)、冯建军等的《教育哲学》(2011)、曹长德主
编的《教育哲学》(2015)、陆有铨的《教育的哲思与审视》(2016)、王
尹芬主编的《教育哲学》(2016)中均有对西方教育哲学思想流派的系
统论述。此外，陶志琼的《新旧之间：教育哲学的嬗变》(2003)对未
来主义，钟祖荣的《基础教育哲学引论》(1996)对分析教育哲学，王
坤庆的《教育哲学——一种哲学价值论视角的研究》(2006)和《教育哲
学新编》(2010)对后现代主义教育，周恩成主编的《教育哲学基础》
(2014)对存在主义和现象学等，于伟的《教育哲学》(2015)对实用主
义，刘良华的《教育哲学》(2017)对古希腊罗马教育哲学、西方现代
知识哲学和政治哲学分别有论述。

　　再次，国内学者逐渐聚焦某一流派或人物、某一领域的西方教
育哲学思想研究，并积极探索其与中国教育改革和实践的关系。例
如，张传燧主编的“中西教育思想解读”丛书分别为《解读行为主义教
育思想》《解读实用主义教育思想》《解读结构主义教育思想》《解读人
本主义教育思想》《解读后现代主义教育思想》等，丛书较为系统和深
入地梳理了几派教育思想的内容，而且结合当代教育改革实践和教

育理论发展实际，阐发各派思想的现代意义。于伟的《现代性的省思》不仅对后现代的历史发展和理论家的学说进行阐述，并结合后现代思潮对我国教育理论研究和方法论创新的影响，探讨了后现代思潮与我国教育理论本土化的问题。[①] 刘良华的《西方哲学："生命·实践"教育学视角之思》从生命与实践教育学的视角来理解西方哲学史的发生与发展，重点讨论了三个问题：西方哲学尤其是西方的"生命哲学"是如何解释"生命"的；西方哲学尤其是西方的"实践哲学"是如何解释"实践"的；西方哲学是如何解释生命与实践的冲突与转化的。这拓展了国内学者新的研究视角。

最后，国内研究对西方教育哲学思想的研究领域还进一步分化，相关研究进一步拓展到教育的各个分支领域。如陈晓端和郝文武的《西方教育哲学流派·课程与教学思想》着重对理想主义教育、现实主义教育、自然主义教育、自由主义教育、实用主义教育、存在主义教育、要素主义教育、永恒主义教育、社会重建主义教育、结构主义教育、分析哲学教育、批判理论教育、后现代主义教育 13 个西方教育哲学思想流派的课程与教学思想进行梳理和比较。[②]

第二节　现代西方教育哲学的主要流派

学者在译介、批判性吸收和自主思考的基础上，对西方教育哲学思想展开了持久的研究，西方主要哲学家和教育家的思想几乎都被介绍到中国（见表 10-1）。

---

① 于伟等：《现代性的省思——后现代哲学思潮与我国教育基本理论研究》，北京，教育科学出版社，2014。

② 陈晓端、郝文武主编：《西方教育哲学流派·课程与教学思想》，北京，中国轻工业出版社，2008。

表 10-1　20 世纪 80 年代以来部分西方教育哲学著作及研究主题

教育哲学著作	涉及的西方教育哲学研究主题
黄济编著:《教育哲学初稿》,1982 年;《教育哲学》,1985 年	实用主义、进步主义、永恒主义、要素主义、改造主义、存在主义、分析哲学
傅统先、张文郁:《教育哲学》,1986 年	分析主义教育哲学、存在主义教育哲学、杜威的实验主义教育哲学、改造主义教育哲学、要素主义教育哲学、结构主义教育哲学
刁培萼、丁沅编著:《马克思主义教育哲学》,1987 年	西方古代教育哲学思想、西方近代教育哲学思想、西方现代教育哲学的形成(实用主义、进步主义、改造主义、永恒主义、要素主义)、西方当代教育哲学的发展(分析哲学、行为主义、结构主义)
崔相录:《二十世纪西方教育哲学》,1989 年	永恒主义教育哲学、精神科学教育学、进步主义教育哲学、要素主义教育哲学、存在主义教育哲学、教育人类学、改造主义教育哲学、结构主义教育哲学、分析教育哲学
吴杰主编:《外国现代主要教育流派》,1989 年	实验主义教育流派、新教育流派、实用主义教育流派、永恒主义教育流派、要素主义教育流派、新行为主义教育流派、结构主义教育流派、全人教育流派、终身教育流派、苏联主智主义教育流派
曹延亭编著:《现代外国教育思潮》,1989 年	赞科夫教育思想、巴班斯基教育思想、苏霍姆林斯基教育思想、洛札诺夫的暗示教学理论、布鲁纳教育思想、科南特教育思想、布鲁姆教育思想、终生教育理论
赵修义、邵瑞欣:《教育与现代西方思潮》,1990 年	尼采的学说、存在主义、弗洛伊德主义、实证主义和实用主义的知识观、功利主义及其演变、20 世纪基督教新神学、法兰克福学派的社会理论、新技术革命引起的争论
王为农、郑希晨主编:《教育哲学》,1990 年	实用主义、改造主义、要素主义、永恒主义、结构主义、存在主义
曾成平:《现代教育哲学新论》,1991 年	实用主义教育哲学、要素主义教育哲学、结构主义教育哲学、分析主义教育哲学

续表

教育哲学著作	涉及的西方教育哲学研究主题
陆有铨：《现代西方教育哲学》，1993 年	进步主义教育、要素主义教育、永恒主义教育、改造主义教育、新行为主义教育、存在主义教育、未来主义教育、分析教育哲学
季苹：《西方现代教育流派史论》，1995 年	实验主义、自由主义、实用主义、要素主义、永恒主义、新托马斯主义、存在主义、"非学校化"思潮、新马克思主义、终身教育思潮
陆有铨：《躁动的百年——20 世纪的教育历程》，1997 年	进步主义教育、改造主义教育、要素主义教育、永恒主义教育、分析教育哲学、存在主义教育、后现代主义教育
黄济：《教育哲学通论》，1998 年	进步主义、改造主义、要素主义、永恒主义、存在主义、分析哲学、西方马克思主义
张全新、张宗祥编著：《教育哲学概论》，2003 年	进步主义教育哲学、要素主义教育哲学、永恒主义教育哲学、存在主义教育哲学、结构主义教育哲学
张全新：《二十世纪西方教育哲学》，2004 年	实验主义教育哲学、新托马斯主义教育哲学、存在主义教育哲学、结构主义教育哲学、分析学派教育哲学、后现代主义教育哲学
何齐宗主编：《现代外国教育理论流派述评》，2006 年	终身教育理论、存在主义教育理论、人本主义教育理论、全人教育理论、合作教育学理论、精神分析学派的教育理论、后现代主义教育理论、多元智能教育理论、建构主义教育理论
北京师联教育科学研究所编译：《[当代]西方教育思潮·理论流派与梅逊〈西方当代教育理论〉选读》，2006 年	要素主义教育理论、永恒主义的教育理论、新托马斯主义教育理论、改造主义教育理论、存在主义教育哲学、分析哲学的教育理论、结构主义的教育理论、传统的文科教育、进步教育、学科结构运动、新行为主义、人本主义心理学

续表

教育哲学著作	涉及的西方教育哲学研究主题
黄志成编著：《西方教育思想的轨迹——国际教育思潮纵览》，2008年	现代教育思潮（欧洲新教育运动、进步主义教育思潮、改造主义教育思潮）、新传统教育思潮（要素主义教育思潮、永恒主义教育思潮）、新行为主义教育思潮、分析教育哲学思潮、存在主义教育思潮、教育现象学思潮、结构主义教育思潮、精神科学教育学思潮、经验教育学思潮、批判主义教育思潮、解放教育思潮、人本主义教育思潮、建构主义教育思潮、整体主义教育思潮、复杂性教育思潮、后现代主义教育思潮、终身教育思潮、全民教育思潮、全纳教育思潮
徐辉、辛治洋：《现代外国教育思潮研究》，2008年	进步主义教育思潮、国际理解教育思潮、后现代主义教育思潮、女性主义教育思潮、后殖民主义教育思潮、批判教育学理论思潮、建构主义教育思潮
彭正梅：《现代西方教育哲学的历史考察》，2010年	人文主义和卢梭的教育哲学、康德和赫尔巴特的教育哲学思想、杜威民主的教育哲学、德国浪漫主义学派和尼采的教育哲学、德国的精神科学教育学、德国经验教育学、德国批判教育学、本纳实践学的教育建构
唐爱民：《当代西方教育思潮》，2010年	自由主义教育思潮、保守主义教育思潮、科学主义教育思潮、人本主义教育思潮、进步主义教育思潮、精神分析教育思潮、现代终身教育思潮、批判主义教育思潮、全球化教育思潮、后现代主义教育思潮
冯建军主编：《教育哲学》，2011年	存在主义、建构主义、后现代主义、批判理论、女性主义
曹长德主编：《教育哲学》，2015年	要素主义教育、永恒主义教育、存在主义教育、行为主义教育、进步主义教育、改造主义教育
陆有铨：《教育的哲思与审视》，2016年	进步主义教育哲学、要素主义教育哲学、永恒主义教育哲学、改造主义教育哲学、新行为主义教育哲学、存在主义教育哲学、未来主义教育哲学、分析教育哲学
王尹芬主编：《教育哲学》，2016年	进步主义教育哲学、要素主义、永恒主义、改造主义、新行为主义、存在主义、分析教育哲学

上述研究不限于一家一言，多角度呈现了西方教育哲学思想的整体面貌。可以看出，有关评介涵盖了实用主义、存在主义、分析

教育哲学、后现代教育哲学、现象学教育哲学、进步主义、永恒主
义、要素主义、改造主义、结构主义、西方马克思主义、未来主义、
过程教育哲学、女性主义、精神科学教育学、理想主义、批判教育
学、新托马斯主义等多个流派。

　　由于研究涉及的主题较为宽泛，本书仅选取对我国教育影响较
大的一些教育哲学流派进行梳理。

一、杜威的实用主义教育哲学思想研究

　　杜威将实用主义哲学应用于教育，使得体系化的实用主义教育
哲学思想得以形成，诸多实用主义教育哲学思想研究的文献，也多
以杜威的教育哲学思想为主。

（一）实用主义教育哲学在中国的发展历程

　　实用主义于 20 世纪初传入中国，经由蔡元培、蒋梦麟、陶行
知、郑晓沧、胡适等人的宣传和推广，在知识界引起热议。总的来
说，杜威实用主义教育哲学在新中国的传播大致可分为三个阶段。

　　从新中国成立到改革开放以前，教育研究领域对西方唯心主义
思想展开了猛烈的批判，其中杜威及其实用主义教育哲学被看作是
资产阶级教育思想的最大代表，受到的批判最为猛烈。

　　改革开放后，教育学者开始实事求是地看待西方思潮，对杜威
及其实用主义教育哲学的思想进行了重新评价。1979 年，全国教育
史研究会的第一届年会对杜威等教育家的评价问题进行探讨。1980
年，赵祥麟发表《评杜威实用主义教育思想》①和《重新评价杜威实用
主义教育思想》②两篇文章，在教育界率先提出要重新评价和研究杜
威实用主义教育思想。1981 年，赵祥麟和王承绪共同编译的《杜威教

---

　　①　赵祥麟：《评杜威实用主义教育思想》，载《教育研究》，1980(5)。
　　②　赵祥麟：《重新评价杜威实用主义教育思想》，载《华东师范大学学报(社会科学版)》，1980(2)。

育论著选》在原有版本的基础上修订后再次出版，为国内学者研究杜
威教育思想提供了资料来源。1982 年，在全国教育史研究会第二届
年会上，对杜威教育思想的评价仍然是主要议题，这届年会深入杜
威思想的内部，从其思想的历史渊源，教育学说与哲学、心理学、
伦理学和社会学思想之间的相互关系等角度展开讨论，并汇编成《杜
威、赫尔巴特教育思想研究》论文集。此后，越来越多的学者提出要
基于"洋为中用"和"百家争鸣"的方针，吸收教育哲学中符合教育原
理的有益成分，给予杜威实用主义教育哲学思想应有的评价。

　　自 20 世纪末期以来，杜威实用主义教育哲学的研究进入了崭新
的阶段。大量杜威教育思想的著作被翻译、引介到中国，为杜威教
育哲学研究提供了翔实的史料。[①]　诸多有关杜威教育哲学研究的优
秀著作也相继出版。如单中惠的《现代教育的探索：杜威与实用主义
教育思想》(2002)[②]以丰富的文献资料为基础，从杜威的学生时代和
教授生涯开始，对杜威及实用主义教育思想进行全面和综合的考察，
探讨杜威实用主义教育思想的形成，剖析杜威对"传统教育"和"进步
教育"的态度和关系，分析实用主义教育思想体系及对世界教育的影
响，该书是研究杜威教育思想的代表性著作。也有从某一方面对杜
威实用主义教育者思想进行研究的著作，如戚万学的《冲突与整合》
(1995)从时代背景、思想渊源、理论基础、理论和实践、哲学基础
等方面对杜威道德教育理论进行系统论述。涂诗万的《杜威教育思想
的形成》(浙江教育出版社，2015)和《〈民主主义与教育〉：百年传播

---

　　①　这一时期翻译或再版的杜威著作主要有：王承绪译《民主主义与教育》(2001)；王
承绪等译《杜威学校》(1991)；姜文闵译《我们怎样思维——经验与教育》(1991)；赵祥麟等
译《学校与社会，明日之学校》(1994)；孙有中等译《新旧个人主义——杜威文选》(1997)；
胡适等译《哲学的改造》(1999)；胡适口译《杜威五大讲演》(1999)；王承绪等译《道德教育
原理》(2003)；赵祥麟、王承绪编译《杜威教育名篇》(2006)；彭正梅译《我的教育信条：杜
威论教育》(2013)；孙有中等译《杜威全集：晚期著作(1925—1953)》(2015)；等等。
　　②　单中惠：《现代教育的探索：杜威与实用主义教育思想》，北京，人民教育出版
社，2002。

与当代审视》(教育科学出版社，2016)都从历史的角度深度探讨了杜威教育思想的形成与法治。[①] 值得一提的是，这一阶段出现了不少以杜威思想为主题的硕士、博士论文,[②] 这些论文选取某一理论视角，深入研究杜威思想，提升了杜威思想研究的学术水平。2019 年是杜威来华一百周年，我国教育界开展了诸多纪念活动，出版了张斌贤、刘云杉主编的《杜威教育思想在中国：纪念杜威来华讲学 100 周年》(北京大学出版社，2019)等著作。

(二)实用主义教育哲学的基本观点

1. 关于教育本质论

学者对实用主义关于教育的根本看法集中体现在"教育即生活""教育即生长""教育即经验的持续不断的改造"三个命题上。传统的教育把儿童期看作是成人生活的准备期，与儿童的当前实际生活严重脱离。"教育即生活"主张教育并不是为了儿童的成人生活做准备，而是与当前的生活密切相关的，反映了教育与生活的关系。教育不仅是促成美好生活的重要手段，其本身也应该是一种美好的生活。"教育即生长"指生活是持续的、不间断的过程，贯穿人的一生，作为生活的教育也是持续不断地生长和发展的过程。在实用主义哲学

[①] 戚万学：《冲突与整合——20 世纪西方道德教育理论》，济南，山东教育出版社，1995。

[②] 包括褚洪启：《教育观念的变革对杜威教育理论中三个命题的分析》(北京师范大学，1994)；熊仕葵：《杜威教育思想在中国传播及其影响》(华中师范大学，2001)；张云：《经验、民主和教育——从历史唯物主义的视角看杜威的教育哲学》(复旦大学，2005)；孔祥田：《经验、民主与生活——杜威政治哲学研究》(中国人民大学，2006)；李志强：《杜威道德教育思想研究》(中国人民大学，2006)；刘长海：《杜威德育思想与中国德育变革》(华中师范大学，2006)；肖晓玛：《杜威美育思想研究》(南京师范大学，2008)；张梅：《杜威的经验概念》(复旦大学，2008)；郑国玉：《杜威：作为生活方式的民主》(复旦大学，2010)；高来源：《论人在经验世界中的超越》(黑龙江大学，2011)；叶子：《探究的逻辑——杜威探究理论研究》(复旦大学，2013)；马荣：《情境—探究论视野下的真理论——杜威实用主义新解》(复旦大学，2013)；赵万祥：《进化与宽容——约翰・杜威的民主观探析》(吉林大学，2014)；康红芹：《杜威职业教育思想探究》(天津大学，2014)；等等。

看来，经验是有机体与环境相互作用的产物，"教育即经验的持续不断的改造"指经验是个体连续的生长、发展和生活的过程，经验的累积与改造没有终结。①

2. 关于教育目的论

改革开放之前，学者们关于杜威对"教育无目的"论存在以下几种争议：一是认为"教育无目的"；二是认为教育"既无目的，又有目的"；三是认为教育"无目的是假，有目的是真"。对于杜威的"教育无目的论"，刘佛年认为，"第一，它不仅歪曲了生物进化论，而且错误地把生物进化规律拿来解释教育问题，忽视了教育是人类有意识有目的的行动；第二，它否定一切事物的发展都有它的规律性，从而也就否定了有根据事物发展的方向制定我们行动的目的的必要"②。曹孚认为，实用主义的"教育无目的论"不仅在理论上是虚伪的，在政治上也是反动的。杜威打着"教育无目的"的幌子，实际上是主张教育有目的，这种教育目的观提倡"个人的""目前的"和"小的"目的，否定"社会的""将来的"和"大的"目的。③ 陈元晖也指出，"教育无目的"有其政治动机，并非真的否认教育的目的。④ 滕大春认为，杜威"教育目的"的主张是矛盾的，既主张教育无目的，又主张教育有目的。⑤

改革开放后，学者对实用主义教育目的论提出了新的看法，改变了过去全盘否定的态度。孟宪德认为，杜威教育理论体系中，教育的目的和手段是统一的，而且是可以相互转换的。根据这个设想，我们可以把学校看作是学生与社会的联系，在学校里给儿童提供真

---

① 张全新：《二十世纪西方教育哲学》，51—57页，济南，泰山出版社，2004。

② 刘佛年：《什么是反动的实用主义教育思想》，载《文汇报》，1955-06-04。

③ 曹孚：《批判实用主义教育学关于教育的作用和目的的谬论》，载《人民教育》，1955(9)。

④ 陈元晖：《实用主义教育学批判》，70页，北京，人民教育出版社，1957。

⑤ 滕大春：《批判杜威的教育目的论》，载《学术月刊》，1957(11)。

实的生活情境，是有一定进步意义的。① 傅统先提出，杜威提醒我
们，教育目的要符合儿童的发展规律，不要脱离儿童本身的活动和
需要，否则，教育将达不到它的目的，不能产生有效的结果，这一
点是对的。② 陆有铨认为，杜威把更多的生长和更多的教育作为教
育的目的，"其用意是反对传统教育无视儿童生活的需要、无视现实
环境的需要……不仅纠正了传统教育的许多弊端，而且丰富了教育
的内涵"③。在改革开放初期，学者对实用主义教育的态度仍然十分
谨慎，基于阶级立场对实用主义教育思想批判的文章仍有见刊，不
少学者仍认为它是为资本主义发展服务的。例如，陈元晖认为实用
主义"不谈'未来'，只谈'当前'；不谈'目的'，只谈'过程'；不谈
'理想'，只谈'生活'"，这与我国有理想、有道德、有文化、有纪律
的培养目的不相容，对提高人类文化水平不起积极作用。④

　　20 世纪 90 年代以来，学者更多地基于学术的立场，挖掘实用主
义教育哲学中有益的成分，对教育目的论做了一些新的解读，以求
澄清和反思"教育无目的"概念。学者们之所以对教育目的论众说纷
纭，主要原因在于一些学者没有全面把握杜威的思想，仅仅以杜威
教育有社会目的的言论机械地对照杜威教育无目的的言论，或二者
各取其一。杨汉麟认为，杜威有关思想中包含一些颇具价值的成分，
有可取之处并可以给人们以启迪。⑤ 杜威的"教育无目的"论完整的
表述应该是"教育过程在它自身以外无目的，它是自己的目的"，即
教育的目的寓于教育过程和教育活动中。尽管教育目的论并非完美
无缺的，至少能给人部分启示：对教育目的的研究，应从教育事实

---

① 孟宪德：《论杜威教育哲学体系在教育史上的地位》，见中国教育史研究会编：
《杜威、赫尔巴特教育思想研究》，7 页，济南，山东教育出版社，1985。
② 傅统先、张文郁：《教育哲学》，113 页，济南，山东教育出版社，1986。
③ 陆有铨：《现代西方教育哲学》，46 页，郑州，河南教育出版社，1993。
④ 陈元晖：《经验主义，还是马克思主义？——对实用主义教育学的再批判》，载
《现代中小学教育》，1988(2)。
⑤ 杨汉麟：《杜威教育目的论新析》，载《教育研究与实验》，1990(2)。

出发，而不是从理想和原则出发；教育目的的制定要同时考虑心理
学和社会学两个尺度；教育目的不仅要保存和传递现有的社会理想、
价值观，或再现过去的社会状态，还要对现行的社会价值观进行评
析和批判。①

　　21世纪以来，学者基于"教育无目的论"的争议，试图对杜威的
教育目的观进行理论澄清和诠释。姜俊和认为，杜威并非否认教育
以外的目的，只是反对外部的违背儿童自然规律的强加于他们的目
的。② 郭良菁依据《民主主义与教育》中的文本对"教育无目的"概念
进行了辨析。③ 王天琪基于"教育无目的论"的理论诠释，探讨其价
值意蕴和启示。④ 张淑妹认为民主社会是杜威的教育目的，原因有
二：杜威明确表明民主社会是确定教育内容和教育方法的前提；杜
威把民主社会看作制定和实现教育目标的秩序保障。⑤ 杜威"教育无
目的论"并非无病呻吟、无的放矢的，而是直指在当时对教育实践产
生重要影响的"教育准备说"，批判性地认为由外部提供目的的做法
给教育带来了混乱和危害。因此，杜威反对以不确定的遥远未来作
为教育目的，贬低儿童现在的能力和可能性；反对武断地将成人的目
的外在强加给儿童，忽略儿童的已有经验和需要；最完美的教育结果
在于帮助儿童学会学习，帮助儿童养成终身学习的兴趣和能力。⑥

---

　　① 夏正江：《杜威教育目的论略》，载《教育理论与实践》，1994(3)。

　　② 姜俊和：《杜威的教育目的论及其启示》，载《外国教育研究》，2005(2)。

　　③ 郭良菁：《解读杜威"教育无目的论"的文本依据辨析——兼论"教育目的"概念的
拟人化使用问题》，载《华东师范大学学报(教育科学版)》，2013(3)。

　　④ 王天琪：《杜威"教育无目的论"的理论诠释与价值意蕴》，载《国家教育行政学院
学报》，2014(3)。

　　⑤ 张淑妹：《作为教育目的的民主与专制——杜威"教育无目的"的概念澄清及反
思》，载《教育伦理研究》，2018(1)。

　　⑥ 卢俊勇、陶青：《杜威"教育无目的论"及其当代价值》，载《教育科学研究》，
2019(5)。

3. 关于课程和教学论

杜威实用主义课程和教学论的核心是从做中学，从经验中学，以活动性、经验性的主动作业取代传统书本式教材的统治地位。对于这一思想，改革开放之前学者主要以批判为主，在对杜威实用主义教育哲学的课程和教学论批判的论著中，滕大春的批评颇具代表性，他认为，"杜威以生活经验为内容的课程论思想"是不恰当的，所谓经验不仅指主观唯心主义的经验，而且指个人经验，但其范围狭窄，只是对外界零碎的、片面的感性认识。杜威提倡的"做中学"是人们"尝试错误"进行暗中摸索式的学习。杜威课程论和教学方法论的反动性和危害性是肯定的。① 学者批评实用主义教学论所依据的教育理论基础是"教育即生活"和"儿童中心论"。

改革开放之后，在重新评价杜威实用主义教育哲学思想的背景下，学者认为，"在提到实用主义者有关教育的一些基本主张，如'学校即社会''教育即生活''儿童中心论''从做中学'等口号时，无论是美国教育界的一些实用主义的反对者，或者我国过去介绍或批判实用主义的著作……都往往可能带有一定的片面性"，实用主义教育重视方法问题，强调因人、因时、因问题而异的方法原则，值得借鉴。②

诸多学者注意到，实用主义教育对于反对传统教育，曾起过一定的积极作用，但是它在主观唯心主义经验论和儿童中心思想的指导下，忽视系统文化科学知识的教学，降低教师的主导作用，造成教学质量、知识水平严重下降，对生产和科技的进一步发展非常不利。"做中学"的观点强调学习者的个人的直接的主观经验，提倡学生的个人摸索，重视实用的知识。就教学过程的一个侧面而言，它是有一定道理的；但是把"做中学"绝对化，其结果必然导致否定间

---

① 滕大春：《批判杜威的教学论》，载《河北师范学院学报》，1956(1)。
② 王智量：《美国的实在主义和实用主义教育哲学》，载《外国教育资料》，1980(1)。

接的知识和系统知识的价值，忽视教师系统传授间接知识的主导作用。①

　　"从做中学"的主张从批判传统学校教育采用的"从听中学"出发，强调知与行、学与做的关系，这击中了传统学校教育中所存在的一个重要问题，因此存在一些合理的因素。② 有学者提出，"如果能把它们放在正确的理论基础上作为对传统教学的补充纳入教学过程，与传统教学的基本要求相配合，这也许会使教学活动的进行更合理些，教学效果更显著些"③。

　　4. 关于道德教育论

　　改革开放之前，杜威实用主义道德教育观被认为是唯心主义的。以陈景磐的《杜威的道德教育思想批判》为例，陈景磐认为，杜威把真理变成了一种工具，用作达到"满意"的一种手段，他否定了道德的客观性，并进而把道德的标准转移到人类主观的心理因素上。在道德教育的方法方面，学者认为杜威重视通过各科教材进行道德教育，但实质是一方面用蒙昧主义的道德教育方法，否定真正的科学知识，另一方面以实用主义的"智慧"的判断来代替知识。他还指出，杜威认为追求真理是培养道德的主要方法，但杜威感兴趣的是宗教的实用方面，目的是借用宗教的情绪使人对现存的资本主义制度产生迷信。④

　　20 世纪 80 年代，不少学者认识到实用主义道德教育论中有值得批判性吸收的成分。黄济提出，实用主义的道德教育论不是一无可取的，其中知行统一的思想，注意启发儿童兴趣、重视积极诱导的

---

①　郭晓明：《给杜威实用主义教育学以应有的评价》，载《教育科学》，1988(3)。

②　单中惠：《"从做中学"新论》，载《华东师范大学学报(教育科学版)》，2002(3)。

③　夏之莲：《杜威提出的一些教育、教学课题应认真研究》，见中国教育史研究会编：《杜威、赫尔巴特教育思想研究》，113 页，济南，山东教育出版社，1985。

④　陈景磐：《杜威的道德教育思想批判》，5、44、39 页，武汉，湖北人民出版社，1957。

方法都是值得重视的。他还指出，杜威从不把个人与社会对立起来，
"他的社会道德拒绝任何一种只图私利地利用别人的粗暴的个人主义
和淹没个人独特实在的社会安排"①。陈景磐 1982 年发表的《〈杜威的
道德教育思想批判〉的补充》一文，对之前有关杜威道德教育思想的
学术立场做了纠正，这反映了不同时期对实用主义道德教育论有不
同认识。②

　　20 世纪 90 年代以来，杜威实用主义道德教育思想的价值逐渐引
起重视，出现了一批研究文献。戚万学所著《冲突与整合》从思想渊
源、理论体系和基本评价等方面系统性地研究了杜威道德教育思想，
认为应该对杜威道德教育理论的以下几点予以充分肯定：重新评估
教育在儿童道德发展中的作用；确立儿童在道德教育中的地位；肯
定活动在道德发展中的作用。③ 褚洪启分析说，"杜威的道德教育思
想与美国社会生活的变迁是息息相关的，反映了价值伦理观念变迁
的时代要求"，"杜威力图使道德与道德教育成为调节社会生活中人
与人关系的重要手段……使社会利益分配更加均衡，减少乃至消除
激烈的利益冲突"。④ 单中惠认为，"从杜威关于道德教育的论述中，
可以清楚地看到，他从新的视角探讨了新的时代的道德教育，其中
不乏一些独到的和合理的见解"⑤。此外，还有学者从个体与社会、
知识与行为、经验与理智等杜威思想中的几对核心的范畴出发，较
为系统地分析了杜威道德教育思想。李志强将杜威道德教育思想分

---

　　① 黄济主编：《教育哲学初稿》，135－136、195 页，北京，北京师范大学出版社，
1982。

　　② 陈景磐：《〈杜威的道德教育思想批判〉的补充》，载《教育研究》，1982(9)。

　　③ 戚万学：《冲突与整合——20 世纪西方道德教育理论》，192－195 页，济南，山
东教育出版社，1995。

　　④ 褚洪启：《杜威教育思想引论》，75、88 页，长沙，湖南教育出版社，1997。引
文有改动。

　　⑤ 单中惠：《现代教育的探索——杜威与实用主义教育思想》，371 页，北京，人民
教育出版社年版，2002。

为人性的、全面的、理智的、现实的等纬度，并概括出基本特征：改造观念，尊重个体，知行统一，彰显理智。① 杜威主张对学校教育进行道德化改造，以道德的教育培养道德的人，这对我国的德育理论创新、德育实践变革及学校教育改革有着重要的启示。②

（三）杜威实用主义教育哲学与中国教育

有学者认为，杜威是一个与中国教育发展、改革不可分割的人物，杜威的教育思想已经成为连接中国教育与世界教育的一个重要链条。③ 就实践而言，实用主义教育思想曾对中国诸多教育决策和制度产生过直接影响；就理论而言，实用主义确有一套以儿童为中心的严密的教育思想体系，对中国现代教育理论发展产生了十分深刻的影响。④ 20 世纪 90 年代以来，杜威实用主义教育哲学思想各个方面的阐发和应用成果都有出现，实用主义教育哲学所倡导的教育要从儿童的兴趣出发，使儿童在教育活动中发挥主体性、创造性，实用主义教育在很大程度上成为我国当代素质教育、主体教育、个性教育和创新教育的理论源泉。尊重儿童、关注儿童发展的教育理念得到广泛认同。

2019 年是杜威来华讲学 100 周年，学者回顾百年来杜威实用主义教育哲学思想在中国走过的历程，进一步探讨杜威实用主义教育与中国教育的契合性，引起了新的一波研究热潮。杜威教育哲学与我国百年教育改革的历史发展存在内在联系，杜威依然"活在"今日中国。杜威不仅直接参与了 1949 年前的"新教育改革运动"，为"新教育"的宗旨、内容和方法奠定了理论基础；而且为新中国的几次基

---

① 李志强：《杜威道德教育思想研究》，博士学位论文，中国人民大学，2006。
② 刘长海：《杜威的实用主义道德观及其德育思路》，载《高等教育研究》，2010(2)。
③ 郭法奇：《杜威的中国之行：教育思想的百年回响》，载《教育研究》，2019(4)。
④ 黄书光：《实用主义教育思想在中国的传播与再创造》，载《高等师范教育研究》，2000(5)。

础教育课程改革提供了重要的理论基础。因此，创造性阐释杜威对我国在信息时代实现"东方启蒙"和"东方教育民主"具有重大意义。①

二、存在主义教育哲学

存在主义是现代西方人本主义哲学思潮的主要代表。改革开放之后，存在主义在知识分子群体中引起强烈反响，一度出现研究存在主义的热潮。究其原因，是人们对人本主义思想的追求和向往。传统西方哲学过于强调理性，忽视人的存在，无法解决西方世界出现的信仰危机和科学危机，资本主义制度下的个人危机，是存在主义赖以发展和流传的土壤。② 教育领域也大概如此。

（一）存在主义的教育哲学观

存在主义并没有完整的有关教育思想的论述，存在主义教育哲学与存在主义哲学是密切相关的，是存在主义哲学在教育领域的阐述。学者认为，尽管存在主义是一个非常复杂的哲学派别，但对人的关注成为他们共同的哲学立场。存在主义者对一些哲学基本问题的看法还是一致的。③

存在主义哲学的观点大概可以概括如下几点。第一，存在先于本质。"存在先于本质"是萨特提出的哲学命题，存在主义认为哲学的基本问题是"存在"，人首先存在，出场，然后才给自己下定义。存在主义把人作为研究的对象，认为人存在的中心是他自己，"我"的存在先于一切。只有个人存在才构成了存在着的个人的最高利益，如果人不存在，那么他的本性就要发生变化，以至于消失。第二，反对理性主义。存在主义强调人的个人体验，反对传统理性主义对人的漠不关心，认为支配世界的不是理性，而是意志和思想。存在

---

① 张华：《论杜威与中国教育改革》，载《华东师范大学学报（教育科学版）》，2019(2)。

② 张全新：《二十世纪西方教育哲学》，142—144 页，济南，泰山出版社，2004。

③ 王克千、樊莘森：《存在主义述评》，6—9 页，上海，上海人民出版社，1981。

主义者认为，客观实在在科学意义上是不可认识的，存在主义重视
人的主观意识或经验，认为哲学应当关注个人存在的有关问题，如
生与死、快乐与悲哀、自由与责任、无助与荒谬等。第三，强调人
的自由选择。存在主义哲学将存在和自由看作是一个东西，强调人
的绝对自由，认为自由是人的自我肯定的表现。没有人的自由，生
活就毫无意义。对人来说，我们要认识到自我选择的重要性，坚决
选择自己认为最好的东西，并对选择负责，等等。

　　虽然存在主义并没有形成系统的教育哲学理论，但它从人本主
义理论出发，关注人的发展，对传统教育思想产生了极大的冲击。
将存在主义哲学思想与教育结合的重要人物有美国教育哲学家奈勒
和莫理斯，奈勒的《存在主义与教育》，是第一部正式研究存在主义
教育哲学的专著；莫理斯的《教育中的存在主义》，将存在主义教育
哲学发展推向高潮。① 国内对存在主义教育思想的关注集中于其教
育目的、教学方法、课程观、师生观等方面。

　　在教育目的上，存在主义主张教育应当以个人的自我完成为目
标，使人认识自己的存在，形成不同于他人的独特的生活方式。②
教育就在于使每一个人都认识到自己的存在，并形成一套不同于他
人的独特的生活方式。教育要维护个人的自由，帮助个人进行自我
选择，并对自己的选择负责。因此，教育要使学生养成对待生活的
正确态度，最重要的是培养其"真诚、选择和决定、责任感"③。教
育既要培养学生充分运用自由的权利，还要对自己的选择负责，即
自由与责任相统一。④

　　在教育方法上，存在主义主张的现代教学同传统教学的观念、

---

　　① 李立绪：《存在主义教育哲学》，载《教育评论》，1987(1)。
　　② 黄济：《教育哲学通论》，247 页，太原，山西教育出版社，1998。
　　③ 陆有铨：《躁动的百年——20 世纪的教育历程》，129 页，济南，山东教育出版
社，1997。
　　④ 李立绪：《存在主义教育哲学》，载《教育评论》，1987(1)。

实践相反，认为学习者不应该屈从于预先规定的学习规则。因此，存在主义反对传统教育对学生的灌输，强调学生要自我发展，在教育过程中应赋予受教育者以适当选择的自由。① 存在主义提倡苏格拉底式的教育方法、个别化教育和创造性活动，允许学生最大限度地自我表现和自我选择，以确保学生认识到自己的存在。学校应该鼓励学生大胆地想象，运用限制的手段不能造就有创造才能的学生。②

在课程设置上，存在主义认为人的存在是完整的，因此反对将专业分得过细，主张课程的科目构成应由学生自由选择，提倡课程多样化。③ 确定课程的依据不是客观的知识体系本身，而是学生的主体性，是学生个人自我实现的需要。存在主义重视人文学科，认为人文学科比其他学科更深刻，更能揭示人的本性及人与世界的关系，有利于人的自由发展。④ 但同时也有学者质疑说，人文学科的价值不是绝对的，"如果把人文学科的知识作为武断的真理要求学生接受，如果不引导和鼓励学生利用它们来领会他自己生活的意义，那么学生将不能从中受益"⑤。

在师生关系上，存在主义认为教师的作用不是控制学生，而是让学生自由做出选择。教师是学生学习的帮助者和推动者，不应当以权威压迫学生。⑥ 在教学过程中，教师应维护学生的主观性，不仅要避免课堂上的个人专制，还要反对非人格化的知识专制。教师

① 刘根芳：《存在主义教育观及其对我国教育改革的启示》，载《河南师范大学学报（哲学社会科学版）》，2006(3)。

② 陆有铨：《躁动的百年——20世纪的教育历程》，139—141页，济南，山东教育出版社，1997；刘根芳：《存在主义教育观及其对我国教育改革的启示》，载《河南师范大学学报(哲学社会科学版)》，2006(3)。

③ 李立绪：《存在主义教育哲学》，载《教育评论》，1987(1)。

④ 黄济：《教育哲学通论》，248页，太原，山西教育出版社，1998。

⑤ 陆有铨：《躁动的百年——20世纪的教育历程》，144页，济南，山东教育出版社，1997。

⑥ 冯建军等：《教育哲学》，201页，武汉，武汉大学出版社，2011。

在教学过程中，不是把知识"传授"给学生，而是把知识"提供"给学生，其中不能包含任何强制的成分。① 存在主义主张通过对话建立师生间的信任关系，认为教师与学生之间的对话关系有利于学生自由选择，并为自己的行为负责。②

（二）存在主义教育哲学的评价

存在主义以人为本的思想以及一系列教育主张，对当今我国教育改革的理论和实践有重要的借鉴意义。首先，存在主义弘扬主体意识，发展学生个性，培养创新精神。在呼唤创新人才培养的今天，我们必须对教育进行改革，彰显教育作为人的主体性的教育，激发学生主体意识的觉醒，把教育的对象变成学生自己教育自己的主体，强调尊重个人独特性的个性教育，张扬学生的个性。其次，存在主义倡导人文教育，注重人格修养，培养有责任的人。在教育过程中，应该发挥人文学科在完善学生人格、培植人性中的重要作用，努力使学生知道什么是最大的善，帮助学生理解他生活的世界，以及自己在这个世界中的地位、作用和责任。③ 存在主义建构了自主、自由、自为、自我生成的具有独特个体差异的人的形象，基于存在主义对人的认识，启迪学校从教育目的、课程设置、教学方法、教师角色和学校氛围等方面着手，培养存在主义的人格形象。④

同时我们也需要认识到，存在主义教育哲学由于强烈的唯我主义、非理性主义、悲观主义倾向，所提出的主张往往有些不切合实际，所提出的方案不完整，所以这不可避免地决定了其教育观点的

① 刘根芳：《存在主义教育观及其对我国教育改革的启示》，载《河南师范大学学报（哲学社会科学版）》，2006(3)。
② 张全新：《二十世纪西方教育哲学》，208 页，济南，泰山出版社，2004。
③ 刘根芳：《存在主义教育观及其对我国教育改革的启示》，载《河南师范大学学报（哲学社会科学版）》，2006(3)。
④ 夏永庚：《存在主义视域中的人及其培育路径》，载《全球教育展望》，2012(2)。

片面性。①

三、分析教育哲学

分析教育哲学是将分析哲学应用于教育领域而形成的一种教育哲学思潮，它萌发于20世纪40年代，50年代到70年代最为活跃，曾对西方教育哲学界产生过很大影响，被誉为教育哲学中的"革命"。新中国成立至今能检索到的最早介绍分析教育哲学的文献为瞿菊农翻译、美国哲学家白恩斯和白劳纳合编的《当代资产阶级教育哲学》(1964)中所收录的谢甫勒的《分析的教育哲学导论》。20世纪70年代末我国教育界重启分析教育哲学研究，翻译引入了一批分析教育哲学作品，如奥康纳的《教育哲学引论》(摘译)、索尔蒂斯的《论教育哲学的前景》、赫斯特的《教育理论及其概念基础》(摘译)等。随着我国教育哲学研究的深入，对于分析教育哲学的介绍评介与研究也逐渐增多。

从分析教育哲学传入我国至今，学者基于不同的研究视角，主要从以下几个方面展开研究：一是从历史分析的角度介绍和评价分析教育哲学，二是应用分析教育哲学审视教育问题，三是开展元教育学研究。

(一)分析哲学和分析教育哲学

黄济较早地对分析哲学做了介绍，指出"分析哲学研究对普通语言和科学语言进行分类和证实"。在分析哲学与传统哲学的关系上，两者在论题上是相同的，在系统阐述上则不同，"分析哲学主要是应用对语言进行分析的各种更确切的方法研究传统的哲学问题"。分析哲学主要有两大分支：逻辑实证主义和日常语言学派。黄济认为两

① 刘根芳：《存在主义教育观及其对我国教育改革的启示》，载《河南师范大学学报(哲学社会科学版)》，2006(3)；陆有铨：《现代西方教育哲学》，208页，北京，北京大学出版社，2012；崔相录：《二十世纪西方教育哲学》，200页，哈尔滨，黑龙江教育出版社，1989。

个分支以不同方式影响着教育，其中语言分析学派比逻辑实证主义对教育的影响更直接。① 尽管存在分歧，两个分支都认为哲学史上长期争论不休的问题，多由于概念、语言和意义的混淆而造成的，因此，它们都主张对语言进行分析，使语言更加清晰、明确、合乎逻辑，避免因对语言的使用不当或理解分歧而产生混乱。②

分析教育哲学脱胎于分析哲学，以语言分析作为方法论，以达到"清思"的目的。分析教育哲学的目的不是建立"某种主义"的教育哲学思想，而是试图以语言分析的方法去澄清关于教育命题的混乱认识，建立一种普遍认可的教育哲学。有学者认为，分析哲学的理论和方法被应用到教育问题的研究上，这既是教育实践的需要，也是教育理论自身发展的需要。③ 在实践方面，"当时有一大堆教育问题吸引着教育理论家和教育实际工作者，而传统的教育哲学往往脱离教育实践，并且各派争论不休，使实际工作者莫衷一是"④。在理论方面，教育理论不断受到同时代各种哲学思潮的影响，"导致教育哲学概念模糊不清，教育理论争论不休"⑤。

分析教育哲学的发展历程大概可以划分为三个阶段。第一阶段是逻辑经验主义影响下的分析教育哲学；第二阶段是美国学派对"教学""教育""知识的形式"等概念的逻辑分析，这一阶段与前一阶段的区别是这一阶段认为分析的主要对象是教育概念；第三阶段是伦敦学派的先验主义，主张对概念分析本身赋予内在价值。⑥ 分析教育哲学的发展经历了从产生到发展，再到反思的阶段，从断然拒绝教

① 黄济编著：《教育哲学初稿》，222、225 页，北京，北京师范大学出版社，1982。
② 冯建军：《教育学语言的元分析》，载《教育研究与实验》，1995(1)。
③ 王海涛：《分析教育哲学在中国》，载《宁波大学学报(教育科学版)》，2010(5)。
④ 陆有铨：《现代西方教育哲学》，387 页，郑州，河南教育出版社，1993。
⑤ 陆有铨：《躁动的百年——20 世纪的教育历程》，85 页，济南，山东教育出版社，1997。
⑥ 崔相录：《二十世纪西方教育哲学》，291－293 页，哈尔滨，黑龙江教育出版社，1989。

育理论中的形而上学和伦理学成分，到重新把它们列为教育研究的一大领域，从逻辑实证主义强调逻辑分析到充满学究气的"纯形式"分析，再到呼吁分析哲学必须跟教育实践相结合的否定之否定的历程。①

分析教育哲学作为专业的教育哲学，曾经在西方教育哲学界风靡一时，它对教育的重要意义主要表现在：一是建立了分析的方法和框架，为避免因语言模棱两可而出现思维混乱，培养明晰而正确的思考习惯，发展正确的表述能力，做出了贡献；二是在教育学领域铺平了更广泛地应用科学方法的道路；三是在探讨建立教育理论自身的逻辑和体系及教育学科建设方面发挥了重要作用。② 分析教育哲学与传统教育哲学有着迥然不同的特征，这主要表现在：第一，对"教育""知识""教学""教育理论"等教育学、教育实践中的基本概念进行严格、明晰的逻辑分析，以澄清模糊不清的概念；第二，训练、培养人们正确而明晰地进行逻辑分析和判断的能力；第三，弄清与教育学有关的哲学争论问题，以促进对这些争论问题的理解和解决，并鼓励人们从"细小""狭窄"的问题入手，进行分析研究，以对教育理论发展做出贡献。③

（二）分析教育哲学的应用与元教育学

"在中国大陆教育哲学研究中，尽管没有人明确提出自己的研究就是分析教育哲学的立场和方法，但是在中国大陆语境下教育领域中分析工作却在自觉地进行着，对教育问题进行逻辑的、语言的分析已成为教育研究问题界定和立论的方法论基础之一。"④国内不少

---

① 陆有铨：《躁动的百年——20 世纪的教育历程》，86－98 页，山东教育出版社，1997。

② 张全新：《二十世纪西方教育哲学》，314 页，济南，泰山出版社，2004。

③ 崔相录：《二十世纪西方教育哲学》，323 页，哈尔滨，黑龙江教育出版社，1989。引文有改动。

④ 同上书，323 页。

学者基于分析教育哲学对教育理论性质的认识，用分析教育哲学的方法对教育概念、命题和陈述进行分析。如陈桂生的《"教育学视界"辨析》(1997)对教育诸概念、教育学的命题及教育学发展状态进行了系统的探讨及透视；石中英的《简论教育学理论中的隐喻》《"主体教育是什么？"：一种批判性话语》和《教育学研究中的概念分析》等文章均是此方面的代表，其中《教育学研究中的概念分析》提出概念分析在教育学研究中具有重要的意义，是认识和理解教育实践的需要，是构建教育理论体系的需要和提高当前我国教育学研究质量的需要，日常用法分析、定义分析、词源分析、隐喻分析、跨文化分析和条件分析是教育学概念分析中主要的六种类型。[①]

在对教育概念和命题进行分析的过程中，学者开始自觉运用分析教育哲学方法研究中国教育问题，这反映了学者对分析教育哲学研究的转向和深入。20 世纪 90 年代，元教育学研究兴起，当时介绍分析教育哲学思想的论著也多被打上"元教育学"研究的烙印。

对于"元教育学"与分析教育哲学的关系，国内学者主要有以下几种观点。一是认为分析教育哲学不完全是教育学的元理论。持此类观点的学者认为，分析教育哲学除了对教育理论中的概念、命题进行分析外，还对教育实践中的语言，比如实践口号、师生的课堂用语进行了分析，但这并不属于元理论的范围。元教育理论研究除了采用语言学、逻辑学的分析方法外，还经常采用历史学、现象学、解释学、社会学等方法。[②] 二是元教育学与分析教育哲学在本质上是一致的。持此类观点的学者认为，元教育学与分析教育哲学有共同的对象和方法，都以教育学为对象，都采用分析哲学的方法；从

---

① 石中英：《教育学研究中的概念分析》，载《北京师范大学学报（社会科学版）》，2009(3)。

② 唐莹、瞿葆奎：《元理论与元教育学引论》，载《华东师范大学学报（教育科学版）》，1995(1)。

内容上看，两者都既研究概念又分析陈述体系。因此，从本质上来说，两者是一致的。[①] 三是分析教育哲学是一种元教育哲学。持此类观点的学者指出，分析教育哲学注重教育名词和概念的分析，而不讲教育理论的系统；[②] 专注于教育理论的形式分析和批判，不同于原有的教育理论研究，具有"元"的性质，因此被称为元教育哲学。[③] 四是分析教育哲学是一种元教育学。持这种观点的学者认为，分析教育哲学不是讨论教育现象领域的哲学问题，而是讨论关于教育的陈述或命题，以及构成这些命题的概念或术语，因此属于元教育学的研究。[④]

对于分析教育哲学，学者也认识到其局限性。例如，它没有充分考虑价值问题、道德问题和社会问题，忽略了教育的核心问题；[⑤] 它过分偏重语言问题，满足于对概念和短语的辨析，夸大了语言分析对教育的作用；[⑥] 分析方法本身存在重大缺陷。[⑦] 但也有学者认为，专业的分析教育哲学家并未完全否认这些问题，尽管分析教育哲学的方法论存在一定缺陷，但作为认真地进行教育哲学研究工作的第一步，学者必须注意教育的语言。[⑧]

四、现象学教育哲学

国内对现象学教育哲学的研究，起初多是将其作为一种哲学进

[①]　熊川武：《论"元教育学"——与陈桂生同志商榷》，载《高等师范教育研究》，1996(6)。

[②]　单中惠：《当代欧美十大教育思潮述评(三)》，载《河南教育学院学报(哲学社会科学版)》，1997(2)。

[③]　赵顶兴、李勇忠：《元教育学研究对象及领域述评》，载《江西师范大学学报》，2000(4)。

[④]　冯建军：《教育学语言的元分析》，载《教育研究与实验》，1995(1)。

[⑤]　崔相录：《二十世纪西方教育哲学》，324页，哈尔滨，黑龙江教育出版社，1989。

[⑥]　陆有铨：《分析教育哲学述评》，载《山东师大学报(社会科学版)》，1987(5)。

[⑦]　张全新：《二十世纪西方教育哲学》，316页，济南，泰山出版社，2004。

[⑧]　王海涛：《走近分析教育哲学——对分析教育哲学发展史的重新梳理》，载《清华大学教育研究》，2017(3)。

行研究，试图以现象学的话语体系解释并构建现象学教育哲学。马克斯·范梅南是现象学教育哲学的开创者之一，其现象学教育哲学思想于 20 世纪末 21 世纪初传入中国，引发了中国教育学界研究的热潮，集中体现为范梅南的系列中译本著作《教学机智——教育智慧的意蕴》(2001)、《生活体验研究——人文科学视野中的教育学》(2003)、《儿童的秘密——秘密、隐私和自我的重新认识》(2004)、《实践现象学：现象学研究与写作中意义给予的方法》(2018)等。

（一）现象学教育哲学基本观点

现象学教育哲学认为教育世界是充满意义的世界，教育的意义就是通过让现象展示自身，走在通往生存意义即教育本体的道路上。在对教育的理解上，现象学教育哲学主张寻求对生活、对世界的直接体验，教育首先要关注儿童的经历和体验。在对教育学学科性质的认识上，现象学教育学认为教育学是人文学科，面对的是人的生活和实践领域，人文知识不像自然知识那样具有确定性，是具体的、与情境有关的。现象学视野的教育哲学的诞生，对传统教育哲学的改进和革新有建设性意义，是教育哲学"已有"的召唤。[1] 现象学教育哲学的引入打破了传统的知识论哲学统一的局面，颠覆了知识论哲学的思维与观念，成为应对知识论哲学危机的重要武器。[2]

现象学看待事物的态度和方式给教育学带来了全新的视角，不仅将全面的反思带入教育研究，而且将学者的视角转向教育的生活世界中，转向到关注日常生活体验和教育生活中人与人之间的关系及意义。[3] 现象学教育哲学摒弃先在的理论成见和抽象的形而上学，

---

① 　徐夫真、高伟：《现象学教育哲学引论》，载《徐州师范大学学报》，2000(1)；蒋开君：《现象学教育学的源与流：从乌特勒支到阿尔伯塔》，载《教育理论与实践》，2011(1)；宁虹、钟亚妮：《现象学教育学探析》，载《教育研究》，2002(8)。

② 　侯怀银、郭建斌：《现象学教育学在中国的传播及其影响》，载《高等教育研究》，2018(6)。

③ 　朱光明：《理解现象学教育学的意义》，载《教育理论与实践》，2015(10)。

倾注于个体真实的生活世界，力图发现教育的"意义"之所在。这样
的探究理路为我们认识知识教育、重新找回生命的本真提供了新思
路。① 它明确提出其研究对象即教育生活中的具体情境，认为教育
学是一门成人与儿童如何相处的学问，是一门实践驱动的学科，影
响了学者对教育学元问题的思考。此外，现象学所表现出的严谨求
实的工作作风、不轻信不迷信的工作精神、强烈的问题意识对教育
具有重要的参照意义。② 哲学形态的现象学教育哲学的研究对拓展
教育哲学研究的视野具有积极意义，助益于产生教育研究的新立场
和新方法。③

在范梅南现象学教育哲学思想和实践的推动下，现象学教育哲
学作为一种新型的教育学得到越来越多的认同。因此，持此立场的
学者遵循现象学"回到事物自身"的原则，强调回到教育生活本身来
研究问题。这类立场的支持者认为，现象学所指向的不是哲学对象
的知识性的"什么"，而是哲学研究的"如何"，是一种"做"哲学的方
式。现象学教育哲学有着鲜明的实践性，现象学教育哲学者要"做"
现象学，而不是"想"或"思考"现象学。实践现象学教育哲学直面生
活世界提出问题，是一个独立的研究范式，有着独特的认识论、方
法论、意义来源、研究方法和程序。④ 实践取向的现象学教育哲学
主张从儿童的学习生活体验入手研究教学，教师教学从引起儿童意
识体验的发生入手，以此反省教师的工作方式和教育意义，现象学
教育哲学不仅为教师提供了做的方法，还为教师专业成长提供了一
般原理，使其关注如何使教师超越经验走向理论自觉，为教师的持

---

① 王帅：《知识教育：现象学教育学的检视》，载《全球教育展望》，2007(4)。
② 高伟：《教育现象学：问题与启示》，载《清华大学教育研究》，2004(1)。
③ 高伟：《教育现象学：理解与反思》，载《教育研究》，2011(A05)。
④ 李树英、王萍：《教育现象学的两个基本问题》，载《华东师范大学学报(教育科学版)》，2009(3)；蔡春：《现象学精神及其教育学意蕴》，载《教育研究》，2009(8)；高伟：《教育现象学：理解与反思》，载《教育研究》，2011(A05)。

续发展提供不竭的动力。①

　　范梅南归纳了现象学教育哲学的四个特点：第一，关注普通日常生活经验，而不是沉重的认识论、本体论或形而上学的问题；第二，具有规范性倾向，而不是坚持社会科学的价值中立；第三，着重具体经验的反思而不是理论的抽象；第四，现象学研究有一种不言自明的共识，即要求具有写作深刻文本的高超才能和反思性的学识。② 有学者提出范梅南现象学教育哲学的旨趣集中体现在关注日常社会生活、发现原初生活经验的本质、以人文科学研究为依归几个方面。③ "生活世界"是范梅南思考教育的逻辑起点，也是他教育研究的源泉。教育意识正是在与孩子的实际生活中，在细微的经历中产生的。教师要从"替代父母"的关系思考自身的角色和责任，要理解儿童在成长过程中具有无限的可能性。教育学要求教师在与孩子相处时，具有教育机智，教育学理论从根本上是一种实践，教育学存在于具体的、真实的生活情境中。④

　　（二）现象学教育哲学的研究方法论

　　方法论问题是教育哲学最基础的问题。现象学教育哲学反对在教育研究中盲目引进自然科学方法，认为以自然科学研究方法为主的教育研究，过分注重研究方法和技术，忽视了教育的日常生活意义及实践性特征。有学者认为现象学教育哲学就是一种教育研究方法，并对现象学教育学的方法做了系统诠释。现象学"回到事实本

---

　　① 许丽艳：《现象学教育学：助教师走向理论自觉——第三届现象学教育学国际学术研讨会在京召开》，载《中小学管理》，2015(11)。

　　② 宁虹：《教育的实践哲学——现象学教育学理论建构的一个探索》，载《教育研究》，2007(7)。

　　③ 谢登斌、宿大伟：《范梅南现象学教育研究透析》，载《广西师范大学学报(哲学社会科学版)》，2006(4)。

　　④ 朱光明：《范梅南现象学教育学思想探析》，载《比较教育研究》，2005(4)；谢登斌、宿大伟：《范梅南现象学教育研究透析》，载《广西师范大学学报(哲学社会科学版)》，2006(4)；邹海燕：《中国范梅南现象学教育学研究述评》，载《现代教育论丛》，2008(9)。

身"的研究态度使教育学者从理论转向实践；其"悬置""还原""直观"的思维方法则让教育学者改变了实证主义思维下客观化的思考方式，走向生动的、丰富的教育情境，着力挖掘具体的、微观的教育现象与问题；"体验""反思"的研究方式则彻底颠覆了传统主客二分的研究方式，成为寻找教育研究意义的主要途径。①

范梅南提出的"生活体验研究"概念可作为一种教育研究方法论。有学者认为，"生活体验研究"实质上是一种解释现象学的方法，因为根据范梅南的解释，生活体验研究作为一种教育学研究方法是教育学意义上对生活经验的现象学、阐释学、符号学立场上的研究，所以也可称为解释现象学教育研究方法。它试图通过对教育现象的体验、反思和描述，揭示教育过程中各因素间的关系，展现教育事实本身，避免使教育研究远离生活。有学者认为，生活体验研究使教育研究从理论走向实践，为教育学者提供了新的研究方法。教师以生活体验为研究的起点，反思教育教学的生活体验，进行教育教学生活体验的文本写作是一种实践路径。②

"生活体验研究"的基本特点有：一是起源于生活世界，它的理论概念和研究工作紧密联系生活实践，目的在于获得对日常生活经验意义的深刻理解；二是对引起人们注意的现象的解释，热衷于探寻人类的意义世界；三是对本质的研究，试图系统地揭示和描述生活经验中的内在意义结构；四是对生活经验的意义的描述；五是对现象的人文科学研究；六是一种周全反思的积极实践，探寻生命、生活和生存的意义。③ 总的来说，"生活体验研究"是一种以人为中心的解释性研究模式，这种模式试图通过对人类的生活体验的研究

① 王萍：《教育现象学方法及其应用》，博士学位论文，河南大学，2010。
② 金美福：《生活体验研究：含义、原理与主要环节——范梅南的教育学研究方法论在教师教育意义上的解读》，载《外国教育研究》，2004(6)。
③ 田友谊：《教育研究：走向生活体验——马克斯·范梅南教育学研究方法论探微》，载《比较教育研究》，2005(11)。

而更好地理解人类。①

五、后现代主义教育哲学

后现代主义哲学思想于 20 世纪 80 年代传入我国，最早在建筑学和文学领域引起了反响和争论，90 年代开始进入教育研究领域。它经历了 20 世纪 80 年代的尝试期，20 世纪 90 年代的发展期，21世纪以来的高涨期。② 学者以后现代主义思想为视点，对教育基本问题进行了探讨、实践和反思。后现代主义思潮以其批判性、否定性、超越现代性、提倡创新精神等特征，影响着我国教育理论研究。

（一）后现代教育研究方法论

任何学科、任何领域的研究想要获得原创性和实质性的进展，方法论的革新都是必要的前提，教育研究方法论是贯穿整个理论研究的导向和构建解释框架的基础。有学者认为，教育理论研究方法论的变迁经历了 17 世纪以前的前现代方法论阶段，③ 17 世纪至 20世纪中期的现代方法论阶段，20 世纪中期至今的后现代方法论阶段。④ 后现代哲学倡导复杂性思维方式，主张"语言、思想与现实的关系远不像人们想象的那样简单，真假概念、理性与非理性概念远不是单一的、确定的，而是复杂的、多层面的"⑤。针对现代性思维方式强调中心性、本质性、整体性、同一性等特征，后现代思维方式提倡非中心性、多元性、异质性、开放性、宽容性、无限性。后

---

① 金美福：《生活体验研究：含义、原理与主要环节——范梅南的教育学研究方法论在教师教育意义上的解读》，载《外国教育研究》，2004(6)。

② 周险峰：《后现代转向：我国后现代教育研究近 30 年回顾与反思——以中国期刊网录入论文为例》，载《比较教育研究》，2010(2)。

③ 王靖：《试论后现代思潮的价值及其在教育中的体现》，载《南京师大学报(社会科学版)》，1999(4)。

④ 戴军：《后现代哲学思潮对我国教育基本理论研究的影响论要》，载《东北师大学报(哲学社会科学版)》，2008(4)。

⑤ 王治河：《扑朔迷离的游戏——后现代哲学思潮研究》，28 页，北京，社会科学文献出版社，1993。

现代主义者认为，传统的理论研究总是试图从"多"中发现"一"，从"异"中求取"同"，从"表象"中探究"本质"，这种思维方式必然造成只重整体不重部分、只重结果不重过程、只重中心不重边缘的片面的现实结果，使学科发展被单向的、同一的标准所桎梏，最终导致各门学科发展趋于僵化、封闭，远离现实。后现代主义否定真理的合法性，克服从单一理念出发观照世界的做法，允许采用任何方法，摆脱僵化的形式理性，从而建立一个开放的、多元的方法群落。①

　　学者分析道，在后现代主义者看来，教育研究不是发现普遍的真理，真理的多重性决定了同一教育现象可能有不同的解释。后现代主义呼吁教育学者倾听边缘地带的声音，开创新的研究领域。② 有学者注意到，后现代主义具有反思、批判的思维特质，对二元对立的思维方式进行消解，反对理性至上，倡导多元化的方法论，反对话语霸权等特征，为教育研究提供了新的视角。在后现代思维的启迪下，有学者提出教育研究方法论要倡导反思和批判精神，实行百家争鸣；走出"唯科学"的迷途，实现科学主义方法论与人文主义方法论的渗透与互补；倡导多元化教育研究方法论，借鉴和吸收其他学科的研究方法；消解话语霸权，在学者与被学者之间建立开放性的、平等性的对话关系。③ 还有学者指出，后现代社会拓展了教育研究的主体，教育研究对象向生活世界回归，教育研究地点由"书斋"转向"现场"，因此要求教育学者从单一的知识型学者转化为实践型学者，从知识的陈述者转变为知识的批判性分析者；呼吁教育研究范式要消解"宏大叙事"式的"主义"式研究，倡导进行教育现场的研究。④

---

① 余凯、徐辉：《后现代主义与当代教育思潮引论》，载《比较教育研究》，1997(6)。
② 同上。
③ 田恩舜：《后现代主义与现代教育研究方法论改造》，载《教学研究》，2002(2)。
④ 么加利：《西方教育研究范式的后现代转换》，载《全球教育展望》，2012(10)。

　　还有学者注意到了后现代对比较教育研究的渗透和影响，形成了后现代的比较教育思想。后现代主义具有多元性、不确定性、开放性等特征，为以实证研究为主的比较教育研究方法论带来了挑战。学者认为，从后现代主义视角为比较教育研究把脉，省思比较教育实证研究方法论，对推动比较教育研究方法论从单一思维和二元对立思维转向立体的文化哲学思维和不断发展的立体网络存在，具有重要的价值。①

　　受后现代教育研究方法的影响，我国教育研究方法和范式发生了转换。教育学者开始放弃对一般性教育规律的探究，逐渐借鉴后现代主义人文研究的方法，将更多的目光放在寻求情境化的教育意义之上。"叙事研究""行动研究""教育人类学"等研究方法进入教育研究的视野，教育研究从自然科学研究方法，转向以微观层次的学者和被学者的互动为主要内容，以体验、理解、感受参与为主要形式的研究范式，表明后现代教育理论解释性、叙事性思维方式的中国化。②

　　（二）后现代教育哲学观

　　后现代主义哲学呈现了一种全新的视角，它倡导的诸多观点对反思现代社会和教育问题具有很大启示。受后现代主义思维影响，我国教育研究在方法、内容和主题上都有了后现代倾向。但同时，一些学者也指出，后现代主义并没有经过严格的论证过程，并不具有严密的表述规范的思想体系，我们需要审慎地考察后现代主义是

---

　　①　于杨、张贵新：《后现代主义与比较教育研究》，载《外国教育研究》，2006（9）；高皇伟、吴坚：《后现代主义视域下比较教育实证研究方法论的审思与转向》，载《华南师范大学学报（社会科学版）》，2016（4）。

　　②　张高产：《后现代背景下的教育叙事研究》，载《教学与管理》，2012（33）；和学新、付谢好：《论后现代教育理论对中国教育的影响》，载《当代教育与文化》，2015（1）。

否真的切合中国国情和中国教育的现实状况。① 总体来说，国内以后现代为视域的教育研究，更多的是借鉴后现代思想中积极的和建设性的一面，探讨它对教育目的、课程与教学、师生观、教育管理等教育问题的认识和借鉴意义。

1. 教育目的观

现代教育理论热衷于为教育寻求一个外在的教育目的，有人关注教育目的的社会意义，有人从人的发展看待教育目的，现代教育既要培养儿童的职业能力，又试图达到人类解放的宏伟目标，以培养完人。现代教育往往具有"理性主义""精确性""科学实证性"等特征，后现代主义对启蒙运动以来的理性主义教育目的观进行了批判。在后现代主义看来，现代教育提倡完人教育的观点是经不起推敲的，后现代主义者质疑完人概念对人的发展的限制和所隐含的权威话语。②

有学者基于后现代主义教育目的观所呈现的相对一致的价值取向，对教育目的观的基本主张做了归纳。主要包括：一是重视人的不确定性，反对人的各种形式的预设，主张教育无目的，教育就是人的个性发展、自然发展；二是消解中心与边缘的界限，主张两者之间的对话；教育目的要从培养精英转移到培养平民大众，关注弱者如特殊儿童、贫苦儿童和女童的教育；三是重差异、个性、多元而非本质、权威、一元；后现代者强烈反对权威、本质主义，允许和提倡多种声音，关注不同人群对教育目的的价值要求，提倡培养有差别的个体，重视文化差异，反对现代意义上的国家和地方教育目的的文化霸权；四是重过程而非结果，重生成而非预设。建构性

---

① 张胤：《教育后现代：当代中国教育的真命题》，载《宁波大学学报（教育科学版）》，2002(3)。

② 余凯、徐辉：《后现代主义与当代教育思潮引论》，载《比较教育研究》，1997(6)；张文军：《后现代主义对现代教育目的观的批判》，载《外国教育资料》，1998(3)。

后现代教育者认为教育目的就是教育过程，激进的后现代者多认为只存在教育过程而非教育目的，因为教育目的的不可言说。①

后现代主义教育目的观能够给我们当前的教育发展提供一些积极的启示，有学者认为后现代实质上已经来临，后现代主义品质正在成为21世纪人的核心素养，应当努力培养建设性的后现代的积极人格。② 这一观点也遭到一些质疑，有学者认为，后现代主义教育目的观找到了现代教育目的中的顽症，却开错了药方。后现代主义教育本身的局限和困境使其无法最终超越现代教育目的。因此，我们对教育目的的构建要坚持辩证统一的科学方法论。③ 而建设性后现代主义的支持者认为，这样的批评有失公正，后现代主义教育目的观并不反对教育目的的构想，而是反对将构想霸权化，反对终极价值的追寻，主张教育目的是要培养特殊的人才和完善其特殊的生活，而非将其培养为某种规格的人。

2. 课程观

后现代课程观是后现代主义思潮在课程上的集中反映，后现代主义以其一贯的立场，在课程观上坚决反对以泰勒为代表的传统课程模式，在课程问题上坚决反对元叙述及各种形式的二元论，要求在课程组织中倾听各个方面的呼声，关注课程活动的不稳定性、非连续性和相对性，以及个体经验相互作用的复杂性。④ 后现代主义者认为现代课程是一种预先有计划、有程序、冷酷地强加给教师和学生的元叙事式的课程模式，无视社会价值观的多元化和世俗化，是对生活和人性多样性的抹杀。在以多尔为代表的后现代课程专家

① 曹永国：《解构与重建：后现代教育目的的意义与困境》，载《湖南师范大学教育科学学报》，2003(4)。
② 刘璐、温恒福：《建设性后现代教育目的观及其启示》，载《教育科学》，2017(3)。
③ 曹永国：《解构与重建：后现代教育目的的意义与困境》，载《湖南师范大学教育科学学报》，2003(4)。
④ 余凯、徐辉：《后现代主义与当代教育思潮引论》，载《比较教育研究》，1997(6)；石中英、尚志远：《后现代知识状况与基础教育课程改革》，载《教育探索》，1999(2)。

看来，课程不再仅仅被看成是"跑道"，而更多地被看成是一个跑的过程，开放性、过程性、多元性是其显著特征。后现代的课程观是构建主义的，更多地强调课程的开放性和生成性，重视过程甚于结果，主张打破学科之间的界限，重新整合学科内容。①

后现代课程观的诸多观点对我国新课程改革与实施产生了极大影响，后现代教育理论的不断传播也为素质教育提供了理论上的舆论氛围。有学者指出，素质教育中有很多后现代主义的倾向，如反对应试教育，提倡学生的创新和实践能力，强调学生的个性与主体性等。《基础教育课程改革纲要（试行）》提出要改变课程内容"难、繁、偏、旧"和过于注重书本和知识的现状；改变课程内容与学生生活经验与社会生活发展相脱离的现状等；强调课程的动态性、过程性、建构性和理解性；主张教学方法的多样性等，这些都与后现代主义的教育理念不谋而合。② 我国许多教师对"课程"及"教材"的理解，都深深打上"多元""体验""经历""过程"等后现代课程观的烙印，"对话""互动""合作·探究""体验"等是许多教师耳熟能详的课堂教学模式。③

一些学者从后现代课程观的消极层面来考虑，认为后现代课程观在批判现代课程范式时没有处理好"破"与"立"的关系；在批判现代课程范式所具有的封闭化、单一化、工具化等弊病时矫枉过正，忽视了对现代课程观念中一些合理成分的借鉴与吸收；过于强调学生对课程的建构及参与，容易导致课程整体意义的丧失。④ 有关后现代课程观对我国新课改影响的认识，一直以来也存在诸多争议。

---

① 刘德华：《后现代主义影响下的教育思想与教育研究》，载《大理师专学报》，1999(1)。

② 和学新、付谢好：《论后现代教育理论对中国教育的影响》，载《当代教育与文化》，2015(1)；张瑞英：《基础教育课程改革与后现代教育思想》，载《教育探索》，2008(7)。

③ 吴永军：《再论后现代主义对于我国课程改革的价值》，载《教育发展研究》，2010(18)。

④ 徐瑞：《后现代课程观的理论创新与不足》，载《教育发展研究》，2010(18)。

有学者认为，基础教育课程改革与后现代教育思想既有一致性，又存在冲突。后现代教育思想本身具有很大的争议，又是西方"本土"意味很浓的教育思潮，我国的社会基础、文化背景和教育问题不同，① 因此，对后现代课程观做合理的整合，既要承认其特殊性和普遍性，也要看到其内部不可克服的局限性，我们对其实现必要的超越是合理的选择。②

3. 师生观

现代性教育观认为，教师的作用是通过所拥有的话语权来维护社会秩序，教学中教师就是权威的象征，教师主宰着教学活动中的一切。后现代教育观对这种以教师为中心的师生观提出了尖锐的批评。后现代教育观认为，随着科学技术的进步和影响，传统的知识传输的方式发生了很大变化，教师不是唯一的信息源，传统的教师中心、教师主导和课堂话语霸权都将丢失。教师发挥作用的重点和方向已经改变，不可能像过去那样做宏大的独白式的自述。因此，我们要消除教师的权威，建立一种平等对话的关系。有学者提出，在后现代主义教育观的影响下，教师的身份势必要经历新的建构：由教师权威走向平等对话，由知识传授走向学生学习的促进者，由同一走向崇尚差异，倡导多元。这种教师角色的后现代转向意味着教师从固有的知识"教授"和课堂话语的"霸权"者转变为教学活动的变革者和创新意义上的建构者。③

后现代主义教育观对教师的权威性和神圣性提出了质疑，这无疑对我国师生观的构建产生了震荡。尽管有学者提出，后现代教育观过分强调师生平等消解了教师的主导作用，将其无限"边缘化"导

---

① 张瑞英：《基础教育课程改革与后现代教育思想》，载《教育探索》，2008(7)。
② 吴永军：《再论后现代主义对于我国课程改革的价值》，载《教育发展研究》，2010(18)。
③ 李玲英：《反思与重构：后现代主义对教师角色的启示》，载《教育理论与实践》，2011(12)。

致了教师地位尴尬。①但总体来说，它引发了人们对师生关系的重新思考和建构，受其影响，人们开始以一种全面的、多元的视角反思师生在教育中的地位和作用，以实现师生角色的转换和超越。教师逐渐认识到必须尊重学生的个性，教师角色由知识的传授者向学生的促进者转变。②有关师生关系的认识多集中在"平等""对话""合作""共享"等关键词上。有学者认为，后现代视域下的师生关系重构，需要重新确立教师的权威，重新定位教师角色。平等与对话是后现代教育思想的基本意蕴，师生之间的对话具有开放性和启发性、理解性和反思性。要实现师生间真正的平等与对话，应树立关怀生命的教育理念；确立并着力构建基于师生交往的互动和互惠的师生关系，真正实现教师角色转换；激活对话意识，实现师生共享知识、共享智慧、共享人生的价值和意义。③

第三节　现代西方教育哲学研究的总结与展望

新中国成立后 70 年来西方教育哲学思想在中国的演进尽管出现过停滞，但仍然构成了重要的研究领域。改革开放前，西方教育哲学思想在中国的传播和发展经历了过渡时期无产阶级世界观改造运动的整体性审视，进而在十年社会主义建设时期取得一些译介成果，随之又在"文化大革命"中停滞。在 1976 年后的真理标准问题大讨论和实事求是思想路线确立的过程中得到重新发展，开启了理性评价西方教育哲学各流派、开放性吸收借鉴其中养分以缔造当代中国教育哲学的历史征程。20 世纪 80 年代至 90 年代，与改革开放的步伐

①　牛文明：《后现代教育观与素质教育的契合与背离》，载《当代教育科学》，2010(8)。
②　和学新、付谢好：《论后现代教育理论对中国教育的影响》，载《当代教育与文化》，2015(1)。
③　陈威：《后现代教育思想中"平等与对话"的意蕴及实施》，载《学术交流》，2010(8)。

相协调，学界对马克思主义哲学原理体系进行了反思与重构，从而构成了促使我国对西方教育哲学思潮研究冷静、沉淀的理论自觉。进入 21 世纪，面对时代更迭中世界格局的变化，不少学者对西方教育哲学思潮在中国的发展历程进行了回顾和反思，并进一步思考中国教育哲学发展的问题。

一、总结成就

1949 年前的西方教育哲学思想研究，更多的是一种错位的研究，即以中国传统教育哲学思想与西方近现代教育哲学思想对比，教育学者看到了中西教育的落差，于是把向西方学习作为研究的全方位目标，全面向西方学习一度占据上风。我们可以看到，在很长一段时间内，中国教育哲学学科体系建设，无论从学科分类、话语建设还是从范畴研究上，主要是按照西方教育哲学的框架进行设置的。20 世纪 70 年代末教育哲学恢复研究后，比较的天平不再一边倒，新中国成立以来所产生的教育现象和思想学说，构成了中国教育哲学的重要内容，参与到中国教育哲学体系的构建中。在引进、借鉴西方教育哲学思潮的同时，学者们开始注重融入一脉相承的中华民族文化精神以及改革开放后我国教育发生的历史性变革经验。这主要表现为以下四点。

一是汲取西方教育哲学思想的精华，为中国教育哲学思想增加新成分。新中国成立 70 年来，中国社会政治经济历经变革，尤其是在改革开放后发生了历史性的转型，社会变革必然伴随着教育的变革。反映了西方社会精神文化的西方近现代教育哲学思想，是西方社会转型的产物，因此引进和借鉴西方教育哲学思想，成为中国教育现代化发展过程的必然选择。"比较教育研究以促进民族国家发展为根本价值旨归"[①]，我国教育哲学学科建设中的西方教育哲学思想

---

① 朱旭东、乐先莲：《试论比较教育研究与民族国家构建、发展与转型》，载《比较教育研究》，2018(7)。

的研究和传播，为从古今中外的视野研究社会变迁中的教育问题，为建构新的教育方法论，以及为丰富和更新中国特色社会主义教育理论提供了充实的理论和实践资料。教育学者一方面使既有的教育哲学思想在时代的淘洗中得到弘扬、改造和更新，另一方面也使教育哲学思想体系获得了新的精神内容。比如，对人的异化和对人道主义的探讨发现了人的尊严和价值；对主体性问题的探讨引发了人的主体性培养的问题，增强了人的主体意识，使教育"目中有人"；对权利和正义问题的讨论增强了公民意识。

二是重新认识中国传统教育哲学思想，推进优秀传统的现代转化。一定的教育哲学思想总是产生于一定的社会文化和民族共同体内，体现不同的民族文化样态和民族精神。"中华民族有着深厚的文化传统和教育实践，形成了具有独特风格和特有概念体系、表达方式的教育思想。"[①]学者们在对西方教育哲学流派和思想家的学说译介、学习和比较的同时，也对中国传统教育哲学思想进行重新辨析并赋予其新的时代内涵，于是学者们逐渐产生了这样一种共识：要对中国传统教育哲学思想进行创新性发展。如要重新看待"义与利""理与欲""德与力"等范畴的关系，张岱年在谈到义利关系时说道，"中国古代重义轻利、重理轻欲、重德轻力的传统应该改变了，应肯定义和利的统一，理和欲的统一，德和力的统一……以义兴利，以理导欲，兼重德力，才是正确的道路"[②]。同时，传统教育哲学思想的更新和创造性提升，又成为铸就新的民族文化传统、推动新时代教育改革的力量。如今，已经有越来越多的中国学者意识到，要西方教育哲学思想"为我所用"，就需要以中国传统教育思想蕴含的哲

① 田学军：《加强新时代教育科学研究　加快推进教育现代化》，载《教育研究》，2019(5)。引文有改动。

② 张岱年：《论价值与价值观》，载《中国社会科学院研究生院学报》，1992(6)。

学理念筑牢中国特色的教育哲学根基。[①]

　　三是从学习走向对话，在互动中深化研究。从 20 世纪 80 年代大量译介西方著作及最新成果，到逐渐拓展研究的理论深度，自主研究西方教育哲学思想，学者们不再停留于表面的接受，而是开始基于自身的学术视野，自主思考、分析和评价西方教育哲学家的思想，研究"从译介走向编著，从移植走向创生，从草创走向发展"。更重要的是，随着国际交流的增多，国内学者通过出国访学、讲座交流、国际会议等积极参与中西方教育哲学的对话，更迅速地跟踪西方教育哲学的最新成果，拓展研究的方式和平台。如首都师范大学分别以"多元世界的教育意义""体验与实践""现象学与专业实践""现象学教育学的时代际遇：自识与反思"为主题，连续组织召开四届现象学教育学国际学术研讨会，中西方学者通过研讨会就现象学教育学问题展开深入讨论，中国学者在与西方对话中发展了认识。此外，不少学者通过对比中西思想家教育学说的方式进行对话，试图在比较中为建构中国教育哲学理论和实践路径汲取营养。

　　四是对西方教育哲学思想的创造性转化，力求建立中国特色的教育哲学体系。对西方教育哲学思想的研究，拓展了国人的视界，使中国的教育哲学研究和教育改革实践有了他者参照，推动了教育学者思路的拓展和教育哲学学科的发展。但 1949 年后的教育改革往往过多地依赖国外经验，这引起了很多学者的反思。燕国材就曾指出，1949 年后的教育改革基本上是唯外国教育马首是瞻，跟着西方教育亦步亦趋，这是我国教育改革的致命伤。[②] 实际上，在中西文化激荡的过程中，西方教育哲学思想必然在中国教育学说和实践之间产生某种张力。随着研究的深入和中国社会发展的推动，学界越

---

　　① 刘浩、饶武元：《我国教育哲学研究的可视化分析》，载《中国人民大学教育学刊》，2016(4)。

　　② 燕国材：《"崇洋"是我国教育改革的致命伤》，载《上海教育科研》，2013(6)。

来越认识到中国教育与西方教育有着不同的形态，开始思考中国教育的"自我"问题，提出要用中国思维提出中国教育问题，用中国语言说中国教育哲学学说。桑新民认为 20 世纪 90 年代提出的教育哲学课题之一便是要"注重发展教育的民族特色、地方特色、个性特色"，"闭关锁国的封闭政策行不通，轻视以至否定自身文化传统的民族虚无主义也不足取"①。还有学者提出，"'自我'是西方教育思潮对中国教育的巨大的冲击波"。② 尤其是迈入 21 世纪，随着研究的日趋繁荣和成熟，以及我国主动参与全球化的意识和能力的不断增强，中国人创造具有中国特色的教育哲学体系的意识和能力也不断增强，走出对西方教育哲学的依赖，立足中国实际挖掘中西教育哲学的结合点更是成为广泛共识。因此，如何使西方教育哲学思想契合中国实际，推动教育理论和实践发展，成为许多学者的学术追求。在这一过程中，一方面学者们已经能够以强烈的中国意识，立足实际和本土问题，探索以西方教育哲学学说和理论来发展中国学说，解决中国教育中存在的问题；另一方面能够以强烈的理论自觉和理论自信，创造性地书写中国教育哲学体系。不少学者还对改革开放以来的研究成果进行全面梳理，为书写具有中国特色的教育哲学积累着理论和实践经验。

二、展望未来

新中国成立 70 年对西方教育哲学思潮的研究，尽管经历了一波三折的过程，但西方教育哲学对中国的冲击和影响已成既定事实，在马克思主义哲学中国化理论指导下的中学和西学互动、共同助推教育改革已成为基本态势，用中国眼光看世界思潮，用中国话语讲述教育哲学，用中国立场解决教育问题也已经成为普遍共识。新时

---

① 桑新民：《90 年代教育发展的趋势和提出的教育哲学课题》，载《高等师范教育研究》，1990(3)。

② 樊浩：《自我：现代中国教育面临的挑战》，载《教育评论》，1993(1)。

代西方教育哲学思潮的研究仍需立足中国国情，解决中国教育问题，并积极参与到世界思想的对话中，为世界教育哲学思想的发展贡献中国智慧。

一是在"中西马"（中国教育哲学、西方教育哲学、马克思主义教育哲学）对话中发展中国教育哲学学说。从我国教育哲学的发展来看，西方教育哲学对新中国每个阶段的教育哲学发展和教育改革都曾产生过影响。尽管教育哲学在新中国成立初期曾一度中断研究，但无可否认的是西方教育哲学思想的传播也以隐蔽的方式进行着。改革开放以来伴随着中西文化的激荡和互动，西方教育哲学思潮的研究成为一门显学。西方教育哲学思潮从不同的传统和理论为教育研究和实践提供了众多新思路，值得我们批判性地吸收和借鉴，未来我们仍需要密切关注其新动态。但同时，我国教育哲学体系在哲学思潮建构方面做得还不够。大多数教育哲学，只是处在知识层面，缺少一以贯之的思想魂灵，更谈不上思想流派的建构。[①] 未来的西学研究，需要以强烈的中国教育问题意识，在中国教育哲学、马克思主义教育哲学和西方教育哲学思想的对话中，来认识和诠释西方教育哲学思想的时代意义。也就是说，要融合国内外的理论精髓，建构基于中国文化的教育哲学研究方法论，解决中国教育发展和改革过程中的问题，从比较中发展中国教育哲学学说。中国教育哲学应当不断在会通中西、吸收创新中，在中西马教育哲学思想的互动互补中发展，从而形成新的教育哲学体系，既保留中国教育思想的特色和传统，融合中华民族文化精神，又吸收西方学说中的精华。

二是加强西方教育哲学思想研究方面的专门人才的培养。经过几十年的引介、传播和研究，我国对从古典到现代的诸多西方教育哲学思想有了较为全面的了解，研究的广度和深度都有了极大提升，

---

① 冯建军：《恢复重建以来我国教育哲学三十五年的发展（1979—2014）》，载《教育学报》，2015（2）。

学者群体也日益壮大。但教育哲学在我国是教育学原理专业的一个方向，"这使教育哲学和教育基本理论难以区分开来，更重要的是，它表现了一种学科未分化的存在状态，也即未成为独立学术领域的状态"①。这一方面造成了学科知识体系的繁杂，另一方面影响学者的学科归属感，限制了教育哲学研究群体对学科知识体系的沟通，以及对西方教育哲学思想系统化研究的筹划。同时，当前我国教育哲学并未有专门的西方教育哲学研究方面的专门人才培养模式，人才培养的独特性并未体现。学者对西方哲学思潮和代表人物的经典著作研读不够，缺乏系统性的西方教育哲学知识体系，不可避免地影响了研究的专业化和研究的视野。张斌贤在《呼唤专业化的杜威教育思想学者》中对杜威研究的论述可以折射出我国西方教育哲学研究的现状，"大多数曾发表杜威教育思想研究成果的学者基本上都是将杜威教育思想的研究作为临时甚至业余的兴趣，前期既缺乏系统积累，后期又无完整计划"②。因此，我国教育界仍需基于教育哲学学科自身的独特性建立稳定的专业人才的培养模式，通过对西方教育和哲学经典的研习筑牢学科知识体系。这既能传承学术传统，使有关研究走向纵深发展的需要，也能避免教育研究走向西方的某种"主义"，从而提升教育哲学的学术品位。

三是走进世界，言说中国教育哲学思想。当下越来越多的中国学者走向国际舞台，展示中国教育哲学研究的逻辑和教育哲学思想的成果，但目前"中国教育学者在世界教育学术界所发出的声音依旧显得有些微弱"③。因此，有学者呼吁要"在大国崛起的背景下，拓展教育哲学研究视野，提高中国教育思想的影响力"，因为"大国理

---

① 曹永国：《教育哲学之学科认同危机及自我启蒙》，载《高等教育研究》，2018(5)。
② 张斌贤：《呼唤专业化的杜威教育思想学者》，载《教育科学研究》，2019(5)。
③ 许美德：《为什么研究中国教育?》，见丁钢主编：《中国教育：研究与评论》(第 3 辑)，13 页，北京，教育科学出版社，2002。

应是一个教育思想丰富和深刻并对世界具有思想贡献的国家"①。新
中国成立以来，我国各方面建设都取得了举世瞩目的成就，尤其是
改革开放以来，中国特色社会主义建设更是取得了巨大成就，"中国
道路""中国特色""中国模式"成为国内外学者关注的重要内容。这些
成就也提醒我们，在吸收西方教育哲学思潮来发展中国学说的同时，
也可以对西方教育哲学发展做出贡献。为此，我们要重视新中国成
立以来在中国教育哲学发展和教育改革中形成的理路，这种理路既
与中国当代精神文化相关联，又延续了几千年来的中国传统思想文
化，同时也是中西教育哲学思想互动融合而成的。"只有基于中国文
化特质的理论创新研究，才能使中国教育学者及其研究成果得到世
界学术界的认可。"②我们应该更深入地研究"自我"的民族文化特质，
树立研究自信，把中国教育的成就和经验向世界展示，为世界教育
哲学学说的发展贡献中国经验、中国理论和中国思想。

---

① 迟艳杰、陆有铨：《改革开放以来中国教育哲学与时代的互动》，载《教育研究》，2011(5)。
② 安富海：《中国教育学本土化研究的困境及超越》，载《教育研究》，2019(4)。

主要参考文献

图书

1. 白恩斯、白劳纳编：《当代资产阶级教育哲学》，瞿菊农译，北京，人民教育出版社，1964。

2. 张焕庭主编：《西方资产阶级教育论著选》，北京，人民教育出版社，1979。

3. 华东师范大学教育系、杭州大学教育系编译：《现代西方资产阶级教育思想流派论著选》，北京，人民教育出版社，1980。

4. 黄济编著：《教育哲学初稿》，北京，北京师范大学出版社，1982。

5. 陈友松主编：《当代西方教育哲学》，杨之岭等译，北京，教育科学出版社，1982。

6. 黄济：《教育哲学》，北京，北京师范大学出版社，1985。

7. 傅统先、张文郁：《教育哲学》，济南，山东教育出版社，1986。

8. 《教育哲学教学参考资料》编辑组编：《教育哲学教学参考资料》，北京，北京师范大学出版社，1986。

9. 刁培萼、丁沅编著：《马克思主义教育哲学》，上海，华东师范大学出版社，1987。

10. 桑新民：《当代教育哲学》，昆明，云南人民出版社，1988。

11. 王佩雄、蒋晓：《教育哲学——问题与观念》，沈阳，辽宁教育出版社，1989。

12. 崔相录：《二十世纪西方教育哲学》，哈尔滨，黑龙江教育出版社，1989。

13. 张家祥、王佩雄编著：《教育哲学研究》，上海，复旦大学出版社，1990。

14. 王为农、郑希晨主编：《教育哲学》，哈尔滨，黑龙江教育出版社，1990。

15. 秦和鸣、俞朝卿主编：《教育哲学新论》，上海，复旦大学出版社，1990。

16. 曾成平：《现代教育哲学新论》，重庆，重庆出版社，1991。

17. 田玉敏主编：《当代教育哲学》，天津，天津社会科学院出版社，1991。

18. 桑新民：《呼唤新世纪的教育哲学——人类自身生产探秘》，北京，教育科学出版社，1993。

19. 陆有铨：《现代西方教育哲学》，郑州，河南教育出版社，1993。

20. 黄济主编：《中国传统教育哲学思想概论》，郑州，河南教育出版社，1994。

21. 刘楚明：《教育辩证法》，北京，教育科学出版社，1994。

22. 崔宜明等：《中国传统哲学与教育》，上海教育出版社，1995。

23. 申振信：《现代教育哲学》，西宁，青海人民出版社，1995。

24. 张腾霄：《教育哲学漫谈》，北京，人民教育出版社，1996。

25. 王坤庆：《现代教育哲学》，武汉，华中师范大学出版社，1996。

26. 桑新民、陈建翔：《教育哲学对话》，石家庄，河北教育出版社，1996。

27. 于述胜、于建福：《中国传统教育哲学》，南京，江苏教育出版社，1996。

28. 钟祖荣：《基础教育哲学引论》，北京，文化艺术出版社，1996。

29. 刘晓东：《儿童精神哲学》，南京，南京师范大学出版社，1999。

30. 何光荣：《中国古代教育哲学》，北京，北京师范大学出版社，1997。

31. 孙绵涛等：《教育管理哲学——现代教育管理观引论》，武汉，武汉工业大学出版社，1997。

32. 黄济：《教育哲学通论》，太原，山西教育出版社，1998。

33. 许邦官编著：《教育哲学新编》，武汉，华中师范大学出版社，1998。

34. 梁渭雄、孔棣华主编：《现代教育哲学》，广州，广东高等教育出版社，1997。

35. 金生鈜：《理解与教育——走向哲学解释学的教育哲学导论》，北京，教育科学出版社，1997。

36. 石中英：《教育学的文化性格》，太原，山西教育出版社，1999。

37. 周浩波：《教育哲学》，北京，人民教育出版社，2000。

38. 张瑞璠主编：《中国教育哲学史》（第 1—4 卷），济南，山东教育出版社，2000。

39. 刘复兴、刘长城：《传统教育哲学问题新释》，武汉，湖北教育出版社，2000。

40.［美］柯尔伯格：《道德教育的哲学》，魏贤超、柯森等译，杭州，浙江教育出版社，2000。

41. 童世骏主编：《教育哲学简明读本》，长春，东北师范大学出版社，2001。

42. 石中英：《教育哲学导论》，北京，北京师范大学出版社，2002。

43. 陶志琼：《新旧之间：教育哲学的嬗变》，重庆，重庆出版社，2003。

44. 曾钊新：《教育哲学》，长沙，中南大学出版社，2003。

45. 韩钟文：《先秦儒家教育哲学思想研究》，济南，齐鲁书社，2003。

46. 张楚廷：《课程与教学哲学》，北京，人民教育出版社，2003。

47.［美］贝内特·雷默：《音乐教育的哲学》，熊蕾译，北京，人民音乐出版社，2003。

48. 张全新、张宗祥编著：《教育哲学概论》，北京，中国国际广播出版社，2003。

49. 张楚廷：《高等教育哲学》，长沙，湖南教育出版社，2004。

50. 刘庆昌：《教育者的哲学》，北京，中国社会出版社，2004。

51. 张全新：《二十世纪西方教育哲学》，济南，泰山出版社，2004。

52. 舒志定：《人的存在与教育——马克思教育思想的当代价值》，上海，学林出版社，2004。

53. 于建福：《孔子的中庸教育哲学》，北京，中央编译出版社，2004。

54. 刘铁芳：《走向生活的教育哲学》，长沙，湖南师范大学出版社，2005。

55.［美］乔尔·斯普林格：《脑中之轮——教育哲学导论》，北京，北京大学出版社，2005。

56. 王坤庆：《教育哲学——一种哲学价值论视角的研究》，武汉，华中师范大学出版社，2006。

57. 郝文武：《教育哲学》，北京，人民教育出版社，2006。

58. 张楚廷：《教育哲学》，北京，教育科学出版社，2006。

59. 郑毓信：《科学教育哲学》，成都，四川教育出版社，2006。

60. 马凤岐：《自由与教育》，北京，北京师范大学出版社，2006。

61. 于伟：《现代性与教育》，北京，北京师范大学出版社，2006。

62. 陶志琼：《教师的境界与教育》，北京，北京师范大学出版社，2006。

63. 高伟：《生存论教育哲学》，北京，教育科学出版社，2006。

64. ［美］杜普伊斯、［英］高尔顿：《历史视野中的西方教育哲学》，彭正梅、朱承译，北京，北京师范大学出版社，2006。

65. ［德］沃尔夫冈·布列钦卡：《教育知识的哲学》，杨明全、宋时春译，上海，华东师范大学出版社，2006。

66. ［美］Howard A. Ozmon、Samuel M. Craver：《教育哲学的基础》（第 7 版），石中英、邓敏娜等译，北京，中国轻工业出版社，2006。

67. 石中英：《教育哲学》，北京，北京师范大学出版社，2007。

68. 舒志定：《教育哲学引论》，北京，中国社会出版社，2007。

69. 郑毓信：《数学哲学与数学教育哲学》，南京，江苏教育出版社，2007。

70. 张斌贤、刘慧珍主编：《西方高等教育哲学》，北京，北京师范大学出版社，2007。

71. 高伟：《教育哲学的基本问题》，济南，山东教育出版社，2008。

72. 陈晓端、郝文武主编：《西方教育哲学流派　课程与教学思想》，北京，中国轻工出版社，2008。

73. 张澍军：《德育哲学引论》，北京，中国社会科学出版社，2008。

74. 刘智运：《大学教育哲学》，北京，人民教育出版社，2008。

75. 冯建军：《教育公正——政治哲学的视角》，福州，福建教育出版社，2008。

76. 刘庆昌：《教育知识论》，太原，山西教育出版社，2008。

77. 苏君阳：《公正与教育》，北京，北京师范大学出版社，2008。

78. ［美］奈尔·诺丁斯：《教育哲学》，许立新译，北京，北京师范大学出版社，2008。

79. ［美］理查德·普林：《教育研究的哲学》，李伟译，北京，北京师范大学出版社，2008。

80. ［美］杰拉尔德·古特克：《哲学与意识形态视野中的教育》，陈晓端主译，北京，北京师范大学出版社，2008。

81. ［德］Wolfgang Brezinka：《信仰、道德和教育：规范哲学的考察》，彭正梅、张坤译，上海，华东师范大学出版社，2008。

82. 邓友超：《教育解释学》，北京，教育科学出版社，2009。

83. 张立昌、郝文武：《教学哲学》，北京，中国社会科学出版社，2009。

84. 潘庆玉：《语文教育哲学导论——语言哲学视阈中的语文教育》，北京，教育科学出版社，2009。

85. 陈建华：《基础教育哲学》，北京，北京大学出版社，2009。

86. 郝文武：《教育哲学研究》理论卷，北京，教育科学出版社，2009。

87. 丁海东：《儿童精神——一种人文的表达》，北京，教育科学出版社，2009。

88. 余清臣：《权力关系与师生交往》，北京，北京师范大学出版社，2009。

89. 王葎：《价值观教育的合法性》，北京，北京师范大学出版社，2009。

90. 吴亚林：《价值与教育》，北京，北京师范大学出版社，2009。

91. 湛卫清：《人权与教育》，北京，北京师范大学出版社，2009。

92. 王向华：《对话教育论纲》，北京，教育科学出版社，2009。

93. 王坤庆：《精神与教育——一种教育哲学视角的当代教育反思与建构》，上海，上海教育出版社，2002。

94. 岳伟：《批判与重构——人的形象重塑及其教育意义探索》，武汉，华中师范大学出版社，2009。

95. ［美］肖恩・加拉格尔：《解释学与教育》，张光陆译，上海，华东师范大学出版社，2009。

96. 王坤庆：《教育哲学新编》，武汉，华中师范大学出版社，2010。

97. 冯建军等：《教育哲学》，武汉，武汉大学出版社，2011。

98. 蔡春：《在权力与权利之间——教育政治学导论》，北京，北京师范大学出版社，2010。

99. 彭正梅：《现代西方教育哲学的历史考察》，上海，上海教育出版社，2010。

100. 高伟：《回归智慧，回归生活——教师教育哲学研究》，北京，教育科学出版社，2010。

101. 田鹏颖、赵美艳：《思想政治教育哲学》，北京，光明日报出版社，2010。

102. 张楚廷：《高等教育哲学通论》，北京，高等教育出版社，2010。

103. 马达、陈雅先主编：《当代音乐教育哲学论稿》，上海，上海音乐出版社，2010。

104. 王坤庆、岳伟：《教育哲学简明教程》，武汉，华中师范大学出版社，2011。

105. 曹一鸣、黄秦安、殷丽霞编著：《中国数学教育哲学研究 30 年》，北京，科学出版社，2011。

106. 方俊明编著：《特殊教育的哲学基础》，北京，北京大学出版社，2011。

107. 冯苗：《教育场域中的对话——基于教师视角的哲学解释学研究》，北京，教育科学出版社，2011。

108. ［英］Randall Curren 主编：《教育哲学指南》，彭正梅等译，上海，华东师范大学出版社，2011。

109. ［美］D. C. 菲利普斯主编：《教育大百科全书·教育哲学》，石中英译审，重庆，西南师范大学出版社，2011。

110. 周兴国：《教育与强制——教育自由的界限》，福州，福建教育出版社，2012。

111. 王本余：《教育与权利——儿童的教育权利及其优先性》，福州，福建教育出版社，2012。

112. 金生鈜：《教育与正义——教育正义的哲学想象》，福州，福建教育出版社，2012。

113. 曹永国：《自然与自由——卢梭与现代性教育困境》，福州，福建教育出版社，2012。

114. 樊改霞：《教育与公共性——公共教育的现代性转型》，福州，福建教育出版社，2012。

115. 杨旭东：《时间意识与教育之思——现象学态度与教育研究》，北京，中国传媒大学出版社，2012。

116. 渠敬东、王楠：《自由与教育——洛克与卢梭的教育哲学》，北京，生活·读书·新知三联书店，2012。

117. 张业茂：《音乐教育价值论》，武汉，华中师范大学出版社，2012。

118. 舒志定：《教师教育哲学》，北京，北京大学出版社，2012。

119. 王培峰：《特殊教育哲学——本体论与价值论的研究》，济南，山东人民出版社，2012。

120. 覃江梅：《当代音乐教育哲学研究——审美与实践之维》，上海，上海音乐出版社，2012。

121. 王萍：《教育现象学——方法及应用》，北京，教育科学出版社，2012。

122. 娄立志编著：《儿童教育哲学》，上海，华东师范大学出版社，2014。

123. 刘铁芳：《什么是好的教育——学校教育的哲学阐释》，北京，高等教育出版社，2014。

124. 周恩成主编：《教育哲学基础》，北京，现代出版社，2014。

125. 扈中平等：《教育人学论纲》，北京，高等教育出版社，2015。

126. 曹长德主编：《教育哲学》，合肥，中国科学技术大学出版社，2015。

127. 郝文武、郭群超、张旸编著：《教育哲学概论》，北京，高等教育出版社，2015。

128. 于伟：《教育哲学》，北京，教育科学出版社，2015。

129. 于伟主编：《教育哲学》，北京，北京师范大学出版社，2015。

130. 冯建军主编：《中国教育哲学研究——回顾与展望》，北京，北京师范大学出版社，2015。

131. 张楚廷：《大学与教育哲学》，重庆，西南师范大学出版社，2015。

132. 郑毓信：《新数学教育哲学》，上海，华东师范大学出版社，2015。

133. 金生鈜：《教育研究的逻辑》，北京，教育科学出版社，2015。

134. ［英］丹尼尔·约翰·奥康纳：《教育哲学导论》，宇文利译，北京，中国人民大学出版社，2015。

135. ［美］加雷斯·B. 马修斯：《童年哲学》，刘晓东译，北京，生活·读书·新知三联书店，2015。

136. 刘燕楠：《教育研究哲学论纲》，中国社会科学出版社，2016。

137. 荣艳红、张宛：《教育哲学教程》，北京，科学出版社，2016。

138. 王尹芬主编：《教育哲学》，长春，吉林大学出版社，2016。

139. 肖绍明：《批判与实践——论教育人性化》，北京，中国社会科学出版社，2016。

140. ［美］埃德蒙·伯克·费德曼：《艺术教育哲学》，马菁汝译，杭州，浙江人民美术出版社，2016。

141. ［德］康德：《康德教育哲学文集》注释版，李秋零译注，北京，中国人民大学出版社，2016。

142. 刘良华：《教育哲学》，上海，华东师范大学出版社，2017。

143. 魏义霞：《中国近代教育哲学研究》，北京，中国社会科学出版社，2017。

144. 金生鈜主编：《小学教育哲学》，北京，高等教育出版社，2017。

145. 曾文婕：《学习哲学论——学习型社会建设的深化路径研究》，北京，人民教育出版社，2017。

146. 刘铁芳：《追寻生命的整全——个体成人的教育哲学阐释》，北京，高等教育出版社，2017。

147. 刘庆昌：《教育哲学新论》，北京，科学出版社，2018。

148. 卢曲元：《教育哲学探究》，长沙，湖南师范大学出版社，2018。

149. 孙华：《教育的哲学原理》，北京，商务印书馆，2018。

150. 薛晓阳：《教育的哲学方法与问题》，镇江，江苏大学出版社，2018。

151. 余清臣：《教育实践的哲学》，北京，北京师范大学出版社，2018。

152. 于忠海：《普通人与教育——时代的教育哲学》，长春，吉林文史出版社，2018。

153. ［加］戴维·埃利奥特，［美］玛丽莎·西尔弗曼：《关注音乐实践——音乐教育哲学》（第2版），刘沛译，北京，中央音乐学院出版社，2018。

154. 冯建军：《回归本真——"教育与人"的哲学探索》，北京，中国人民大学出版社，2019。

155. 《教育哲学》编写组编：《教育哲学》，北京，高等教育出版社，2019。

论文

1. 张焕庭、居思伟：《教育哲学研究中的几个问题》，载《教育研究》，1979(2)。

2. 黄元贞：《教育哲学概述》，载《黑龙江高教研究》，1983(3)。

3. 张永东：《教育哲学的性质、任务和作用》，载《教育研究》，1986(5)。

4. 黄济：《当前教育哲学面临的新课题》，载《教育研究》，1986(1)。

5. 桑新民：《教育哲学研究的对象和使命》，载《教育研究》，1987(1)。

6. 犁月：《对教育哲学研究对象的思考》，载《教育研究》，1988(2)。

7. 黄济、陆有铨：《我国教育哲学建设的回顾与前瞻》，载《教育研究》，1988(11)。

8. 桑新民：《90 年代教育发展的趋势和提出的教育哲学课题》，载《高等师范教育研究》，1990(3)。

9. 王坤庆：《论现代教育哲学体系的改造与重构》，载《华中师范大学学报(哲学社会科学版)》，1990(6)。

10. 周浩波：《试论如何确立教育哲学研究的自主性》，载《沈阳师范大学学报(社会科学版)》，1991(1)。

11. 刘文霞：《教育哲学学科独立性面临的挑战和出路》，载《教育研究》，1991(5)。

12. 桑新民：《教育哲学的时代辨析与发展前景》，载《教育研究》，1993(1)。

13. 董标：《教育哲学的学科地位及其生长点的再辨析——与桑新民同志商榷》，载《教育研究》，1993(8)。

14. 石中英：《关于教育哲学研究对象的思考》，载《教育研究与实验》，1993(1)。

15. 张腾霄：《什么是教育哲学》，载《中国人民大学学报》，1994(5)。

16. 金生鈜：《教育哲学是实践哲学》，载《教育研究》，1995(1)。

17. 王坤庆：《21 世纪中国教育哲学发展前瞻》，载《教育研究》，1998(3)。

18. 石中英：《现代教育哲学研究的两个主题》，载《内蒙古师大学报(哲学社会科学版)》，1999(2)。

19. 郭齐家：《中国传统教育哲学与全球伦理》，载《教育研究》，2000(11)。

20. 石中英：《20 世纪中国教育哲学的回顾与展望》，载《教育研究与实验》，2000(5)。

21. 刘文霞：《教育哲学应有的意蕴》，载《教育研究》，2001(3)。

22. 庞学光：《教育哲学的本质与特点新论》，载《天津市教科院学报》，2001(4)。

23. 黄崴：《主体性教育理论：时代的教育哲学》，载《教育研究》，2002(4)。

24. 刘文霞：《从"爱智慧"理解教育哲学及其事业》，载《教育研究》，2002(12)。

25. 陆有铨、迟艳杰：《中国教育哲学的世纪回顾与展望》，载《教育研究》，2003(7)。

26. 曲跃厚、王治河：《走向一种后现代教育哲学——怀特海的过程教育哲学》，载《哲学研究》，2004(5)。

27. 侯怀银：《20 世纪上半叶中国学者对教育哲学学科建设的探索》，载《教育研究》，2005(1)。

28. 宁虹：《教育的实践哲学——现象学教育学理论建构的一个探索》，载《教育研究》，2007(7)。

29. 邵燕楠：《哲学化还是实践化：教育哲学研究的两难》，载《教育研究》，2009(5)。

30. 刘铁芳：《为什么需要教育哲学——试论教育哲学的三重指向》，载《教育研究》，2010(6)。

31. 郝文武：《当代中国教育哲学研究：从概念建构到理论创新和实践变革》，载《北京师范大学学报(社会科学版)》，2010(6)。

32. 于述胜：《近 30 年中国传统教育哲学研究的不同理路》，载《北京师范大学学报(社会科学版)》，2010(6)。

33. 迟艳杰、陆有铨：《改革开放以来中国教育哲学与时代的互动》，载《教育研究》，2011(5)。

34. 高伟：《论当代教育哲学的"问题哲学"转向》，载《陕西师范大学学报(哲学社会科学版)》，2012(1)。

35. 李润洲：《教育哲学：哲学地思考教育问题》，载《教育研究》，2014(4)。

36. 冯建军：《恢复重建以来我国教育哲学三十五年的发展(1979—2014)》，载《教育学报》，2015(2)。

37. 冯建军：《新时期我国教育哲学发展的三个基本问题》，载《教育研究》，2015(1)。

38. 吴亚林、王学：《中国传统教育哲学的精神气象》，载《教育研究与实验》，2016(1)。

39. 于超、于建福：《合"自然"与"当然"为一的中国传统教育哲学》，载《教育研究》，2017(3)。

40. 刘燕楠：《当代教育哲学研究的问题走向：视域、立场与观点》，载《教育研究》，2017(3)。

41. 胡金木：《20 世纪上半叶中国教育哲学学科发展的回顾与审思》，载《高等教育研究》，2016(8)。

42. 高伟：《建构有中国气象的教育哲学》，载《教育研究》，2018(9)。

43. 董标：《教育哲学学科起源考辨——从低位关注论高位观照》，载《教育学报》，2018(3)。

44. 简成熙：《分析的教育哲学解决了什么教育议题》，载《华东师范大学学报（教育科学版）》，2018(2)。

45. 陈丽：《"互联网＋"时代教育哲学与教育原理的演变与发展》，载《中国远程教育》，2019(7)。

附　录　本学科发展大事记

1949 年

10 月 11 日，华北高等教育委员会公布《各大学专科学校文法学院各系课程暂行规定》，在这一规定中，教育哲学课程被取消。

1950 年

引进苏联教育学。凯洛夫主编，沈颖、南致善等译的《教育学》上册出版发行。

1952 年

《人民教育》11 月号发表社论《进一步学习苏联先进教育经验——迎接中苏友好月》，掀起学习苏联教育学的高潮。

1955 年

《人民教育》5 月号发表社论《批判唯心主义思想的重大意义》，开始批判杜威实用主义教育思想。

11 月 4 日，中共中央转发教育部党组《关于实用主义思想在中国教育中的影响和批判实用主义教育思想的初步计划》。

1957 年

陈元晖的《实用主义教育学批判》由人民教育出版社出版。

陈景磐的《杜威的道德教育思想批判》由湖北人民出版社出版。

瞿葆奎在《华东师范大学学报(人文科学版)》1957 年第 4 期发表

了《关于教育学"中国化"问题》，曹孚在《新建设》1957 年 6 月号发表了《教育学研究中的若干问题》，从理论上尝试提出教育学中国化的方案。

1961 年

4 月，中宣部召开高等学校文科教材会议，周扬在会上提出："要编出一本好的教材首先要总结自己的经验，整理自己的遗产，同时要有选择有批判地吸收外国的东西，只有这样，才能编出具有科学水平的教材，才是中国的教育学、中国的文艺学。"会议确定由刘佛年教授承担《教育学》编写任务。

1964 年

张焕庭主编《西方资产阶级教育论著选》，由人民教育出版社出版。

白恩斯、白劳纳编，瞿菊农翻译的《当代资产阶级教育哲学》，由人民教育出版社出版。

1978 年

教育部颁布《高等师范院校教育系学校教育专业学时制教学方案（修订草案）》，教育哲学重新回到教学计划中，被列为选修课。

1979 年

3 月 23 日至 4 月 13 日，全国教育科学规划会议召开，讨论了 1978 年至 1985 年的《全国教育科学发展规划纲要（草案）》，提出恢复教育哲学课，并委托北京师范大学和华东师范大学进行教材建设。

1980 年

北京师范大学教育系在本科生中开设教育哲学。

1982 年

黄济编著的《教育哲学初稿》由北京师范大学出版社出版，这是恢复重建以来第一本教育哲学。

陈友松主编的《当代西方教育哲学》由教育科学出版社出版。

1986 年

傅统先、张文郁合著的《教育哲学》由山东教育出版社出版。

中国教育学会教育哲学专业委员会成立筹备委员会。

1987 年

刁培萼、丁沅编著的《马克思主义教育哲学》由华东师范大学出版社出版，是恢复重建以来第一本马克思主义教育哲学。

1988 年

中国教育学会教育哲学专业委员会正式成立，陆有铨教授当选为主任委员。

1989 年

崔相录著的《二十世纪西方教育哲学》由黑龙江教育出版社出版。

1991 年

中国教育学会教育哲学专业委员会 1991 年年会于 10 月 14 日至 17 日在华中师大召开，出席会议的 38 位正式代表，来自全国 20 多所高等师范院校、教育学院及部分教育科研机构。与会代表就"教育哲学(理论)与教育实验和教育实践的关系"这一主题进行了较为广泛深入的讨论。

1992 年

1992 年全国教育哲学专业委员会暨学术讨论会于 11 月 18 日至 22 日在湖南长沙举行，来自全国各地 30 多位代表参加了会议，这次会议的主题是"当代教育观念的更新与教育哲学理论构架"。

1993 年

陆有铨的《西方现代教育哲学》由河南教育出版社出版，这是我国学者编写的第一本研究西方教育哲学的专著。

1994 年

黄济主编的《中国传统教育哲学思想概论》由河南教育出版社出版，开启了中国传统教育哲学研究的先河。

中国教育学会教育哲学专业委员会第七届年会于 7 月 4 日至 7 日在广东教育学院举行，出席本次年会的代表近 50 人。来自全国各地的代表，包括香港大学、台湾大学、台湾师范大学和高雄师范大学教育哲学工作者与会。会议围绕"市场经济条件下的时代精神与教育哲学"这一主题展开了热烈的讨论。

1995 年

郑毓信的《数学教学哲学》由四川教育出版社出版，开启了教育哲学的分支研究。

1996 年

中国教育学会教育哲学专业委员会第八届年会在济南召开。会议围绕"教育现代化、人的主体性与主体教育、现代教育与人文精神"等问题开展了热烈的讨论。

1998 年

黄济著《教育哲学通论》由山西教育出版社出版，这是恢复重建以来教育哲学的权威著作。

1999 年

1 月 13 日至 16 日，中国教育学会教育学分会教育哲学专业委员会第九届学术会议在哈尔滨召开。来自全国各地的 50 多位教育哲学专业工作者出席了这次年会。会议围绕着"素质教育的哲学思考、知识经济与创新教育、世纪之交教育哲学的回顾和前瞻"等问题，展开了讨论。

2000 年

中国教育学会教育哲学专业委员会第十届学术年会在广西师范大学召开，会议围绕着"教育与教育哲学的建设和发展、教学改革的哲学视界、教育理论与实践的关系"进行了探讨。

张瑞璠主编的《中国教育哲学史》（第 1－4 卷）由山东教育出版社出版。

2002 年

7 月 16 日至 20 日，中国教育学会教育哲学专业委员会第十一届学术研讨会在内蒙古自治区呼和浩特市内蒙古师范大学召开。与会者围绕"知识经济与教育""知识经济与教育哲学"两个议题进行了讨论。

2004 年

8 月 22 日至 24 日，中国教育学会教育学分会教育哲学专业委员会第十二届学术年会暨教育哲学国际研讨会在东北师范大学召开。来自中国、英国、日本等国家的 50 余所高等院校的百余名代表参加了会议。这是首次教育哲学国际研讨会。与会代表以"变革时代教育哲学研究的新视域"为主题展开了讨论。

2006 年

9 月 8 日至 9 日，全国教育哲学专业委员会第十三届学术年会暨教育哲学国际研讨会在北京师范大学举行，会议主题为"教育公平与社会变革"，来自国内外的 100 余位学者对涉及教育公平的诸多问题进行了广泛、深入研讨。

10 月 14 日至 17 日，由首都师范大学教育科学学院主办的"现象学与教育学国际学术研讨会"在北京举行。来自中国、加拿大、美国、挪威、以色列、意大利、瑞典、日本等国家的 300 多名专家学者参加了会议。与会者围绕着"多元世界的教育学意义"这一主题进行了研讨。

2008 年

10 月 28 日至 29 日，中国教育学会教育哲学专业委员会第十四届学术年会在上海师范大学举行，会议主题为"教育民主"，来自 40 多所高校的 200 多名学者参加了会议。

2009 年

6 月 26 日，全国教育哲学专业委员会高层学术论坛在陕西师范大学举行，主题为"当代中国教育价值哲学的变革"。

2010 年

7 月 19 日至 20 日，全国教育哲学专业委员会 2010 年专题会在北京师范大学召开，主题为"中国教育哲学 30 年：回顾与展望"，学者们对中国教育哲学所走过的 30 年历程进行了反思，对中国教育哲学的未来发展进行了探讨。

10 月 14 日至 16 日，首都师范大学召开第二届现象学与教育学国际学术研讨会。来自中国、美国、加拿大、挪威、瑞典、意大利等国家 200 多位学者参加会议。与会者围绕"现象学教育学体验与实践"这一主题进行了深入研讨。

11 月 17 日至 19 日，全国教育哲学专业委员会第十五届学术年会在山东师范大学召开。来自中国和美国的 220 余位专家学者，围绕"教育理想与教育现实"的主题，进行了广泛而深入的讨论。

11 月 18 日下午，中国教育学会教育学分会教育哲学专业委员会纪念教育哲学的先驱傅统先先生 100 周年诞辰大会召开，就傅统先先生的心路历程、学术人生以及学术影响进行了深入的探讨。

2012 年

10 月，全国教育哲学学术专业委员会第十六届年会在首都师范大学召开，主题是"实践·实践哲学与教育"，来自全国各地的代表参会。

2014 年

10 月 25 日至 26 日，"正义、责任与教育：变革时代的教育问题"国际研讨会暨第十七届全国教育哲学学术年会在华东师范大学顺利召开。来自英国伯明翰大学、美国范德堡大学、国内高校的代表 200 多名参加了会议。

全国教育哲学专业委员会换届，石中英当选为主任委员。

2015 年

第三届现象学与教育学国际学术研讨会于 9 月 18 日至 20 日在

首都师范大学召开。来自国内 10 余所高校和加拿大阿尔伯塔大学、英国斯卡伯勒心理咨询与治疗机构、瑞典哥德堡大学等学术研究机构的 100 多名专家学者，围绕"现象学与专业实践"的主题，进行了深入的研讨。

2016 年

10 月 10 日，全国教育哲学专业委员会第十八届学术年会在河南师范大学召开，主题为"教育哲学的教学与研究"，来自英国格拉斯哥大学和国内 40 多所高校的 200 多位代表参加会议。

2017 年

9 月，全国教育哲学专业委员会在沈阳师范大学举办论坛，主题为"教育哲学的未来：全球视野"。

经全国教育哲学专业委员会同意，江苏师范大学设立"徐州教育哲学论坛"，并将每年举行一次。12 月 18 日至 19 日，徐州教育哲学论坛（2017）举行，各位专家围绕"新时代中国特色教育哲学学科体系建设"展开了深入的探讨与交流。

2018 年

9 月 22 日至 23 日，全国教育哲学专业委员会第十九届年会在山西大学召开，主题为"教育评价与质量改进中的哲学问题"。

第四届现象学教育学国际学术研讨会于 10 月 11 日至 12 日在首都师范大学召开。来自荷兰乌特勒支大学、德国洪堡大学、英国伦敦大学、美国田纳西大学查塔努加分校等国内外高校、研究机构的专家学者 80 多人与会。本届研讨会主题为"现象学教育学的时代际遇：自识与反思"。

11 月 24 日至 25 日，徐州教育哲学论坛（2018）举行，论坛围绕"价值哲学与价值教育"展开深入探讨。

2019 年

马克思主义理论研究与建设工程重点教材《教育哲学》由高等教

育出版社出版。

10 月 19 日至 20 日，全国教育哲学专业委员会 2019 年教育哲学高层论坛在西南大学召开。论坛以"新中国教育哲学 70 年：回顾与展望"为主题，教育哲学专业委员会的理事参加了会议。

11 月 16 日至 17 日上午，第三届批判教育学国际研讨会在华南师范大学举行。主题为"人·自然·教育"，来自美国查普曼大学、印度南亚大学、英国东伦敦大学、克罗地亚萨格勒布应用技术大学和日本广岛大学等国外 10 多位专家和国内 40 余位知名学者参加会议。

12 月 14 日至 15 日，徐州教育哲学论坛(2019)召开。会议以"信息时代的教育知识论问题"为主题，邀请了哲学界赵汀阳、孙周兴等和教育哲学界石中英等共同对话、讨论。

图书在版编目(CIP)数据

共和国教育学 70 年·教育哲学卷/侯怀银主编;冯建军等著. —
北京:北京师范大学出版社,2020.5
　ISBN 978-7-303-25559-7

　Ⅰ.①共… Ⅱ.①侯… ②冯… Ⅲ.①教育哲学-教育史-中
国-现代 Ⅳ.①G529.7

中国版本图书馆 CIP 数据核字(2020)第 016379 号

营 销 中 心 电 话　010-58802135　010-58802786
北师大出版社教师教育分社微信公众号　京师教师教育

GONGHEGUO JIAOYUXUE 70 NIAN　JIAOYU ZHEXUE JUAN
出版发行:北京师范大学出版社　www.bnupg.com
　　　　　北京市西城区新街口外大街 12-3 号
　　　　　邮政编码:100088
印　　刷:北京盛通印刷股份有限公司
经　　销:全国新华书店
开　　本:710 mm×1000 mm　1/16
印　　张:25.25
字　　数:340 千字
版　　次:2020 年 5 月第 1 版
印　　次:2020 年 5 月第 1 次印刷
定　　价:126.00 元

策划编辑:郭兴举　鲍红玉　　　　责任编辑:张　爽
美术编辑:王齐云　　　　　　　　装帧设计:王齐云
责任校对:张亚丽　　　　　　　　责任印制:马　洁